教思考、教体验、教表达
叩开乡村小学教育的门扉

贵州师范大学
数学科学学院
指导

贵州省民族地区
基础教育质量提升项目

张仕江
刘淑青
龙 英
主编

华东师范大学出版社
·上海·

图书在版编目（CIP）数据

教思考、教体验、教表达：叩开乡村小学教育的门扉/张仕江，刘淑青，龙英主编.—上海：华东师范大学出版社，2024
ISBN 978-7-5760-4777-6

Ⅰ.①教… Ⅱ.①张… ②刘… ③龙… Ⅲ.①农村学校-小学教育-教育研究 Ⅳ.①G622.0

中国国家版本馆CIP数据核字(2024)第048546号

教思考、教体验、教表达：叩开乡村小学教育的门扉

主　　编　张仕江　刘淑青　龙　英
策划编辑　刘祖希
审读编辑　伍忠莲
责任校对　江小华
装帧设计　卢晓红

出版发行　华东师范大学出版社
社　　址　上海市中山北路3663号 邮编 200062
网　　址　www.ecnupress.com.cn
电　　话　021-60821666　行政传真 021-62572105
客服电话　021-62865537　门市(邮购)电话 021-62869887
地　　址　上海市中山北路3663号华东师范大学校内先锋路口
网　　店　http://hdsdcbs.tmall.com

印 刷 者　上海展强印刷有限公司
开　　本　787毫米×1092毫米　1/16
印　　张　23
字　　数　527千字
版　　次　2024年3月第1版
印　　次　2024年3月第1次
书　　号　ISBN 978-7-5760-4777-6
定　　价　98.00元

出 版 人　王　焰

(如发现本版图书有印订质量问题,请寄回本社客服中心调换或电话021-62865537联系)

序

前一段时间,我的老朋友、贵州师范大学吕传汉教授告诉我,贵州省从2021年起,启动实施"贵州省民族地区基础教育质量提升行动计划(2021—2025年)"项目,两年内项目已覆盖贵州省的46个民族自治县。他说这个项目设计得很好,是贵州省少有的质量建设项目,经费投入、专业投入都很大。这件事应该做,要做好,对贵州人民下一代的健康成长很有意义。作为项目建设成果,一些项目学校、项目民族自治县等将积极出版一些教师的教育教学案例、教研论文和学生的学习体验等。他希望我写上几句话,给予鼓励。虽然我年事已高,但我觉得这件事很重要,乐意说上几句,和大家一起交流。

我们国家是一个多民族国家。几千年来,各民族相互依赖、相互交融、相互学习,逐步形成了共同的文化价值观。中华人民共和国成立以来,中国共产党带领中国人民不懈奋斗,战胜各种困难和挑战,在各个领域都创造了惊天动地的发展奇迹,各民族都取得了巨大的进步,全面建成小康社会取得了决定性成就,实现了第一个百年奋斗目标。这些都为全国各族人民进一步铸牢中华民族共同体意识,为更加坚定中华民族伟大复兴的信念,为开启全面建设社会主义现代化国家新征程奠定了坚实的基础。

在中国共产党的领导下,我们国家的教育也取得了举世瞩目的成就,但由于历史、自然、环境和基础等多方面的原因,我们国家教育发展中的问题特别是教育质量发展不平衡、不充分的问题还比较突出。

在我们国家西部地区,在不少农村地区,义务教育的优质均衡发展,普通高中的优质特色发展,下一代的全面充分而富有个性特长发展,面临的问题和困难还比较多,民族地区基础教育质量的短板、弱项还很明显,如乡村学校治理能力比较薄弱,一些基础学科学业质量不高,学生早期阅读严重缺乏、进一步学习发展的基础不太好。这些都会影响我们国家民族地区下一代的就业、创业,都会制约我们国家下一代对未来信息化、智能化、全球化社会的适应能力。

民族团结进步是一件大事。没有团结奋斗,就很难实现共同进步;而没有共同进步,团结的基础也不牢固。中国共产党第十九届中央委员会第五次全体会议对教育作出的"建成文化强国、教育强国、人才强国、体育强国、健康中国","建设高质量教育体系","深化教育改革,促进教育公平","加大人力资本投入","提高民族地区教育质量和水平"等决策部署是非常英明的。可以说,全面提高民族地区基础教育质量和水平,是巩固脱贫攻坚成果,深化"扶志扶智",推进社会公平,加快构建高质量教育体系的必然选择;也是增强民族地区人力资本积累,推进民族地区现代化进程,促进民族团结进步事业的一项十分重要的基础性工作。

我比较赞成"贵州省民族地区基础教育质量提升行动计划"项目确定要做"团结奋斗的践行者,教育改革的奋进者,特色发展的示范者,提质增效的引领者"的价值定位,要发挥好项目的先行先试功能。这个定位是符合民族地区、脱贫地区实际的。这个项目围绕一个中心——

"以立德树人提升育人质量为中心",突出两个重点——"丰富学习内容方式,强化质量管理服务",实施三个专项——(1)乡村振兴优质特色学校建设支持专项行动,(2)民族地区中小学高质量发展支持专项行动,(3)民族地区基础学科(领域)质量提升专项课题。

贵州省提出的民族地区基础教育质量提升行动计划总体思路,我觉得很好,很有针对性。我希望,这个项目的管理人员、项目学校和项目学校的师生,要按照习近平总书记提出的六个方面"下功夫"的要求——"要在坚定理想信念上下功夫","要在厚植爱国主义情怀上下功夫","要在加强品德修养上下功夫","要在增长知识见识上下功夫","要在培养奋斗精神上下功夫","要在增强综合素质上下功夫",努力工作,勤奋学习,积极培育和践行社会主义核心价值观,做共同团结奋斗、共同繁荣发展的实践者,做民族团结进步、中华民族共同体意识的维护者。

我期望,项目学校的老师们既为经师更为人师,秉持"整个心灵献给孩子"的信念,做好"意愿、锤炼、学习、创新、收获"这五项修炼,切实抓好民族地区基础教育质量的提升,促进民族团结进步事业持续健康发展。

我相信,通过这个项目,贵州省民族地区基础教育质量和项目学校办学水平一定会得到显著提高,老师们的教育教学成果、学生们的学业发展成果也一定会越来越丰富多彩。

草草数言,是为序。

2022 年 8 月 21 日

目录

第一篇 实践理论梳理

与时俱进的中小学数学"情境—问题"教学
吕传汉 / 3

数学课堂：教思考 教体验 教表达
——"两位数乘两位数"的实践与思考
潘小明 / 9

教思考："三思"而行
贲友林 / 17

数学教学要引导学生悟道理
——以一个分数表示问题为例
曾小平 刘长红 林 玲 / 24

领悟"三教" 追寻数学本质
——基于"三教"视野培养小学生数学核心素养的实践探索
骆春梅 / 29

对比教科书读透例题，体验过程表达可视
——对人教版数学广角"数与形(2)"教学与思考
尹 侠 / 33

凝心聚力用"三教" 脚踏实地助生根
刘淑青 / 43

以作业变革为突破口，构建"双减"智慧课堂
叶育新 / 47

小学语文非连续性文本阅读方法与写作
张仕江 / 57

"三教"引领小学数学学习中的长见识、悟道理
陈 燕 / 60

写画学习体验 积淀数学素养
杨通文 / 64

行思共进做数学 综合实践长见识
——"包装的学问"中"三教"实践探究
雒兴萍 / 68

复合型提示语促进学生深度思考
——以"鸡兔同笼"教学为例
杨再志 / 72

小学"量感"培养的教学思考
李 旋 / 77

"三教"引领课堂变革 培育学生核心素养
——中小学数学"情境—问题"教学三十年实践探索与理论建构课题推广培训心得
谢雪晴 / 82

浅谈怎样在农村开展小学语文教学
许 斌 / 86

微课在小学数学逻辑思维训练中的应用探究
黄生同 / 89

小学语文教学重在培养学生的阅读能力
罗吉席 / 92

浅谈农村小学美术教育的现状与对策
王 桐 / 94

思维导图在小学英语教学中的应用研究
韦仕才 / 97

非连续性文本布依族文化与小学语文整合的教学实践
查玉仙 / 100

"三教"理念提升民族地区乡村小学教育的实践体验
——望谟县实验小学甘莱校区课堂教学改革实践体验
张仕江 / 103

易地扶贫搬迁安置点学校小学生非连续性文本阅读策略研究
龙 英 / 106

第二篇　教师实践课例

第一章　语文教学课例

遵循"三教"理念,引导学生观察和表达
——"观察水果"教学课例
黄晓兰 / 115

扶放有度,引导探究
——《要是你在野外迷了路》教学课例
黄炳蝶 / 123

创设情境,引导学生自主表达
　　——《蜘蛛开店》教学课例

罗　涛 / 129

掌握书信格式,学会表达情感
　　——《给老师的一封信》教学课例

滕仕锦 / 134

用"三教"理念激活古诗课堂教学
　　——《芙蓉楼送辛渐》教学课例

毛成玉 / 139

读演结合,激活语文课堂
　　——《手指》教学课例

蒙锡敏 / 145

《小猴子下山》教学课例

杨兴娣 / 151

创设情境,合作学习
　　——《棉花姑娘》教学课例

朱新秀 / 156

让生活融进课堂
　　——"我们当地的风俗"教学体验

王大羽 / 161

分角色朗读,培养学生的阅读能力
　　——《小壁虎借尾巴》教学案例

张　彩 / 166

第二章　数学教学课例

在提出问题的体验中,培养学生的问题意识
　　——"带有小括号的两级混合运算"教学课例

杨秀江 / 173

"除数是一位数的笔算除法"教学课例

班家画 / 180

利用小组学习培养学生的合作意识和探索精神
　　——"认识人民币"教学课例

黄　妮 / 186

在实践操作中促进学生的思考
　　——"平均数"教学课例

班丰盛 / 191

在数学体验中培养学生的思考和表达能力
——"认识算盘"教学课例
　　陈益美 / 201

以核心问题为导向,培养学生发散思维
——"没有括号的同级混合运算"教学体验
　　刘晓波 / 207

在数学情境中,引导学生再发现
——"找规律"教学课例
　　涂民燕 / 213

创设情境引导表达,促进学生思考
——"因数和倍数"教学课例
　　周　青 / 221

运用"三教"教学模式,培育学生素养
——"负数的认识"教学课例
　　王远润 / 231

用"三教"引导表达交流,实现数学课堂学以致用
——"单式折线统计图"教学课例
　　黄经涛 / 237

在联系生活中学习数学
——"认识人民币"教学课例
　　王永辉 / 244

第三章　英语教学课例

挖掘想象天赋,培养思考、表达能力
——Unit4　At the farm Part B Let's talk
　　刘禄笔 / 251

以问促答,引导思考
——"Then and now"教学课例
　　钱文丽 / 257

转变教学方式,培养学生英语口语表达习惯
——"Do you like pears?"教学课例
　　吴德菊 / 264

运用游戏互动,活跃英语课堂氛围
——"Work quietly!"教学课例
　　张新娟 / 272

第三篇　学生的学习体验

我当小老师啦！
徐　津　苏锦莲 / 281
小小算盘是宝贝
龙　雨　陈益美 / 284
大自然的指南针，真神奇
岑继博　黄炳蝶 / 286
轻松的课堂我喜欢
黄珍苗　黄晓兰 / 289
小组合作学习，让我进步了
罗万坪　龙　英 / 292
四边形，真有趣
罗娇娇　卢臻奇 / 295
友谊常在：芙蓉楼送辛渐
杨　丽　毛成玉 / 298
思维碰撞后的"奇迹"
——记一堂有趣的讨论课
田维俊　罗　涛 / 300
找规律，真有趣
陆　冠　涂民燕 / 302
计算经过时间，方法多
王　俊　罗泽民 / 304
坚持学习，习惯好
蒙　瑶　钱文丽 / 306
一堂来源于生活的数学课
罗　淏　王永辉 / 308
这堂英语课，让我记忆深刻
卢旺通　吴德菊 / 310
谁的办法好
韦灿灿等　杨兴娣 / 312
我认识圆柱了
狄治辉　王远润 / 314
有趣的英语课，快乐你我他
侯　香　张新娟 / 316

别样的数学课

罗 迈　周 青 / 318

语文课真有趣：先说清楚话

陆萱萱　龙 英 / 320

把"超市"搬进英语课堂

罗桂佳　刘禄笔 / 323

第四篇　教学随笔故事

"三教"引领小学数学课堂回归学习本位

刘淑青 / 327

突破时空，共同发展

——"三教"理念引领"情境—问题"学习心得

张文燕 / 331

学生需要老师的赞赏

张仕江 / 334

用爱描绘山那边的诗和远方

龙 英 / 336

让学生在爱的阳光下成长

刘 艳 / 340

"有余数的除法"教学随笔

罗泽民 / 342

教师肢体语言在英语教学中的实践思考

吴德菊 / 345

论农村小学英语教学中运用激情动趣的对策

刘禄笔 / 347

基于核心素养的小学语文非连续性文本阅读教学策略

朱 艳 / 351

后　记 / 354

第一篇

实践理论梳理

"三教"理念,在不同的地域、不同的学校,经过教师的实践,不断发展。

在东部,有福建的教师形成研修共同体;

在北京,有大学教师对基层学校的指导,启迪新的思考;

在中西部,有项目成果的理念得以生长;

在边疆,有教科研与教师的课堂实践,如千年胡杨向下扎下了根……

实践,是检验真理的唯一标准:吕传汉先生三十多年来,寒来暑往,跋山涉水,将成果写在城市、乡村的教室里、大地上!

与时俱进的中小学数学"情境—问题"教学

吕传汉 贵州师范大学

为充分发挥基础教育国家级优秀教学成果的示范引领作用,构建高质量教育体系,2020年12月,教育部启动了基础教育国家级优秀教学成果推广应用计划,并确定了60个基础教育国家级优秀教学成果推广应用示范区。按照自主、自愿原则,各示范区在两届评选结果中共选择了74项成果开展应用工作。

2021年12月28日,教育部基础教育司在北京召开基础教育国家级优秀教学成果推广应用工作推进会,会议采用线上线下相结合的形式进行,吕玉刚司长出席会议并讲话。来自32个省级教育行政部门的代表、60个成果推广应用示范区和相关学校人员、74项成果持有方代表、部分省级教育学会代表,共十万余人参加了此次会议。

会议指出,在乡村振兴和教育扶贫方面,通过成果输入、培训、教研、研讨等形式,充分使用成果方和示范区的专家资源,帮扶贫困地区教育,提升成果推广应用工作的社会效益。贵州师范大学原副校长吕传汉教授及其团队在推广"中小学数学'情境—问题'教学"成果中,拓展"情境—问题"教学人才培养模式,为教师提供定制化的课题教学和写作指导,整体提升示范区教师的教育教学水平和专业素养。

一、中小学数学"情境—问题"教学促进了数学课程改革发展

"中小学数学'情境—问题'教学30年实践探索与理论建构",2018年获基础教育国家级教学成果一等奖。

(一) 促进中小学数学课程改革的"情境—问题"教学模式[1][2]

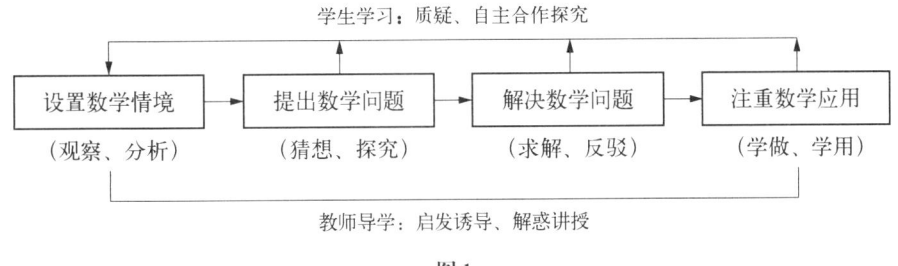

图1

目标：培养学生自主创新意识与实践能力。

核心：将学生提出问题和解决问题能力的培养贯穿课堂教学始终。

内涵：创设情境是前提，提出问题是核心，解决问题是目的，应用知识是归宿。

方法：弘扬启发式教学，融入探究式教学。

(二)"三教"理念引领数学"情境—问题"教学深入开展

立足于学生核心素养的培育，提出教思考、教体验、教表达的"三教"理念，引领数学"情境—问题"教学的深入开展，进一步丰富数学"情境—问题"教学的时代内涵。

(三)教学科研相结合拓展教学成果

立足于教学科研结合，主持国家、省部级项目10项，出版著作11部，发表四百余篇教学研究论文、教学个案和教学案例，获省部级教学科研奖励9项。

(四)服务基础教育，促进人才成长

以服务基础教育为宗旨，出版教师专业发展图书3部，在黔、川、滇、渝、浙等省（直辖市）上百所城乡学校开展数学"情境—问题"教学实验。培养超过300名教育研究能力较强、教学效果优秀的中小学数学"种子"教师，数万学生受益。

(五)促进基础教育数学课程改革发展

（1）成果丰硕，学生发展。出版了《数学情境与数学问题》（北京师范大学出版社）等11本著作，发表了四百余篇教学研究文章、教学个案和教学案例，学生独立思考能力和问题意识的发展较好。

（2）学会推广，政府推广。中国教育学会2005年11月在重庆和2007年4月在浙江余姚市召开了两次数学"情境—问题"教学的全国推广会。贵州省教育厅下文在全省中小学推广数学"情境—问题"教学实验（黔教办学〔2006〕40号文），2006年后成果逐渐在省内外推广。

（3）纳入课标，写入教材。中小学数学"情境—问题"教学的核心思想：发现问题、提出问题，写入国家《义务教育数学课程标准（2011年版）》目标中。2004年在国家规划高校教材《数学教育概论》（张奠宙等主编）一书中（第162—163页），把数学"情境—问题"教学作为"我国影响较大的几次数学教学改革实验"介绍。

（4）高被引文，影响力强。据《数学教育学报》统计，该刊在1992—2013年期间的发文，对于《论中小学"数学情境与提出问题"的数学学习》等3篇文章，篇均被引高达164.33次。根据近二十多年的知网论文统计，贵州师范大学吕传汉教授、汪秉彝教授因在其领域的建树和影响，入选2017年中国哲学社会科学最有影响力学者排行榜。

（5）催生样板，引领课改。教学实验催生出一批样板学校：兴义八中坚持17年"情境—问题"教学实验，发展成为贵州省一流的示范性高中；兴义黄草中心学校学生提出问题与解决问题的表现较好，2004年获贵州省教育厅授予的课程改革第一块铜牌，发展成贵州省名校；浙江省余姚市实验学校形成"敢问、会问、善问"的"情境—问题"校本课堂教学模式,发展成浙江省名校。

二、"中小学数学'情境—问题'教学"成果与时俱进的拓展推广[3]

(一) 教学成果拓展之一——"三教"理念引领数学"情境—问题"教学发展

在全面深化课程改革的大背景下,在数学教育的各个阶段中,教师如何进行数学教学,进而最终达到培育学生核心素养的目标?

要以"立德树人"为宗旨,以发展学生核心素养为目标,以实现课堂教学转型和建立学校课程体系为重点。为此,2014年1月,贵州师范大学吕传汉教授提出:在数学教学中教思考、教体验、教表达(简称"三教")的教育理念,它是基于创新型人才培养,在学科教学中教学生积极思考、自主体验、善于表达,以此促进学生长见识、悟道理的一种教育理念。并尝试用"三教"理念引领"创设数学情境与提出数学问题"教学,进而培育学生核心素养。

主张:

教思考,让学生会用数学的思维分析世界,学会在"想"数学中促进思辨能力培育;

教体验,让学生会用数学的眼光观察世界,学会在"做"数学中促进数学素养积淀;

教表达,让学生会用数学的语言表达世界,学会在"说"数学中促进交际能力培养。

最终达到培育学生数学核心素养的目的。

"三教"理念是培育学生思维能力的有机整体!

问题驱动,激活思考——引导学生在情境中发现问题、提出问题,增强问题意识;

积淀体验,增长见识——在解决问题的探究中增长见识,获得知识再发现的体验;

表达交流,感悟道理——在表达交流中深度思考、感悟道理。

最终达到求真理、悟道理、明事理三者的有机融合和辩证统一。

因此,"三教"理念是对课堂教学本质属性的高度概括。没有思考就没有体验,没有体验就难以表达,表达是思考和体验的结果;在思考中体验,在体验中思考,因有所思考和体验而更准确地表达;在体验和表达中产生新的思考。

"情境—问题"教学又与"三教"理念宗旨一致:培育创新型人才!

内涵一致:突出思维能力训练!

切入点一致:从情境中提出问题、促进思考;从表达中促进学生深入思考!

逻辑相容:以问题激活学生思考!

因此,在全面深化课程改革的今天,我们要通过数学课堂教学,尝试用"三教"+"情境—问题"教学作为改进课堂教学的一种途径,践行"以学生为中心"的教学,借以培育学生的核心素养。

(二) 教学成果拓展之二——在长见识、悟道理中培育学生数学核心素养[4]

2018年9月10日,习近平总书记在全国教育大会上指出:"必须把培养社会主义建设者和接班人作为根本任务,培养一代又一代拥护中国共产党领导和我国社会主义制度、立志为中国特色社会主义奋斗终身的有用人才。"并进一步指出:"要在增长知识见识上下功夫,教育引导学生珍惜学习时光,心无旁骛求知问学,增长见识,丰富学识,沿着求真理、悟道理、明事理的方向前进。"

鉴于当前新时代课堂学习要求,可以将长见识、悟道理作为课堂教学培育学生核心素养切入点。

因为长见识、悟道理作为学习目标,有利于促进学生人文底蕴、科学精神素养的培育。长见识目标的达成必然能习得人文、科学等各领域的知识和技能,掌握和运用人类优秀智慧成果,最终达到丰富学识的目的;悟道理的过程,最终有利于达成求真理、悟道理、明事理三者的统一。对于人文学科有利于形成正确的基本能力、情感态度和价值取向;对于理科学科有利于形成正确的价值标准、思维方式和行为表现,从而最终发展成为有深厚文化基础、有更高精神追求的人。

为此,在教学中提倡独立思考、探究学习、合作交流等多种学习方式,激发学习的兴趣,养成良好的学习习惯,促进学生实践能力和创新意识的发展。

所以,"三教"理念引领中小学数学"情境—问题"教学促进学生长见识、悟道理,就是在"情境—问题"教学成果推广中与时俱进地拓展新的教学成果——培育创新型人才的一种具有数学学科本质的实践性理论创新成果。

(三) 教学成果拓展之三——"多解变式"教学提升高中数学解题学习质量[5][6]

在整个数学教育体系中高中数学占有非常重要的地位,同时发挥着重要的作用。高中数学教学不仅是知识的基础性教育,而且能促进学生数学素养尤其是思辨能力的养成和发展。

高中数学学习中,要特别重视数学解题学习。因为我们所要学习的数学知识、思想方法等,都蕴含在数学题目中,题目是数学知识和思想方法的外在表现。当我们面对一道数学题目,或是运用数学知识去解决实际问题时,这个解决问题过程中所展现出来的思维方式等,就是一个人训练和提升数学思维能力,尤其是逻辑思维能力的最佳时期。

在考试文化背景下的数学教学,不能采取高起点、大容量、强推进的"题海战"去训练学生的应试能力,而应在解题教学中突出发散思维与思辨能力的训练,让学生在解题能力提升的学习过程中,同时促进思辨能力的发展。

为此,自2019年以来,我们把数学"情境—问题"教学模式在高中数学教学中做了两方面的拓展推广:

一是开展了"三教"理念引领高中数学"多解变式"教学实践研究,把教师单向大剂量灌输的解题训练,转变为师生共同探究、变式研讨、一题多解的发散、变式思维训练。

二是把中小学数学"情境—问题"教学模式拓展为高中学段的"一题一课多解变式"(图2)数学解题教学模式。

三年来在全省20余所高中,先后召开了18次解题教学研讨会,交流研讨课100多节,培训高中数学教师近2 000人。师生研究的成果,在华东师范大学出版社出版了高中数学教学课例研析、数学解题教学研析、学生学习体验等方面的5本书;发表教研论文、教学课例、学习体验300余篇。

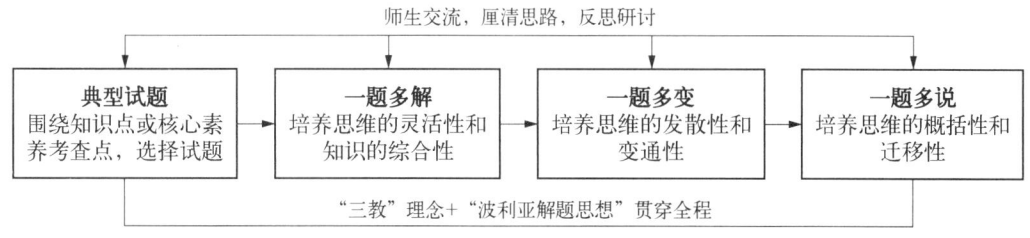

图 2

数学"情境—问题"教学正向着高中数学"多解变式"教学模式演化、发展,为高中数学教学,特别是为数学高考备考过程的解题教学,找到一个情感与认知双育人的行之有效的载体,也为提高高中数学教学质量、促进高中数学教师专业发展找到一个良好的途径。

(四) 教学成果拓展之四——深入乡镇中小学推广,促进县域教育发展

贵州师范大学数学教育团队,自2015年以来深入乡镇中小学推广教学成果,促进县域基础教育的发展。推广过程中,通过学科"情境—问题"教学模式的教学路径,教师在学习情境中激发学生的问题意识,引领学生提出问题、分析问题、解决问题、注重应用,促进创新意识和能力的发展。特别关注"种子"教师的发现与培育,通过"种子"教师的教学示范引领,增进城乡教师专业水平不断提升,促进县域基础教育持续发展。

例如在习水县、印江县对57所中小学100名数学、语文"种子"教师进行五年的递进跟踪培训,其专业素养得到明显的提升。习水县安排我们培训的60名城乡"种子"教师,全部成长为县级以上名师、骨干教师。其中,有省级乡村名师17人,省级名校长1人,省级教学名师3人,省级骨干教师26人,市级名校长11人,市级教学名师38人,市级名班主任5人。印江县安排的40名"种子"教师,有6名成长为省级教学名师,1名晋升为小学数学正高级教师,其余的为省级、市级、县级骨干教师。

数学"情境—问题"教学正在促进着城乡中小学教学的发展。

我们要在习近平新时代中国特色社会主义思想的指导下,以立德树人为宗旨,不忘教育初心,认真教书育人,为实现中华民族伟大复兴的第二个百年目标,努力培育一代又一代拥护中国共产党领导和我国社会主义制度、立志为中国特色社会主义伟大事业奋斗终身的创新型人才。

参考文献

[1] 吕传汉,汪秉彝.论中小学"数学情境与提出问题"的数学学习[J].数学教育学报,2001,10(4):9—14.

[2] 吕传汉,汪秉彝.中小学数学情境与提出问题教学研究[M].贵阳:贵州人民出版社,2006.

[3]严虹,游泰杰,吕传汉.对数学教学中"教思考 教体验 教表达"的认识与思考[J].数学教育学报,2017,26(5):26—30.

[4]王宽明,吕传汉,游泰杰.数学教育中"教思考"的探索[J].中小学教师培训,2018(3):39—43.

[5]程华.从"一题多解"审思解题教学的思维培养[J].数学通报,2020,59(8):50.

[6]鲍建生,黄荣金,易凌峰,等.变式教学研究(再续)[J].数学教学,2003(3):6—12.

数学课堂：教思考　教体验　教表达
——"两位数乘两位数"的实践与思考

潘小明　上海市宝山区教育学院

一、问题的提出

"两位数与两位数相乘"，沪教版《数学》三年级下册教科书是这样编写的：

学生学习两位数乘两位数，是在掌握两位数乘一位数和两位数乘整十数的基础上进行的。重在探索两位数乘两位数的算法，理解算理，感悟变未知到已知的转化思想。

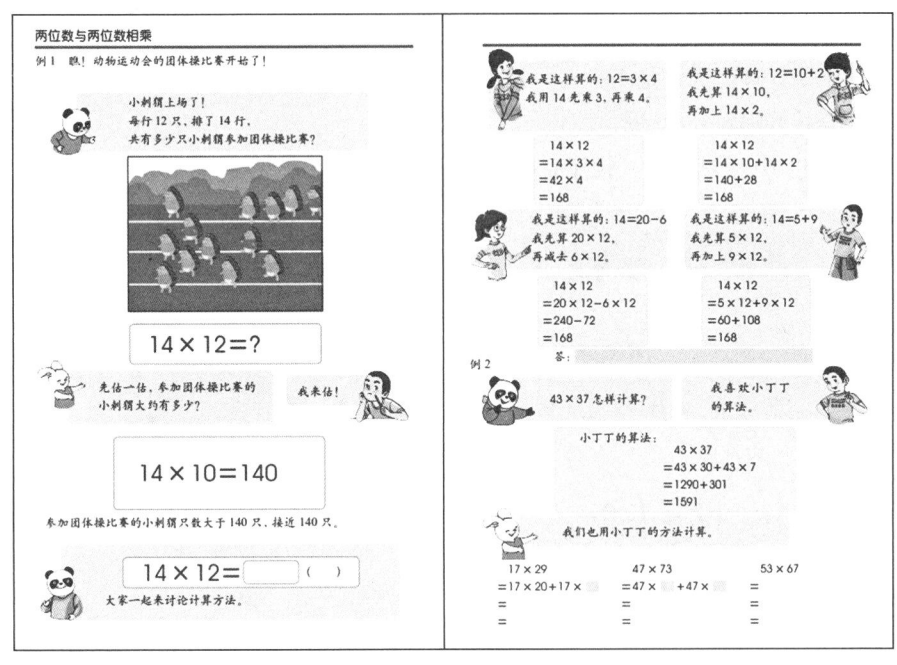

图 1

通常，教学时会先复习两位数乘一位数、两位数乘整十数等旧知，为学生学习两位数乘两位数做铺垫；在出示例题、列出算式后，会让学生先估一估答案的范围，以帮助学生自己发现计算不可能出现的答案，自觉进行纠错。

有了这样的复习和估一估，学生的探究活动就变得非常顺畅，轻而易举地理解并掌握两位数乘两位数的算理与方法。

然而，非常顺畅意味着没有发现真正的问题；没有发现真正的问题，就不可能有深入的思考;没有深入的思考,就不会有对知识本质的深刻理解;没有对知识本质的深刻理解,自然也就不会有深切的体验和表达。

如何融思考、体验和表达于整个学习过程中,培养学生的数学核心素养?

二、实践与思考

(一) 创设情境,引发认知冲突,提出要探究的核心问题

幼儿园购进14箱迷你南瓜。你知道一共有多少个吗?

图2

师:用什么方法计算?算式是——
生:用乘法计算。算式是14×12。
师:你会计算吗?开始——
学生独立思考,尝试计算。教师巡视,发现有学生是这样计算的(图3):

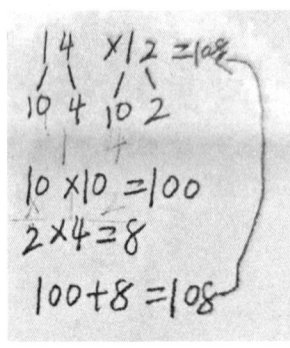 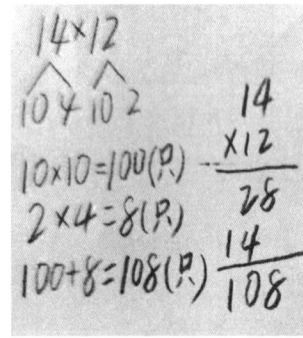

图3   图4

还有学生不仅进行横式的分步计算(图4),而且还用竖式进行了计算。显然,竖式最后的108并非相加得到,而是直接把横式的答案写了上去。

师:两位数乘两位数,怎么计算呢?我们有同学想到了已经学过的两位数乘一位数和两位数乘整十数,你们猜猜看,他们把算式中的"14"怎么啦?
生:把14看成10加4。
师:把12呢?
生:把12看成10加2。
结合回答板书:14×12=(10+4)×(10+2)。

师：现在，谁能进行口算？

生：108。（有学生很快说出了答案）

师：这么快就算出了答案，你们知道是怎么算出来的吗？

生：（指着板书）我们可以把10和10相乘等于100，把4和2相乘等于8，再加起来就等于108。

结合回答板书：　14×12
　　　　　　　＝(10＋4)×(10＋2)
　　　　　　　＝10×10＋4×2
　　　　　　　＝100＋8
　　　　　　　＝108（个）。

师：认为这样算挺好、算对的同学，请举手！

（许多学生举高着手，表示同意）

师：这是蛮简单的一件事，对吗？

（此时，个别学生小声地说着"不对"）

解析：课始，没有进行两位数乘一位数和两位数乘整十数等知识的复习，而是创设真实的情境，让学生直面情境中的问题，主动与已有知识建立联系，尝试用已有知识去解决问题。因为学生在学习两位数乘一位数的计算中已经积累了分拆的经验，所以面对两位数乘两位数，往往会将两位数分拆成整十数与一位数的和，从而试图利用已知计算出两位数乘两位数的积。可分拆以后怎么计算呢？这才是学生的真问题，也是本节课要探究的核心问题！

(二) 围绕核心问题，进行持续深入地探究

（1）片段1。

师：刚才，有人在说不对，那是多算了还是少算了？不精确计算，你敢肯定108这个答案是错的吗？

生1：敢！108个是不可能的，起码要比140个多。

师：这个140，你们猜，他是怎么想到的？

生2：可以进行估算。把12看成10,14乘10等于140。

师：你把每箱12个看成10个，少算了还得到140，说明正确答案要比140个多，所以，108个这答案可能吗？

生：不可能！（学生坚定响亮地回答）

师：还可以怎么想？

生：把14箱看成10箱，每箱12个，总共等于120个。说明正确答案要比120个多，所以，不可能是108个的。

师：孩子们，你们很会想问题：不用计算出准确的答案，通过估算就能确定108个这个答案是不可能的！

解析："不精确计算,你敢肯定108这个答案是错的吗?"显然,意在让学生由估算对答案是否正确作出判断。

而此时的估算,比起列出乘法算式后进行的估一估,更有意义和价值:因为估一估时,学生缺少作出结论或推断的真实问题,脱离真实问题背景的估算,往往会流于形式。而在判断尝试分拆相乘得到的结果是否正确时,学生自然产生估算需要。

估算是在解决问题过程中作出结论或者推断而选择的一种无须准确的计算。这种计算的答案并不准确,但作出的结论或推断一定是合乎逻辑的,是正确的。可见,进行估算,重在培养学生的推理意识。

学生主动思考,进行着估算;积极表达,作出合乎逻辑的判断。从中体会到估算的意义价值,特别是逻辑判断的能力得到锻炼。

（2）片段2。

师：正确的答案是多少,你能计算吗?试试吧!

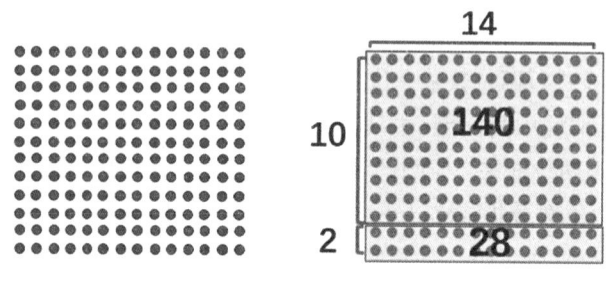

图5

学生各自尝试计算着……

师：我看到同学们在一步步地计算,可我不知道你一步步算的是什么,你能在图中表示吗?

学生在图中圈画着……

生1：我把12拆成10加2,用14乘10等于140,14再乘2等于28,再把140和28相加,等于168。

生2：我是用竖式计算的——

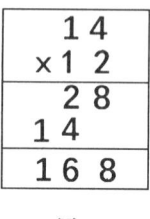

图6

师：你一共乘了几次?

生2：4次。

师：好,待会儿,我们也在图中表示出来。

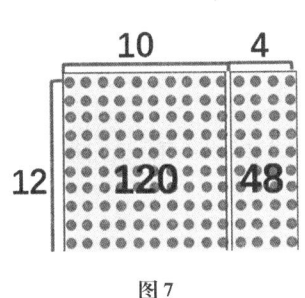
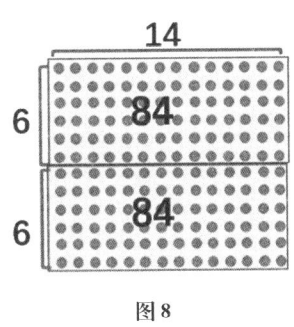
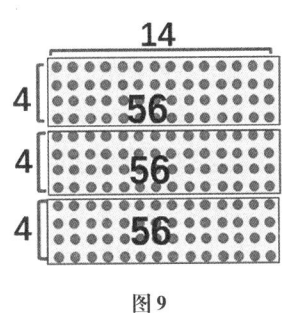

图7　　　　　　　　　　图8　　　　　　　　　　图9

生3：我把14拆成10加4，用10乘12等于120，再用4乘12等于48，最后把120和48相加，等于168。

生4：14乘12，把12分成6乘2，用14乘6等于84，再用84乘2，等于168。

师：我也有一种方法，你们看——

师：我把12怎么啦？

生1：把12看成4乘3。

生2：分成3组，每组4行。

师：然后呢？

生：14乘4等于56，56再乘3就等于168。

```
14×12              14×12              14×12              14×12
=14×(10+2)         =(10+4)×12         =14×(6×2)          =14×(4×3)
=14×10+14×2        =10×12+4×12        =14×6×2            =14×4×3
=140+28            =120+48            =84×2              =56×3
=168               =168               =168               =168
```

图10

师：虽然这些方法各不相同，但我觉得基本的想法是相同的。面对两位数乘两位数这个问题，他们都在做什么呀？

生：都在把一个两位数分拆成10加几，或者分成两个一位数相乘。

师：是呀，他们根据数的组成和加法、乘法运算的意义进行拆分。为什么要这样做呢？

生：这样，就能把两位数乘法变成我们学过的两位数乘整十数或两位数乘一位数，进行计算。

师：变未知为已知，从而获取新知，这是一种非常重要的想法！

解析：为了求得正确的答案，学生主动与已有的知识经验建立联系，将两位数乘两位数转变为两位数乘整十数和两位数乘一位数，从而利用已知获取新知。而多角度的联系、不同想法的展示，进一步积累了丰富的思维和活动的经验。

变未知为已知的推理意识，离开亲身经历的实践活动难以形成；但即使实践了，也未必有较深的体悟。为此，引导学生对各种不同方法进行比较，思考支持这些不同方法的共同想法，促进学生深入思考，体悟"变未知为已知"的数学思想。

师：你觉得在这多种方法中，有没有通行的、畅通无阻的方法？

生：我认为是 14×10+14×2 这种。

师：也就是把 14×12 看成 14×(10+2)。你能举个例子说明理由吗？

生：譬如，37×59。它们都是质数。

师：37 能分解成哪两个数相乘？59 呢？它们都只能是 1 与自己相乘，不能进行另外的分解。那可以怎么分拆？

生：37×59=37×(50+9)=37×50+37×9

师：对呀，这样就变成了"两位数乘整十数和两位数乘一位数"。

生1：把 14 分拆成 10 加 4，这种方法也是通用的。

生2：这种方法与第一种是一样的，都是把其中的一个两位数分拆成整十数加一位数。

师：还要继续举例吗？

生：不用了。因为任何一个两位数都是由一个整十数与一个一位数组成的。

师：所以，这种方法具有一般性，它适用于任何两位数乘两位数的计算。

生1：竖式也是通行无阻的。

生2：竖式当然是通行无阻的！

师：为什么呢？

生3：因为它跟加法拆分一样。就是 14 先乘个位上的 2，再乘十位上的 1，最后加起来。

(结合回答，板书)

图11

师：竖式中，也是把 12 个 14 分拆成了 2 个 14 与 10 个 14，再把两个积（28 与 140）加起来。竖式计算的道理就是横式计算的道理，只是书写更简单、算时更方便了。

解析："你觉得在这多种方法中，有没有通行的、畅通无阻的方法？"这一问题促使学生思考计算方法的一般性。而为什么说这种方法具有一般性的说理，其实质就是进行数学推理。有学生从反面举例（例如：37×59）说明不是所有的两位数都能分解成两个不为 1 的因数相乘的形式，所以认为这种方法不具一般性。又有学生从正面进行说理：因为所有的两位数都可以分拆成整十数加一位数，所以此种方法具有一般性。学生从正反两个方面进行说理。

说理过程中，学生不仅对两位数乘两位数的计算方法会有更深的理解，更为重要的是，学生积累了进行思维活动的经验。这种经验，会影响学生对新知识的探究学习，学生一旦有了进行一般化思维的意识和习惯，将终身受用。它比让学生理解两位数乘两位数的算理、掌握计算方法重要的多。而一般化思维方法的形成，则需要教师有意识地引导，让学生亲身经历进行一般化思维活动的过程。

(3) 片段3。

师：这样计算肯定是错的，那到底错在哪儿呢？

师：108 个是算少了，能不能在图中表示出来？

学生在图中圈画着。

教师引导学生数形结合地观察、思考图中的少算部分。

结合回答，进行演示——

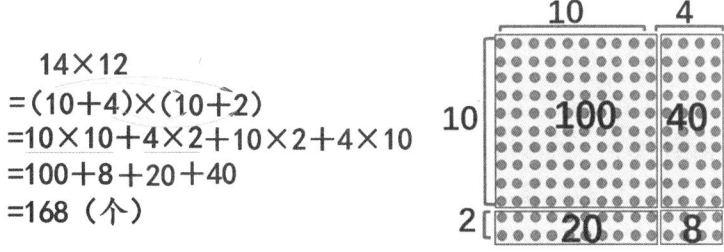

$14×12$
$=(10+4)×(10+2)$
$=10×10+4×2+10×2+4×10$
$=100+8+20+40$
$=168$（个）

图12

师：图形让我们清楚地看到：$14×12=(10+4)×(10+2)=10×10+4×2+10×2+4×10$,如果没有图形,你能进行证明吗?

学生独立思考,展示汇报,说出每一步算式的依据——

$14×12=(10+4)×12$ （数的意义）
$=10×12+4×12$ （乘法分配律）
$=10×(10+2)+4×(10+2)$ （数的意义）
$=10×10+10×2+4×10+4×2$ （乘法分配律）

师：我们再来看看竖式,你能看出这四部分吗?

生：14乘2,里面有2个4和2个10,也就是8和20;14乘10,里面有10个4和10个10,也就是40和100。

（结合回答,进一步板书）

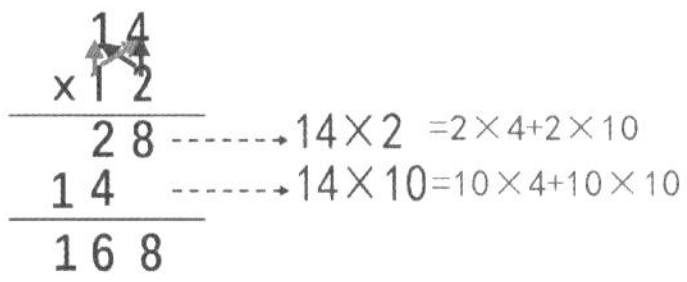

师：竖式计算与横式计算的道理是一样的。你会选择用哪种式子计算?为什么?

生1：竖式简便,没有那么长。

生2：竖式其实是把横式压缩在了一起,很方便。

图13

解析："到底错在哪儿呢?"不满足于学生理解算理、掌握算法,让学生深究出错的原因。因为在深究原因的过程中,学生体验到借助图形能帮助发现错在哪儿、进行纠错;又体验到根据数的意义和运算定律一步步进行推理,直观看到的结论将得以证明。学生的几何直观、演绎推理的能力得到培养。

师：你觉得点子图,如何?

生：点子图上能清楚表示出各部分,不会少算或多算。

师：你有什么建议吗?

生：画这么多圆点,很麻烦。

师：是呀,怎样画更简洁?

生：可以把点子省去。

师：这样画(图14),可以吗?

师：你能画图计算 $43×37$ 吗?

解析："怎样画更加简洁?"意在对点子图

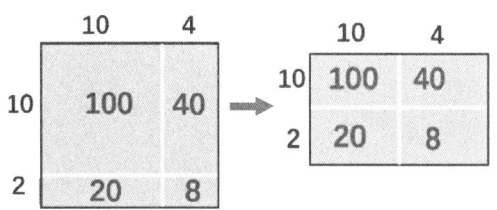

图14

第一篇　实践理论梳理　15

进行抽象,构建更为一般的两位数乘两位数的几何模型。而画图计算 43×37,则让学生体会到该几何模型的便捷。

构建几何模型,重在培养学生的几何直观,帮助学生进行抽象和推理,并能主动类比,自主获得多位数乘两位数的计算方法,甚至为多项式乘法积累了经验,打下了基础。

我原本认为,教思考,教体验,教表达,其实就是在数学课堂教学中实现培养学生数学核心素养的目标。而教学实践让我体会到,关键在于创设合适的情境,提出具有挑战性的问题,让学生全身心地投入自主探究的学习活动,充分表达思维,相互间进行质疑,从中揭示数学知识的本质,感悟数学的思想方法,积累思维和活动的经验,体验积极的情感,增强学习的信心。

教思考:"三思"而行

贲友林　南京师范大学附属小学

培养学生学会思考,是教学应有之义。从宏观角度来看,以知识为主的教学取向仍然是一股强大的惯性力量,知识量获取的多少是评价课堂教学的重要参照。虽然课堂教学不是以获取知识量作为唯一追求,但对学会学习、学会思考这一教学要求,在言说时重视、在行动中落空的现象却较为普遍,其影响教学的内涵发展和学生的终身发展。从微观角度来看,在课堂中,我们常常看到教师提醒学生:要动脑筋思考!教师也常常责怪一些学生不会思考。然而,这样的提醒与责怪,往往是流于口头,如何思考,缺乏认识,怎样思考,缺失指导。

一、思考是如何在学习过程中发生的?

"学而不思则罔,思而不学则殆。"这两句,我们耳熟能详。但越是熟悉的常识,我们越有可能在不知不觉中放弃自己的思考。当思考不在场,学习的发生也就是一句空话。学习时,需要思考,思考的过程,也就是学习的过程。学生在思考中学习,并且也学习思考,两个过程是相辅相成的。

学习过程中的思考,倘若仅仅理解为让学生动脑筋想一想,那就简单化得失去了专业的内涵。我们是否想过:教师让学生思考,学生就思考了吗?学生思考了,就行了吗?对于思考,不应当是空洞的泛泛而谈。教师要想一想:学生是怎样思考的?学生的思考在学习过程中是如何发生的?

从学生的想法发生、发展的过程来看,学习时的思考分成四个阶段。

一是个别想法阶段。面对学习任务或问题,学生自己思考,拥有自己的想法。很多时候,教师可能仅仅满足于学生如此表现,认为这样就体现出学生思考了。但这只是学习时思考的起始阶段,或者说思考刚起步而已。思考从这里出发,继续前进,后续有发展,有情节,有故事。

二是多种想法阶段。课堂学习和课外学习的一个不同之处在于,课外学生往往是一个人的学习,是个体状态下相对独立的学习;而课堂是一群人在一起学习,是发生在群体中"他人在场"的学习。"独学而无友,则孤陋而寡闻。"一个班级的学生在一起,大家通过交流、展示、呈现出各自的想法,学习进入了多种想法阶段。保罗·弗莱雷指出:"只有通过交流,人的生活才具有意义。只有通过学生思考的真实性,才能证实教师思考的真实性。教师不能替学生思考,也不能把自己的思考强加给学生。真正的思考,即是对现实的思考,不是发生在孤立的象牙塔中,而只有通过交流才能产生。"[1]

三是关联想法阶段。在倾听多种想法交流的过程中,不应停留于"听清""听懂",而是把握各种想法的要点与实质,找寻不同想法之间的不同点与相同点,既有对他人不同的想法进行比较,也有把他人的想法与自己的想法进行对照,通过比较与对照,让不同的想法关联起来。

四是拓展想法阶段。经历想法的关联,自己原先错误的想法得到修正,片面的想法得到补充,正确的想法得到强化,单一的想法得到丰富,肤浅的想法得到深化。总之,自己原先的想法在这个时候发生了变化。这时候,教师和学生都能"看到"思考,原先的想法是什么,现在的想法又是什么,这时候学习也就发生了。因为无变化,非学习。我们熟悉这样一段话:"你有一个苹果,我有一个苹果,我们交换一下,一人还是一个苹果;你有一个思想,我有一个思想,我们交换一下,一人就有两个思想,甚至更多。"两个思想,是一种直接的想法的物理相加;甚至更多,是交流的双方的想法发生了化学反应,让想法实现了"1+1>2"的互动效应。

课堂内的思考,与倾听、表达紧密结合在一起。倾听,不仅仅是做出听的样子,例如身体略向前倾,两眼注视对方。倾听,首先要听清,关键是听懂。如果没有听懂,要及时告诉对方,没听懂他的想法。这是多种想法阶段对每个学生的要求。倾听,要把他人的想法和自己的想法做对照、比较,这即关联想法。这个过程是让深度思考真正发生的关键阶段。

思考是人的内部活动,要通过表达展现。语言是思维的外壳,也是思维的工具,还是思维的成果。表达,有书面表达与口头表达两种方式。课堂中的表达,我们较多地认为是口头表达,而学生的作业、板演等,即书面表达。表达,不仅仅表现为把自己的想法敞亮出来,还在于有思考地表达,不是简单地把他人的想法再现,不是完全重复说,或一味地重新说,而是互动性地接着说。接着说,一是接着他人的想法说,二是接着自己原先的想法有新说。接着说,是对他人想法、自己原先想法的补充、修正、肯定、质疑、综述。这样,即关联想法之后的拓展想法的表现。

以小学四年级一道数学题的教学片段为例。

在□里填合适的数字,使等式成立。

$$□□×□□=1\ 600 \qquad □□×□□=2\ 400$$

学生独立完成。这个阶段,每个学生做了思考,进入了个别想法阶段。

接下来,全班交流:怎样填的?一共有哪些填法?这是多种想法阶段。

第1小题,一个学生汇报:算式分别是80×20,40×40,20×80。第二个学生举手发言:还可以填25×64。全班学生很惊讶,因为大家填的都是整十数乘整十数的算式,而第二个学生接着说的算式是非整十数相乘的算式。学生表现出的惊讶,则是关联想法的外显。第二个学生继续解释:看到1 600,想到100,25×4=100,4再乘16等于64。在这个过程中,教师听懂了学生的想法,为了帮助全班学生都听清、听懂,教师将第二个学生的想法做了板书(图1),并和全班学生共同梳理想法:25×4=100,乘数25不变,积从100变成1 600,乘16,所以另一个乘数4也要乘16,这样就得到64,25×64=1 600。

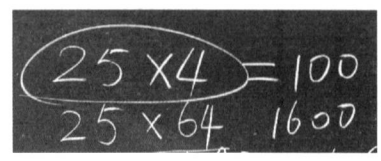

图1

又一个学生举手发言：还可以填 50×32。刚才第二个同学想到 25×4 等于 100，我想到 50 乘 2 也等于 100。乘数 50，不变；积乘 16，另一个乘数 2 也乘 16 得到 32，50×32＝1 600。

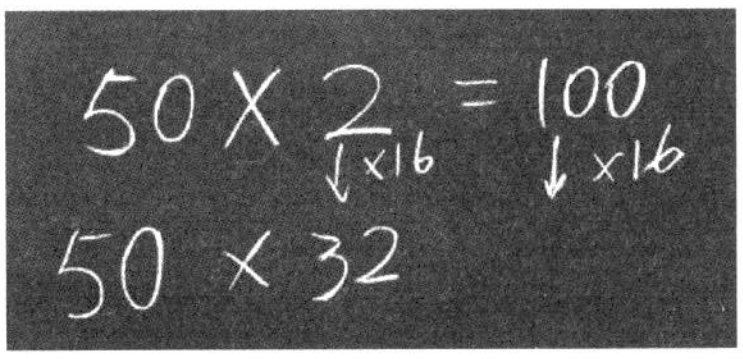

教师板书（图 2）。

图 2

从第三个学生的发言，我们明显地发现，学生关联想法，拓展想法。第 1 小题，第二、三个学生的接着说，又启发了全班学生把第 2 小题的想法从原先填写的整十数乘法算式拓展成了还可以填非整十数相乘的算式。在这样的学习过程中，学生的"思考之花"尽情绽放。

二、学习中的思考如何进阶？

学习过程中的思考，并不是停留于自然状态，任其自流。教师的教学，让学生学会思考，掌握思考方法，保持思考的积极性，体验思考的乐趣，提升思维的品质。学习时的思考要体现四个层级。

一是有想法。即学习时，首先通过思考生成想法，并对自己的想法保持监控，知道自己的想法是什么。在教学过程中，要注意的是面对学习任务或问题，有些未经学生自己的思考而是直接从教科书中"抄袭"来的想法，那是课堂学习中出现的泡沫，是"水货"。例如当下课堂教学改革，导学单之类材料的应用，在一定程度上具有一定的普遍性。所谓导学单，是指教师根据教学内容设计，引导学生先学，即让学生先想、先做的材料。在导学单中，教师设计一些问题，让学生展开自己的思考。无疑，这是促进学生自主、探究性学习的一种积极尝试。因为让学生先学，学生有着更为充分的思考时间与空间。但学生是不是独立思考呢？我们是否注意到，有的学生可能将教科书中的结论直接照搬到导学单上。看似正确的想法，却不是学生自己思考得来的。这样的泡沫，并不是学生真正的想法，而且遮掩了思考的真相，造成了课堂学习的虚假繁荣。

二是有根据。即思考做到有根有据，而不是胡思乱想。在教学中，教师不仅关注思考的结果，还关注思考的过程。福建师范大学余文森教授认为，思考具有三个特点：有根据的思维，有条理的思维，有深度的思维。这三点是检验一种思维是不是思考的评判标准。从教育的角度来讲，思考强调的是主体性、独立性和创造性。思考是学生个体独立自主的独特思维，而不是被动思维，不是复制思维，只有这样，思考才能成为学生的一种思维能力和一种学科素养。[2]

三是有方法。即掌握思考的方法，会比较，会归纳，会概括，会联系，会迁移。思考方法，既有一般性的、超越具体学科的方法，例如分析与综合、分类与比较、抽象与概括等，也有具有学科特质的方法。以数学学科为例，发现数学问题、提出数学问题、分析数学问题、解决数学问题的思考方法，具体表现为：用数学的眼光去观察世界，发现相关问题中蕴含的数学元素，通过考察这些数学元素间的联系，提出数学问题；通过一系列的合情推理，提出相应的数学猜想,或提出解决这一数学问题的基本思路,建立数学模型。对于猜想,要作出否定与肯定,否定猜想需要举出反例,肯定猜想需要进行逻辑证明。对于数学模型,要进行检验与修正,由此得到一个个数学知识,再使用公理化的方法把它们系统化。对于教学中如何处理一般性思考方法与学科思考方法之间的关系,南京大学哲学系郑毓信教授的相关观点给了我们启示:与"帮助学生学会数学地思维"相比较,我们应当更加提倡"帮助学生通过数学学会思维"。[3]

四是有疑惑。学贵有思,思贵有疑。小疑则小进,大疑则大进。当思考产生疑问时,也就发现自己想法中的空白,这是思考进阶的表现。湖南师范大学张楚廷教授强调:"能够带上满口袋问题走进课堂的课,算好课;能够在课堂中唤起学生也生问、发问、提问的课,算更好的课;能够唤起学生提问、居然被学生的问题问倒了(教师一时答不出来)的课,算是最好的课。"[4]

例如,下面一道数学问题的教学片段。课前,教师将问题交给学生思考与解答(图3),学生独立思考,在材料中写下了各自的想法与解法。

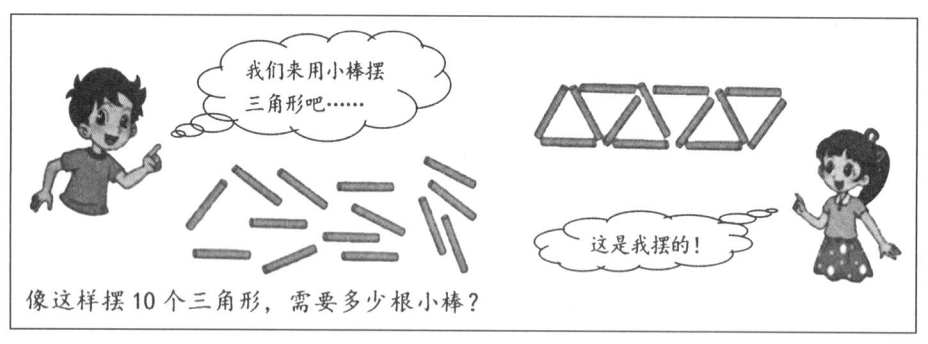

图3

课堂中,一个学生展示算法:10-1=9,9×2=18,18+3=21,但他解释不清楚他为什么这样列式计算。课后了解,这样的解法是妈妈教的,不是他自己想的。课堂上,在教师与同学的共同帮助下,借助画图,他基本解释清楚了这几步算式究竟算的是什么。

第二个学生展示算法:2×10+1,并结合画图对想法解释得清清楚楚(图4):假设第一根小棒不看,有10个三角形,每个三角形都有2根小棒,最后把那一根加上去。

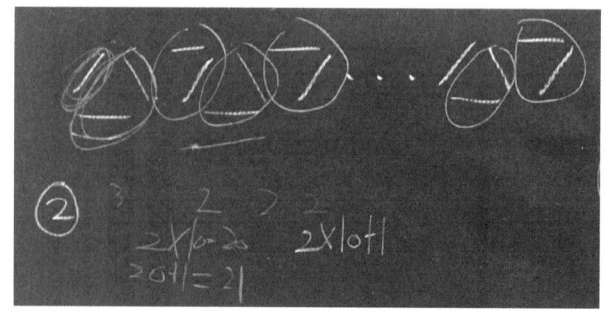

图4

接着,有学生交流他刚想到的一种解法:11×2−1。他结合画图是这样解释的(图5):在第一个三角形的最前面加一根小棒,这样就有 11 个 2 根小棒,最后再把增加的那根小棒减掉。

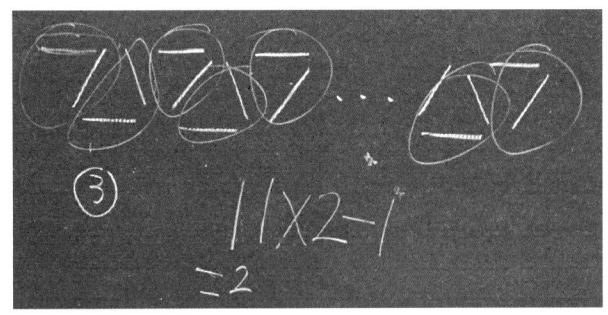

图 5

教师引导学生发现,第二、三个同学的想法的共同之处在于都用了假设思想,第二个同学的想法是假设"少一根",第三个同学的想法是假设"多一根"。

三种想法交流之后,第四个学生发言。他特别说明是他刚才想到的。刚才两个同学都是假设两根小棒为一组,他的想法是假设 3 根小棒为一组。这样增加 9 根小棒,就成了 10 个独立的三角形,然后把 9 根小棒去掉。列式是 10×3−9(图 6)。

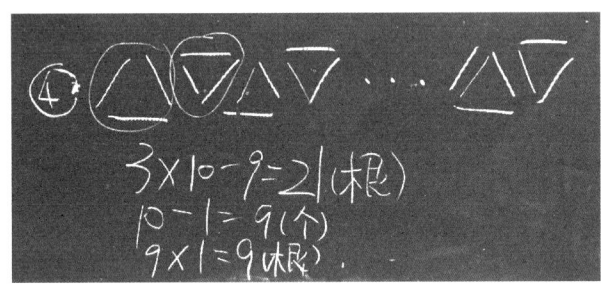

图 6

分析上面四个学生的想法,表现出不同的水平。第一个学生,看似有想法,其实不是自己的想法,在课堂学习过程中实现了有想法;第二个学生,有想法,有根据。第三、四个学生的想法,有据有法,第三个学生联系前一个学生"去一根",想到了"添一根"。教师的介入,让学生对思考有方法从朦胧混沌状态中逐步有了较为清晰的感受。第四个学生发现前两个学生的想法都是"两根小棒为一组",他由此想到了"三根小棒为一组"的想法。学生会联系,会迁移,有想法,有根据,有方法。课堂中,他人的想法启发自己生成新的想法,这是我们所期望的课堂中的互动。互动,不仅指言语层面的互动,更为重要的是想法层面的互动。这样的互动,正体现了想法,也包含思考的策略与方法在关联过程中的互相影响。

紧接着可以生成这样的疑问继续思考:"还有不同想法吗?""这些不同的想法有什么内在的联系呢?"不过,学生暂未达到这样的思考水平,教师可以指导学生将想法联系起来,质疑,再思,从而促进学生的想法走向深入,步入各自之前想法的"无人区",变得穿透、辽远。

三、学思结合,教师何为?

康德指出:"人的教育不能只是简单地、机械地接受训练,最重要的是要使儿童学会思考。"[5]学思结合,专业化的教师又何为呢?

一是还学生充分的思考时间与空间,充分激发学生思考的兴趣与积极性,并让学生经历思考的过程,体验到思考的酸甜苦辣。在思考过程中,学生是否愿意思考,非智力因素的参与,这与教师有很大的关系。好的教学,学生愿意思考,主动思考,勤于思考,乐于思考。

二是对学生的思考给予指导,即有根有据有方法。思考是需要教的。教师不能将思考的方法当成现成的结论让学生去记忆,而是要让学生在大量的、长期的思考过程中逐步领略、"凝聚"思考方法的内涵。学生,在思考中学会思考。教师不仅要支持学生快思,还要鼓励学生慢想。例如在数学学科的学习过程中,要关注并培养学生学会长时间地思考。我们都知道,一位数学家可能一生都在思考、琢磨、研究某一个数学问题,或许一辈子也未能完全解决这个问题,但这个长期思考过程让数学家沉迷其中,乐此不疲。这也正是数学的魅力所在,彰显了数学思考的独特品性。正如东北师范大学史宁中教授所说:"素养的形成,是日积月累、自己思考的经验的积累。"[6]

三是做好思考的示范与榜样。只有会思考的教师,才能教出会思考的学生。郑毓信教授指出:"如果教师本身不善于思考,甚至也不愿意进行思考,那么,无论其在课堂上,特别是在从事数学思维的专门教学时如何去推崇数学思维,这些显然都只是纸上谈兵、空中楼阁,而不可能对学生有任何真正的影响。"[7]张楚廷教授认为:"教学,从根本上说,是思考着的教学引导着学生思考,又让思考着的学生促动教师思考。"[8]

二年级"认识多位数",学生认识算盘,拨算珠表示多位数。教师让学生拿出课前准备的算盘。一个学生说:"老师,我的算盘比同桌的算盘的珠子少。"的确是这样,一个学生的算盘,每一档上珠有2个,下珠有5个;另一个学生的算盘,每一档上珠只有1个,下珠只有4个。算盘上的算珠怎么少了呀?教师也从来没有关注过这个问题。课上对该问题未做处理,课后查找文献,一无所获。教师自己琢磨,所持的基本认识是,算珠的多少,一定是满足某种需要。继而思考发现,算盘上每档算珠有多少,和进制有关系。中国古代在计量质量(重量)的时候,1斤=16两,那么算盘上每档算珠表示的数必须满足表示0—15的要求。上珠2个,每个上珠表示5,下珠5个,每个下珠表示1,这样一共表示2×5+1×5=15。"上二下五珠"算盘,不仅满足了十进制,也满足了十六进制。20世纪五十年代之后,为了跟国际接轨,我国都采用了十进制,这样"上一下四珠"就可以满足表示0—9的要求。上珠1个,每个上珠表示5,下珠4个,每个下珠表示1,这样一共表示1×5+1×4=9。再次上课,重提"算珠怎么少了"这一问题,教师并没有简单地将问题答案全盘告诉学生,而只简单地向学生介绍了中国古代独有的十六进制,再让学生自己思考,然后有所得。

难以想象,不思考的学习是怎样的;但没有深入思考的学习,一定是浅层学习而不是深度学习。如果只有思考而未学习,那这种漫游状态的思考可以有,例如闲暇时间躺在沙滩上晒着太阳"让想法飞一会儿"的那样思考,不过其已远离了学习,也就是说,学习没有发生。

联合国教科文组织国际教育发展委员会指出:"教师的职责已经是越来越少地传授知识,而越来越多地激励思考。"[9]对"思",我们要学;对"学",也需要我们去思。教思考,"三思"而行。

参考文献

[1] [巴西] 保罗·弗莱雷.被压迫者教育学[M].顾建新,赵友华,何曙荣,译.上海:华东师范大学出版社,2001:28—29.

[2] 余文森.核心素养导向的课堂教学[M].上海:上海教育出版社,2017:20.

[3] 郑毓信.新数学教育哲学[M].上海:华东师范大学出版社,2015:391.

[4] 张楚廷.大学里,什么是一堂好课[J].高等教育研究,2007(3):73—76.

[5] 单中惠.教育小语——100位中外教育家的智慧感悟[M].上海:华东师范大学出版社,2006:93.

[6] 史宁中.推进基于学科核心素养的教学改革[J].中小学管理,2016(2).19—21.

[7] 郑毓信.小学数学教育的理论与实践[M].上海:华东师范大学出版社,2017:61.

[8] 张楚廷.教师的四重奏:教学·学教·教问·问教[J].课程·教材·教法,2008(7):40—43.

[9] 联合国教科文组织国际教育发展委员会.学会生存——教育世界的今天和明天[M].华东师范大学比较教育研究所,译.北京:教育科学出版社,1996:108.

数学教学要引导学生悟道理
——以一个分数表示问题为例

曾小平　刘长红　林　玲　首都师范大学初等教育学院

2018年5月2日,习近平总书记在北京大学师生座谈会的讲话中指出:"学习就必须求真学问,求真理、悟道理、明事理,……要通过学习知识,掌握事物发展规律,通晓天下道理。"同年9月10日,习近平总书记在全国教育大会上发表了重要讲话,他指出:"教育引导学生珍惜学习时光,心无旁骛求知问学,增长见识,丰富学识,沿着求真理、悟道理、明事理的方向前进。"可见,习近平总书记特别强调教育要引导学生悟道理。

道,指的是方向,方法。理,指的是规律,道理。悟,就是理解,明白,觉悟。悟道理的意思就是主动理解和领悟事物发展变化的规律、真理、方向和方法。在小学数学教学中,教师要引导学生悟道理,即引导学生主动探索、分析解决数学问题,理解其中隐含的数学方法,领悟其中的数学思想,进而发展学生的数学素养。

如何在小学数学教学中引导学生悟道理？这是一个比较复杂的问题,需要我们持续地思考和实践。下面以一个分数表示问题为例,谈一谈我们的一点看法,供大家参考。问题是这样的:请在( )中填上适当的自然数,使等式 $\frac{1}{12} = \frac{1}{(\ )} - \frac{1}{(\ )}$ 成立。(为了表述方便,我们把这个问题简记为"问题*")。"问题*"的实质,就是把 $\frac{1}{12}$ 表示为两个分数单位之差。如何求解这个问题呢？

一、联想特殊等式

方法1：根据平时分数计算积累的经验,分母相邻的单位分数之差,结果为分母乘积的单位分数。例如 $\frac{1}{2} - \frac{1}{3} = \frac{1}{2 \times 3}$。

更一般地,有 $\frac{1}{n} - \frac{1}{n+1} = \frac{1}{n(n+1)}$,可以得到 $\frac{1}{n+1} = \frac{1}{n} - \frac{1}{n(n+1)}$。

利用这个结论,就可以得到 $\frac{1}{12} = \frac{1}{(11)} - \frac{1}{(11 \times 12)}$,即 $\frac{1}{12} = \frac{1}{(11)} - \frac{1}{(132)}$。(下略)

方法2：根据平时分数计算形成的技巧,分母互质的单位份数相减,结果是分母乘积做分母,分母之差做分子。例如 $\frac{1}{4} - \frac{1}{7} = \frac{7-4}{4 \times 7}$。

更一般地，有 $\frac{1}{a}-\frac{1}{b}=\frac{b-a}{a\times b}$，可以得到 $\frac{b-a}{a\times b}=\frac{1}{a}-\frac{1}{b}$。特别地，当 $b-a=1$ 时，可以得到 $\frac{1}{a\times b}=\frac{1}{a}-\frac{1}{b}$。

利用这个结论，类比 $\frac{1}{12}=\frac{1}{(\ )}-\frac{1}{(\ )}$，就需要把 12 分解为差等于 1 且互质的两个自然数之积，即 $12=3\times 4$，这就得到 $\frac{1}{12}=\frac{1}{3\times 4}=\frac{1}{(3)}-\frac{1}{(4)}$。（下略）

显然，这两种做法都具有很强的技巧性，不容易想到。而且仅能找到"问题*"的某些答案，要得到这个问题的全部解答非常困难，通常会遗失一些解答。

二、使用一般性的方法

方法 3：观察等式 $\frac{1}{12}=\frac{1}{(\ )}-\frac{1}{(\ )}$ 可以发现，在第一个（ ）中填上的自然数应该比 12 小，因此，可以把比 12 小的自然数填在括号里，一个一个地试。

例如，$\frac{1}{12}=\frac{1}{(11)}-\frac{1}{(\ )}$，可以得到 $\frac{1}{11}-\frac{1}{12}=\frac{12-11}{11\times 12}=\frac{1}{132}$，即 $\frac{1}{12}=\frac{1}{(11)}-\frac{1}{(132)}$。

又如，$\frac{1}{12}=\frac{1}{(10)}-\frac{1}{(\ )}$，可以得到 $\frac{1}{10}-\frac{1}{12}=\frac{12-10}{10\times 12}=\frac{2}{120}=\frac{1}{60}$，即 $\frac{1}{12}=\frac{1}{(10)}-\frac{1}{(60)}$。

再如，$\frac{1}{12}=\frac{1}{(9)}-\frac{1}{(\ )}$，可以得到 $\frac{1}{9}-\frac{1}{12}=\frac{12-9}{9\times 12}=\frac{3}{108}=\frac{1}{36}$，即 $\frac{1}{12}=\frac{1}{(9)}-\frac{1}{(36)}$。

往下算，$\frac{1}{12}=\frac{1}{(8)}-\frac{1}{(\ )}$，可以得到 $\frac{1}{8}-\frac{1}{12}=\frac{1}{24}$，即 $\frac{1}{12}=\frac{1}{(8)}-\frac{1}{(24)}$。

再往下算 $\frac{1}{12}=\frac{1}{(7)}-\frac{1}{(\ )}$，可以得到 $\frac{1}{7}-\frac{1}{12}=\frac{12-7}{84}=\frac{5}{84}$。这说明，第一个括号填 7 不行。

……

再往下算，直到 $\frac{1}{12}=\frac{1}{(2)}-\frac{1}{(\ )}$，可以得到 $\frac{1}{2}-\frac{1}{12}=\frac{6-1}{12}=\frac{5}{12}$。这说明，第一个括号填 2 不行。这样可以求出符合条件的所有自然数。

这个方法虽然好想，但计算量很大，尤其对于分母较大的单位分数，计算起来就很费时间，而且容易出错。有没有更为简洁的方法呢？

方法 4：假设符合条件的自然数已经找到了，不妨设为 a 和 b，即 $\frac{1}{12}=\frac{1}{a}-\frac{1}{b}$。

可以得到 $ab=12b-12a$，即 $ab-12b+12a=0$。也就是 $(a-12)(b+12)=-144$，即 $(12-a)(b+12)=144$。

注意到 $0<a<12$，因此 $0<12-a<12$，而 $b+12>12$，因此，我们就需要把 144 进行分解，即 $144=1\times 144=2\times 72=3\times 48=4\times 36=6\times 24=8\times 18=9\times 16=12\times 12$（舍去）。

这样就可以得到以下方程组：

$\begin{cases} 12-a=1, \\ b+12=144 \end{cases}$ 或 $\begin{cases} 12-a=2, \\ b+12=72 \end{cases}$ 或 $\begin{cases} 12-a=3, \\ b+12=48 \end{cases}$ 或 $\begin{cases} 12-a=4, \\ b+12=36 \end{cases}$ 或 $\begin{cases} 12-a=6, \\ b+12=24 \end{cases}$ 或

$\begin{cases} 12-a=8, \\ b+12=18 \end{cases}$ 或 $\begin{cases} 12-a=9, \\ b+12=16 \end{cases}$。

解这些方程组，得到：

$\begin{cases} a=11, \\ b=132 \end{cases}$ 或 $\begin{cases} a=10, \\ b=60 \end{cases}$ 或 $\begin{cases} a=9, \\ b=36 \end{cases}$ 或 $\begin{cases} a=8, \\ b=24 \end{cases}$ 或 $\begin{cases} a=6, \\ b=12 \end{cases}$ 或 $\begin{cases} a=4, \\ b=6 \end{cases}$ 或 $\begin{cases} a=3, \\ b=4 \end{cases}$。

这样我们就得到符合条件的全部答案，即 $\frac{1}{12}=\frac{1}{(11)}-\frac{1}{(132)}=\frac{1}{(10)}-\frac{1}{(60)}=\frac{1}{(9)}-\frac{1}{(36)}=\frac{1}{(8)}-\frac{1}{(24)}=\frac{1}{(6)}-\frac{1}{(12)}=\frac{1}{(4)}-\frac{1}{(6)}=\frac{1}{(3)}-\frac{1}{(4)}$。

三、关联到相似问题

我们讨论了"问题*"的一些方法。这个问题是否还有更好的解决方法呢？有待读者去思考。同时，读者还可以思考与之类似的问题。

问题1：请在（ ）中填上适当的自然数，使等式 $\frac{1}{12}=\frac{1}{(\ )}+\frac{1}{(\ )}$ 成立。

问题2：请在（ ）中填上适当的自然数，使等式 $\frac{2}{7}=\frac{1}{(\ )}-\frac{1}{(\ )}$ 成立。

问题3：请在（ ）中填上适当的自然数，使等式 $\frac{2}{7}=\frac{1}{(\ )}+\frac{1}{(\ )}$ 成立。

问题4：请在（ ）中填上适当的自然数，使等式 $\frac{1}{12}=\frac{1}{(\ )}+\frac{1}{(\ )}+\frac{1}{(\ )}$ 成立。

这些问题都非常有趣！值得我们去思考、去探究。如果能在小学数学课堂教学中合理使用，这些问题对培养学生的数学能力、数学兴趣是很有帮助的。

更为一般地，如果 n 为正整数，请在（ ）中填上适当的自然数，使等式 $\frac{1}{n}=\frac{1}{(\ )}+\frac{1}{(\ )}$ 成立。这个问题的解的个数与 n^2 的因数个数有关，即解的个数＝（n^2 的因数个数－1）÷2，其中，n^2 的因数包含1和 n^2。

四、在教学中逐步推进

"问题*"是一个起点偏低、入口较宽、方法多样、相对开放的问题。正确使用这个问题，既有助于学生巩固分数加减法的基础知识，培养运算能力，又可以启发学生发现规律，培养学生探索发现、迁移运用的能力，还可以基于过程适度延伸，让学生进行比较深刻的数学思考，积

累数学活动经验。

运用1：作为培养运算能力的素材，这个问题可以放在五年级下册"分数加减法"新知识学习之后进行教学。例如，在人教版小学《数学》教科书五年级下册第95页练习二十四第6题（见图1）之后进行教学。主要目标是通过熟练的分数加减法计算与练习，培养学生的运算能力。

$$\frac{1}{3}-\frac{1}{4}= \qquad \frac{1}{2}+\frac{1}{5}= \qquad \frac{1}{6}-\frac{1}{7}= \qquad \frac{1}{5}+\frac{1}{6}=$$

$$\frac{1}{7}-\frac{1}{8}= \qquad \frac{1}{8}+\frac{1}{9}= \qquad \frac{1}{2}-\frac{1}{3}= \qquad \frac{1}{9}+\frac{1}{10}=$$

图1

在完成了第6题之后，教师出示"问题*"，让学生去思考，鼓励尽量用多种方法解决。有的学生会根据第6题中的 $\frac{1}{3}-\frac{1}{4}=\frac{1}{12}$，得到 $\frac{1}{12}=\frac{1}{(3)}-\frac{1}{(4)}$。有的学生会根据 $\frac{1}{12}+\frac{1}{12}=\frac{1}{6}$，得到 $\frac{1}{12}=\frac{1}{(6)}-\frac{1}{(12)}$。这其实就是方法2。有的学生会根据已有的经验，想到在 $\frac{1}{12}=\frac{1}{(\ )}-\frac{1}{(\ )}$ 的第一个（ ）中填比12小的自然数，一个一个地试。这其实就是方法3。

运用2：作为寻找规律的素材，可以放在五年级下册"分数加减法"单元总复习中进行教学。例如，在人教版小学《数学》教科书五年级下册第101页练习二十五第8题（图2）之后进行教学。主要目标是通过熟练的分式加减法计算后，观察算式发现规律和使用规律解决问题，培养学生的问题解决能力。

$$1-\frac{1}{2}=\frac{1}{2} \qquad \frac{1}{2}-\frac{1}{3}=\frac{(\ )}{(\ )} \qquad \frac{1}{3}-\frac{1}{4}=\frac{(\ )}{(\ )} \qquad \frac{1}{4}-\frac{1}{5}=\frac{(\ )}{(\ )}$$

你能发现什么？用你的发现计算下面这道题。

$$\frac{1}{2}+\frac{1}{6}+\frac{1}{12}+\frac{1}{20}$$

图2

在完成了第8题之后，教师出示"问题*"，让学生去思考。学生会把刚才发现的规律 $\frac{1}{n}-\frac{1}{n+1}=\frac{1}{n(n+1)}$，变形为 $\frac{1}{n+1}=\frac{1}{n}-\frac{1}{n(n+1)}$ 和 $\frac{1}{n(n+1)}=\frac{1}{n}-\frac{1}{n+1}$。再代入具体数字，得到 $\frac{1}{12}=\frac{1}{(11)}-\frac{1}{(132)}$ 和 $\frac{1}{12}=\frac{1}{(3)}-\frac{1}{(4)}$。这其实就是方法1。

运用3：作为数学思考的素材，可以放在六年级下册总复习的"数学思考"栏目中进行教学。例如，在人教版小学《数学》教科书六年级下册第104页练习二十二第8题（图3）之后进行教学。主要目标是通对问题进行一般化探索,用代数方法解决问题,培养学生从数学的角度探究问题的能力,积累数学思考的活动经验。

```
○、□、△各代表一个数,根据下面的已知条件,求○、□、△的值。
(1) ○+□=91            (2) □-○=8
    △+□=63                □+○=12
    △+○=46                △=□+□+○
```

图3

在完成了第8题之后,教师出示"问题*",鼓励学生尽量用多种方法解决。有的学生会想到方法1、方法2、方法3。教师引导学生,不要急于去解决问题、得到"问题*"的答案,而是预先评估一下这三种方法。这时,学生会发现:前两种方法技巧性太强,而且会漏掉一些答案;第三种方法计算量太大,需要花费很长时间,而且容易计算出错。这时有的学生就会联想到第8题,"问题*"变为"○和△代表一个自然数,使等式 $\frac{1}{12}=\frac{1}{○}-\frac{1}{△}$ 成立,求○和△的值"。教师继续引导,将问题变形为 △×○=12×△-12×○,学生就可能想到方法4,比较圆满地解决这个问题。

领悟"三教" 追寻数学本质
——基于"三教"视野培养小学生数学核心素养的实践探索

骆春梅　新疆塔城市第一小学

史宁中教授指出,数学核心素养的内涵是"数学课程要的学生核心素养,是通过数学活动逐步形成与发展的正确价值观、必备品格和关键能力。核心素养反映了数学学科的基本特征及其独特的育人价值,是现代社会公民素养系统的重要组成部分。核心素养具有高度的整体性、一致性和发展性"。

《义务教育数学课程标准(2022年版)解读》中明确指出,数学课程要培养学生的核心素养,主要包括"三会":会用数学的眼光观察现实世界,会用数学的思维思考现实世界,会用数学的语言表达现实世界。"三会"既反映了数学活动的基本特征,也是学生对数学基本思想的感悟和内化的结果,体现了数学学科对所有学生的教育价值,在中小学的数学课程、教学与评价方面具有统领作用。

为此,新疆塔城市教育界积极开展了基于"教思考、教体验、教表达"(简称"三教")视野培养小学生数学核心素养的实践探索。

一、关于会用数学的眼光观察现实世界的实践探索

义务教育阶段的数学眼光主要表现为数感、量感、符号意识、抽象意识、几何直观、空间观念,以及由此进一步发展的创新意识。具体要求是:通过对现实世界中基本数量关系与空间形式的观察,学生能够直观理解所学的数学知识及其现实背景;能够在生活实践和其他学科中发现基本的数学研究对象及其所表达的事物之间简单的联系与规律;能够在实际情境中发现和提出有意义的数学问题,进行数学探究;逐步培育从数学角度观察现实世界的意识与习惯,发展好奇心、想象力和创新意识。

依据《义务教育数学课程标准(2022年版)》,进行了以下几方面的实践探索:

第一,数学眼光是观察现实世界的一种特殊方式,其目的是透过事物的表面现象和各种物理属性,抽象出数量关系与空间形式。例如:"角的度量"是在学生"理解了度量单位的产生与统一""体验了测量方法的探究",这两个阶段学习的基础上学习的,在这一课,学生需要将前面学习度量的核心要素串联起来,经历一个比较完整的测量过程。然而角的图形特征与一维的图形线段不同,与二维的封闭图形长方形、正方形又有所区别,很多学生在探究角的测量方法时,常常感到无所适从,拿了量角器不知道该怎样放,不能顺利联系前面积累的测量知识来解决新的问题。因此,在教学时应把握测量的数学本质,以大的视角去关注角的度量本质

核心,发现知识间的关联,实施促进学生发展的教学活动,获得数学的基本活动经验,逐步形成核心素养。

第二,问题是数学的心脏。数学眼光的一个重要含义是在各种现实和数学的问题情境中,"看"出其中的数学规律,发现和提出有意义的数学问题。在"角的度量"一课中,从"散点"构建——量角、读角,到"结构"构建——已知角去比未知角,数数有多少个度量单位;紧扣关键词"度量",围绕"为什么要统一度量单位——度量工具是怎样产生的——度量方法的形成"三个过程,让学生基于度量的需求提出问题展开学习,突出度量的本质内涵,实现对事物的可测量属性和大小关系的直观感知。

第三,数学眼光在形成和理解数学基本概念、关系和结构方面具有重要意义。通过探寻数学发展历史,可以看到数学研究对象产生的源泉、必要性,以及表达方式的优化历程;通过构建不同数学对象的逻辑联系,可以看到数学知识的来龙去脉,理解数学概念、关系、结构的合理性与意义;通过对数学对象的感性认识、直观想象和符号表征,可以体验从具体到抽象的心理过程,积累数学基本活动经验。因此,使学生形成和发展数学眼光的一条基本途径是加强概念教学。教学中一方面让学生了解数学知识的产生与来源、结构与关联、价值与意义,了解课程内容和教学内容的安排意图;另一方面强化对数学本质的理解,关注数学概念的现实背景,引导学生从数学概念、原理和法则之间的联系出发,建立有意义的知识结构。通过合适的主题整合教学内容,帮助学生学会用整体的、联系的、发展的眼光看问题,形成科学的思维习惯,发展核心素养。

第四,除了数学学习和数学内部的问题解决,数学眼光还表现在观察与探索数学外部的世界上,从数学的角度去理解自然与社会人文现象背后的数学原理,体验数学的审美价值。例如人教版五年级下册的"图形的运动(三)",六年级上册的"圆的认识"等,借助图形的旋转、圆的对称性让学生感受数学的美,激发学习和探究的欲望。

二、关于会用数学的思维思考现实世界的实践探索

《义务教育数学课程标准(2022年版)》对"数学思维"的内涵给出了具体的描述:"数学思维的目的是理解与解释现实世界中的数量关系与空间形式,是一种抽象的、一般化的思维方式。"

依据《义务教育数学课程标准(2022年版)》,进行了以下几方面的实践探索:

第一,数学思维的基本元素是数学概念。日常生活中的许多概念通常都具有不同程度的模糊性,而数学概念必须是确定的,即使在小学阶段,许多数学概念虽然没有给出严格定义,但它们仍然是确定的,如每个学生都知道什么是偶数、三角形等。教学时不仅要关注数学概念的确定性,还要注意其表现形式的多样性。例如:自然数中既有偶数、奇数,也有质数和合数。数学概念的表征多样性可以使数学思维具有高度的灵活性。

第二,数学方法具有高度的统一性。数学方法的这种统一性,使不同学段的数学学习可以融会贯通,许多高深的数学思想方法甚至在小学阶段就可以埋下种子,可以让学生去体验、

感悟，然后再逐步明晰、精确。例如，在小学阶段就可以讨论各种与分类、秩序有关的活动，也可以初步运用对应、对称思想，而这样的大观念在现代数学中已经无处不在。

第三，数学思维的基本形式是逻辑推理和数学运算。例如：对小学阶段"数与运算"主题，在理解整数、小数、分数意义的同时，理解整数、小数、分数基于计数单位表达的一致性。

第四，让学生感知数学思维的简约、严谨和一般化。阿拉伯数字的诞生不仅统一了各种繁杂的记数方法，而且极大地简化了数的运算；进位制的设置不仅解决了表示大数的困难，而且厘清了数位之间的逻辑关系；未知数的引入使得代数成为一种在一般层面上解决问题的科学。因此，在数学教学中让学生不仅深切感知数学的精确表达，也能体会到这也是数学思维的载体与工具。例如："11～20各数的认识"是人教版《数学》一年级上册第六单元内容，是学生认数过程中的一个重要节点，因为这节课能让学生感悟以群计数的优势——计数单位应运而生，感悟数位的重要，感悟数位之间十进的关系，渗透了数位和位值的思想。

三、关于会用数学的语言表达现实世界的实践探索

《义务教育数学课程标准(2022年版)》对"数学语言"的内涵阐述包括两层含义：一是在数学内部能够用数学语言清晰、准确、严谨地表达数学的研究对象(概念、关系和结构)及思想方法，利用数学语言进行思考、交流和解决问题，其中所运用的是一套形式化的人工符号系统；二是用数学语言描述、解释和解决现实世界中的实际问题，其中的主要表达方式是数学模型与数据。

依据《义务教育数学课程标准(2022年版)》，进行了以下几方面的实践探索：

第一，通过数学学习让学生逐步适应数学的表达方式。按照布鲁纳的表征理论，数学对象的表征一般可以分为三个阶段，即操作性表征、表象性表征和符号性表征。通过这种具体到抽象的表征发展过程，一方面使数学概念和性质的表征越来越明确、严谨，可以直接参与数学思维活动；另一方面可以使学生在符号表达与具体直观之间建立联系，逐步学会用数学语言表达自己的想法，解释现实世界中的数学规律。例如"图形的认识"是从物体的表面抽象出平面图形，再根据图形的特征充分认识它，使学生建立空间观念。

第二，数学建模是数学应用的基本方式，是数学与现实世界及其他学科交流的基本途径。通过数学建模活动，学生能有意识地用数学语言表达现实世界，发现和提出问题，感悟数学与现实之间的关联。在义务教育阶段，可以通过建立数学与现实世界的联系，以及应用各种简单的数学应用问题，使学生初步形成模型意识与模型观念。例如："长方形的面积"以用直观的方法有多少个面积单位(数方格)推导出"长×宽=面积"为基础，在推导平行四边形的面积时只要找到平行四边形与长方形的关系，进行操作、转化后就呈现出了长方形，学生就可以直观得出"平行四边形的面积=底×高"。求"三角形的面积""梯形的面积"，甚至"圆的面积"时都能以"平行四边形的面积"的推导为载体，使学生自己去探索，从而建立模型。

第三，数据是表达随机现象的基本工具。随着信息技术的普及和社会经济的发展，当今社会已经迈入了大数据时代，用数据说话既是这个时代的特征，也是全社会的共识。因此，数

据是表达、解释现实世界中随机现象,并得出统计推断与决策的基本形式。增强基于数据表达现实问题的意识,可以帮助学生形成通过数据认识事物的思维品质,积累依托数据探索事物本质、联系和规律的活动经验。

第四,注重教学内容的结构化。教学内容是落实教学目标、发展学生核心素养的载体。在教学中要重视对教学内容的整体分析,帮助学生建立能体现数学学科本质、对未来学习有支撑意义的结构化的数学知识体系。一方面了解数学知识的产生与来源、结构与关联、价值与意义,了解课程内容和教学内容的安排意图;另一方面强化对数学本质的理解,关注数学概念的现实背景,引导学生从数学概念、原理和法则之间的联系出发,建立起有意义的知识结构。通过合适的主题整合教学内容,帮助学生学会用整体的、联系的、发展的眼光看问题,形成科学的思维习惯,发展核心素养。

例如:在图形与几何领域的"图形的认识"主线,第一学段(1—2年级),要求在对立体图形和平面图形的认识过程中,通过直观辨认和感知形成初步的空间观念;第二学段(3—4年级),要求在对立体图形和平面图形关系的认识过程中,感悟图形的抽象,逐渐形成空间观念和初步的几何直观;第三学段(5—6年级),在对图形测量和计算的过程中,从度量的角度加深对图形的认识,理解图形的关系,进一步增强空间观念、量感和几何直观;第四学段(7—9年级),在对图形性质的研究过程中,核心素养的感悟由感性上升为理性,要求在建立空间观念、几何直观的基础上,逐步形成推理能力。

教无涯,研不止。落实新课标、聚焦"三教"理念、碰撞大智慧,开启培养小学生数学核心素养的实践与探索的新征程,在今后的教学中我们要坚持不断地探索和反思,越行越远,越研越深。

对比教科书读透例题,体验过程表达可视
——对人教版数学广角"数与形(2)"教学与思考

尹 侠 贵州省余庆县实验小学

一、教学缘起

《义务教育数学课程标准(2011年版)》将小学数学分为数与代数、图形与几何、统计与概率、综合与实践四大领域。其中,综合与实践领域,是一类以问题为载体,以学生自主参与为主的学习活动。在学习活动中,学生将综合利用前三个领域的知识和方法解决问题,培养学生应用数学学科内和其他学科知识整合问题解决的能力。

人教版小学《数学》教科书中,"数学广角"属于综合与实践领域。部分一线数学教师在"数学广角"的教学中,虽能看懂教科书,但怎样有效利用数学教科书中蕴含数学思想的例题引导学生"悟"出数学学科素养,却较少关注。本文所述的"数与形(2)",是人教版《数学》六年级上册第107—108页第8单元"数学广角——数与形"2个教学例题内容之一。针对本例题教学,教师应与学生回应理解为什么等于"1",让学生感受"无限接近(逼近)"的极限思想。学生在课堂40分钟学习后思维有哪些变化,是教学实效关注的焦点。

二、教材比较

(一) 纵向比较

"数与形"例2(图1)贯穿数形结合思想,见"数"赋"形"是教科书引导学生数学地思考的既定目标。其实,在本次课改前的人教版《数学》五年级下册教科书中也有出现类似题目,目的是在学习通分后,进行分数加减法简便计算,但当时的题型中没有"+……",是有限项之和。

追根溯源,形如 $\frac{1}{2}+\frac{1}{4}+\frac{1}{8}+\frac{1}{16}+\frac{1}{32}+\frac{1}{64}$ 的简算,最初出现在20世纪八九十年代的小学生数学竞赛题中。如果采用图1中逐项通分计算的方法,则不是简算。其简算过程为: $\frac{1}{2}=1-\frac{1}{2}$, $\frac{1}{4}=\frac{1}{2}-\frac{1}{4}$, $\frac{1}{8}=\frac{1}{4}-\frac{1}{8}$, $\frac{1}{16}=\frac{1}{8}-\frac{1}{16}$, $\frac{1}{32}=\frac{1}{16}-\frac{1}{32}$, $\frac{1}{64}=\frac{1}{32}-\frac{1}{64}$,所以原式= $1-\frac{1}{2}+\frac{1}{2}-\frac{1}{4}+\frac{1}{4}-\frac{1}{8}+\frac{1}{8}-\frac{1}{16}+\frac{1}{16}-\frac{1}{32}+\frac{1}{32}-\frac{1}{64}=1-\frac{1}{64}=\frac{63}{64}$。但在课改后,这种前后相抵的分数简算在平常的数学教学中较少提及。

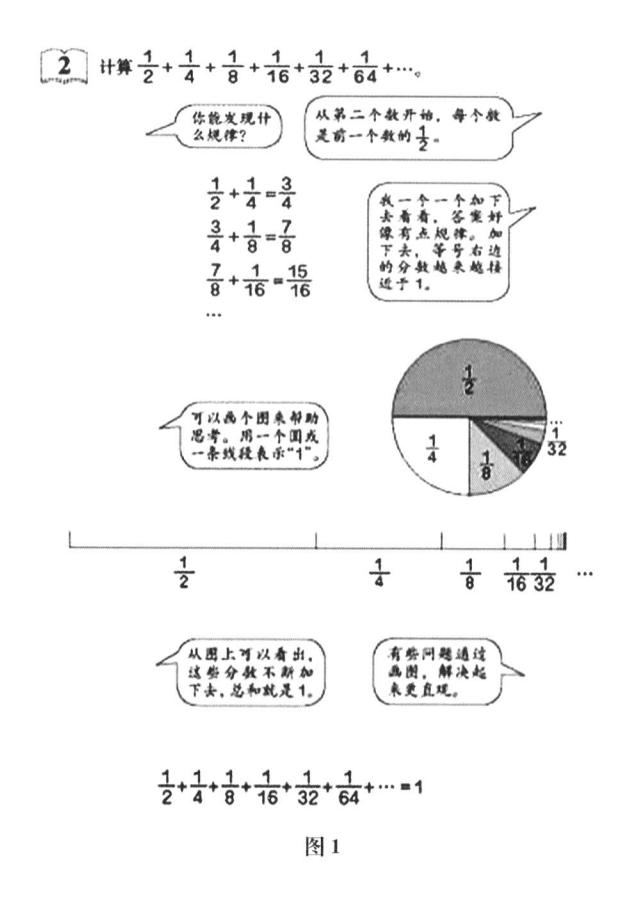

例2 计算 $\frac{1}{2}+\frac{1}{4}+\frac{1}{8}+\frac{1}{16}+\frac{1}{32}+\frac{1}{64}+\cdots$。

你能发现什么规律？

从第二个数开始，每个数是前一个数的$\frac{1}{2}$。

$$\frac{1}{2}+\frac{1}{4}=\frac{3}{4}$$

$$\frac{3}{4}+\frac{1}{8}=\frac{7}{8}$$

$$\frac{7}{8}+\frac{1}{16}=\frac{15}{16}$$

...

我一个一个加下去看看，答案好像有点规律，加下去，等号右边的分数越来越接近1。

可以画个图来帮助思考。用一个圆或一条线段表示"1"。

从图上可以看出，这些分数不断加下去，总和就是1。

有些问题通过画图，解决起来更直观。

$$\frac{1}{2}+\frac{1}{4}+\frac{1}{8}+\frac{1}{16}+\frac{1}{32}+\frac{1}{64}+\cdots=1$$

图1

(二) 横向比较

查阅对比2011年后几种版本小学数学教科书发现：北师大版、苏教版教科书将此内容编在五年级下册分数加减运算之后，以练习题或思考题的形式出现(图2)。其中，北师大版要求填写空白正方形中的分数，具有直观性。苏教版以逐步通分的方法完成(1)题归纳规律，再利用规律完成(2)题，是以通分为基本技能基础。

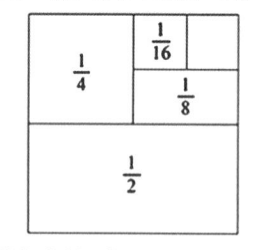

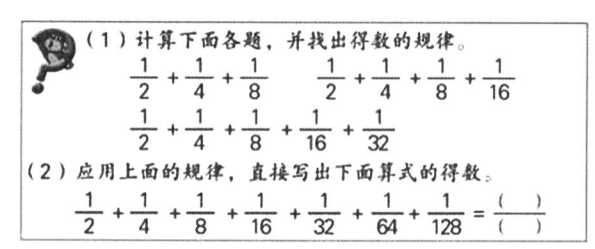

10. 算一算，结合下图说一说。

(1) 计算下面各题，并找出得数的规律。

$$\frac{1}{2}+\frac{1}{4}+\frac{1}{8} \qquad \frac{1}{2}+\frac{1}{4}+\frac{1}{8}+\frac{1}{16}$$

$$\frac{1}{2}+\frac{1}{4}+\frac{1}{8}+\frac{1}{16}+\frac{1}{32}$$

(2) 应用上面的规律，直接写出下面算式的得数。

$$\frac{1}{2}+\frac{1}{4}+\frac{1}{8}+\frac{1}{16}+\frac{1}{32}+\frac{1}{64}+\frac{1}{128}=\frac{(\quad)}{(\quad)}$$

北师大版五年级下册第59页　　　苏教版五年级下册第85页

图2

而北京版、西师版教科书将此内容安排在五年级下册综合与实践领域，也安排在学习通分、异分母分数加减法之后(图3)。这两个版本教科书对本题的呈现，在例题或练习题形式上相近，都采用正方形作为思维工具来回避通分，以观察图形面积大小变化的规律理解此类分数求和的规律为主。巧妙的是西师版第70页练习题3,教科书编者是否在传递第69页探索规律2总结的求和规律后又蕴含了分数拆分的规律,在渗透整体与部分的辩证思想？遗憾的是3题应在文字上补充"应用以上规律尝试重新计算例2"的提示语则更好。

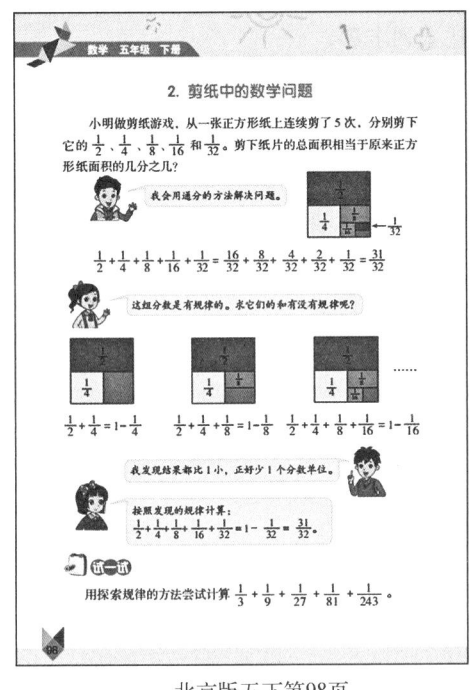

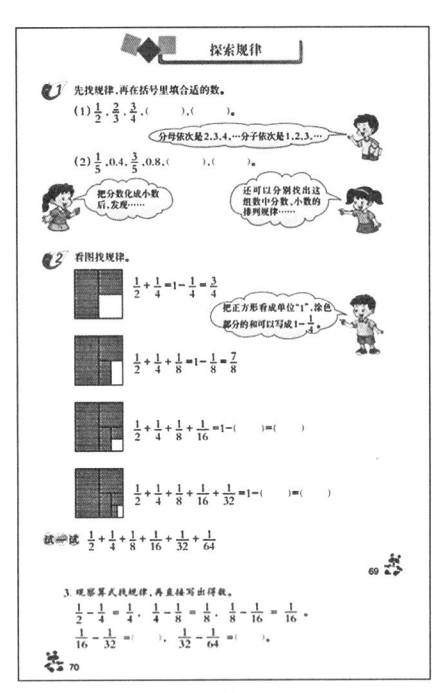

图3

北京版五下第98页　　　　西师版五下第69页、70页

通过几种教科书对比发现：人教版"数与形（2）"在题目形式上,通过在算式末尾巧妙添上"＋……"渗透极限思想,使题目的思维价值最大化,极具亮点。但在教科书中本例题的图形选择有待探讨：图形（1）以圆中扇形面积来直观比较 $\frac{1}{16}$ 和 $\frac{1}{32}$,直观性不强,学生不易区分；图形（2）在一维线段上比较,帮助学生理解无限接近,没有在二维的"面"上直观。

因此,通过以上教科书对比、合理选择图式、促进思维进阶的深度教学思考,提出如下预想：(1) 在例题选择图式上,正方形与圆形相比,学生在思维上更习惯利用方正的图形；(2) 学生利用正方形纸片不断对折后,剩余部分逼近的是一个点。而圆形图片不断对折后,剩余逼近的是一条线。点与线相比,更显朴素简单,有助于学生去想象"点"的无限小,趋近于正方形的整体"1"；(3) 在教学过程中,利用学生创造的分数完成"合"的直观可视,比扇形简洁直观。

为此,本节课在实际教学时,取西师版的图,采用正方形的图式素材教学。

三、目标拟定

1. 单元目标：学生独立思考探索发现"形"中有"数"、"数"中赋"形"的规律,并尝试应用规律;引导学生借助图形解决一些有关数的问题;在解决数学问题的过程中,体会数形结合、归纳推理、极限等基本的数学思想。

2. 课时目标:本例题内容是高中数学"等比数列求和"在小学数学中的渗透。借助数形结合思维工具发现规律,体验数形转化的简洁;初步感受极限思想,验证解释结果为什么是1;感悟极限思想中"积"与"分"互逆过程,渗透等比数列求和。

3. 教学重点:在体验异分母分数相加出现困难时,以形思考,体验数形转化的思考方式,精妙简洁,感受极限思想。

4. 教学难点:结合学生认知水平,直观体验极限思想,验证结果为何是1。

5. 教学准备:课前在班级分发1张较大正方形纸;教师备好几张同样的纸,小磁钉。

四、教学实录

课前准备:教师课前谈话时,先发给班级学生1张正方形纸。

(一) 问题导入

1. 师(在黑板左上角写出数字1):同学们,这个数认识吗?

生:1,谁不认识?

师:你们身边,哪里能找到"1"?(生思考)

生:1本书,1支笔,还有1位老师。

生:刚刚发的1张纸。

师:很会观察!请大家拿好这1张纸,你能折出哪些分数?折出后举手汇报,并自己上来贴在黑板上。

生1:对折,$\frac{1}{2}$。(教师将对折的纸片用彩色粉笔涂色表示出$\frac{1}{2}$贴在黑板上,在纸片的上方写$\frac{1}{2}$。)

生2:再对折,$\frac{1}{4}$。(教师操作同上,并写上$\frac{1}{4}$)

师:现在,用这张纸折出了$\frac{1}{2}$、$\frac{1}{4}$。猜猜看,下一个分数是多少?说出理由。

生3:绝对是$\frac{1}{8}$。因为$\frac{1}{4}$是$\frac{1}{2}$的一半,现在$\frac{1}{8}$也应该是$\frac{1}{4}$的一半。(教师贴上$\frac{1}{8}$的纸片)

2. 师:这位同学,从一张纸的一半、一半的一半、再一半中有了新发现。用这样的办法,还能折出哪些分数?

生:$\frac{1}{16}$、$\frac{1}{32}$、$\frac{1}{64}$、$\frac{1}{128}$、$\frac{1}{256}$。(教师依次贴上表示以上分数的纸片)

师：还有吗？

生：还有很多，写不完。

教学意图： 学生用正方形的纸片折出不同的分数，在三年级学习"分数的初步认识"时已经会操作。现在六年级设计此教学环节，是学生在原有认知基础上推进，折出具有"一半的一半"规律的分数。操作环节既有开放性，又有目标指向性。课中以学生"动手操作"为基础逐步"动脑去想"，学生在依次折出前3个分数的基础上，"想"出一组有以上规律分数，培育独立思考意识。数学教学，要"做"要"说"，更重要的是要"想"！

（二）预设冲突

1. 师：这节课，就这样折、写分数？还能不能玩出一点新的想法来？（生沉思）

师：我们先回头看看这些纸片折出的分数，你能计算 $\frac{1}{2}+\frac{1}{4}+\frac{1}{8}+\frac{1}{16}+\frac{1}{32}+\frac{1}{64}+\frac{1}{128}+\frac{1}{256}=?$ 大家算一算。（教师在黑板上板书的这些分数之间添上"+"，变成异分母连加算式。）

（全班学生在练习本上计算，教师巡视观察学生的计算方法，寻找在算法上有创意的学生。此时，学生们安静计算，表情严肃。教师给学生3分钟思考时间，学生紧张思考，充满疑虑）

2. 教师随机指名汇报算法。

师：同学，你怎样算？

生：通分。

师：想法很好。经过通分，算出结果没有？

生：这些分数太多了，很麻烦！还没算完。

师：请大家再次看一看黑板上的板书，上面部分是什么？

生：分数，异分母分数。

师：下面部分又是什么？

生：正方形，用每个正方形中涂色部分（图4）表示上面的分数。

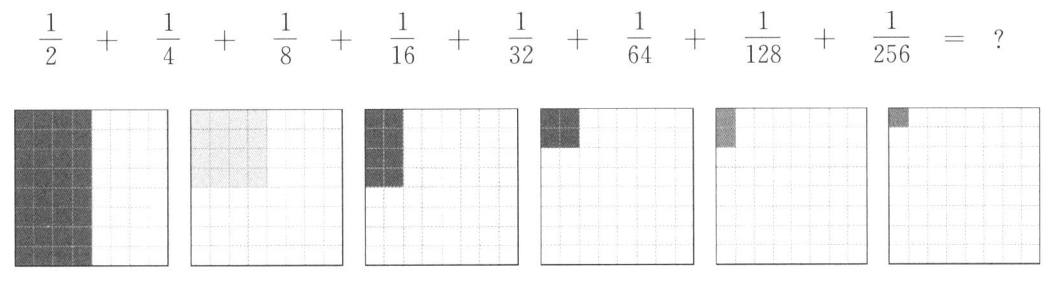

$$\frac{1}{2} + \frac{1}{4} + \frac{1}{8} + \frac{1}{16} + \frac{1}{32} + \frac{1}{64} + \frac{1}{128} + \frac{1}{256} = ?$$

图4

师：仔细观察上面的分数与对应的涂色部分，再看看运算符号，是否有别的新思路？（教师先等待，然后教师出示一张同样大小的正方形纸）

教学意图：《论语·述而》曰："不愤不启，不悱不发。举一隅不以三隅反，则不复也。"本例题在教学中发现，如果仅写到教科书中的 $\frac{1}{64}$，教师给足时间，部分学生运用通分技巧能逐步算出结果。但教师将算式的项数增加，使分数的加法算式逐步加长，学生的计算受困，充分感受到通分这种常规套路的不便，激发学生对后续教学环节的极大关注。让学生思维先"跳入陷阱"，然后通过教师的"导"，学生主动从"陷阱"中爬起来，积淀数学学习基本活动经验。

（三）思路"突围"

1. 师启发：谁能在这张纸上表示 $\frac{1}{2}+\frac{1}{4}$，该怎么涂？（教师请课上折 $\frac{1}{2}$ 和 $\frac{1}{4}$ 的同学展示，完成涂色后两部分合并的图形）如果再加上 $\frac{1}{8}$ 呢？

师：观察涂色后合并的图形（图5），恰好表示 $\frac{1}{2}+\frac{1}{4}+\frac{1}{8}$，有什么发现？

生1：都在1张纸上，用单位"1"表示。

生2：这张纸的阴影部分越来越多。

生3：我看到白的部分也是 $\frac{1}{8}$，与最后涂的 $\frac{1}{8}$ 那一块一样大。

2. 师：如果再涂 $\frac{1}{16}+\frac{1}{32}+\frac{1}{64}+\frac{1}{128}+\frac{1}{256}$，表示这些分数相加。

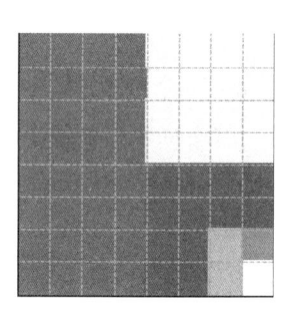

图5

纸上黑白两部分在不断变化，所剩的最后一块白色部分，又是多少呢？为什么？

生4：$\frac{1}{256}$。因为要算涂色部分，实际上先去看没有涂的白的那一块。没有涂的部分与最后涂的那一块一样多。

师：根据刚才涂的过程，现在这一串分数连加，和到底是多少，为什么？

生5：用单位 $1-\frac{1}{256}$，一眼就看出来了。

师：请问这"1"在哪里？

生：就是整张纸。

师：$\frac{1}{256}$ 在哪里？

生：最后剩的白色小块。

师：涂了黑色的部分，总共是多少？

生：$\frac{255}{256}$。（师板书完整的计算过程：$\frac{1}{2}+\frac{1}{4}+\frac{1}{8}+\frac{1}{16}+\frac{1}{32}+\frac{1}{64}+\frac{1}{128}+\frac{1}{256}=1-\frac{1}{256}=\frac{255}{256}$）

3. 师：刚才，同学们只要看见是分数连加，就通分。现在，还要通分吗？

生：不要。

师：为什么？

生：看白色部分。

师：错啦！应先看算式中的分数，有规律！再用新方法，将这些分数通过"想"，转化到正方形中，观察涂色部分的变化，在图中找到了规律，就不用通分了。这就将分数的"数"与正方形的"形"结合起来，转换思路解决问题。这叫——

生：数形结合。

（师依次在算式后面再添上 $\frac{1}{512}+\frac{1}{1\,024}+\frac{1}{2\,048}$，学生口答出结果）

师：奇怪！这前后不到十分钟，大家就有了这本事。原因在什么地方？

生：在脑袋里想正方形最后那一块白是多少，变得越来越小了。

4. 师：大家注意，现在将算式后面添上"+……"，又表示什么意思？结果是多少呢？

生1：表示这样不断加下去。可是，这最后一个分数，找不到呀？

师：既然找不到，猜想一下，这个算式的结果可能是多少？

生2：$\frac{分母-1}{分母}$，也可以是 $\frac{n-1}{n}$。

师：好！当我们在这纸上涂下去，涂到什么时候，不能再变了？

生：整张纸涂满，就是单位"1"的时候。

师：可是，你们一直在想……

生：总有一块白的。

师：涂满后是1。像这样不断涂下去，敢确定一定是1吗？

生：不敢。

师：不敢确定，怎么办？

生：验证，找理由。

教学意图：根据皮亚杰认知理论，学生经历通分同化过程思维受阻后，教师引导观察板书中分数对应涂色部分，从"数"回到"形"，学生主动思考建构动态的"平铺"过程，让思考过程直观可视，以"白"算"黑"，感受数形结合的便捷，顺应了新的思维路径，达到新的思维平衡。教师对人教版教科书例题呈现形式进行取舍："取"北京版或西师版教材"正方形图"和人教版表示加数无限的"+……"；"舍"人教版例题的"线段图"和"扇形图"。通过涂色演示正方形图中白色的"一块"越来越小，学生直观感悟极限思想。同时，利用有限项之和，促进学生结合图形建立数学模型 $\frac{n-1}{n}$。而对于项数的无限增加，学生思维中直观呈现似乎总有一个白色"小块"永远分下去的动态过程，引发无限接近"1"但可能不是"1"的合理猜想。所以，教师引导对学生教科书例题阅读的障碍成因的准确把握分析，创设适合学生认知水平的教学策略，是课堂教学有效的前提。

(四) 验证规律

师：对！怎么验证？刚才，涂色部分表示分数，是部分相加得到整体。现在，仍然在这纸上，换个思路，怎么操作，变成整体相减表示部分的分数？

生1：把单位"1"分成2个$\frac{1}{2}$。

生2：再将后一个$\frac{1}{2}$分成2个$\frac{1}{4}$。

生3：就是把最后一个分数分成2个它的一半的分数。

师：按照你们想法，这样继续往下分，分得完吗？最后一个分数是多少？

生4：分不完。

师：现在，回过头来看黑板上的算式，原来

$$\frac{1}{2}+\frac{1}{4}+\frac{1}{8}+\frac{1}{16}+\frac{1}{32}+\frac{1}{64}+\frac{1}{128}+\frac{1}{256}+\cdots=?$$

【板书】现在$1=\frac{1}{2}+\frac{1}{2}$，

$$1=\frac{1}{2}+\frac{1}{4}+\frac{1}{4},$$

$$1=\frac{1}{2}+\frac{1}{4}+\frac{1}{8}+\frac{1}{8},$$

$$1=\frac{1}{2}+\frac{1}{4}+\frac{1}{8}+\frac{1}{16}+\frac{1}{16},$$

$$1=\frac{1}{2}+\frac{1}{4}+\frac{1}{8}+\frac{1}{16}+\frac{1}{32}+\frac{1}{32},$$

$$1=\frac{1}{2}+\frac{1}{4}+\frac{1}{8}+\frac{1}{16}+\frac{1}{32}+\frac{1}{64}+\frac{1}{64},$$

$$1=\frac{1}{2}+\frac{1}{4}+\frac{1}{8}+\frac{1}{16}+\frac{1}{32}+\frac{1}{64}+\frac{1}{128}+\frac{1}{128},$$

$$1=\frac{1}{2}+\frac{1}{4}+\frac{1}{8}+\frac{1}{16}+\frac{1}{32}+\frac{1}{64}+\frac{1}{128}+\frac{1}{256}+\cdots$$

师：请看，上面原来算式的左边和下面现在最后一组算式的右边，发现了什么？（教师用红粉笔标出）

生：算式一样。

师：既然这两个长长的式子相等，那原来算式右边的"?"应该等于几？

生：等于现在最后算式左边的1。

师：怎么想到的？

生：以前讲的等量替换。

师：你们真会"讲理"了！今天，我们首先"折"出分数、在正方形中找到规律巧"算"求和，再去猜想,最后讲道理来验证,知道了将上面的算式加上省略号,最后结果是1。这种数形结合起来思考的方法,在数学中有很多用处,想不想试一试?

教学意图: 数学的理性,在于验证理由的合理清晰。这些年来,一线教师对教科书中数与形(2)例题结果等于"1"引发很多争议,因为教科书和教参没有给出符合学生现有认知水平的验证过程。为此,本节课增加结论的验证环节很有必要:猜想环节,是部分——"积(不断积累)聚"的过程;验证环节,是整体——"分(无限等分)散"的过程。前后环节,在思维上互逆,呈现辩证的"对称美"。教学,也在朴素的可视化过程中有了深度。

(五) 拓展思维

1. 师:同学们今天听课很认真。

(PPT 出示思考题)假如本节课的奖品是黄金。第一名是 20 千克,第二名是第一名的一半,第三名是第二名的一半,如此类推。但最后一名应得到与他前一名相同的黄金。现在班上有 61 人,一共要准备多少千克黄金做奖品?

(教师指导学生读懂题目,学生先独立解决。教师巡视,要求得到结果的学生可比画手势给老师看。)

师:有同学想出来没有? 如果不画图,直接想出来更厉害!

生1:我不画,在想。

师:你用手势告诉我。(生比画 40)

师:敢确定?

生1:敢。

2. 师指名得数是 40 的学生,将想法说给大家听。(生到黑板前用正方形纸画示意图解释,如图6)

生:还是用这张纸来看,如果第一名奖励的黄金是这张纸的一半,就是 20 千克;第二名用这张纸一半的一半表示,就是 10 千克;第三名用这张纸一半的一半又一半,也就是 10 千克的一半,就是 5 千克。

图6

师:你在涂的纸上发现了什么?

生:第一名是 20 千克,第二名到最后一名只准备 20 千克,总共 40 千克。

师:有想法。请看这个同学画的图,左边是第一名 20 千克,右边是第二名到最后一名共 20 千克。左边是 20 千克,右边也是 20 千克,共 40 千克。如果有 1 000 名学生呢?

生:还是 40 千克。因为 40 千克是单位"1",第一名 20 千克,剩下的 999 名同学分剩下的 20 千克,只是最后一名分得很少了。

师:这节课,我们看见"数",会想到画图的办法用"形"来帮助思考。其实,最后一道题是日本的小学数学竞赛题,大家都学会了。今后,遇到数学问题或生活中的问题,将其中的数画出图形结合考虑,将会变得清楚明了。

教学意图: 数学,是追求形式的变和思维的不变性。本环节设计,是以一道日本小学生数学竞赛试题切入,呈现与例题不一样的推理。六年级的教学中,有些班级学生从教师例题

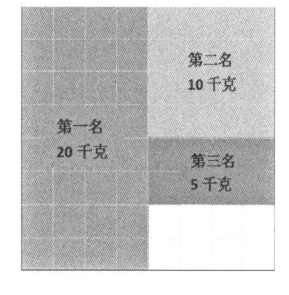

出发,用一个正方形表示20千克开始模仿思考。学生用一个正方形表示20千克,用另一个正方形表示另一半,思路有新变化。学生在逐渐利用数形结合为工具思考问题,课后较课前思维产生质变,正是数学学科素养培育的核心所在。

四、教后体验

研读教科书是教学的基础。学生主要是通过阅读小学数学教科书学习知识。教师则首先以学生的思维水平为起点在比较中将教科书读深、读透、读精。教师对教科书真正的"读",功夫在课前:做好教科书的对比研读,在比较中择优选择适合自己班级学生实际认知水平的教学策略。课中,对学生教科书阅读有一定的指导,甚至可以对教科书在形式上置换,但核心的思维培育不变。学生理解有障碍时,教师机智地"导",让学生思路通达,学会思考。

过程可视是思维的起点。每个学生在课前存在不同层次的思维水平,教师的教学尽量以适合较低思维层次学生最近发展区的情境化、直观化导入作为开课起点,让每个学生结伴学习奋力前行。数学学习是思维"开悟"的渐进过程,教师以数形结合相互转化的方式,降低学生对样例的思维负荷,深入浅出地呈现样例示范,引导学生合理猜想、验证、归纳、应用、反思,让学生感悟千变万化的题型中有不变的思维核心,在体验中逐步会思考、会表达。

思考独立是成长的前提。这里的成长,是指学生思维品质的逐步提升,形成智慧。数学属思维科学,学习者独立思考、主动去想的品质尤为重要。教师应创设安静的独立思考的课堂,少一些形式化的喧哗,让学生头脑激烈地思考,在愤启之中感悟各种想法的美妙。并通过学生在课中理性地争论、辨析、表达,真正让他们在课堂中积淀学科素养:呵护儿童思维,慢慢生长!他们,才真正长大了。

注:本文系2020年贵州省教育科学规划(名师名校长工作室建设专项)课题《小学生数学阅读障碍成因及对策教学典型课例研究》阶段成果,课题编号为GZ2020075。

凝心聚力用"三教" 脚踏实地助生根

刘淑青　新疆塔城市教育和科学技术局教研室

自2021年1月以来,在贵州师范大学吕传汉教授专家团队的引领、示范和指导下,新疆塔城市6所城区小学,10所乡镇场小学,深入开展"'三教'引领塔城市小学数学'情境—问题'学习长见识悟道理"优秀教学成果推广应用活动。在成果推广应用活动中,我们力求将"三教"理念教学与新课标理念相结合,把学科核心素养与课堂教学完美融合,打造富有趣味的高效课堂,引导师生全面、和谐发展,不断促进全市小学数学学科教育教学高质量发展。

一、加强理论学习,促进教师专业素养

(一) 认真参加网络研修,深入领会课标精神

2022年版义务教育课程方案和数学课程标准颁布以来,我们组织老师开展了多次线上系列专题研修活动,交流新课标和"三教"理论学习中的疑惑,分享看法,撰写心得体会,准确把握新课标的核心要求和主要变化,帮助老师树立新的课程观。通过各级各类网络研修,促进了小学数学教师的教育理论水平和专业素养的提升。

(二) 开展跨区域联动教研,分享经验促教师成长

2022年5月9日—5月11日,我市与和田市开展了"'践行数学新课标'中小学数学'情境—问题'教学成果推广创新"联合教研活动,我市王艳霞、魏新琼、苏锦莲、张玲四位老师结合"三教"课堂落实,进行评课发言和经验交流,为两地教师提供了相互学习共同进步的平台,明确了努力的方向。

5月18日,由福建、贵州、甘肃、新疆四省(自治区)联合开展了线上"'三教'引领　落实'双减'名师集群　研讨课标"教研活动、吕传汉教授国家级优秀教学成果推广应用研讨会暨福州市区级小学数学名师工作室联合展示活动、教育部重点课题名优教师集群化协同发展模式应用研究课题展示活动。全市200多名小学书记、校长、教务(教研)主任和全体小学数学教师参加了此次线上活动,数学工作室主持人骆春梅书记通过线上方式进行了精彩的互动点评。本次活动,不仅是一次观摩学习,更是一次教学理念的交流与提升,让更多的师生受益于"三教"优秀教学成果。

6月30日,福建省福州市鼓楼区教师进修学校副校长叶育新,为塔城市全体小学数学教师做了题为《小学数学"三教"的思考与实践》的线上讲座,分享了他的课题研究、"三教"优秀教学成果推广的方法和实践经验,并分享优秀课例。在课例"认识分数"中,以问题激发学生

思考、体验、表达,让学生在思考中体验,在体验中表达,在表达中悟理,把"三教"理念体现得淋漓尽致,240多位培训教师学有所思、学有所悟,收获满满。

12月19日—21日,开展了为期三天的"'三教'+'情境—问题'教学引领"培训会,全市小学数学教师510余人次参加此次培训会,八场讲座和课例研析让教师再次领略了"三教"理念的魅力。

二、创新教研活动,探索"三教"实施途径

(一) 丰富教研活动形式

2022年3月23日—4月13日,我们举办了"理念引领看'三教',课堂本真归课标"系列研讨和评课活动,各集团校展示了各具风格、渗透"三教"理念的20余节研讨课和7节专题讲座。授课教师在课堂教学中注重引导学生"想"数学、"做"数学、"说"数学,帮助学生获得个人学习体验,提高学生的思辨能力,培育学生的数学核心素养。2022年4月14日,开展了中小学数学教师说题比赛活动。这种新的教研方式,充分展现了教师扎实的专业素养和与时俱进的教学方法,关注学生的个性发展,同时渗透了"教思考""教体验""教表达"的"三教"理念,对提升学生综合素养起了重要的作用。2022年12月1日,举办了新任小学数学教师线上"三教"课堂教学大赛,参赛的6名青年教师,为我们呈现了符合新课标要求和"三教"理念的精彩课堂,让我们看到了青年教师快速成长的步伐。

(二) 拓宽学生活动途径

7所集团校开展了形式多样的学生比赛活动,例如:计算比赛、学生说题比赛、实践活动比赛、作业评价、数学日记比赛等80余次。通过一系列赛事,为学生搭建展示的平台,从学习能力、行为习惯、性格特点、特长爱好、人际关系等方面给予全方位评价,不仅激发了学生对数学的浓厚兴趣,而且培养了学生的逻辑思维能力、表达能力和解决问题的能力,全面提升了学生的数学核心素养。

(三) 扎实开展课题研究

为在课堂教学中深入落实"三教"理念,结合日常教学中遇到的问题,塔城市教科局教研室带领教师积极参与课题研究。2021年共申报各级各类小学数学领域小课题项目9个。其中,1个自治区课题,3个地区级课题,5个市级课题,均已顺利结题。2022年共申报了5个小学数学领域课题,均已立项,正在研究中。

2021年自治区级课题:恰合吉牧场寄宿制小学宋家荣主持的"有效提高小学中高段学生数学审题能力的策略研究";地区级课题:第二小学谢雪晴主持的"塔城市各民族儿童数学学习体验的比较研究";第五小学白莉主持的"小学中高段各民族学生数学语言表达能力培养的行动研究";第十小学宫婷婷主持的"小学数学作业生活化的行动研究";市级课题:第六小学严聪颖主持的"小学高年级各民族儿童数学计算学习体验的研究";第五小学魏新琼主持的

"小学中低段各民族儿童数学提问能力培养的策略研究";第六小学范文欣主持的"小学中高段学生说数学能力的培养策略研究";第一小学陈君玲主持的"小学高段各民族儿童数学课堂体验式学习效果的研究";第五小学李红娟主持的"小学数学低中段学生运算能力的研究"。2022年,陈明燕等5位教师申报了课题,已按阶段顺利实施。

三、"三教"理念落地课堂,助力师生和谐生长

(一) 教师在"三教"理念中悄然改变

通过培训—学习—实践—运用,教师摒弃旧的教育观念、教学方法、教学手段,用"三教"理念进行大胆实践、有效尝试,不断进行反思和完善。教师眼中有了学生,能真正做到从学生实际出发,结合学情、学生心理需求设计教学过程;注重学生在课堂中的思考、表达、体验、感受与积极主动获取知识的过程;注重对学生的随机评价并引导学生进行自我评价,课堂变成了学生学习、展示的舞台。

(二) 课堂在"三教"理念中展露新态

课堂不再是教师的自我展示与表演,而是教师不断鼓励和引导学生主动参与教学过程。课堂上教师把自主权还给了学生,充分调动了学生的学习积极性,形成了师生之间民主、和谐的氛围,过去沉闷的课堂变得活跃、互动。

(三) 学生在"三教"理念中找到自我

课堂中学生积极参与、主动探究、思考、体验,他们敏于听,善于说,会合作,愿交流,能反思,勤动手,勇创新,学习能力不断提高;课堂中每个学生都能根据自己对问题的理解,与教师、同学开展认真对话与交流,学生的表达能力提高了,在获取知识的同时增长了见识,感悟了道理。

(四) 评价在"三教"理念中改进完善

在"三教"优秀教学成果的推广应用中,教师能以新课程标准要求为依据,关注学生全面发展,采用多元化、精细化的评价机制。从只注重学生的成绩到注重对学生学习数学过程的观察、记录和分析等,教师的评价发生了质的飞跃,实现了对学生数学学习的综合评价。

四、齐心协力谱新篇,"三教"理念成果满校园

塔城市7所集团校充分借助吕传汉教授专家团队和数学教学能手工作室的示范、引领、辐射、带动作用,推动小学数学教师共融共长。第一集团校"推进'三教'理念 汇集实践成果"成果推广应用集中,收集了100余篇教师优质案例、精彩案例、教学反思、教师各类心得、学生"心灵之花"和学生实践活动等,比较有特色的是学生形式多样的实践活动。2023年第一

集团校将这些有特色的教师教学经验和学生实践形成本土化成果。第二集团校"乘'三教'之风　扬思考之帆"成果推广应用集中,比较突出的是39篇师生合作完成的学习体验,促进第二集团校师生共同成长。第三集团校"沐浴'三教'春风　我们一路走来"成果推广应用集中,以益智数学游戏为抓手,推广应用成果的特色比较突出。第五集团校"不惧成长　破茧成碟"成果推广应用集,很扎实,前言以"三教"与五小为主体的诗引出成果推广应用的过程,成果推广应用呈螺旋式上升,从萌动到生长到破茧到蝶变,不同教师写了不同的文章展示成果应用的变化,成果集的最后赋诗一首"三教",不说再见,表明还会将"三教"成果继续有效应用和扩大应用范围,整体来看工作做的非常用心。第六集团校"活力教育　从心开始"成果推广应用集,共成册三本,从每一册的内容可以看到第六集团校本土化成果已有雏形,构建了活动教育体系,具体做法是五种能力、四个互动、三种激励策略,整体来看做得很扎实。册子的右下角有一个观看二维码,扫码后可看到很多学生和教师开展的形式多样的活动小视频,另外册子中还附有语文、数学、英语、音乐、美术、体育等学科的"三教"活动二维码,第六集团校已经将"三教"成果推广到了其他学科。各集团校两年来不断探索、实践,提炼出了适合自己集团校学情和教情成果应用的有效途径,逐步向实现优秀教学成果"异地存活"的目标迈进。

教育任重而道远,我们会继续在"三教"理念引领下,脚踏实地将"'三教'引领塔城市小学数学'情境—问题'学习长见识悟道理"优秀教学成果,在塔城市中小学全面推广,让"三教"成果在塔城市的每一所校园落地生根,开花结果。

以作业变革为突破口,构建"双减"智慧课堂

叶育新　福州市鼓楼区教师进修学校

一、从"双减"政策理解作业变革要求,应有作为

(一) 正确理解作业管理的核心地位

2021年"双减"政策出台之前,教育部颁布了五项管理规定,分别是手机管理、睡眠管理、课外读物管理、作业管理和体质健康管理。在这五项管理规定中,作业管理尤为关键。我们可以设想,如果作业总量没有减下来,作业时间没有减少,学生很难按照正常作息时间入睡,也很难有时间去阅读课外读物,可能也抽不出时间进行体育锻炼,而加强作业管理也涉及限制手机过度使用,避免影响学生独立思考能力的议题。因此,作业管理在五项管理中居于核心地位,起着牵一发而动全身的关键作用。

(二) "双减"文件对作业管理的要求

2021年7月,中共中央办公厅、国务院办公厅联合发布了"双减"文件。8月,教育部办公厅又发布了学校考试管理的通知。至此,"双减"政策体系形成完整的闭环。对于"双减"文件,我们既要认真研读,明确关于作业方面的要求,又要结合政策的落地实施进行严肃思考。

1. 如何看待"双减"政策对作业总量和时间提出的要求。

"双减"文件规定:"小学一二年级不布置书面家庭作业,三到六年级书面作业平均完成时间不超过60分钟。"校内的巩固练习应该如何安排?每天各学科的家庭作业时间要如何协调分配?各学科每天大约要布置几道作业?要花多少时间完成?这些可能都是教师考虑的真实问题。在此基础上,也许我们还应该思考:作业总量减少了,作业质量要求却更高了。怎样的作业既符合"双减"政策,又满足学业质量要求?

2. 如何看待"双减"政策对教研和作业设计提出的要求。

"双减"文件要求:"将作业设计纳入教研体系,系统设计符合年龄特点和学习规律,体现素养教育导向的基础性作业,鼓励布置分层、弹性和个性化作业。"作为教研部门和学校管理者,我们应该思考,新时期,如何通过研训一体教研培训活动,通过专题讲座、主题研修、团队合作、案例分享等多种形式,让一线教师了解新时期素养导向的育人要求、作业类型和作业要求,树立符合时代要求的作业价值观,给教师赋能,让一线教师普遍获得作业设计能力。

3. 如何看待"双减"政策对新时期课堂教学质量提出的要求。

"双减"文件要求:"要提升学生在校的学习效率。做到应教尽教,确保学生达到国家规定

的学业质量标准。"应该充分认识到,2022年新课程标准提出的学业质量标准,既是课堂教学的出发点和归宿点,也是作业设计的依据,还是学习与教学评价的根据。因此,需要认真学习研究学业质量标准,构建单元整体教学与单元作业设计作业的逻辑关系。积极探索建立"教—学—评"一致的教学与评价体系,我们还应思考,新时期的课堂教与学应该发生哪些变化？作业变革应该如何进行,才能更好地服务学生的学？

综上所述,在新时代背景下,无论是从"双减"政策落实,还是从素养培养的时代要求来看,作业变革都势在必行。作业是减轻学生过重学业负担,落实核心素养培养,提升教育教学质量的关键环节。

二、新时期高质量作业设计应落实核心素养培育

2022年,教育部颁发了新版的义务教育课程方案和学科课程标准。各学科都提出了自己的课程核心素养,基础教育课程改革进入了核心素养时代。以数学学科为例,在义务教育阶段,数学学科的核心素养体现为"三会",也就是会用数学的眼光观察世界、会用数学的思维思考世界、会用数学的语言表达世界,在小学阶段体现为11个关键词,在初中阶段体现为9个关键词。下面,以国家中小学智慧教育平台课程教学的基础性作业中,教育部基础教育司委托上海项目组研制的高质量基础性作业为例,结合小学数学四年级下册第三单元运算定律的具体作业案例,谈一谈在作业设计中如何落实核心素养的培育。

(一) 在基础性作业中落实几何直观培养

图1的两道作业来自乘法运算定律(第2课时),对应的单元作业目标是"理解并能识别乘法分配律,能运用乘法分配律进行简便计算,并能在解决问题中合理运用"。要解决第1道习题,学生需要观察图形,思考图形反映的数量关系,并应用乘法分配律进行数学表达。在这个过程中,数学观察、数学思考和数学表达形成完整的学习链条。

又如,让学生把上面这个算式的三种简便算法和下面的三个的图形进行连线。学生既需要正确理解同一道算式的三种不同简便算法,还需要结合图形观察,思考不同图形表达与不同简便算法的对应关系。上述两道习题都来自同一课时,所对应的单元作业目标相同,但能力要求不同,都体现了数学学科核心素养的培养。会用数学的眼光观察现实世界主要表现在数感、量感、符号意识、几何直观、空间观念与创新意识等方面。几何直观主要是指运用图表描述和分析问题的意识与习惯。上述两个例子体现了几何直观素养培养的要求,即建立形与数的关系。

(二) 在基础性作业中落实推理能力培养

图2这道作业同样来自乘法运算定律(第2课时),两位数乘两位数是人教版《数学》三年级下册的学习内容。学生在学习两位数相乘时还没有进行乘法分配律的学习。作业中让学生用乘法分配律来解释两位数乘两位数的算法和算理,既回顾了旧知识,也拓展了乘法分配

2. 观察下图，你能从图中发现乘法分配律吗？（主要对应目标：420304）

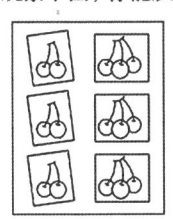

我从图中发现了乘法分配律，式子是这样的：
_____

5. 为了求一个长 42cm、宽 36cm 的长方形的面积，小明、小军和小芳三位小朋友分别进行了尝试。他们的做法分别与下面的哪幅图相对应？用线连一连。
（主要对应目标：420304）

小明：
36×42
$= (30 + 6) \times 42$
$= 30 \times 42 + 6 \times 42$

小军：
36×42
$= (40 - 4) \times 42$
$= 40 \times 42 - 4 \times 42$

小芳：
36×42
$= 36 \times (40 + 2)$
$= 36 \times 40 + 36 \times 2$

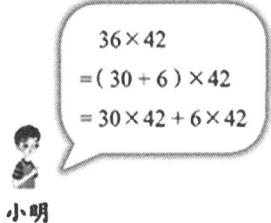

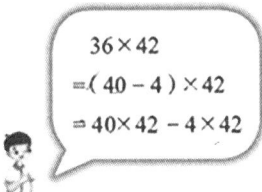

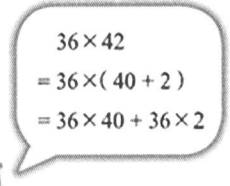

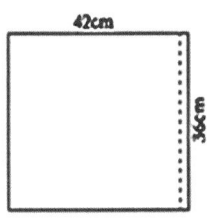

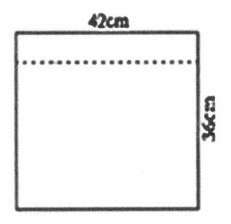

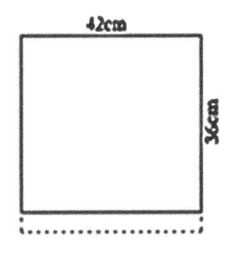

图 1

填一填。（主要对应目标：420304）

通过今天的学习，我知道乘法竖式计算其实运用了乘法分配律。

右边的这道竖式计算题，其实是把
（　　）分拆成（　　）和（　　），
先算（　　）×（　　）=（　　），
再算（　　）×（　　）=（　　），
最后算（　　）+（　　）=（　　）。

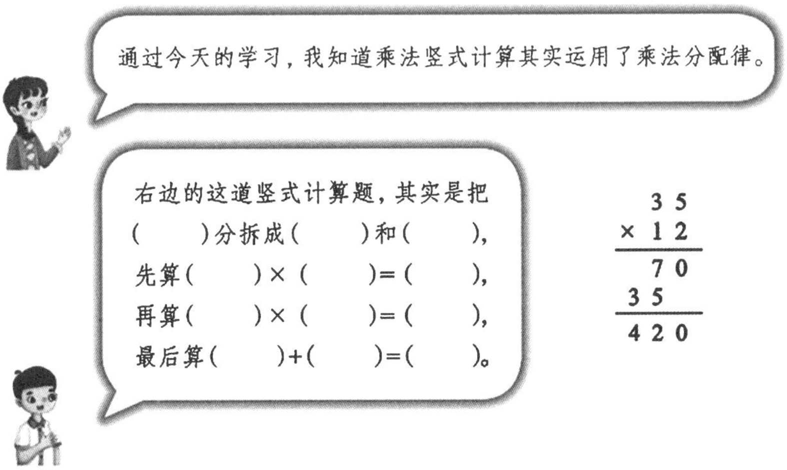

```
    3 5
 ×  1 2
 ─────
    7 0
   3 5
 ─────
   4 2 0
```

图 2

律的应用。在应用乘法分配律解释算法和算理的过程中,可以加强新旧知识的联系,有助于加深学生对乘法分配律的理解和掌握。从数学核心素养培养的角度看,会用数学的思维思考现实世界主要表现在运算能力、推理意识或推理能力上。运算能力主要是指根据法则和运算律进行正确运算的能力。上述例子体现了运算能力素养培育的要求,即理解算法与算理的关系,选择合理简洁的运算策略解决问题,能够通过运算促进数学推理能力的发展。

(三) 在基础性作业中落实应用意识培养

图3的作业来自加法运算定律(第3课时),情境中计算器的"+"键坏了,启发学生通过将算式7893-(3698+2893)转化成7893-3698-2893来解决问题。既巩固了减法性质的知识,又应用减法性质的知识解决实际问题。其对应的作业目标是"理解连减的运算性质,能运用连减的运算性质进行简便计算,并能在解决问题中合理运用"。

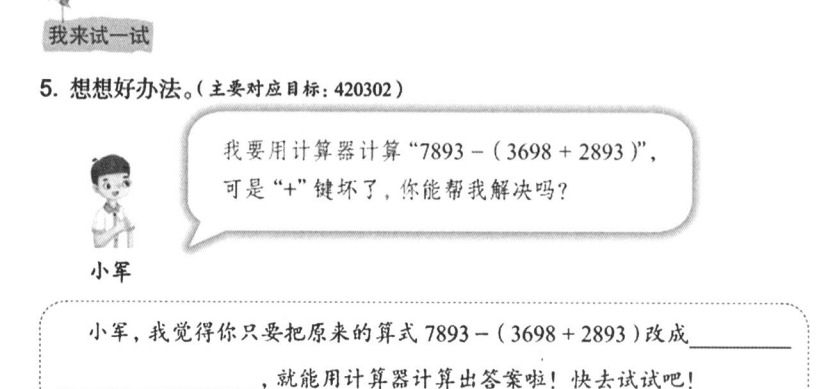

我来试一试

5. 想想好办法。(主要对应目标:420302)

小军:我要用计算器计算"7893-(3698+2893)",可是"+"键坏了,你能帮我解决吗?

小军,我觉得你只要把原来的算式7893-(3698+2893)改成_____ _____,就能用计算器计算出答案啦!快去试试吧!

图3

图4作业中来乘法运算定律(第4课时),情境中计算器的数字键"3"坏了,让学生解释学习同伴的方法,并提出不同解决的方案,再用问题解决中收获的经验解决新的问题。其对应的作业目标是"理解连除的运算性质,能运用连除的运算性质进行简便计算,并能在解决问题中合理运用"。

上述这两道作业对应的知识目标不同,但都体现了数学学科核心素养的培育。会用数学的语言表达现实世界。主要表现在数据意识或数据观念、模型意识或模型观念、应用意识。应用意识主要是指有意识地利用数学的概念、原理和方法解释现实世界的现象和规律,解决现实世界中的问题。实际上为我们指明了培养学生数学应用意识的两条基本途径。一方面是从数学到现实,另一方面是从现实到数学。也可以理解为,一是应用数学的意识(包括用数学解释现实现象的意识,用数学解决实际问题的意识),二是理论联系实际的意识。上述这两道作业体现了应用意识素养培养的要求,即"有意识地利用数学的方法解决现实世界中的问题,养成理论联系实际的习惯,发展实践能力"。

我想试一试

5. 小军在用计算器计算"864÷36"时，发现数字键"3"坏了。（主要对应目标：420306）

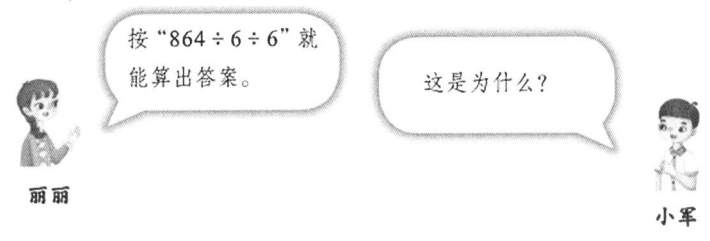

丽丽：按"864÷6÷6"就能算出答案。

小军：这是为什么？

（1）你能给小军解释一下丽丽提出的方法吗？

（2）如果还是用这个计算器，你还有其他解决方案吗？请你用算式表示出来。

（3）通过上面这题的练习，用你收获的经验解决下面的问题。
    333×888÷666

图 4

(四) 在基础性作业中落实推理意识培养

推理意识或推理能力是数学学科核心素养"三会"之数学思考的重要表现。推理意识主要是指对逻辑推理过程及其意义的初步感悟。数学推理反映的是一种基本的数学思想，也是一种主要的数学方法，在小学数学计算领域蕴藏着培养推理的丰富素材。如图5这道结合运算定律的猜想和说理的作业来自加法运算定律（第3课时）：

6. 丽丽的猜想正确吗？（主要对应目标：420302）

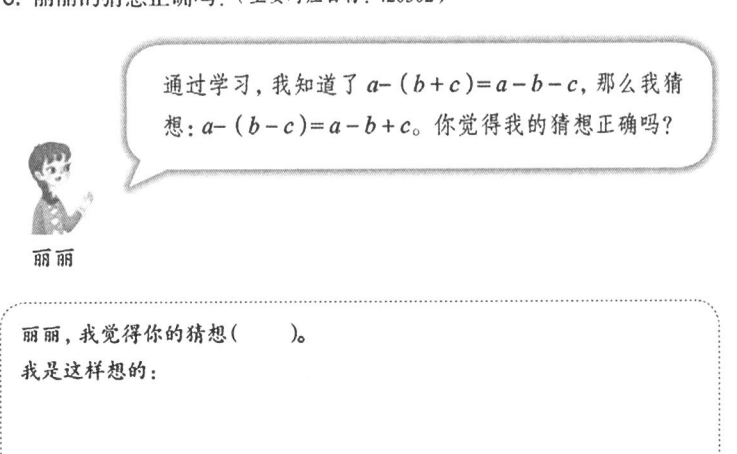

丽丽：通过学习，我知道了 $a-(b+c)=a-b-c$，那么我猜想：$a-(b-c)=a-b+c$。你觉得我的猜想正确吗？

丽丽，我觉得你的猜想（　　　）。
我是这样想的：

可以上网或翻阅书籍查一查，确认一下规律是否成立。

图 5

第一篇 实践理论梳理　51

又如,乘法运算定律(第1课时)设置了一道类似的猜想和说理作业(如图6),其对应的单元作业目标是"理解并能识别乘法结合律,能运用乘法结合律进行简便计算,并能在解决问题中合理运用"。

5. 小军的猜想正确吗?（主要对应目标: 420303）

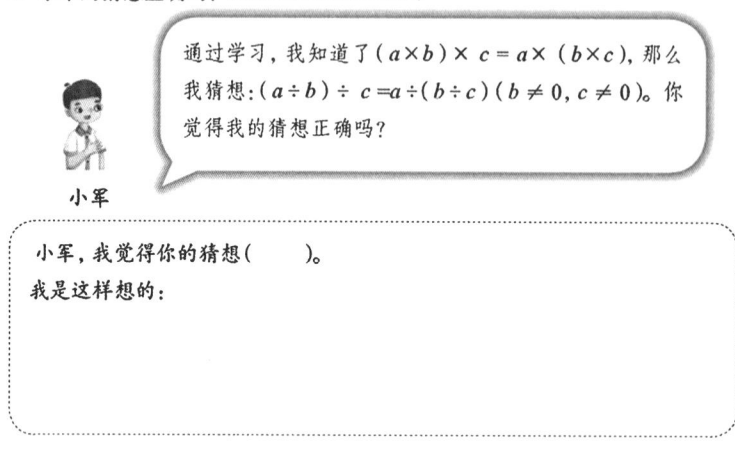

通过学习,我知道了$(a\times b)\times c=a\times(b\times c)$,那么我猜想:$(a\div b)\div c=a\div(b\div c)(b\neq 0,c\neq 0)$。你觉得我的猜想正确吗?

小军

小军,我觉得你的猜想(　　)。
我是这样想的:

图6

再如,乘法运算定律(第4课时)依然设置了一道运算定律的猜想和说理作业(如图7),其对应的单元作业目标是"理解并能识别乘法分配律,能运用乘法分配律进行简便计算,并能在解决问题中合理运用"。

6. 丽丽的猜想正确吗?（主要对应目标: 420304）

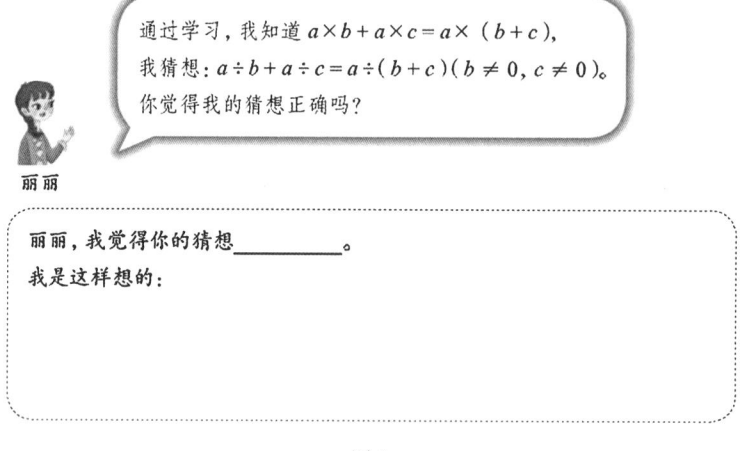

通过学习,我知道$a\times b+a\times c=a\times(b+c)$,我猜想:$a\div b+a\div c=a\div(b+c)(b\neq 0,c\neq 0)$。你觉得我的猜想正确吗?

丽丽

丽丽,我觉得你的猜想_____。
我是这样想的:

图7

上述三道作业分别来自不同课时,涉及不同的运算定律,都是让学生根据已学的运算定律提出自己的猜想,对这个猜想进行分析和评论,体现了推理意识素养的培养要求。即"能够通过简单的归纳或类比,猜想或发现一些初步的结论。通过法则运用,……对自己及他人的问题解决过程给出合理的解释"。

通过以上举例,我们可以思考这些作业的育人价值不仅仅在于知识的掌握和巩固应用,更重要的是,让学生通过完成这样的高质量基础性作业落实核心素养培养。当然,我们还应思考,我们的学生能适应这样的高质量基础性作业吗?教师的课堂要如何改变,才能让学生适应高质量基础性作业?走向"双减"时代和素养时代,人的培养应通过作业得到落实。一方面,我们要设计高质量的基础性作业,关注学科素养培养,做到少而精;另一方面,教与学是密切联系的整体,只有不断优化教师的教,切实促进学生自主学习,积极构建"双减"智慧课堂,才能实现"负担少,学得实"。

三、一、二年级可以结合实践开展主题式学习

"双减"政策下,一、二年级不布置书面家庭作业,并不等于一、二年级不能布置作业,教师应结合一、二年级的学习特点,结合实际设计一些富有创意的口头作业和实践作业。《义务教育课程方案(2022年版)》要求:设立跨学科主题学习活动,加强学科间相互关联,带动课程综合化实施,强化实践性要求。原则上,各门课程用不少于10%的课时设计跨学科主题学习。鼓楼区一年级数学教研员带领教师团队以"认识时间"为主题,共同研制主题式学习作业,在全区学校推广试用,起了比较好的效果。既遵循了"双减"政策,又从实践入手,通过设计主题研修模块和系列学习活动,解决了低年级学生认识时间的难题,受到家长好评。

(一) 以模块学习设计系列活动

一年级"认识时间"主题学习设置了4个学习模块7个主题活动,让学生用一个月的时间完成。其内容结构如下:

模块一:钟表里的时间。
活动1:认识钟表(观察钟面、表达发现)。
活动2:创意钟表秀(设计、制作钟面)。
模块二:记录我的一天。
活动3:观察、记录在校、周末、节日的一天,比较不同。
模块三:影子和时间。
活动4:户外实践观察,记录一天早、中、晚太阳影子的长度。
活动5:室内模拟实验:一天中不同时段的光影变化。
模块四:时间文化。
活动6:观看微课,了解时间文化。
活动7:制作计时器(日晷、沙漏)。

(二) 重视学习体验反思和评价

1. 活动体验之一:在动手制作钟表过程中的观察与发现。

"我观察到了钟面上有1到12,共12个数字,每个数字之间有一个大格,还有5个小格。

钟面上还有三根针,它们都不一样,又粗又短的是时针,又细又长是分针,跑得最快的是秒针。"——陈××

"我在制作钟表时按照数字从小到大的顺序做钟面,发现钟面上空间不够了,后来我重新安排12个数字宝宝的位置,发现要想准确地确定位置,必须先固定12、3、6、9四个数字的位置。"——叶××

2. 活动体验之二:通过记录"我的一天"的观察与发现。

"我记录了在校的一天和周末的一天,我发现周一到周五做每件事情的时间大致相同,周末的一天我的生活更充实。"——吴××

"通过记录我的一天,我学会了时间的两种表示方法,文字表示法和电子表示法,我更喜欢电子表示法,因为很简洁。"——王××

"我觉得自己以前就像微课里的欧欧猫一样,不懂合理安排时间,每天总是有很多想做却做不完的事情,时间总是不够用。通过记录我一天的活动,我把每天要做的事情罗列出来,按照完成的时间把它们合理安排清楚,这样的一天很充实,我学会了做时间的小主人。"——刘××

3. 家长评价之一:从"我和太阳做游戏"认识时间。

"活动很有意义,让孩子能够关注到大自然里的时间。测量影子,我们选取了上午9时、中午12时和下午2时三个时间,但到了下午没有太阳,第二天下午孩子主动要求我帮忙测量影子的长度。孩子研究热情高涨,比之前更加热爱数学了。"——吴××妈妈

"这个活动将数学和科学相融合,让孩子体验自然界里的时间,感动于老师的用心,我和孩子一起观看了微课'我和太阳做游戏',明确了测量影子的操作方法和注意事项,避免因操作不恰当而导致数据出现误差。通过活动,孩子和我都学到不少知识,希望老师今后能多发布实践活动。"——黄××爸爸

4. 家长评价之二:从自制创意计时工具看到孩子的成长。

"在活动中,我看到了孩子的成长,老师发布活动后,孩子翻阅书籍资料,独立思考该做哪种计时工具,收集制作材料,提高了动手能力,当孩子完成作品的那一瞬间,我感觉孩子成长了,能够独立思考解决问题了。"——陈××爸爸

"孩子很喜欢动手操作,活动一发布,马上就开始制作。通过活动,我发现孩子懂事了很多,做事不再拖拉,懂得了珍惜时间。"——黄××妈妈

四、在指导学生完成作业时应注意体验、思考和表达

(一) 从数形结合的角度提升问题思考

以下是一位教师提供的作业:不用计算,比较下列四个算式的大小。

A. 29×41 B. 28×42 C. 27×43 D. 26×44

显然,这道作业的价值不是让学生进行计算,而是让学生观察算式中因数的特点和联系,根据其中的规律来进行比较大小。因此,题目要求可以进一步优化,题干可改造为:不用计

算,下列四个算式(　　)积最大。【你能借助画图说明其中的道理吗?】

利用数形结合,这道题有两种基本策略,其一是把这四个算式都转化成长方形进行比较,例如图8:

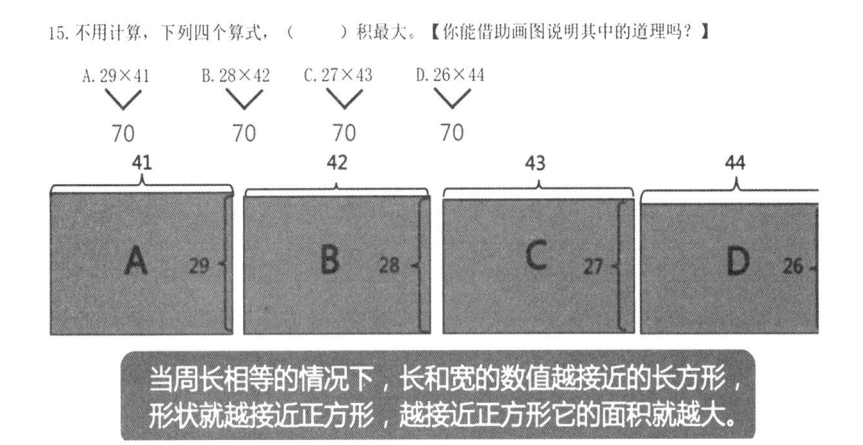

15. 不用计算,下列四个算式,(　　)积最大。【你能借助画图说明其中的道理吗?】

A. 29×41　B. 28×42　C. 27×43　D. 26×44

当周长相等的情况下,长和宽的数值越接近的长方形,形状就越接近正方形,越接近正方形它的面积就越大。

图 8

另一种策略是:把这四个算式都与30乘40这样的一个长方形进行比较。例如图9:

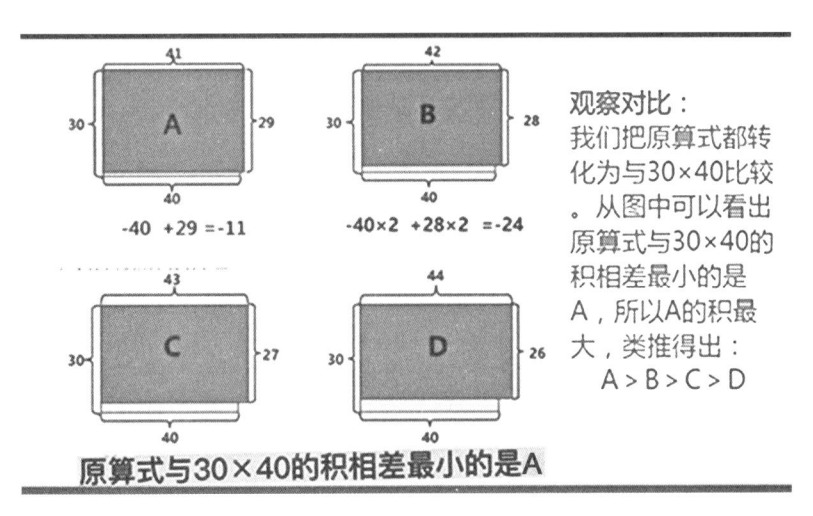

观察对比:
我们把原算式都转化为与30×40比较。从图中可以看出原算式与30×40的积相差最小的是A,所以A的积最大,类推得出:
A>B>C>D

-40 +29 =-11　　-40×2 +28×2 =-24

原算式与30×40的积相差最小的是A

图 9

(二)从数学表达的角度提升解题思路

为了帮助有困难的学生理解其中的道理,可鼓励学生结合作业展开数学说理。以下是鼓楼区一个学生说理视频的片段摘录:

"通过观察,我们可以发现,29到28减少了1,28到27减少了1,27到26也减少了1。再看因数二,它们分别为41、42、43和44,每一个数都比上一个数增加1。通过观察可发现,每两个因数的和都是70,我们可以联想到以前学的周长不变规律。"

"我们先来看选项 A。我们可以把它想象为宽为 29,长为 41 的长方形,那么它的面积就是 29 乘 41。我们把它和 B 进行比较,从 29 变为 28,宽减少了 1,也就是面积减少了蓝色的这一部分;从 41 变为 42,长增加了 1,也就是面积增加了橘色的这一部分。"

"我们把增加的这一部分移到减少的这一部分。可以发现,增加的比减少的少。说明长方形的面积变少了,也就是积变小了,29 乘 41 大于 28 乘 42。用同样的方法可以知道,28 乘 42 大于 27 乘 43,27 乘 43 大于 26 乘 44。我们通过数形结合的方法得出了这一题的答案为 A。"

"通过这一题,我们可以回想到三年级学习的知识:当周长相等时,长宽越接近,面积越大。"

上述作业过程中,充分体现为观察和情感两个层面。学生观察的主要是:第一个因数递减 1,第二个因数递增 1,两个因数的和都是 70。而学习情感主要在于让学生感受到数形结合的奇妙。独立思考则表现为非常复杂的思维活动,例如联想以前学的周长不变规律;通过想象,将算式变成长方形;比较长和宽的增减变化和长方形面积的增减变化;通过类推,比较不同算式的大小;回想三年级的知识。在表达方面,则是由原来的教师讲解改为现在的学生自主表达。以上例子说明,让学生充分体验、独立思考、自主表达,能够凸显作业的育人价值,有助于落实核心素养培育。

(三) 从数学"三会"加强数学作业指导

教师在作业指导的过程中要注意"三会",即会体验、会思考、会表达。

会体验,就是要让学生去体验学习的过程、方法、结果、意义和学习情感。学习情感包括让学生感受到数学有理、有趣、有用。要坚持在观察、操作、运算等学习活动中体验,具体开展的活动有做一做、比一比、猜一猜、量一量等。在自我反思中体验,既要总结成功的经验,也要分析失误的原因,避免下次再错。要坚持亲身经历,还要调动多种感官体验。

会思考,就是要引导学生在作业过程中思考数学道理、数学方法、数学应用和数学价值,教师要设置核心问题驱动学生思考,鼓励学生联系所学知识思考、基于证据思考、打破常规思考。

会表达,就是要引导学生表达学习的过程(怎么做)、问题的思考(怎么想)、学习的困惑和个体的发现,要学会有序表达(是什么),有理有据表达(为什么)和创意表达(怎么做)。

综上所述,新时代背景下,教师需要提高作业设计能力,给学生提供高质量的基础性作业。更要以作业变革为手段,推动学习变革,构建"双减"背景下的智慧课堂,让学生热爱作业,享受成长。

小学语文非连续性文本阅读方法与写作

张仕江　贵州省望谟县实验小学甘莱校区

小学语文非连续性文本阅读方法可以加强语文知识与学生实际生活之间的联系,新课改背景下,语文教师也加强了对这一阅读方法的运用,并根据写作教学要求实现了两者的有机整合,要想充分发挥两者融合的作用,还需要对教学方法进行持续优化与完善,结合小学语文教学要求进行深入研究,及时改进该教学方法运用中的不足,通过积极探索,制定更加完善的语文课堂教学策略,提升阅读教学和写作教学的有效性。

一、深入挖掘语文教科书,探究结合路径

(一) 挖掘语文教科书,丰富写作素材

为方便小学生阅读与理解,目前运用的小学语文教科书中插入了许多图片,并配有简短的文字进行介绍,能够帮助小学生在较短时间内获取教科书中的关键知识点,这是非连续性文本阅读的重要组成部分,学生通过非连续性文本的学习可以提升自身的阅读能力,也可以将相关技巧运用到写作中,比如非连续性文本阅读能够拓展学生的想象空间,让他们认真观察周围事物,将各类素材和资源运用到写作过程中。比如在进行《赵州桥》这一课的教学时,教师可以让小学生观察文章中配有的图片,使他们结合图片理解课文知识,加深对知识的讲解,提高学生对知识的理解。教师可以布置扩写任务,让学生根据图片内容进行写作,能够使小学生在掌握阅读技巧的同时,运用不同类型的文本内容来丰富表述形式,有利于提高写作质量。

(二) 引导学生文本转合,加强信息重构

非连续性文本阅读方法在实际应用过程中应实现各类信息的合理利用,要想提高学生的写作能力,也需要对小学生进行正确引导,促进文本转合,根据实际需要进行信息重构。比如在利用故事类文本进行教学时,教师可以让小学生根据故事的发展和具体情节等绘制关系图,学生可以在绘制的过程中厘清文章脉络,也可以加深对故事内容的了解。要加强对学生文本转合训练,帮助他们形成良好的阅读思维,能够将吸收的知识和信息进行重构,为写作积累素材。

二、加强与生活之间的联系,拓展学生视野

(一) 联系学生实际生活布置练习任务

小学语文教科书中每个单元中的语文园地都可以作为非连续性文本阅读的素材,在实际

教学时可以帮助小学生巩固之前章节所学的知识内容,加深对不同语文知识点的理解,而且在学生练习的过程中也可以传递相关写作技巧,通过写作训练的方式强化小学生这方面的能力。教师可以联系学生生活实际布置相关的练习题,让学生将文具分类、水果分类,并通过统计分类表进行展示,教师在这一过程中应做好引导工作,让学生可以结合生活情况制作分类图表,锻炼学生的实践能力,提高他们的分析水平。还可以让学生以读书为出发点制作推荐书籍的完整表格,表格中涉及书籍的名字、作者、内容介绍、书籍图片和推荐理由等,从而强化他们的信息挖掘、分析与整合能力。

(二) 丰富写作训练方式,打破教科书的局限性

在写作训练时,教师可以让学生们通过教科书上的图片进行内容上的扩写,在扩写的过程中能够提高学生的感知能力,也能进一步强化小学生的写作能力。目前小学生写作训练中运用的方式、方法比较多,教师需要改变以往的思想,摆脱教学束缚,采用小学生比较感兴趣的方式进行教学,提高他们对阅读和写作的积极性,主动参与教学活动。这种教学方法的应用能够突出学生在当前教学中的重要位置,提高学生的主观能动性,在参与活动的过程中锻炼阅读能力和写作能力,拓展知识内容,不受到语文教科书内容的限制。

三、整合教学资源,丰富写作素材

(一) 注重不同教学资源的整合

阅读与写作是语文学科教学中的重要内容,两者之间存在密切联系,是相互辅助和相互促进的关系,小学生的阅读量在不断增加的过程中,其积累的知识和素材也更加丰富,而且也可以掌握更多的写作技巧,进而提高写作能力。那么在实际运用非连续性文本阅读方法进行教学时需要转变思路,注重多种教学素材与资源的汇集与整合,为写作积累更多素材,学生也能够加深对阅读的理解,提高写作体验。比如在学习《新奇的纳米技术》这篇课文时,教师可以根据课文中的内容制作与纳米技术有关的表格,通过表格学生可以更加清晰、明了地掌握相关知识和该技术在日常生活中的运用情况,学生能够快速理解相关知识,也可以掌握非连续性文本的写作方式。

(二) 实现互联网技术的合理运用

互联网技术的推广运用使得小学语文教学方式更加多样,利用信息技术和网络技术可实现知识的有效传递,提高教学质效。教师可以根据教材内容制作教学课件,而课件中的非连续性文本内容比较多,在向学生传递语文知识的同时,可以进行写作教学,使得教学素材更加丰富,在一定程度上增加了语文教学的趣味性,为学生营造轻松、愉悦的课堂氛围,使他们在阅读和写作的过程中感受到学习的乐趣。要注重非连续性文本阅读方法与写作方式有机结合,注重对小学生进行全面教学,切实提高他们的综合能力。

四、采用图文结合方式加深学生对知识的理解

(一)运用图表展示教学内容

以往小学语文阅读教学中比较常用的是,先让学生通篇阅读课文,再由教师进行讲解,这种教学过程中学生的主动性不强,往往只是被动地接收知识,而且教师讲授的重点不同,运用的方式也有所不同,导致学生不能对自己感兴趣的内容进行深入感知,影响学生对所学知识的理解。要想改善这一问题,则可以采用图文结合的方式,学生可以通过图片理解教学内容。比如在进行《遨游汉字王国》文章教学时,采用非连续性文本阅读教学模式,根据教科书中的具体内容列出不同类型的图表,比如汉字演变过程图表,可以起辅助学生理解和记忆的作用,进一步加深学生对课本内容的理解,还可以通过开展交流讨论活动的方式让小学生进行小组内部交流,在交流中进一步掌握所学知识。

(二)采用多种方式开展课堂互动活动

语文知识是学生今后学习和生活中运用的基础知识,要想提高学生的阅读能力和写作水平,还可以采用插图描绘的方式开展课堂互动活动,引导学生运用语言描述教科书插图中的一些要素,并能够将相关要素与教科书内容和空间动作逻辑相联系,可以清晰描述插图中描绘的情境,这对提高学生的理解和阅读能力有着积极影响,而且学生的写作能力也得到了一定锻炼,学生在讲述插图内容时,其语言组织能力和表达能力得到提升,可以为今后写作的顺利进行打下基础。

总而言之,非连续性文本是小学语文教科书不容忽视的特色之一,也是深化教科书、图表与学生生活联系的重要途径。小学语文非连续性文本阅读教学已经成为现代教学中的一种重要手段,将其与写作进行适当结合,可以拓展小学生的知识范围,提高他们总结语文知识、提炼重点内容的能力,让小学生可以将所学知识内容与实际生活相联系,善于发现生活中的价值信息和资源,不但能提高他们的核心素养和综合能力,也能够为写作积累素材,让学生在写作时清晰表述,对小学生语文学习发展有推动作用。现阶段还应加大对教学方法的研究力度,进一步提高教学水平。

"三教"引领小学数学学习中的长见识、悟道理

陈 燕 甘肃省酒泉师范学校附属小学

数学教学中"教思考""教体验""教表达"(简称"三教")的教育理念,是贵州师范大学吕传汉教授在回顾总结"创设数学情境与提出数学问题"教学实践的基础上进一步提炼出来的。"三教"与《义务教育数学课程标准(2022年版)》提出的"三会"有异曲同工之妙,即"教思考",让学生会用数学的思维分析世界,学会"想"数学,促进思辨能力发展;"教体验",让学生会用数学的眼光观察世界,学会"做"数学,积累并获得丰富的学习体验;"教表达",让学生会用数学的语言表达世界,学会"说"数学,在表达交流中产生新的思考。在"三教"理念引领下,我们在数学教学中积极实践应用,转变和丰富学生学习数学的方式、方法,促进数学深度学习,引导学生在数学学习过程中心无旁骛地求知问学,长见识、悟道理、明事理。

一、"三教"理念下小学数学教与学的新要求

"三教"理念是基于学生创新思维的培养,在数学学习中,让学生学会积极思考、自主体验、大胆表达,以此促进学生在数学学习中长见识、悟道理的教育理念。在"三教"理念引领下,课堂教学改革的重心要努力从研究教师的"教"向研究学生的"学"转变,教师要指导学生学会思考,各类数学知识的学习和应用要站在科学的角度去探究,让学生一边思考、一边总结、一边应用,用学生自己的思维代替教师的权威思维,在思考中体验,在体验中思考,并且因为有所思考和体验,从而更积极、准确地表达,同时在丰富的体验和表达中产生新的思考。让学生彻底抛开学数学难、学数学苦、学数学烦的传统压力,在"想"数学中发展思辨能力,在"做"数学中积淀数学素养,在"说"数学中增长智慧,不断培育学生的核心素养,不断收获独立自主学习的成功体验,激发学习动力,转变学习态度,真正体会到数学好玩、数学好学和数学好用。

二、"三教"理念引领小学数学学习的原则

"三教"理念引领的小学数学学习,第一,要构建数学"情境+问题"教学模式。依托能够引发学生思考、推理、想象,并能进行有效迁移解决问题的真实情境,引导学生大胆探索真实情境中蕴含的相互关系,从而不断发现问题、提出问题、分析问题和解决问题。在问题解决过程中,教会学生积极思考、有序思考、独立思考,这是创新思维和实践的前提。第二,"三教"理念引领的小学数学学习要帮助学生在问题解决的过程中增长见识,积极参与学习活动的过

程,不仅让学生积累数学活动经验,也让学生获得学习体验,收获学习感悟。学生亲历数学活动发生、发展的过程,知识得到充盈、技能得到训练,情感体验、数学能力和数学素养获得发展,在体验中增长见识,日积月累以达到丰富学识的目的。第三,"三教"理念引领小学数学学习要以表达、交流为切入点。语言是思维的外显,学习过程中没有独立、深入的思考就不可能获得深刻的体验,没有体验就没有有条理且准确的表达。要让学生学会在表达中思考,丰富表达的形式,增长智慧,积淀素养。

三、"三教"理念引领学生长见识、悟道理的实施途径

(一) 创设真实情境,激发学习兴趣

《义务教育数学课程标准(2022年版)》提出:"数学素材的选取应尽可能地贴近学生的现实生活,以利于学生经历从现实情境中抽象出数学知识和方法的过程……"教师可以创设真实的学习情境,让学生在特定的情境下学习相应的数学知识。比如,学习"元、角、分的认识"一课时,创设欢乐购物的学习情境,把问题串和练习题设计成购物活动中发生的事情,学生和教师分别扮演顾客和售货员的角色。在商店里,售货员阿姨拿出各种钱币让学生认识并分类各种面值的人民币。关于元、角、分的进率问题,同样在购物情境中解决:小明买一支铅笔要花1元钱,但他只有面值1角的人民币,他要付给售货员阿姨几张1角的人民币才够一元呢?朵朵要买一本26.6元的《发明家的故事》,她可以怎样付钱呢?如果她付给售货员阿姨3张10元的人民币,应该找回多少钱呢?在真实情境的作用下,学生能准确认识人民币、会算账、付钱、找钱,充满了浓厚的学习兴趣和积极参与学习活动的动力。针对"元、角、分的认识"课程学习告别了单一的理论学习模式,实践场景体验给学生带来更多感悟,不仅建构了对货币价值的量感,还发展了学生倾听、表达、交流的能力和勤俭节约的金融素养。

(二) 融合生活实践,改善学习体验

数学来源于生活,服务于生活。如果学生没有获得过在现实生活中应用数学知识解决日常问题的成功体验,没有感悟到学习数学的价值和数学的魅力,是很难爱上数学的,同时很难听到学生质疑的声音。按照书本上的方法学习,或者是按照考试的考点学习,会严重禁锢学生思维的发展,削弱实践应用能力的培养,淡化数学学习体验。所以在小学数学学习中,融合学生生活实践,学生可以主动地利用自己的学习内容改变生活、认识生活,在生活中学数学、用数学。比如,教学"认识更大的数"一课时,教师指导学生先从自己的生活角度去观察:哪些物体、情境或数量需要庞大的数字来衡量或者计算?经过独立思考后,有的学生回答:天上的星星数量繁多,一时之间很难数清楚,需要通过庞大的数字来衡量。有的学生回答:国家人口普查的时候也需要通过庞大的数字来描述,这样才能明确人口的数量。有的学生回答:我们酒泉新城区的建设工程建设资金的使用也是非常庞大的,需要通过庞大的数字来计算分析……根据学生的生活案例学习和结果分析,教师导入"认识更大的数"课程教学,在加强对大数的读写和位值意义的理论认识基础上,展示了银河系的星星的数量,展示了我国的

人口普查结果,展示了我市一些大家熟悉的工程建设资金数额,加强课程前后的联系,把数学知识与学生的生活背景有机融合,让学生会用数学的眼光观察世界,会让学生感到数学更加亲切、实用且有趣。

(三) 核心问题驱动,激活创新思考

基于核心素养的教育,重在问题意识的培养。在小学数学学习中,既要巧妙设计核心问题,启发学生主动探究独立思考,又要关注学生独特、新奇的问题与回答,引导学生深度学习,创新思考。比如"真分数假分数"这一内容的学习中,学生只要通过观察比较分子和分母的大小,记住分类的标准,就能正确区分真分数与假分数。但是,为了避免机械化的记忆,就可以设计核心问题:假分数是分数吗?如果是分数,那假分数是怎么来的?假分数"假"在哪呢?思缘于疑,这样有价值的核心问题真正激发了学生探究发现的求知欲望,激发学生从分数的意义、分数单位等多个角度去深度理解真分数和假分数的特征。在"小数除法"单元整理复习时,一个学生突然提出:为什么整数除法中可以有余数,而小数除法中在余数末尾可以添0继续除呢?这个问题在教室里引起了轩然大波,学生有的结合购物的具体情境分析余数的意义,有的解释了笔算整数除法与小数除法算理算法的相通相融,学生从课上研究到课下,在突破自我的创新思考中,充分感悟因为生活和计算的需要而引发的数系的扩充。

(四) 拓宽表达内涵,增长智慧

表达与交流是一种十分重要的软能力,"三教"理念中的教表达,就是让学生会用数学的语言表达世界,学会"说"数学。在小学数学学习中,教学生灵活运用文字语言和数学中的符号语言、图示语言来表达对知识的认知和理解,有条理且准确地描述自己思考的过程,并能把自己的体验理解、方法技巧以口头表达或书面表达的形式传递给教师和学生。我们在教学实践中,针对口头表达,鼓励学生说数学文化、说探究发现、说疑难困惑、说收获成果、说方法策略、说整理复习,充分引导学生在表达中倾听,在倾听中交流,在交流中思考。针对书面表达,鼓励学生通过撰写学习体验、实验报告、数学日记、数学论文,创办数学小报、绘制思维导图、录制学习音视频等多种方式呈现自己的学习成果,把学生的数学思维可视化,有条理地表达出来,增长智慧,积淀素养。

(五) 强化实践应用,增强体验感悟

数学学习过程其实就是数学体验的过程。"教体验",就是让学生学会"做"数学,让学生亲身经历学习的全过程,创设真实的情境,开展真实的实践,积累真实的活动经验,获得真实的情感体验和数学感悟。比如在学习完小数除法和人民币兑换的知识后,以解决问题为重点尝试设计实施跨学科学习活动——"欢乐之旅"。小组合作,从① 新加坡—马来西亚—泰国;② 挪威—瑞典—芬兰;③ 日本—韩国—朝鲜三条旅行线路中选择一条制定小组(10 人以内)假期研学旅行方案。确定研学主题,制定旅行攻略,会查阅相关资料,能融合数学(人民币兑换、行程问题)、社会科学(语言种类、人情风俗、人文地理、安全急救、饮食交通)、语文(演讲交

流、报告撰写)等学科知识综合应用。可以通过研究报告、演示文稿、视频图片等资料以小组合作研究的方式呈现学习成果,学习任务完成时限约设置2周。这样校内与校外结合、课上与课下互动、学校与家庭联动的多渠道实践应用方式,不但让学生感悟了数学知识本质,应用了数学思想和方法,而且让学生收获了经验分享、价值引领、情感滋养和能力提升。

(六) 恰当评价鼓励,营造和谐氛围

数学是思维的体操,语言是思维的外壳。但是回到现实的课堂,总是发现学生或畏惧语言表达,不愿主动尝试,躲避教师的目光;或数学语言表达不规范,缺乏条理,表达随意且反复;或完全按照教师的要求去想、去做,没有锻炼和增强数学表达能力的机会,更难以发出质疑的声音。面对这样的情况,在小学数学学习中,要去真正关注学生的"学",对学生的主动体验和流畅表达给予及时恰当的评价。比如我们在课堂学习中引入的成为同伴"诤友"的3+2+1评价方式,教师或同伴对学生给出评价反馈意见时,必须首先从赞同或者喜欢的三个方面说起:"我喜欢你这样的做法……这样的想法真棒……给我影响最深的是……"接着友好地表达自己不赞同或者质疑的两个方面并与同伴讨论。比如:"我不知道我理解的对不对……,我明白你的想法了,但是如果……也许会更好。"最后针对如何改进提出一个具体的建议和想法:"如果你能……我觉得就更完美了。"在"诤友"评价方式应用的实际需要时,还可以将"3+2+1"模式简化为"1+1+1"模式。教师和学习同伴长期坚持这样温暖的、有针对性的评价,并对规范表达进行示范训练,给足学生思考、体验、表达的时间和空间,在课堂上创设自由、积极的言论氛围,使每个学生在这种宽松的氛围下有一种安全归属感,从内心深处激发他们表达的欲望,营造愉悦和谐的学习氛围。

在"三教"理念指导下,现阶段学生的数学学习有了很大的改变,根据小学生的年龄特点和认知特征,通过教会学生"想"数学,引导学生"做"数学,鼓励学生"说"数学,促进学生深度学习,让学生在数学学习过程中长见识、悟道理,助力学生的品格培养,促进学生核心素养发展。

写画学习体验　积淀数学素养

杨通文　贵州印江土家族苗族自治县新寨镇中心完全小学

所谓"学习体验"（案例），是学生在自主学习、实践研究中获得的心得体会，是在长见识、悟道理中形成的一种素养。它是把"教"的研究转向"学"的研究的良好载体，有利于促进学生核心素养的培育。写画是指用文字、画图等书面语言表达对探究数学的理解和心得体会。

一、学习体验写画缘起

《义务教育数学课程标准（2022年版）》指出："义务教育数学课程应使学生通过数学的学习，形成和发展面向未来社会和个人发展所需要的核心素养。"数学课程要培养的学生核心素养是：会用数学的眼光观察现实世界；会用数学的思维思考现实世界；会用数学的语言表达现实世界，简称"三会"。如何落实数学课程要培育的学生核心素养呢？长期以来，在教师的指令下围绕教学内容"刻苦训练"做作业，成为学生学习数学的重要途径。这种机械、重复、枯燥的"刻苦训练"做作业，重在强化知识、形成技能，但缺乏训练背后的学生核心素养培育，导致学生对数学的理解支离破碎、应用生搬硬套。为能较好地体现数学课程有用、好玩、有趣的学科育人价值和培育学生数学素养。由此，笔者提出精减书面作业练习，从练习书面作业走向写画学习体验，以写画学习体验的方式帮助学生学数学，积淀数学课程的学生核心素养。

二、学习体验写画思考

学数学，比知识更重要的是能主动灵活运用数学的思维方式去发现、提出、分析、解决现实世界的问题，经历数学知识的"再发现"，建构属于自己的数学，内化于心地储存，外化于行地应用，积淀数学素养。贵州师范大学吕传汉教授2014年提出"三教"（"三教"，指基于创新型人才培养，在学科教学中教学生独立思考、自主体验、善于表达，以此促进学生长见识、悟道理的一种教育理念，即"教思考""教体验""教表达"，简称"三教"）理论，并提倡"指导、鼓励学生撰写'学习日记''学习心得''小论文'等方式来'教表达'，简要讲述自己感兴趣的见闻，敢于发表自己的意见，培养学生的书面表达能力"。笔者认为，写画数学学习体验能表达自己对探究数学的理解和心得，向语文学科的习作延伸，提升学生数学语言表达、运用能力。数学家波利亚曾指出："学习任何知识的最佳途径是由学生自己去发现，因为这种发现，其理解最深，也最容易掌握其中的内在规律和联系。"笔者认为，写画数学学习体验是一种创新型的探究作业，遵循学生个性，从枯燥的"练"数学转向长久的"想"数学、"做"数学、"说"数学，经历知识的

"再发现""再创造""再建构",弄清知识来龙去脉,运用知识举一反三,在探究、发现、创造、运用数学的过程中体悟"数学好玩",促进数学课程要培养的学生核心素养发展。

数学学习体验写画有利于落实《义务教育数学课程标准(2022年版)》提出的数学课程要培养的学生核心素养。因为写画的目的有利于发展学生用数学的眼光去发现、提出问题,确定写画缘由和主题,积淀会用数学的眼光去观察现实世界的数学素养;写画的内容有利于发展学生用数学的思维去思考问题、探究问题、建构模型、增长见识,积淀会用数学的思维去思考现实世界的数学素养;写画的方式有利于发展学生用文字、画图等数学语言去表达对现实世界和数学世界的观点和理解,积淀会用数学的语言去表达现实世界的数学素养。

写画是思维的表达,表达源于深度思考。学生写画学习体验,从具身写画的体走向离身写画的悟,四基得到巩固,四能得到发展,相应数学思维品质、数学素养在学习体验写画目的、内容、方式中也得到相应提升、发展。

三、学习体验写画实践

例如,教学人教版五年级上册的"植树问题"一课之后,有的教师会安排学生做大量的作业,将"植树问题"的"树"迁移其他"非树"的"植树问题"生活情境,用三种模型(只栽一端:棵数=段数;两端不栽:棵数=段数-1;两端都栽:棵数=段数+1)去解决生活中的"植树问题",提升问题解决结果的正确率。笔者认为,运用课堂总结的模型在短时间里解决问题的正确率确实很高,但随着时间的推移和问题的变式,错误会逐渐增多。其主要原因之一是过于依赖枯燥、重复训练,缺乏数学思考、推理意识,仅仅是一种浅层的"学会"模仿,并未形成深层的"会学"能力。因此,写画数学学习体验能引领学生再次经历、发现数学知识的形成过程,习得数学知识和能力,促进学生从"练"数学走向"想"数学、"做"数学、"说"数学,积淀数学素养,让学有后劲。

针对此现象,笔者以写画学习体验的方式让学生经历知识的再发现、再建构过程,品尝通过写画学习体验获得数学知识的成功感,促进学习数学的良好积极情感、态度与价值观发展,培育学生数学素养。在教学"植树问题"第一课时后,笔者除了布置适当的书面作业,还以"到底栽几棵"为题,引导学生以写画学习体验(案例)的方式探究"在20米长的小路边植树,每隔5米栽一棵。一共要栽多少棵树"的开放性问题。此写画素材关联教科书例1,但思维的空间高于例1,其意图是以问题任务驱动让写画活动在学生身上真实发生,让学生会用数学的眼光去观察"棵数与段数""小路两边都栽"的数学知识由来,会用数学的思维去思考"一一对应的只栽一端"及其与"两端都栽、两端不栽"的栽法关联,会用数学的语言去表达同一情境不同思维方式下的棵数模型和体验同一情境却栽不同棵数的数学好玩、有趣的学科育人价值。既巩固已学知识,又自我监测地回顾与思考知识的建构过程。

案例:写画学习体验

到底栽几棵

学习一节课的"植树问题"后,给我的感觉是:"'植树问题'既简单又不简单,说它简单,其实就是除法,说它不简单,就是有时不能用除法的商来直接表示要栽的棵数。"估计也是这个原因吧! 杨老师课后除了布置2道作业题,还布置了以"到底栽几棵"为题,围绕"在20米长的小路边植树,每隔5米栽一棵"的数学信息写画学习体验。我是这样写画的:

20米长的线段,每5米一段,20米里面有多少个长是5米的一段,列式20÷5=4(个)或4(段)。有这样的5米一段就栽一棵数,共有4段这样的5米,所以对应栽4棵(图1)。用除法(总长÷段长=棵数)来计算,即20÷5=4(棵)。但是,线段图上共有5个端点,挨着的4个端点都栽树了,好像有点不公平。如果在最左端点上也栽一棵树后(图2),发现还是同样满足每5米栽一棵的条件,比图1就多栽了一棵,不就可以直接用4+1=5(棵)来表示吗?受图1栽法的启发,我"×"掉图1右端点上的一棵数(图3),也满足每5米栽一棵的条件,比图1就少栽了一棵,也可以直接用4-1=3(棵)来表示。

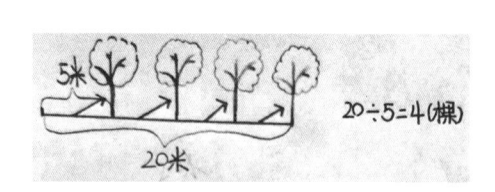

图1

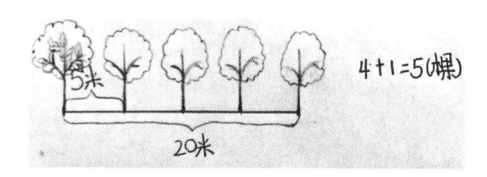

图2

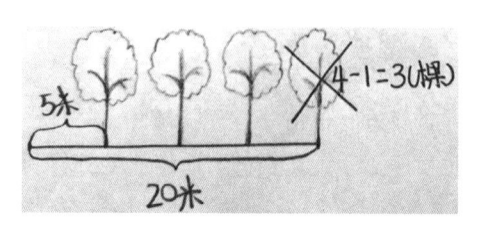

图3

你,看吧!想吧!同样的数学信息,解决同一问题"到底栽几棵"。

图1—图3告诉我:有时栽4棵,有时栽5棵,有时栽3棵,都正确。正好是昨天老师讲的"只栽一端""两端都栽""两端都不栽"的情况。

算式20÷5=4(棵)、4+1=5(棵)、4-1=3(棵)让我发现:每种解法都有一个数字"4",第一个"4"由"20÷5=4(棵)"而来,第二、三个算式以"4棵"(只栽一端的情况)为标准,两端都栽,加1棵,两端都不栽,减1棵。

由此,让我想到"植树问题"的三种情况其实只有一种情况,就是"只栽一端",用除法(总长÷段长=棵数)来解决。"两端都栽"和"两端都不栽"的情况是"只栽一端"的拓展、变化,就用"棵数+1""棵数-1"来解决。

伙伴们,可要注意啊!小路有两边,上述我研究的只是针对在小路一边栽的情况,如果两边都栽,还得在一边栽的情况下乘2。

通过对看似简单的问题画图探究,让我更加理解了"植树问题",知道了同一数学信息栽出不同棵数的知识,增长了同一数学信息为什么会栽出不同棵数的见识。

写到这儿,我又想起:栽3、4、5棵都可以,有没有栽2、6也可以?两端"栽与不栽"都可以,有没有"中间不栽"的也可以?等待大家继续探讨吧!

(贵州印江县新寨镇中心完全小学五年级(3)班 柳××)

基于学生的学习体验进行教师点评、教学反思,重在激励学生学习和改进教师教学,将学习体验转化为教学资源。

教师点评:××同学:你围绕具有挑战性的"到底栽几棵"的学习任务,全身心独立思考、画图探究、全盘考虑,经历了有意义的数学探究活动。让我看到、想到,你以画图的方式将抽象的思维变成了直观的理解,从不同视角观察、思考、表达,阐述了"植树问题"的核心——商的灵活运用,加深了对"植树问题"的不同栽法的认同,学会了不同情境下的"植树问题"解决方法。"想"数学、"做"数学、"创"数学、"说"数学在你身上得到了真实发生、发展。不过,老师有两点补充:一是"植树问题"并不是关于"植树"的数学问题,它和四年级学的"鸡兔同笼"一样,是一种模型,只要我们用数学的眼光去观察、用数学的思维去思考,在生活中一定会找到比如公路两旁安路灯、锯木头、订扣子等"植树问题"的影子。二是在你成功研究"植树问题"的基础之上,老师期待你继续研究更长距离、变形路线(封闭曲线)的"植树问题",并与大家分享。

教学反思:(略)

学生通过观察、思考,以文字、图片、算式等数学语言表达的学习体验再次经历了"植树问题"的数学模型发现、建构,感悟了只栽一端的"棵数=段数"模型是三种模型之"母",融会贯通地理解了三种模型,关联了"段数"与"棵数",变顺向呆板解求"棵数"的问题为从逆向灵活解决"段数""总长"的问题,丰富了思维。

四、学习体验写画感悟

数学模型的建构最好途径是发现它,没有什么比依靠亲身经历的自我发现更令人信服,而发现它,最好的方式是引导学生写画学习体验。正如上述"植树问题"的"棵数与段数"模型如果作为问题解决的"钥匙"直接交付给未达到知识发现、建构、内化的学生,他们用力也打不开,会犯一味"套算"的错误,会混淆三种模型之间的联系,会死记硬背地牢记三种模型,会误认为"植树模型"真有"三种模型"。

学习体验写画是数学眼光、数学思维、数学语言的产物,学生用数学语言表达交流数学观察、数学思考的心得体会,在表达交流中促进深度学习、提升思维品质、领悟数学道理,最终达到求真理、悟道理、明事理三者的有机融合和辩证统一。正如上述学习体验写画,源于课堂内容,高于常规作业,拓展数学思维。学生经历知识的再发现、再建构探究体验过程,并将体验的心得体会写画成学习体验,内化"植树问题"知识,感悟数学思想方法,积累问题探究经验,提升学生思维品质,积淀数学课程的学生核心素养。

学习体验写画是一种探究性作业,它既能促进学生创新思维的发展,又能减轻重复性的作业负担,提升学业质量。它从数学视角发现和提出问题,有利于培养学生的数学眼光;它从对问题的剖析、研究中将所思所想以写画形式表达出来,促进学生数学思维发展。因此,学习体验写画是引领学生将学习的心得体会写出来、画出来,让学生从"会做题"走向"会观察""会思考""会表达",是通往积淀数学素养的良好路径。

(本文系贵州省教育科学规划民族地区基础学科(领域)质量提升专项课题:"基于'学习体验'反思的小学数学精准教学行动研究(课题批准号:MJ21092)"的阶段性研究成果)

行思共进做数学 综合实践长见识
——"包装的学问"中"三教"实践探究

雒兴萍 甘肃省酒泉师范学校附属小学

为解决国内中小学数学课堂教学存在的学生问题意识不足、探究思维薄弱等问题,贵州师范大学原副校长、全国著名数学教育专家吕传汉教授从现代社会发展的特点出发,从教学的基本内容、课堂特征、教学目标等方面研究学习的具体化,提出"教思考""教体验""教表达"(简称"三教")引领"情境—问题"教学,促进学生长见识、悟道理,培育核心素养。他指出:"教思考,引导学生'想',重在培养学生的数学思维;教体验,引导学生'做',重在促进学生的数学领悟;教表达,引导学生'说',重在强化学生的数学交流。"作为一名小学数学老师,如何在教学中落实"三教"理念呢?结合执教的"包装的学问"一课,我和学生组成学习共同体,积极开展"数学好玩"综合实践活动,在动手"做"数学的实践中积极探索,在开口"说"数学的交流互动中引导学生将思考的过程、体验后的感悟用完整的数学语言表达出来,让学生既掌握了本课所学知识,也在参与学习过程中增长了见识、学会了新的解决问题的方法,达到了预期的教学目标。

一、"教思考"从课前学习开始

认真研读教科书,理解教科书内容,把握教科书的重难点是"教思考"的前提。"包装的学问"一课是北师大版《数学》五年级下册"数学好玩"中的第三课,是在掌握了长方体特征和表面积计算等相关知识的基础上,让学生通过解决包装问题,进一步探究几个相同长方体组合成新长方体的多种方案和使其表面积最小的最优策略,体验解决问题的基本过程和方法,体验策略的多样化,发展优化的思想,提高解决问题的能力。为使这一与生活紧密联系的实践活动有序有效开展,进而引导学生综合应用所学知识解决实际问题,就需要注意以下几个方面。

(一)理解实践目的性,"数学好玩"是任务驱动下的积极思考

据了解,"数学好玩"的名字取自2002年在北京举行的国际数学家大会91岁高龄的数学大师陈省身先生为少年儿童的题词。而设计"数学好玩"这一单元,目的是激发学生学习数学的兴趣,体会数学思想,锻炼思维能力,积累思考经验,开阔眼界。具体到本课中研究的包装的学问来说,这是日常生活中经常遇到的现象,学生已有部分生活经验。为了激发学生的学习兴趣,让学生在学习过程中感觉到实践好玩、数学有趣,且探究有成果,就需要通过有关包装学问的"活动任务""设计方案""动手实验""交流反思"等活动过程,把探究怎样包装最优化

的学习目标具体为一个个任务,鼓励学生在任务驱动中"议一议""做一做""想一想""说一说",从头到尾思考问题,真正理解生活中数学知识在包装中的应用。

(二) 发挥学生主动性,学生自主设计活动是数学思考的开始

由于班级中的学生大部分是家中的独生子女,家庭经济情况较好,经过课前调查得知,所有的学生都得到过生日礼物,也曾经为同学或家人准备过礼物,接触过礼品的包装,知道用包装纸包装起来的部分就是物体的表面积,也知道包装纸的大小与物品特点有关。怎样才能利用长方体的表面积等有关知识,探索多个相同长方体叠放后使其表面积最小的最优策略呢?我选择大胆放手,请学生设计实践活动方案,学生在我的鼓励下积极性调动起来了,都开始认真阅读教科书,了解学习内容,根据需要解决的问题迅速组成合作小组,集思广益,开始主动思考实践活动的内容,确定小组活动的步骤,安排人员分工,主动探究物品包装学问的数学思维已成功激活。

二、"教体验"从课外实践开始

(一) 走出课堂,生活体验中发现数学

数学来源于生活,生活之中应用数学。包装的学问就在生活之中,这次实践活动的开展就是引导学生主动把课内知识应用于课外实践,把课外体验反馈于课内思辨。学生通过小组商议,决定全班开展两项有关探究包装学问的实践活动:家中物品包装大搜集、超市商品包装小调查。

在家中物品包装大搜集活动中,学生整理收集的物品包装类型很多,他们发现:有为了吸引注意力,在颜色、形状上考虑较多的,如各种糖果、甜点包装纸大多色彩艳丽、形状各异、大小不同等;有为了便于人们灵活选择,对同一物品进行不同方式包装的,其中较典型的是牛奶的包装,既有为了便于安全携带做的硬纸盒包装,也有考虑到价格更实惠做的塑料袋包装;有为了保护物品特意会做大一点的包装盒,如化妆品包装盒、酒类包装盒等;还有为了进行组合式销售,把多个产品包装在一起的,如餐巾纸、卷纸、衣领净、洁厕灵等。

在超市商品包装小调查中,学生化身小记者,提前拟定调查提纲,和超市工作人员进行面对面交流,在不同商品区域认真观察,发现商品属性不同,包装方式不同,集中摆放的样式也不同。一只小小的粽子就有多种包装方式:有家庭实惠装的网袋包装,有便于邮寄或保存的真空袋包装,有走亲访友时携带的礼盒包装,包装形式不同,价格也不同。至于教科书中出现的糖果盒的例子更是他们观察的重点,学生在这样的体验活动中有目标、有重点、有计划、有行动,发现了数学在生活中的实际应用,积累了生活经验,为课中的分享交流做好了准备。

(二) 回归课堂,计算验证中理解数学

有了调查实践活动做基础,学生在课堂中解决问题时思路就更清晰了。针对教科书中两盒糖果怎样包装的问题,学生用优酸乳纸盒做替代品进行实验。先计算包装一盒糖果需要多

大的包装纸,再思考把两盒糖果包成一包可以怎样包,看看有几种不同的包装方案?哪一种包装方案更节约包装纸呢?学生在摆一摆、算一算、比一比中找到了解决此类问题的策略,得出统一结论:重合的面积越大,表面积越小,最节省包装纸。

在这一活动中,学生有课前亲身体验做基础,课中探究活动进行得很顺利,他们还兴致勃勃地开始研究三个优酸乳纸盒、四个优酸乳纸盒怎样包装更节省包装材料的探究实验。

三、"教表达"从学生的自主发现开始

"我口说我心",完整的表达来自最真实的实践体验。学生在学习"包装的学问"一课时,既有校外实践活动中超市里采访时的互助交流,也有课内学习时的小组交流与集体分享,"你说我听""我说明白了吗?""我听懂了你的做法"就成为教学生表达的训练内容。本课教学中的数学表达主要集中在解决问题方法的叙述上。

(一) 解决问题中发现普遍规律

问题一:两盒糖果包成一包,接口处不计,可以怎样包?怎样最节约包装纸呢?面对此问题,学生两人一组,先摆一摆,看有几种不同的包装方案;再算一算,哪一种包装方案更节约包装纸。学生汇报如下。

生1:方案① 将长20厘米、宽15厘米的面重叠起来;方案② 是将长20厘米、宽5厘米的面重叠起来;方案③ 是将长15厘米、宽5厘米的面重叠起来。我们通过计算、比较发现方案① 更节约包装纸。

生2:可以计算每一种包装方案得到的新长方体的表面积,再进行比较;也可以只计算两盒糖果重合面的大小,再进行比较。不管选用哪一种计算方法,都可以得出相同的结论,重合的面积越大,表面积越小,最节省包装纸。

在这些表达中,学生既说了思考过程,也说了计算方法,发现了此类包装问题较常见的普遍规律,即若重合的面积越大,表面积越小。叙述完整流畅,有利于其他学生借鉴。

(二) 学会具体问题具体分析

问题二:请同学们想一想,如果把四盒优酸乳包装在一起怎样最节约包装纸呢?(接口处不计)对于如何计算组合后的大长方体的表面积,学生的汇报如下。

生1:我们小组先确定的是优酸乳盒大面、中面、小面的面积分别是多少平方厘米。通过计算,我们知道大面的面积=10×6=60(平方厘米),中面的面积=10×4=40(平方厘米),小面的面积=6×4=24(平方厘米),用4个长方体的表面积减去4个上(下)面,再减去4个前(后)面,就可以算出四盒优酸乳包装在一起后的表面积。

生2:直接测量四盒优酸乳包装在一起后的大长方体的长、宽、高,利用表面积公式计算。

生3:每个长方体露在外面的都是4个面,只要求出这4个面的面积,再乘4就可以了。

学生相互评价各小组的做法后通过比较发现,有的包装方案是把最大的面重叠起来,但

还不是最节省包装材料的方法,通过再次讨论得出新的结论:包装多个物体时,不仅要考虑大面重叠,还要考虑重叠面的数量和各个面之间的大小关系,要做到具体问题具体分析。像这样的数学表达既是对学习成果的汇报交流,也是学生思维的又一次碰撞,会促使学生在新的学习活动中继续思考、主动总结。

  尽管"包装的学问"一课的教学实践活动已结束,但关于如何在课堂教学中落实"三教"理念的思考与实践还没有结束。我在学习与教学中真切地感受到,培养学生抽象直观思维的"教体验",培养学生的推理运算能力的"教思考"和培养学生的语言分析能力的"教表达",在同一节课、同一个问题的学习过程中是相互依存不可分割的,只不过在具体教学实践活动中的关注侧重点不同而已。无论采取怎样的教学方法、设计怎样的教学活动,都要努力做到以学生为主体创设具体情境,以丰富多样的评价方式激发其主动思考,在有针对性的问题驱动中引领学生自觉参与体验活动,探究客观事物的属性、发展和内在联系,从中找出普遍规律,形成自己的认识,在与教师、同伴的交流互动中进一步完善数学表达,真正把培养学生的问题意识与思维发展贯穿于教育教学活动的全过程,提高学生发现问题、提出问题、分析问题和解决问题的能力,实现让学生在"做"数学、"说"数学的实践活动中长见识、悟道理的教学目的,提升数学教学质量,培育学生数学核心素养。

复合型提示语促进学生深度思考
——以"鸡兔同笼"教学为例

杨再志　贵州省余庆县实验小学

当前教育界对提示语的相关研究比较少,截至2022年8月通过知网进行关键字"提示语"高级检索,共找到12条结果(期刊11篇、博士论文1篇);其中关于数学的只有一篇。在数学教学中,提示语对促进学生认知水平和元认知水平的提升,具有很重要的作用,不少学者、专家通过大量的调查和解题实验等研究,发现目前中国学生的元认知水平普遍较低,从而严重影响了数学学习的效率;因此教师对数学提示语的关注,将是促进学生思维水平和数学学习效率提升的必经之路。

南京师范大学涂荣豹教授,对波利亚《数学解题》理论中蕴含的元认知思想进行研究,首次提出"元认知提示语",充分肯定了它在数学教学中的作用。元认知提示语是指为了激发元认知活动而使用的提示语。元认知提示语不直接指向具体问题,其目的在于激发元认知调节、监控认知活动。元认知提示语不同于一般的认知提示语,主要差别在于认知性提示语离具体问题较近甚至有时是直接就具体问题进行提示,而元认知提示语则离具体问题比较远。

然而在数学教学中,教师除了运用元认知提示语对学生进行启发,还常常借助认知性提示语进行启发。笔者根据小学数学教学的内容(数与代数、图形与几何、概率与统计、综合与实践),即四大领域知识的建构,将其划分为概念课、计算课、问题解决三种课型,并结合学生认知规律和学生对数学知识的理解与建构形式,将启发学生思维的数学提示语对应地划分为认知型提示语、元认知型提示语、复合型提示语三大类。但并不是绝对的,只是在某一类型的课中某种提示语略显突出。下面以人教版小学数学四年级下册数学广角"鸡兔同笼"的教学实例来阐述,利用复合型提示语的教学实践,供教师参考。

一、片段一

师:鸡和兔一共有8只,鸡、兔可能各有几只?
生1:鸡可能有4只,兔可能有4只。
生2:兔可能有2只,鸡可能有6只。
师:你们这样猜测,给人一种什么感觉呢?
生(齐):乱。
师:怎样才能做到不乱呢?
生(齐):要有序地猜测。

师：怎么记录有序猜测的情况呢？

生3：用文字记录。

生4：用数字记录。

生5：用列表法记录。

师：列表法是一种不错的记录方式。同学们拿出学习单完成相应的有序猜测的情况。

（展示交流）

师：你是从鸡可能是1只开始猜测，为什么不从0只开始猜测？

生6：如果鸡是0只，就不是"鸡兔同笼"了。

师：你为什么要从0只开始猜测呢？

生7：有可能只有一种动物。

生6：题目中已经告诉我们，笼子里有鸡和兔一共8只，所以不可能只有一种动物。

生7：今天吃早餐时，我和爸爸一共吃了5个包子，但是我一个都没有吃，只喝了一碗粥。所以可能只有一种食物，就要从0只开始猜测。

师：生7还举了今天吃早餐的情况，告诉我们有可能有一种情况是0只。这个同学能利用自己的生活例子来思考，值得我们借鉴。

思考： 爱因斯坦曾说过，有序是宇宙的根本大法。可见，有序思考在数学学习中有着举足轻重的作用。在教师与学生的对话过程中，不仅引导学生利用已有的生活经验，说明、猜测有可能其实只有一种动物的特殊情况，而且使学生在教师的认知型提示语的启发下，通过观察、对比，感悟到重复、遗漏会给思维产生障碍，学生能很自然地走向有序思考；并且通过完成学习单上的列表，渗透函数的变化思想，还为后续研究具有一般性的解决策略（假设法）提供经验和基础，学生在教师的复合型提示语（认知型提示语＋元认知型提示语）的启发下感悟有序思考在数学学习中的重要性。

二、片段二

师：同学们从左往右进行观察腿的条数是怎样随着兔、鸡的只数变化而变化的？

兔	8	7	6	5	4	3	2	1	0
鸡	0	1	2	3	4	5	6	7	8
脚	32	30	28	26	24	22	20	18	16

生1：腿的条数从32条减少到16条。

生2：每次减少2条腿。

生3：每减少1只兔，就增加1只鸡，腿就会减少2条，但是兔和鸡的总只数都是8只。

师：你获得了什么启示？

生3：8×4＝32（条），32－26＝6（条），6÷2＝3（只），8－3＝5（只）。

师：你们谁能看懂这个同学的思路？

生4：8×4＝32(条)，算的是8只兔一共有多少条腿。32－26＝6(条)，算的是比实际的腿多6条。但是求出来的3只是什么？不明白。

师：刚才那个同学能解释一下吗？

生3：6÷2＝3(只)，求的是鸡的只数；8－3＝5(只)，求的是兔的只数。

生5：先是用兔来进行计算，怎么就变成鸡的只数了？

生3：如果3只是兔，5只是鸡，3×4＋5×2＝22(条)，腿就不符合题目中的26条腿，所以3只只能是鸡，5只只能是兔。

师：看来通过列表你们获得了一些解决方法的启示，但是求出来的只数分不清楚是谁的？能否有其他的形式帮助我们清楚地理解呢？

师：华罗庚爷爷曾经说过，数离不开什么？

生(齐)：形。

师：我们一起来用数形结合的方式来呈现刚才那个同学的思维过程。

师：一共有8个头，怎么用图形表示？

生6：画8个圆圈表示8个头。

师：假设全是兔，一个头下面应该画几条腿？

生(齐)：4条腿。

师：那么一共要画多少条腿？

生(齐)：8×4＝32(条)。

师：与实际的26条腿进行比较，怎么样？

生(齐)：比实际的多。

师：为什么会多呢？

生(齐)：里面有一些是鸡，而我们全部看成兔，腿就要比实际的多。

师：比实际的多出多少呢？

生(齐)：32－26＝6(条)。

师：画多了，我们就要去掉多出来的这6条腿，让一些兔变成鸡。那么我们应该怎样去掉6条腿呢？

生7：前面3个头下面都去掉2条腿。

师：为什么前面3个头下面去掉2条腿呢？

生8：因为一只鸡有2条腿，一只兔有4条腿，多画了2条腿，所以要去掉2条腿。

师：每1只兔变成1只鸡，就必须去掉多画的4－2＝2(条)腿。一共多画了6条腿，每次应去掉2条腿，所以6里面有几个2？用算式怎么表示？

生(齐)：3个，6÷2＝3(个)。

师：也就是要去掉3次，每去掉一次就有1只兔变成1只鸡，所以有几只兔变成了鸡？

生(齐)：3只。

师：现在知道我们假设全是兔，先求出来的是鸡的只数的缘由了吧。

思考：数学课的教学不仅仅让学生知其然，更重要的能激活学生的元认知意识，去知其所以然。如果按鸡兔同笼一般性解决的程式性教学，不从学生的思维认知角度去思考学生"怎么学"，直接呈现假设法：假设全是兔，先求出来的便是鸡；如果假设全是鸡，则先求出来的是兔；很多学生暂时能按程式（模式）套用求解，成为机械式学习，但不能真正使学生知其所以然，更不能很好地激活学生的元认知思维；利用数形结合将其抽象的思维过程可视化，降低思维认知负荷，帮助学生真正跨越为什么假设全是兔，则先求出来的是鸡，或假设全是鸡，则先求出来的是兔的思维障碍。

三、教学反思

（一）重视数形结合对促进学生思维发展的重要性

2011年版课标发布以来的人教版教科书中，几乎被体现时代特色的情景图所替代，让学生在情景图中寻找相关的数学信息，为解决问题做准备。忽视了运用数形结合方式的画图，恰好是对隐藏在情景中的数量关系在数学上的符号化直观抽象的过程，学生缺少了分析数量关系的工具。然而人教版教科书只在六年级上册中"分数乘除法"知识的"问题解决"中出现用画线段图进行分析数量关系。低年级教科书中虽然有用象形图方式作为提示，但是很多教师却未能用发展、联系的眼光，将其形成一个完整的解决问题的工具。因此，在整个小学阶段的问题解决（综合与实践）的教学中应以"情景图—画图—关系式—列式计算—检验反思"贯穿其中，作为常用的程式教学。画图的教学应该从第一学段（一年级）的象形图开始抓起，中、高年级抽象成简洁、直观的线段图；逐渐培养学生学会看懂线段图、学会画出线段图、学会用线段图呈现条件和问题、学会用线段图替代情景和文字，为问题解决做好准备。

（二）重视"推理"对促进学生逻辑思维发展的重要性

课程标准中强调的推理能力的培养，应贯穿于整个数学学习的过程中。推理一般包含合情推理和演绎推理。合情推理是从已有的事实出发，凭借经验与直觉，通过归纳、类比等推断某些结果；演绎推理是从已有事实出发或确定的规则出发，按照逻辑推理的法则证明和计算。这两种推理的方式都是由因到果的合理猜想和严格论证的思维，被划分为综合法范畴。这也是在教学中常用的教学提示方法。学生根据鸡和兔一共有8只的信息，猜测鸡和兔可能各有几只，再根据猜测的只数进行计算出腿的总条数，找到鸡和兔的正确只数，进而启发学生能根据已有信息进行合理的猜想，发展合情推理的意识，并通过计算等方式验证，初步形成演绎推理的雏形。

（三）重视提示语对促进学生问题意识的重要性

数学家哈尔莫斯曾说过："问题是数学的心脏。"数学离不开问题，然而综合与实践（问题解决）领域正是围绕问题展开学习的。课改之前，比较注重分析问题、解决问题，忽略了发现问题、提出问题能力方面的训练。其实很多时候，问题的发现、提出并不是学生自觉的行为，而是教师给出的，在问题给出后，再给学生一个良好的探究情景、环境，让学生利用这个情境去思考、寻求答案。这便是课改之前的操作模式,极大地限制了学生的创新意识、问题意识的形成与发展;《义务教育数学课程标准(2011年版)》《义务教育数学课程标准(2022年版)》中都明确提出创新意识作为数学学科十(十一)大核心素养的培养目标之一,对学生后续学习、未来生活等都具有十分重要的作用。而创新意识的形成,很大程度上与问题意识有密切的关系,问题意识的形成,离不开教师的"引"。所以,教师首先应从教科书例题所承载的知识、技能、数学思想的诠释做起(即关注"教什么""怎么教");其次,从学生的认知角度去考虑"怎么学",从而设计符合学生思维认知的、具有层次递进的问题作为学生深入思考的驱动器,并且从低年级就开始抓,有效地利用教科书情境(或生活情境),引导学生在教师的操作示范中,初步学会观察、对比、发现问题,并在长期的训练中,能根据自己之前的发现提出数学问题,逐渐形成问题意识。

(四)重视"三教"对促进学生"三会"能力的重要性

《义务教育数学课程标准(2022年版)》中再次明确强调,义务教育阶段应培养学生"三会",即会用数学的眼光观察现实世界,会用数学的思维思考现实世界,会用数学的语言表达现实世界。这是对《义务教育数学课程标准(2011年版)》中"三会"的继承与发展,增加了"现实"这一关键词,更好地凸显数学学科所研究的对象,来源于现实世界;以及将所学知识、技能、本领能很好地服务于现实生活、生产的需要。这正是数学学科的本质所在,也是从学生数学核心素养发展的角度提出的。培养"三会"是目前在小学阶段,落实数学核心素养的有效途径。所以,我们在当前的数学教学中应将以"三教"促"三会"贯穿始终。

(五)重视数学活动对促进学生深度思考的重要性

荷兰著名教育家弗赖登塔尔认为,学一个活动,最好的方法是做,提出了做数学的理念。数学不仅是数学知识的融合,还是一个包含猜想、证明、尝试、检验、修正等复杂活动的过程。引导学生做数学实质是帮助学生使用多种感官协同发展,让学生充分经历用数学的眼光观察现实世界,会用数学的思维思考现实世界,会用数学的语言表达现实世界,培养数学学科核心素养。其实数学的眼光,本质就是抽象,抽象使数学具有一般性;所谓数学的思维,本质就是推理,推理使数学具有严谨性;然而数学的语言,主要是指数学模型,模型使得数学的应用具有广泛性。我们引导学生做数学,其实就是让学生在做中学会抽象、概括,在做中开展逻辑推理,在做中建构数学模型。首先是教师应根据学生的已有生活经验和已有知识,创设合适的情境,引导学生在情境中从数学的角度去观察、对比、分析,抽象出数学对象;去发现问题,并提出数学问题;其次,留有足够的探究时间,让学生在自主探究与小组合作的方式中,学会运用数学的思维去分析、理解;最后,让学生在师生、生生的交流活动中,检验、修正、完善自己的认知,并在教师的引导下梳理思路、厘清知识脉络,使其教学结构化。

(本文系贵州省2021年教育规划重点课题"建构小学数学教材例题提示语教学结构化操作模式研究(课题编号:2021A011)"阶段成果)

小学"量感"培养的教学思考

李 旋 福建省福州市麦顶小学

数学课程要培养学生的核心素养,通过数学学习,培养学生数学的眼光、数学的思维、数学的语言表达能力。不但会逐步实践于现实世界,还会应用于解决生活中的问题,吕传汉教授2014年提出的"三教"理念,是基于创新型人才培养,在学科教学中教学生积极思考、自主体验、善于表达,以此促进学生长见识、悟道理的一种教育理念。《义务教育数学课程标准(2022年版)》提出,立足学生核心素养的发展,新增加了量感,小学时期正是培养学生量感的关键阶段,研究量感与量感的培养,结合"图形的认识与测量"主题学习,分析各学段之间的内容相互关联,由浅入深,层层递进,构成相对系统的知识结构。以"认识厘米"为例,根据低年级学生的年龄特点,以直观感知为主,创设测量的生活情境,借助不同的方式测量,经历测量的过程,比较测量的结果,感受统一长度单位的意义,经历重新测量同一物体比较数据的差距,加深对长度单位的理解,形成初步的空间观念和量感。《义务教育数学课程标准(2022年版)》指出,量感的内涵主要是指对事物的可测量属性和大、小关系的直观感知。从这一描述可以看出,我们数学的量应该包含定性刻画与定量把握两个方面。分析学生的现状,由于缺乏量感,在学习中造成长度、面积、体积的概念、计算单位和计算公式混淆,在问题解决列式中运算方法的选择错误,单位换算时进率的不理解等。小学数学教科书在量的计量方面,通过长度单位的认识相关内容发展学生量感。"认识厘米"是"空间与图形"知识板块中的内容,是人教版二年级上册第一单元长度单位教学的起始课。对比分析不同版本的教科书可以发现在长度单位内容的编写时,均增加了让学生感知体验、活动、估测的内容,意在借助直观图形与具体实际操作等各种自主探索的学习活动,使学生获得有关概念和关系的丰富感性经验,体会量的长短,培养学生的估测能力,增进学生在生活中应用数学的意识。因此,开展"计量单位"教学时,教师应采取合适的教学方法,通过巧用"绘",立足"景",活动"丰"的有效实施,让学生在实际问题解决中,经历自主探索、知识迁移(把"未知"转化为"已知")、学会推理(从"几何直观"走向"逻辑推理")、合作交流等,形成从"散点"到"结构"的知识系统,找到从"表象"到"本质"的知识间的联系。明白数学的道理,培养学生的量感。

一、巧用"绘",教思考,感悟"量感"

课程标准要求在教学中,注重所学知识与日常生活的密切联系,深挖教科书内容,通过绘本故事,激发学生的学习兴趣,引导学生关注长度单位。节选数学绘本《一厘米的毛毛》以巧妙的情节设置和生动的绘图,帮助低年级的学生将抽象、枯燥的数学知识,讲得深入浅出,读起来轻松自如。在绘本情境中呈现毛毛用身体测量果蔬,让学生认真听、仔细看,初步体会测量长度必须要有长度单位,测量的工具不是尺子,也不是专用测量工具,了解人们利用身体的某部分作为长度单位来测量。关于数学书的边、黑板的边、小路的长度的测量,学生虽然每天都接触和使用,但对这种测量的方法并不熟悉,甚至有些学生都没听说过。让学生思考:可以怎么量?体会度量单位对生活的意义。

(一) 先"趣"再"思"

让学生从有趣的故事中认识身体尺,有一拃、一庹、一个脚长、一步等作为长度单位,突出身体尺的作用,围绕长度单位展开思考和讨论。原来不用尺子,也能测量物体,根据物体的长短选择不同的身体尺,感受身体尺的便利。例如,量小路的长用一拃、一庹不适合,用一脚、一步更适合,在观察比较中,发现一步比一脚能更快测量出物体的长度。

(二) 先"动"再"想"

为了让学生理解统一计量单位的必要性,先用"拃"测量数学书边,这一测量活动,重点在让学生亲眼见证,同桌之间、老师的演示结果都不同,有的2拃,有的2拃多,有的不到2拃,再通过讨论"谁的正确呢",发现同样是测量数学书的边,同样用1拃来测量,但其手的长度因人而异,必然导致测量结果不同,提出必须有一个统一的标准,就是长度单位的统一。

(三) 先"数"再"记"

在情境中呈现一拃、一庹的测量过程时,不但要注意对准测量物体开始的地方到结束的地方,还要注意手势的规范。例如,一拃要把手张开最大,是大拇指到中指之间的距离;一庹是把两臂伸直,两手中指之间的距离。若测量的长度超过一拃、一庹时,还要在一个单位长度结束处作出明显的标记,再接着测量,不能留太大缝隙,这样测量的结果比较正确。

二、立足"景",教表达,形成"量感"

数学语言是特有的形式化符号体系,体现了科学、简洁、通用的特点,让学生通过各种自主操作的学习活动,用数学语言有条理地表达操作过程,把用眼观察、用脑思考、动手操作、动口叙述有机结合起来,发生认知冲突,引发学生思辨,探索有效的测量物体长度的方法,理解使用统一长度单位进行测量的必要性。

(一) "思"后"辨"

绘本故事巧设问,问题1:书的这条边有几拃长?学生动手实践后思考,由于手的长短不同,测量的结果不同。问题2:小路有多长?十二个脚长、八步。为什么同一条小路量的结果不一样呢?学生观察课件,发现是由于测量长度的标准不一致造成的。因此,在生产和生活中,为了交流的方便,我们有必要对测量长度的单位进行统一。

(二)"测"后"理"

引出核心问题：甜豆有多长？让学生评理，先用手比画线段图表示的甜豆长度，发现比自己一拃短，经过讨论，学生明白毛毛和小小的每段的长短不同，毛毛量了甜豆十段长，小小量了甜豆十二段长，推理出：毛毛的一段比小小的长。测量较短的物体长度，选择适合的长度单位，揭示课题"厘米"——学生学习的第一个长度单位。要想测量的结果一样，毛毛和小小的每段要一样长。

(三)"选"后"答"

做好与教科书标准数学语言的交流，根据测量物体的长短，选择适合的长度单位，用身体尺在测量过程中注意保证长度单位基本一致，在表达时用"大约"比较准确，为引出尺子测量的准确性做铺垫，培养学生数学表达的严谨性、规范性。

三、活动"丰"，教操作，增强"量感"

课程标准指出，有效的数学学习活动不能单纯地依赖模仿和记忆，动手实践、自主探索、合作交流是学习的重要方式，为此，操作活动应成为课堂教学过程的重要环节，为学生提供大量感性、具体的学习活动，建立一厘米的长度观念，初步学会用尺量物体的长度（限整厘米），初步形成估计物体长度的意识。让生通过感知、操作逐步抽象，积累量感。

(一) 活动一：比画猜测交流，建立长度观念

明确操作的对象，介绍甜豆的营养丰富，教育健康饮食，用手比画甜豆的长度，建立10厘米的长度表象，猜测毛毛和小小的1段有多长，比划大约1厘米的长度，初体验10厘米里面有10个1厘米。

(二) 活动二：自制测量工具，重视长度表象

选材恰当，借助学具1厘米的小棒，建立1厘米表象进行推理，形成初步的量感。准备学具1厘米小棒10根，设计多层次的体验活动，学生直观感受1厘米的长度，主要通过以下五个环节，帮助学生建立1厘米表象。

(1) 通过观察与描述，帮助学生认识长度单位家族里较小的单位——1厘米。先远观老师手中的1厘米，提出"太远了，看不清楚"，再从学具袋里拿出，放在手掌中间近距离观察，对1厘米说"你好小""你好短"。

(2) 通过比画与想象，帮助学生建立1厘米的实际长度表象，为了让学生形象地记住1厘米的长度，以游戏形式加强记忆1厘米。

(3) 通过积累与发现，帮助学生寻找生活中哪些物体的长度大约是1厘米，从食物类、日用品类、工具类、饰品类、身体类等观察、发现、表达。学生情不自禁地去寻找身边长约1厘米的物体，例如，橡皮的厚度、铅笔尖的长度等。

（4）通过拼组与思考，自制厘米尺。认识刻度线、刻度0、厘米（cm）。通过10根1厘米的小棒，学生动手拼组小棒，1厘米接着1厘米，长度累加的过程，也是量感的积累过程。

（5）通过比较与交流，学生在直尺上找1厘米，比较1厘米的小棒与不同尺子上的1厘米的长度相等，说明厘米是国际通用的长度单位。表达从刻度0到刻度1是1厘米，举例并概括相邻的两个数之间的长度就是1厘米。再找几厘米，体会测量的本质——数出长度单位的个数。

（三）活动三：辨析测量方法，体验估测与实测

1. 目测和实测差距，形成初步量感。

先猜测再测量，甜豆有多长？估测的能力应从两个方面进行衡量：一是估测的方法是否合理，先找好身边的参照物。例如，用指甲的宽度约1厘米作为参照或用1厘米的小棒去比画。二是估测的结果与实际是否接近，经过再次测量，训练学生的操作方法，积累活动经验。

2. 矫正测量方法，学会用尺子量物体的长度（限整厘米）。

辨析不同的测量方法，在纠错的过程中，明确尺子要平放，对准测量物体的边，学生从而领会为什么测量时，尺的刻度0要与所量物体的左端对齐，右端对着刻度几就是几厘米（限整厘米）。

3. 绘本再次揭示题，帮助学生建立标准单位量感。

故事以《一厘米的毛毛》开启，身体短小的毛毛测量果蔬，每前进一段就是1厘米，10段长的甜豆，就是10厘米长，因此，毛毛的小名叫"1厘米的毛毛"，量比较短的物体，可以用厘米做单位，记忆1厘米的长度。

4. 多层次活动体验，发展学生较大计量单位量感。

（1）第一层次：操作性练习。用尺子量一拃、一庹、一个脚长、一步长度并做好记录，同学之间可以互相比较，增加操作活动的趣味。

（2）第二层次：开放性练习。用断尺量纸片边的长度。

加强思维训练，思考：断尺没有刻度0、刻度1，如何测量？先猜几厘米，看谁猜得对，再在断尺上数出长度单位的个数，有几个1厘米就是几厘米，还可以把每次开始测量的刻度和结束的刻度记录下来，观察、发现规律，应用规律，用算的方法，就是末端的刻度减开始端的刻度，得到测量物体的长度。

（3）第三层次：发展性练习。设计成长记录单，帮助学生深化量感。

我叫_____今年_____岁，我的一拃长大约_____厘米，我的一脚长大约_____厘米，我的一步长大约_____厘米，我的一庹长大约_____厘米，我的身高是_____厘米。

有意义地测量，体会测量的意义、数学的价值，用数据记录自己每年的成长。

5. 体验性练习，帮助学生构建测量知识体系。

为以后学习长度单位米、分米、千米和毫米，以及进行简单的单位换算打下基础。

（1）请你用这些长度单位量一量生活中物体的长度。

课桌宽约( )拃;窗户长约( )庹;教室长约( )步。

(2)用尺子量一量,填一填。

食指长约( )厘米;手掌宽约( )厘米;笔盒的长约( )厘米;数学书的另一条边长( )厘米。

量感是看不见,摸不着的一种感觉,它是一种能力,具有一定的抽象性。量感的培养需要在实践中不断练习,在认真观察与思考中积累经验,感知并形成量感。

从小学第一学段抓起,将"长度单位的认识"知识进行整合,通过创设测量情境,精心设计练习,抽象的量感有了生动直观的载体,使得知识的形成过程更具逻辑性,让学生在观察、比画、比较、估计、测量等探究操作活动中,体会和感悟生活中的量,综合运用数学知识解决问题,体会探索的乐趣和数学实际应用,感受数学学习的愉悦,培养学生的数学意识和实践能力,真正实现数学在生活中的价值,发展学生的量感,符合小学生学习数学的规律。

参考文献

[1]中华人民共和国教育部.义务教育数学课程标准(2022年版)[S].北京:北京师范大学出版社,2022.

[2]王柳华.关键能力导向下的小学数学"量与计量"教学实践分析[J].求学,2021(20):53—54.

[3]叶柱.探索"计量单位"教学的新空间——浙江省2015年小学数学课堂教学观摩评比活动综述[J].小学数学教育,2016(7):25—27.

"三教"引领课堂变革　培育学生核心素养
——中小学数学"情境—问题"教学三十年实践探索与理论建构课题推广培训心得

谢雪晴　新疆塔城市第二小学

五月的塔城花香袅袅,绿意盎然。我们迎来了著名教育专家吕传汉教授和团队成员一行六人,为我们塔城市小学数学教师送来了"中小学数学'情境—问题'教学三十年实践探索与理论建构"课题推广活动。三天的培训有现场课、同课异构、专家讲座,一群思辨、改革、探索的引路人,一支有着深厚教育情怀的团队,让我们在座的教师无不敬佩、感动,无不精神振奋、心灵触动。

吕传汉教授的专题讲座"'三教'引领中小学'情境—问题'教学促进学生长见识、悟道理实践研究",杨孝斌教授的"'三教'理念下的小学数学教学",宋运明教授的"'三教'引领的小学数学教育科研探析",以及一线专家尹侠的"从'情境—问题'到'三教'理念"。这些专家既有数学课堂实践上的高度,又有理论上的深度,特别是83岁高龄的吕传汉教授,依然奔波在实践引领的路上,依然心系教育,心系学生,讲的每一句话都能成为指导我们教学实践的方法。

一、高山仰止,心向往之

吕传汉教授的"三教"理念实践课题从2014年提出到目前全面推广,倾注了他和团队三十年实践研究的心血。吕教授和他的团队将其所有的培训资料打包发到本次培训的教师手里,供大家参考,包含论文案例、教学课例和课题研究案例等。他倡导大家学会将教学中的点滴记录下来,不断积累成文。

我一定把这些资料好好地收藏,抓紧时间研读学习。之前处于狭小的圈子中,总害怕别人看到自己的不足而被蔑视,便以闭门造车的方式困惑了自己多年。后来参加了一些培训,碰到了各种各样的教师,发现越是学问高的人越谦虚,也越好相处,从他们身上能学到方法与道理。通过交流,以优秀的人为榜样,把他人当作一面镜子,从中发现自己的问题和不足,再回到书籍中寻找答案,在工作中挖掘、积累和储备经验,最后实现真正的能力提升。

二、众智所为无不成

《义务教育数学课程标准(2022年版)》中指出:"数学课程应使学生通过数学的学习,形成和发展面向未来社会和个人发展所需要的核心素养,核心素养是在数学学习过程中逐渐形成和发展的。"吕教授团队的"三教"理念引领的中小学数学"情境—问题"学习长见识、悟道理实践研究重在以学生发展为本,以发展学生学科核心素养为导向。

(一) 创设情境是前提

吕教授从"核心素养""核心问题的设计"等内容展开,结合"数学核心问题的类型与教学"举例,通过教学中"三引导"——引导学生"想""做""说",告诉大家如何教思考、教体验、教表达。他指出,"情境+问题"学习是主动学习不可或缺的教学载体,通过关注"三教"引领"情境+问题"学习,就能引导学生走向长见识、悟道理之路。

一个好的问题情境的创建,可以激发学生把自己融入课堂活动中,积极地、热情地参与学习。根据这一特点,我们应及时鼓励学生自主提出问题,然后去探究,从而得到解决,这本身就是一个自主学习的过程。

例如,在教学"圆的面积"时,我设计了这样的情境导入:

一只羊被它的主人用一根长5米的绳子栓在草地上,问小羊能够活动的范围有多大?小羊能够活动的最大面积是一个什么图形?如何求这个图形的面积呢?

这个时候,学生对我提出的问题产生了浓厚的兴趣,这种强烈的认知冲突触发了他们想弄懂问题的决心。接下来,他们通过动手实践、合作交流、研究探讨,明白了圆的面积的计算方法。

在教学"圆柱的体积"时,我安排学生动手切萝卜或土豆,让学生动手动脑解决"怎样使圆柱体转化成长方体"这个问题,从而让他们理解和掌握了圆柱的体积计算公式。这种利用实物演示创设教学情境,引导学生"学在生活中,在生活中学"的方式,充分调动学生的学习主动性。

(二) 提出问题是核心

在教学中我们经常会遇到一些问题,例如,学生不会问问题,学生提的问题没有价值,学生提问题太耽误时间,课上不完。甚至还会有这样的疑惑:为什么要让学生提问题,教师直接提出一个主要问题,学生来回答,多简单。

古人云:"学贵有疑,小疑则小进,大疑则大进。"爱因斯坦曾经说过:"提出一个问题比解决一个问题更重要。"由此可见,学生提出问题多么重要。在新课程实施过程中,我们应通过各种各样的举措引导学生产生发现问题和解决问题的欲望,进而使他们在面临某一数学问题情境时,会自发地产生"为什么""其中蕴含什么问题""怎样解决呢""有没有新的问题""有没有其他解决方法呢"等一连串的自我发问、自我反思,最终使学生把发现问题和解决问题变成一个习惯、一种内心的需要。我们应该给学生提供提出问题的机会和时间。在平时的教学中要时时、处处创造机会,对学生进行提问的学习与训练。

例如,在"平行四边形"教学中,我在引导学生初步认知"平行四边形有四条边、四个角"和"什么是对边、什么是对角"的知识后,组织学生开展了一个"搭一搭"的数学活动,当学生搭好平行四边形,组织评议后我做如下引导:你觉得将平行四边形搭成功的关键是什么?生1:我觉得搭成功的关键是,先搭一个长方形,再拉一拉。生2:我认为是选四根对边相等的小棒。我以"你觉得将平行四边形搭成功的关键是什么"这一问题作为导向,激发了学生对问题进行思考,给予了学生更大的探索空间,以"一问"引发学生"数问",无疑提升了学生的数学思维,同时巧妙地认知了平行四边形对边相等的特征,引发学生探索的欲望。

(三)解决问题是目标

《义务教育数学课程标准(2022年版)》中指出:"鼓励学生质疑问难,引导学生在真实情景中发现问题和提出问题,利用观察、猜测、实验计算、推理验证、数据分析、直观想象等方法分析问题和解决问题。培养学生解决问题的能力是课程标准的总体目标之一。培养学生有效解决日常生活中实际问题能力也就成为我们教学的首要目标。"在学生解决问题能力的提高过程中,需要教师在课堂教学中有目的、有计划,长期精心地培育。

在教学中我们常常发现,高阶段学习出现的问题,都可以在低阶段的学习中找到源头。我在教小学高阶段数学时,看见过许多学生加减乘除不分,解决问题时往往束手无策,我以为学生上课不认真听,却不知在一、二年级的时候就已经出问题了。加减的意义和模型在一年级就要理解并识别,乘除的意义和模型在二年级时学习。我想正因为我们教师大多数在进行点状教学,知识之间没有很好地建立联系,学生在这样的学习中习得的知识犹如一盘散沙,解决问题时出现混乱是必然的。

(四)表达体验是归宿

教师不能承包学生学习课业的体验,更不能害怕学生完成不了作业,习题道道不漏地讲得没完没了。教会学生体验,就要把对知识的思考空间交给学生,相信学生的能力。教学中有没有教学生思考,有没有教学生对知识形成问题的本质思维,事实上要通过学生对知识问题的表达程度来衡量。我们教师可以通过从课前、课中、课后三个环节设计体验卡;还可以带领学生开展一些课后专题活动;也可以通过"我当小老师活动",给学生设计一些表现性任务,让他们在交流讨论中锻炼数学思维,体验知识本质;还可以通过绘制思维导图、数学周记、"百家讲坛"等活动,在整理复习中架构知识网络,体验知识之间的联系,将枯燥的复习作业变得有趣;或者布置一些生活化和富有实践意义的作业,联系生活实际,开展多样化的学习体验。

踏上教师之路,面对一个个鲜活的生命,那一句话,又浮现在脑海——"林中路千条,而生命无法回头,慎之又慎!"三尺讲台是我们的舞台,教师专业化发展既是一种认识的提升,又是一个奋斗的过程,更是一种终身学习,不断更新的自觉追求。

三、评析

《义务教育数学课程标准(2022年版)》指出:"核心素养应是课程育人价值的集中体现,是学生通过课程学习逐步形成的正确价值观,必备品格和关键能力。"数学课程要培养学生的核心素养,主要包括以下三个方面:会用数学的眼光观察现实世界,会用数学的思维思考现实世界,会用数学的语言表达现实世界。以上简称"三会","三会"就是我们在学生的数学能力和数学思维习惯培养上的终极目标。吕教授提出的"三教"理念,即"教思考、教体验、教表达",与"三会"有着异曲同工之妙。如何把数学核心素养和"三教"理念落实到实际教学中,这就要求我们一线教师不断探索开展教学研究。数学核心素养的培养不能脱离具体的数学知识与方法,它需要在数学知识的学习与数学思想方法的掌握过程中,通过逐步积累、领悟、内省而形成,也就是说培养学生的数学核心素养离不开教师的合理引导,教师"教什么""怎么教"在一定程度上影响着学生将来具备怎样的数学素养。对绝大多数学生来说,数学能力的形成与数学核心素养的提升主要依赖于数学课堂。因此,作为一线教师,在教学中应该有意识地关注数学抽象、逻辑推理、数学建模、数学运算、直观想象、数据分析等方面的问题,引导学生多思考、多体验、多交流,数学核心素养才能得到有效落实。"三教"课堂是时代进步的产物,对打造小学高效课堂具有重要意义。

(评析人:刘淑青 新疆塔城市教育和科学技术局教研室)

浅谈怎样在农村开展小学语文教学

许 斌　贵州省望谟县实验小学甘莱校区

如何在农村上好语文课？应该从对教科书的解析、教学方法和课堂表现来着手。

一、教科书的精准解析

《义务教育语文课程标准(2011年版)》指出："应创造性地理解和使用教材，积极开发课程资源，灵活运用多种教学策略，引导学生在实践中学会学习。"

作为一名教师，深知教科书在教师教学活动和学生学习中的重要性。教科书既是教师教学设计的主要依据，又是学生在校学习的主要工具之一。每一次的教学活动都有一个教学目标，是教师教学设计的主要工具之一。因此，教师应该做好对教科书的解析，合理地利用好教科书，明确教学目标，从而教好语文。

教科书是教师和学生在教学活动中的主要媒介，认真分析教科书，使用好教科书，关系课堂教学的成败。教师在教学中，教学活动要按照教科书和学生来组织实施，也就是常说的备课、备学生。说白了，就是教师在日常教学中要把教科书作为教学工具来用，而要把工具使用好，就必须提前知道它的作用、特点。因此，应合理地去解析教科书、应用教科书，而不是成为教科书的媒介。

二、教学过程的精细

《义务教育语文课程标准(2011年版)》中指出："学生是学习的主人，教师是学习的组织者、引导者。"教学过程是教师和学生的双边活动，两者缺一不可。既然是双边活动，那肯定有交流，直接影响到学生的学习兴趣。因此，在教学过程中教师不仅要注重语言、形体和教学方法，还要与学生建立良好的师生关系。

第一，教师的语音、语调在教学过程中非常重要。教师在教学过程中，离不开语言。作为一名语文教师，精练简洁的语言表达往往能够准确无误地将教科书中的知识传递给学生，是教师在教学过程中提高教学质量和效率的重要保证。因为农村大多在偏远山区，这些地方交通不便，信息不畅，受到方言或少数民族语言的影响，在语文学习中，咬字发音就有困难。例如，在农村的一些布依族孩子，在送气音和非送气音学习中就存在很大的问题。比如，"踢球"正确的读音为"tī qiú"，而他们可能会读作"dī qiú"，"看书"正确的读音为"kàn shū"，而他们可能会读作"gàn shū"，这类的情况特别多，教师一直在纠正，但效果不佳，发音教学任重而道远。

教师教学的语言表达，应该做到吐字清晰、声量适中，还应具有亲和力。在少数民族地区小学低年级阶段采用双语教学，这是一种非常实用的教学方法，架起了少数民族语言和汉语之间的桥梁，同时，促使学生的语言表达能力和发散性思维得到很好的提高。这样的教学方法值得学习、推荐。

第二，优化教学方法。著名的语文教育家、语言学家吕叔湘说过"成功的教师之所以成功，是因为把课教活了"，"如果说一种教学法是一把钥匙，那么在各种教学法之上，还有一把总钥匙，它的名字就叫做'活'"。

教师要制定适合自己的教学方法，不能深陷于死板的教学方法中，要根据教科书的要求，结合学生的实际情况，做到"教有所法，而法无定法"。新课标要求教师在教学过程中引导学生在"玩中学，学中玩"，遵循这一观念，教师应采取多样且灵活的教学方法，提高学生的学习兴趣，从而达到教师教书育人的目的。

随着社会的进步，现在农村学校也开始使用多媒体教学。教师都知道，语文往往比较抽象，而教师通过音频、视频、启发、互动等教学方法，不仅提高了学生的学习兴趣，而且拓展了学生的视野，提高了学生的语文素养，丰富了情感，在情感态度和价值观方面起了重要的作用。

第三，建立良好的师生关系。在教学上，教师上课态度和蔼可亲、幽默风趣，学生能够在有限的四十分钟里最大限度地消化教师所讲的内容。教师在学生学习面临困难时及时帮助他们，这样既提高了学习效率又拉近了与学生的距离。

除了在教学中帮助学生，处理好师生间的关系，还要在生活中帮助他们。在农村，学生的家长大多外出打工，学生与爷爷、奶奶相依为命。农村的家庭教育大多是空缺的，因为学生放学后回到家，还要帮助家里干些农活、家务，在家里很少有时间去学习（也包括学生家长疏于监督）。在这样的情况下，教师就更应该从生活中去帮助、关怀学生，积极家访，指导作业，陪伴成长，让学生在教师的身上找到父母般的爱，这样才能使学生与教师更加亲近、友善。

三、课堂表现

《义务教育语文课程标准（2011年版）》中提出："语文课程必须根据学生身心发展和语文学习的特点，关注学生的个体差异和不同的学习需求，爱护学生的好奇心求知欲，充分激发学生的主动意识和进取精神，倡导自主合作探究的学习方式。教学内容的确定，教学方法的选择，评价方法的选择，都应有助于这种学习方式的形成。"

在课堂教学中，要体现出学生的主体地位，教师不要一味地提问，要留些时间给学生思考，要懂得引导学生思考，而不是直接复制内容，粘贴给学生。

在课堂教学中，让学生养成良好的学习习惯。在"送教下乡"活动中，主张培养孩子们写好字、善表达、爱阅读。教师应在学习和生活中去引导学生往这方面改变。

在农村，很多学生缺乏信心、人生目标（理想）。教师在课堂上的表现应当以鼓励为主。教师的一言一行、一颦一笑，都能帮助学生树立信心。记得笔者刚到农村小学任教时，在与学生谈话时,问他们的理想是什么,学生回答说要出去打工。面对这样的情况,教师有必要引导学生树立正确的人生观,拥有远大的理想。因此,在课堂中,经常在情感升华部分联系实际,为学生指引前行的道路,这是教师的责任和义务。

以上几点,是农村年轻教师在教学中的感悟,面对今后的工作,应勇于探索,结合实际,努力做好农村的语文教学工作。

微课在小学数学逻辑思维训练中的应用探究

黄生同　贵州省望谟县实验小学甘莱校区

小学时期是培育学生逻辑思维能力的启蒙阶段。小学数学课堂注重逻辑思维的培养，促使小学生感悟逻辑推理的魅力。因此，利用微课在小学数学课堂中的应用，能够逐步推动小学生数学推理意识不断发展。

一、微课对小学数学逻辑思维训练的重要性

在小学数学教学过程中，通过微课培育学生的逻辑思维非常必要。第一，运用微课教学中的小视频设计能够体现教学的情境，在教学的过程中提高学生的学习积极性，使学生有目的有计划地去学习，这也锻炼了学生的逻辑思维能力。第二，在数学课堂教学中引入有趣的与课堂教学有关的视频，调动学生的学习兴趣和主动性，让学生对数学的学习有更加浓厚的兴趣，帮助学生自主探究学习中遇到的难题，使学生的思维能力能够有大的提高。第三，运用微课教学，能够突破数学教师在教学中的不足，使学生能够学习数学课堂之外的一些知识，把课内知识进行拓展、延伸，学习到的有效知识会增多，对知识的理解能力也会提升，有助于锻炼学生自身的逻辑思维探索水平。因此，将微课引入数学课堂，重点是培育学生的逻辑思维水平。

二、利用微课在小学数学中训练逻辑思维的方法

（一）为学生提供丰富多彩的微课资源

在数学课堂教学中，一节课的时间对学生数学思维能力的提高远远不够。因此，数学教师一定要注重指导学生在课后进行有关问题的探索，使学生的数学思维能力得到最大程度上的提高。数学微课的制作，能很好地解决上面所说的问题。制作微课，用专门设备仪器保存，学生就能够得到课后的复习材料。利用这一方式，不但能够使微课资源在最大程度上得到运用，而且能够促使学生在课后对数学问题进行思考与探究，同时养成良好的数学学习习惯和数学思维模式。在创建微课视频的时候，因为微课的时间有长短限制，所以数学教师一定要对其数学课堂的整体知识结构与课堂框架的微视频进行设计，能够更加深层次地对学生的日常数学知识学习进行引导，在一定程度上推动学生的数学思维能力，促进学生全面健康发展。

(二) 在创设情境中训练学生的逻辑思维

小学生在课堂上存在一定的个性差异,若教师仍是采用统一的教学标准,不利于学生的发展和学习。在因材施教背景下开展教学工作,教师应该从层次性的角度认识教学情境存在的意义,利用一些层次化的问题和目的引导学生,实现对不同阶段学生的教学,确保教学工作具有极强的针对性。因此,教师创设情境的时候,利用微课创设问题情境,优化教学内容,为吸引不同层次的学生参与其中,情境设置应该从简单转向复杂,让抽象类的数学知识以更加直观、形象的方式展现,降低学生学习的难度。例如,在计算 2 999+299+29 这类问题的时候,大部分学生都会出现类似的问题,导致最终的计算结果错误,分析原因,则是学生并未掌握对应的计算技巧。因此,教师针对这类问题设计微课,若是按照以往的教学方式进行分析,应该如何计算?当学生在计算的时候会发现问题极为复杂。但是将加法运算采用混合计算的知识点进行分析,则显得更为简单,教师再通过微课的形式展现解题技巧,或者在讲解完成后,利用微课罗列出几个类似的题目让不同层次的学生计算,以此来培养学生的计算思维,达到举一反三的效果。

(三) 在有效合作中训练学生的逻辑思维

为解决部分学生逻辑思维欠缺的问题,教师可以采用小组合作的形式,鼓励学生主动分享,实现知识和思想的深度交流,引入微课,制作出趣味性的视频,激发学生的兴趣。例如在"比"这一知识点的教学中,为增强学生的合作,教师利用微课教学,首先播放视频内容,如在某公路上的汽车每 2 小时行驶 100 千米,那么应该如何展示时间与路程的关系?学生通过合作得出结论,并进行汇报,表示汽车每行驶 1 小时,路程为 50 千米。通过这种形式,引导学生在合作时积极分析,或者认真听取他人的意见,学习"比"的知识,掌握各个部分的名称。再者,合作是一种相互促进的学习方式,可以放大每个学生的优缺点,自然可以达到思维训练的目的。微课作为一种表现手段,可以帮助学生完成对应的学习任务,深度理解数学知识,强化合作的质量。以"平行四边形的面积"为例,分析面积公式的时候,部分学生提出疑问:为何所乘的高一定是相对底面的高?对于这类问题,小组内的学生无法回答。教师引入微课,采用动态视频的形式展示几何知识。观察视频后,学生全面理解平行四边形面积公式,增强了合作的效果,也能让学生在推理、论证中实现数学思维不断发展。

(四) 在自主探究中训练学生的逻辑思维

自我探究是自主学习的基础,直接影响最终的教学效果。利用微课开展预习,一般只需要几分钟,将复杂的学习内容简单化,方便学生了解所学知识,厘清其中的关键信息,从而达到事半功倍的教学效果。例如在"年月日"一课中,许多知识有硬性规定,一年是 12 个月,而且每个月的天数不同,如何向学生解释这些规定,存在一定的难度。因此,教师应该主动思考,采用通俗易懂的方式向学生展示年、月、日,亲自感受数学知识和现实生活的紧密联系。因此,教师基于微课导向设计视频,结合地球自转的相关知识,让学生理解年、月、日的关系,并导入歌诀记忆法,认识每个月的天数变化规律,短期内激发学生探究数学知识的兴趣。另外,在自主探究的时候,教师应该让学生展示自我的学习成果,参与验证过程,真正在观察、推理和操作中,发展学生的推理能力和逻辑思维能力等,提高自主探究的效率和质量。

(五) 在日常生活中训练学生的逻辑思维

数学的知识学习和教学是一项抽象过程。在日常学习数学时,可能会出现学生理解不了知识和内容,都是很正常的。学生为什么会出现这样的问题引起我们深思。其实,最根本的原因是学生的数学思维能力受到了课堂教学的限制,致使学生没有办法找到正确、可靠、有效的数学学习方法。因此,在通过微课去开展小学数学的课堂教学过程中,教师一定要注重创建关于学生日常生活的教学场景,用这样的场景去指导学生发挥自身的想象力进行思索。从目前课堂教学方式来看,小学数学课堂教学中最经常使用的方式是比较法与分类法,这样能够锻炼学生的数学思维能力。例如,在学习"分类"这一数学内容时,数学教师可以引进一些关于超市的视频,让学生仔细地观看超市中物品的摆放情况,数学教师可以借此设计一些有关的问题让学生进行思考,从而使学生能够以更加简单有效的方法去学习数学分类知识。在数学课堂教学中运用微课教学,能够从一定程度上引起学生思考,锻炼学生的逻辑思维能力。

总之,小学数学作为一门逻辑性、抽象性较强的学科,对学生逻辑思维、抽象思维的发展,必定会产生积极的影响。为了有效发挥数学教学的价值,教师需要合理地利用辅助性教学工具,在微课技术帮助下,将课前备课、正式授课、课堂练习和课堂小结,有效融入微课。在提高学生学习效率的基础上,进一步提升学生的逻辑思维能力和核心素养。

小学语文教学重在培养学生的阅读能力

罗吉席　贵州省望谟县实验小学甘莱校区

阅读教学有助于学习者开拓视野,提高语文素养。因此,加强学校语文阅读教学,意义重大、影响深远,对语文教学质量的提升有着直接的作用。不过,在目前的学校教育中,阅读教学面临着许多挑战,需要语文教师正视问题,切实采取有效措施,抓好小学语文阅读教学。

一、培养小学生阅读能力的重要性

(一)熟练运用上课学到的东西

训练小学生的阅读水平不仅能提高他们的考试成绩,还能有利于他们理解基础知识,学习其他学科知识。阅读建立在识字的基础上,小学生平时单一地抄写新词,比较枯燥,学习效率较低,如果教师将新词与阅读课相结合,这种画面感更强的学习方法更便于小学生记忆。情境结合的学习方法,在教授小学生基础知识的同时还锻炼了他们的语言理解能力,也间接地培养了他们的语文阅读能力。

(二)提高小学生的语言表达能力

教师在给学生做阅读训练的时候,中间必然少不了教师与学生之间的互动。比如在做阅读练习时,语文教师鼓励学生自己阅读文章,每个学生读两句,这样一篇小短文读完可以让多个学生锻炼语言表达能力,一个学期的时间足够让全班的学生都得到语言锻炼。在答题时,语文教师还可以给学生创造学习环境,引导学生用自己的思维理解文章中的关键词,在课堂上与学生一起分享。既能训练学生的读写水平,又能训练他们的阅读能力,提高他们的语言表达能力。

二、学校语文阅读教学特殊现象分析

(一)教学方法不当

新课改下,为满足教学目标的要求,大部分教师改进了教学方法,却停留在形式上,改进的教学方法并没有收到预想的成效。比如在语文阅读教学中,出于培养学生主动读书的目的,教师往往会组织学生开展小组读书和研讨,在这一教学流程中教师很极易犯两种错误:一是课堂纪律太严格,导致教室的气氛不活跃,学生的学习积极性也不高;二是教师组织活动的方式过度松散,对每个学生的具体情况不了解,教师的教学方式也缺少有效指导。

(二) 小学生缺乏读书爱好

受应试教育的负面影响,很多教师只关心学生的学习成绩,常常采用灌输式的教学方式。例如总结段落大意、中心思想、修辞手法的使用等,这些教学方式尽管在短时间内可以收到预想的成效,但不利于学生阅读力量与读书兴趣的培养,而且挫伤了学生读书的积极性。

三、培养小学生阅读能力的策略

(一) 创造好的读书氛围,培养学生的阅读能力

因为学生正处在感性时期,不管在生活中还是在学业中,容易接受情感的影响。所以,在语文阅读教学中,创设良好的学习情境十分关键。比如在阅读古诗《忆江南》中,教师可以通过多媒体呈现相应画面,通过欣赏江南春景,或随着风景诵读古诗,表达出自己的感想。这些方式不但使课堂教学气氛更加活跃,而且能促进学生想象力的发展,从而提高他们的阅读理解能力。在阅读文章时,不要只强调读书时间,要指导学生寻找短文中优美的句子,并给出相应的问题,带着疑问去读书,会取得不错的读书成效。

(二) 结合学生特点,培养他们的读书兴趣

小学生正处在求知欲极强、思想活跃的时期。从实践来看,兴趣是每个学生最好的教师。为培养学生的能力,教师可从学生的兴趣入手,以避开传统的阅读教学方式,因为传统教学模式都是由教师确定具体内容,让每个学生在规定时间内完成读书,但这些教学方法并没有引发每个学生的积极性;所以,教师应采用设计悬念的方法激发学生的好奇心,促使学生主动阅读。例如,在学习《金色的草原》一课时,这篇文章就重点描写了两件小事:一是主人公与表哥在草地上游玩,并彼此往对方的脸上吹蒲公英的故事;二是主人公提出了小草会变形状和变色的理由。为理解学生的读书特点,教师可先设计场景:"春天来了,万物复苏,绿意盎然,大家去草地上游玩都会做些什么呢?"根据提供这样的提问,让每个学生积极地发言,然后指导他们想象主人公在草地上会做些什么,从而充分发挥他们的想象力,让他们带着问题去读书。另外,可以指导学生养成正确的阅读习惯。在课堂教学中,应指导学生学会找关键词句,注重知识点的累积,并形成写好读书笔记的良好习惯。

语文作为一门基础学科,对提升学生的语文素养有着十分重要的意义,强化学生的阅读能力是提升学生语文素养的重要渠道。学生的阅读能力提升了,就可以更好地汲取书籍中的营养,不断充实自己、提升自己。所以,广大语文教师一定要高度重视阅读教学,认真地抓好阅读教学,为全方位、多层面地提升学生的语文素养奠定良好的基础。

浅谈农村小学美术教育的现状与对策

王 桐 贵州省望谟县实验小学甘莱校区

一、农村小学美术教育现状

农村小学美术教育在新课改不断的推进中，取得了一定的成绩，但同样暴露了很多问题和短板。由于农村小学的美术教育长期受到社会陈旧观念、办学条件、教师素养和民风民俗的影响，直至今日还是被普遍认为存在意义不大，且对学生在美术学习的表现和兴趣上都没有做到更好地激发和引导。美术教育的探索，创新精神和教育成果的体现，也是停滞于刚开始的新课程改革初步推进阶段。

（一）陈旧的美育观念

由于教育理念久经传统思想浸泡，破旧革新的力量还是无法一下子突破历史的牢笼。教学过程中教室还是主要的场所，教科书还是首选的内容即一成不变的教学场所、千篇一律的教学内容。然而新课改提出的"要更多的注重学生的探究意识和创新能力的培养"，教师在教学观念上的美术技能技巧训练，也仅体现的是教师的示范，没有注重学生的自主性和创新性。可见，长此以往，美术教育将又失去创新性，回到"照葫芦画瓢"时代，最后学生学习美术的兴趣慢慢消失，美术教育也逐渐失去了它的美育功能。

（二）教学经验匮乏的教师队伍

随着国家对美术教育的重视，现在的农村小学有了专业的美术教师。起初，他们都是通过层层考验取得教育资格的年轻教师，走进校园时意气风发，站在讲台上满腔热血。但久而久之慢慢地"冷静"了下来，当初兴趣盎然的学生也开始感到乏味。百思不得其解的"年轻人"后来发现，原来是个人教学经验的匮乏导致学生学习兴趣逐渐减弱。作为地处偏远地区农村小学的美术教师，每年除了本校举行的一两次赛课和上级教育部门举行网上学习和集中学习，就很难有更多提升自己业务水平的机会了。县、镇部门每年虽有一两次观摩评选活动，但也不是每个人都能有机会参加，因此造成了个人教学经验日趋欠缺。俗话说："赠人一碗水，自己要有一桶水。"纵使自己有一桶水，但如果没有新的源泉，也是死水一潭。常此以往，再大的桶，里面的水也会被瓢光的。

（三）单一的教学方式

新课程标准要求和倡导我们转变教学方式，把课堂还给学生。既要有技能技巧的培养，也要培养学生的审美能力和创新能力。但由于受传统教学模式长期影响，讲解、示范这单一注重技能技巧的教学方式还在课堂上频频出现，忽略了学生的自主性和创新性。学生没能亲身体验、自主去探索和发现，只能成为教科书的模仿者、复制者。

二、解决农村美术教育困境的策略

（一）"辞旧迎新"，改变教育观念

传统美术教育观念虽也有闪光点，但它没有注重扩展学生的审美力、提高学生的艺术涵养和提升学生的艺术文化底蕴，也不能更好地激发学生的创造性思维和创新精神。随着时代和文化的发展，我们要思考："要培养什么样的人？社会需要什么样的人？怎样才能更好的实现美术教育功能的价值？"在新课改的历程上，应舍得摒弃一些陈旧的观念，汲取其精华用于改革创新，确立新的教育理念。让美术教育为学生铸造美好的心灵，让生活走进美术，把美术融于生活，培养出具有高尚艺术情操、丰富艺术文化内涵、且具有创造性思维、创新性精神的德、智、体、美、劳全面发展的社会主义建设者和接班人。以此，探索出符合中国特色社会主义新时代的教育模式。

（二）加强教师学习建设

首先，上级教育行政部门应加强农村小学美术教师业务能力提升的覆盖性学习建设，在学习中充分发挥业务能力较强的教师的示范引领作用，通过走出去、请进来等多种渠道提高教师的美术素养。其次，学校要时刻关注学科在区域内的发展情况和教师个人的业务能力与教学效果，出现教学问题要及时反思，寻求更好的发展，对教学效果出现问题的教师进行帮扶引导。可以与兄弟学校或校校之间结对帮扶，多开展学科业务交流，也可以教师之间"老带新，精带少"，加强教师业务能力建设。最后，美术教师个人也要主动寻求进步，加强自身教育理论学习和教育实践反思与总结，努力掌握新课程改革中的小学美术教育要求和标准，促进个人美术教育事业良好发展。一支时刻在学习的教师队伍，才能永葆活力，才能更好地完成党的教育事业。

（三）教学方式多元化

鼓励教师要不断总结教学经验，因地制宜、因材施教、多元化教学。《义务教育美术课程标准（2022年版）》指出："要注重美术课程与学生生活经验的联系。"因此在美术教学时，除了学习和教授书本上的知识，用于创新教学方式，还可以利用周围的环境优势，把学生日常接触的、有所体会的生活见闻，引入课堂，使教学内容更丰富。在农村，有许多风采各异的民风民俗、乡土文化，例如布依族、苗族的八音坐弹、鼓舞、刺绣、蜡染、糠包舞、祭祀大典、还愿礼仪等，有着悠久的、独特的艺术魅力，也富有神奇的生命力。若结合民风民俗、乡土文化大力挖掘乡土教材，开发一切有利资源，再以科学态度和创新精神去观察、发现、探究和实践，让教科书上的知识与本地资源相结合，全面开展各种特色的乡土资源教学活动，可更充分调动学生

的学习兴趣和积极性。这样不仅可以让学生在愉悦的气氛中学到知识,也可以让学生在这具有民风民俗的环境中,陶冶情操,增强对家乡的热爱,还可以在潜移默化中让学生把我们悠久的民俗文化传承和发扬光大。

总之,随着文化的进步和新课程改革的逐步深入,我国的小学美术教育理念和表现形式不再以单一的绘画方式为表现载体,设计、版画、雕塑、手工制作、摄影、民风民俗等乡土资源也能充分展现出它们各自强大的美育功能。只要保持一颗学习的心,时刻更新教育理念、挖掘更多更好的教育资源、丰富我们的教学方式,相信在上级教育行政部门的引导和帮助下,不久的将来,不管是农村还是城市,都将会出现一支支符合时代发展要求的、学习型的优秀教师队伍。同时将会为祖国和社会输送一批批具有高尚艺术情操、丰富艺术文化内涵,且具有创造性思维、创新性精神的德、智、体、美、劳全方面发展的社会主义建设者和接班人。

思维导图在小学英语教学中的应用研究

韦仕才　贵州省望谟县实验小学甘莱校区

思维导图作为一种新型教学工具,以其形象化、直观性和多维视角帮助教师进行课堂教学活动,可以有效地吸引小学生注意力并提高英语学习效率。本文通过对思维导图在小学阶段具体应用情况展开研究,进而提出相关建议,以期改善当前小学生英语教学现状,同时可以为小学英语教师提供一定的参考意见。

一、思维导图教学模式的优点

(一) 有助于学生整体学习

思维导图是学生在学习过程中的一种有效方法,它能够帮助学生更好地理解和掌握英语概念、语法等知识点,有助于学生整体学习,因此可以通过这种方式来提高教学效率。比如学习英文阅读时:(1)利用思维导图将抽象问题转化为具象事物;(2)以直观形象为主要目的进行分析研究,引导学生发现规律形成思维导图;(3)以学生为主体,引导学生进行探究,并将其应用到实际生活中。

(二) 有助于展示知识点之间的内在联系

英语是抽象的学科,小学课堂上教师要注重培养学生关注知识点之间的内在联系。思维导图帮助学生更好认识到所学内容中包含哪些信息和相关概念、规律,清楚地展示知识点之间的内在联系,使学生在解决问题时能够更好地理解和掌握这些概念,提高学习英语的效率。

(三) 有助于学生培养发散性思维

英语思维导图可以帮助学生培养发散性思维,可以激发联想式思维。通过画出思维导图,学生可以将相似或相关的想法联系在一起,从而激发联想式思维,创造出更多的想法和解决方案。英语思维导图呈现的是一个空间结构,帮助学生通过图像化的方式理解概念和关系,可以增强空间思维能力。思维导图有助于学生对信息进行分类和整理,从而构建起清晰的思维逻辑,可以培养逻辑思维能力。

(四) 提高学生的英语解题能力

英语是一门抽象且逻辑严密的学科,学生在学习过程中要不断对知识进行归纳总结,需要教师引导学生将所学的相关内容联系起来,提高解题能力。思维导图可以帮助学生提高英语解题能力。(1)整理思路。在学生进行英语解题时,思维导图可以帮助学生整理思路,将重点信息分门别类地整理出来,从而更加清晰地理解题意,更好地解答问题。(2)增强记忆力。通过将信息以图形的形式展示在思维导图上,学生可以更容易地记忆相关内容,从而提高对英语知识的掌握程度。(3)激发联想式思维。思维导图可以将相关的知识点联系在一起,激发学生的联想式思维,从而更好地理解英语知识点之间的关系。

二、思维导图在小学英语课堂运用中存在的不足

(一) 教师思想观念陈旧

教师的思想观念决定着学生是否能够积极参与课堂教学。新课改对当前小学英语课堂提出了更高要求。第一,要转变旧的"以知识为中心"、重灌输轻培养等陈旧落后的教学观念。虽然在过去很长一段时间里我国大多数地区实行的是应试化管理制度,导致教师在教学过程中,往往只注重对知识点讲解和记忆而忽视培养学生理解能力和英语应用思维。第二,是一些教师的课堂观念陈旧落后。由于受传统应试化管理制度影响较深且教育方式单一,使得许多小学教师仍然把工作重心放在备课、考试上;还有些学校虽然重视基础学科建设但没有真正落实到教学中,这就导致教师在课堂教学中对学生的学习缺乏热情和动力,从而影响小学英语高效课堂探究性思维的培养。

(二) 思维导图应用效果不明显

思维导图教学在实际课堂中应用效果不明显,很大程度上是因为学生缺乏自主学习能力。虽然教师经常鼓励、引导学生进行思考与探索,却没有让学生主动地去参与探究过程,只是一味地灌输知识点,而不注重思维导图教学内容本身所具有的创造力和灵活性。这种思维导图教学方式,学生在课堂上只是单纯接受知识,而不能够根据自己已有知识进行主动思考。

三、提升小学英语思维导图教学实效的措施

(一) 创新教学内容,激发学生的创新意识

要想在课堂教学中调动学生的积极性,教师不能死板地讲授知识,而是需要根据学生的认知特点和发展规律来设计问题、分析研究问题,不断创新教学内容。思维导图在学生的学习过程中具有重要意义:一方面可以提高学生对抽象知识理解的深度与广度;另一方面可以培养学生的创造性思维、想象力和创新能力,让他们在生活中遇到问题时能主动地寻找答案,从而促进英语学科教学质量提高。

(二) 引导学生自主梳理思维导图

教师应引导学生自我梳理思维导图,让他们对英语知识有一个整体、清晰和深刻的理解。归纳总结可以帮助学生发现问题。学生在解决问题过程中会出现各种情况,需要教师及时地

给予指导和纠正错误;同时教师要适时提醒学生多思考,使其能养成良好习惯,从而提高学生的学习效率。

(三) 完善教学评价体系

课堂教学评价是教师教育工作的重要组成部分,能督促教师不断学习和改进。在课堂上加强对学生英语知识掌握情况的评估,可以及时发现其中存在的问题并加以改正。巧用思维导图作为一种新型的方法来提高小学英语学习的效率,还需要有一个完善、科学、合理化评价的体系才能真正发挥它的积极作用;教师要根据实际教学内容制定相应的考核标准,让学生能够明确自己在课堂上学习什么知识点,掌握什么技能,从而提高学生的学习兴趣,激发他们自主探究和主动解决问题,让学生真正成为课堂上的积极参与者。

通过以上分析发现,思维导图作为一种辅助工具,在课堂教学中起了画龙点睛之效。它不仅能帮助教师了解学生的学习过程,还能够培养学生的创新能力、动手实践能力和良好素养,激发学生在学习过程中的创新意识,提高课堂教学质量。

非连续性文本布依族文化与小学语文整合的教学实践

查玉仙　贵州省望谟县实验小学甘莱校区

非连续性文本由文字、图标、数据、统计图表等组成,材料多维度、碎片化,且与现实生活密切相关。将非连续性文本里的布依族传统文化与小学语文教学进行有机整合,充分利用非连续性文本直观传递和表达信息的作用,呈现语文教学关键信息的同时,实现布依族传统文化在语文教学中的深度渗透,赋予小学语文教学更多的内涵和价值,发挥出辅助提高小学语文教学质量和效率的作用。

一、非连续性文本里布依族传统文化与小学语文教学有机整合面临的困境

(一) 认识较为浅显

小学生在日常学习和生活中虽然经常接触到非连续性文本,但其对非连续性文本认识只停留在表面,无法触及学生对文本里布依族传统文化的认识。比如学生认识的非连续性文本是杂志、报刊、新闻等,这些文本带有非连续性文本的特点,像是报纸内容由多种文本、图文组合而成,并且非连续性文本中有时也存在连续性文本内容,行文有着记叙文的特点。教师在运用非连续性文本教学时,参照语文课程教学的内容进行文本知识的设定,混淆非连续性文本概念,如将实用文体作为文本,或者是以实例作为教学的主要手段,究其原因是教与学对非连续性文本认识浅显。

(二) 文本资源有限

从小学语文教学实践来看,使用的非连续性文本主要是书本,并且在教学中可用的非连续性文本资源较少,教师应用文本开展教学的次数也有限。一般是在做练习题时涉及文本内容才会进行讲解。从小学语文教科书来看,教科书中涉及文本内容较少,难以满足非连续性文本布依族传统文化与小学语文教学有机整合的需要。在学习形式方面,教师多采用表格或目录等文本教学内容,几乎没有专门开设的非连续性文本阅读课程。此外,学校针对文本专项研究较少,而且认为文本非小学语文教学的重点,因此非连续性文本教学在小学语文教学中应用推广不是十分理想。

(三) 教学评价单一

非连续性文本布依族传统文化教学在教学评价方面存在单一表现,评价主体、评价方法、评价标准等均须进一步完善。在小学语文课程标准中,着重强调了学生阅读过程中的情感体

验与阅读量的提升,在阅读教学评价中侧重于连续性文本阅读考核。非连续性文本注重的是实用性,在阅读过程中要求学生探究与分析,并且知识具有程序性的特征,与连续性文本阅读有着本质的区别,无法通过大量阅读提高阅读效果。非连续性文本阅读是在理解文本内容的基础上,掌握其中的技能和知识,并可熟练解决现实生活中的问题。因此,非连续性文本的阅读评价要更加多元化,传统连续性文本阅读的评价方法明显不适用。

二、非连续性文本里布依族传统文化与小学语文教学整合策略

(一)增强文本认识,精心挑选文本

教师首先要正确认识非连续性文本对小学语文教学的重要性,并提高运用的重视程度,为非连续性文本里布依族传统文化的运用打好基础。以部编版小学《语文》教科书为例,每个单元开篇设有导语,小学一年级上册第一课是《我上学了》,首先映入眼帘的是身穿民族服饰的儿童,并在课文的最后给出课文的出处。教师根据教学的内容和教学需要,组织安排学生搜集相关的非连续性文本,丰富课文内容,拓展阅读的范围。教师在讲解图片上的少数民族儿童时,专门引入布依族简介,制作布依族的非连续性文本,带领学生演唱布依族的民歌,了解布依族的节日、服饰、民风民俗等,使学生初步认识和了解布依族。还可围绕专题将非连续性文本里的布依族传统文化与小学语文教学内容进行整合。在少数民族民风民俗课文教学中,适当地引入布依族传统文化的非连续性文本,带领学生领略布依族传统文化的魅力,比如使用导览图按照顺序介绍布依族的传统节日,主要有"了年"、地蚕会节、牛王节、祭盘古,以及特殊节日中布依族食用的食物,例如煮生食、芝麻油团粑、五色糯米饭等,丰富语文教学内容的同时,增添教学的趣味性。

(二)精炼其他学科资源,协同发挥整合作用

非连续性文本里布依族传统文化的运用,可以和小学其他学科的资源进行整合,比如与数学学科资源进行整合。数学学科中的文本通常是以图文、表格等形式进行呈现,在小学语文教学中,将非连续性文本里的布依族传统文化元素加以改编,并和语文教学内容相结合,整理成图文、表格等形式,直观地呈现布依族传统文化和语文知识。比如在《盘古开天地》《精卫填海》《女娲补天》等中国神话故事教学中,融入布依族民间流传的口头文学,比如《极老多采青石盖天》与《盘古开天地》相对应,制作出导图或故事的图文对比,带领学生分析讨论两个故事之间的差异和相同之处,或者是《卜丁射阳》与《女娲补天》相对应,采用数学知识和手段进行对比分析,增强学生对布依族传统文化的了解和认识。

(三)尊重学生的主体地位,把握核心关键信息

非连续性文本与连续性文本相比带有跳跃性,意流不连续。在小学语文教学中运用其中的布依族传统文化,应注意以下几点:

一是精准捕获核心信息。在学生阅读非连续性文本时,从中提取出布依族传统文化的精

髓，像是文本中的数据、隐含的关键词汇，以及文本中的内涵等；在小学语文诗歌教学中，引入布依族的四句山歌，从中提取歌词的押韵信息，结合语文诗歌的主题、表现手法等；选择对应的山歌，借助通俗易懂的歌词，进行诗歌修辞手法、基本结构等信息的提取，通过两种不同文本形式的对比与学习，以增强语文诗歌教学的效果。

二是梳理信息之间的内在关联性。非连续性文本里布依族传统文化在小学语文教学中的有机整合，提供的是碎片化信息，信息不连续，应厘清非连续性文本中信息和语文教学内容之间的关系，梳理成系统性的知识结构，增强语文教学的连续性。小学阶段语文教科书内容以图文为主，在教学过程中教师有意识地引导学生梳理信息之间的关系，提高非连续性文本阅读的效率。比如在《盘古开天地》教学中，教师为学生提供《极老多采青石盖天》的图文，让学生阅读后与《盘古开天地》的图文进行关联分析，讨论两个故事之间存在着怎样的关系，使学生更加准确地理解文本，深化对布依族传统文化的理解，增强课堂教学的效果。

三是采取多元评价机制，在完成语文课堂教学后，学生进行自评、学生间互评，查找学习中的不足，提出改进的建议，而教师进行总结性评价，客观评价学生的课堂表现，并反思语文教学的不足，进行后续教学的调整与改进，把握并用好关键信息，持续提升小学语文教学效果。

总之，非连续性文本精炼文本信息，具有醒目和简洁的特点，将文本里的布依族传统文化有机整合至小学语文教学之中，发挥布依族传统文化引领、感染、熏陶等作用，增强小学语文教学的文化性，全面培养学生的民族情感和民族自豪感。非连续性文本为小学语文教学的创新提供了全新途径，需要在小学语文教学中深刻地解读非连续性文本，用好文本中的布依族传统文化，推动小学语文教学价值持续提升。

"三教"理念提升民族地区乡村小学教育的实践体验
——望谟县实验小学甘莱校区课堂教学改革实践体验

张仕江　贵州省望谟县实验小学甘莱校区

望谟县实验小学甘莱校区,是一所麻山镇整体搬迁和全县易地扶贫搬迁的新市民学校。学校于2019年9月投入使用,现有在校生1 115人,26个教学班,少数民族学生占79.3%。学生行为习惯和基础知识比较薄弱,教师专业水平参差不齐,传统课堂教学模式和单向灌输知识比较严重。学校始终坚持"不放弃每一个学生、人人都有不同发展"的教育理念,力求在课堂改革、团队建设、能力建设、学习体验、德育教育等方面补齐弱项短板。

近年来,在上级领导和项目组专家的支持及帮助下,学校学生和教师得到了显著发展。为切实转变教师的传统教学观念,提高教学质量,培养学生的核心素养,学校聚焦问题,决定推进课堂教学改革、重构教学新模式。

2022年5月,吕传汉教授到校调研,进入课堂听课,把脉问诊。在调研反馈会上,吕教授提出了我们课堂存在的五个严重问题:一是教学方式僵化,单向灌输知识严重;二是全班齐答太多,没有个性发言,师生、生生互动缺乏;三是学生展示、合作、体验活动不够;四是实践交流没有;五是拖堂,影响学生身体健康。吕教授还在望谟县第五中学以"'三教'引领'情境—问题'教学促进学生长见识、悟道理实践"为主题给我们做了专题培训。经过吕教授的调研和讲座,学校找到了课堂教学改革的方向和思路,明确以"三教"(教思考、教表达、教体验)理念引领"情境—问题"为课堂教学改革的核心理念和操作点、关键点,突出以学生为中心的教学,把教的研究转向学的研究,关注引领学生长见识、悟道理,促进学生核心素养的培育。

一、学习领悟

通过参与调研反馈、聆听吕教授的"三教"讲座、印发吕教授"三教"电子书籍和教学案例资料、组织学习"项目建设通讯"、开展校级二次培训等方式,激发教师转变教学观念,自觉接受"三教"理念和模式,鼓励教师主动探索,切实改善教师教学方式僵化、单向灌输知识严重的问题,要求教师领深悟透。在探索中,鼓励教师大胆改革,要求课堂要实现"三给",即给问题思考、给时间训练、给机会表达,让师生、生生互动充分,让知识在互动中生成,努力给每一个学生提供表现、表达的机会,逐步培养学生的学科核心素养。同时,注重指导学生写学习体验,让学生在所学的学科上获得成就感。

二、实践探索

以学科教研组和备课组为单位,确定首批实践教师10人,召开动员会,启动"三教"教学课例研究,探索开发"三教"教学导学案,开始深入课堂开展"一课两讲三研五思",即同一教研组成员在开展教研活动,指定同一节课内容(一课),在两个平行班两次授课(两讲),同组人员在第一次讲课前、后、第二次讲课后三个环节进行研讨(三研),研讨过程中对两讲三研这五个环节的每个环节进行反思(五思),课后要求学生写一篇真实的学习体验,教师结合这一节课学生的学习体验和自己的反思撰写一篇优质教学课例。半月后,这10位教师完成教学课例,发给吕教授修改指导。在试行试讲中,要求同一门学科的教师观摩学习。通过这样的方式,发现典型,培养骨干,树立课堂教改新秀。

三、展示交流

在前期10人课例实验和研讨的基础上,组织语文、数学、英语三门学科教师开展15节"我满意的一节课",面向全校展示,组织教师观摩研讨,形成我校课堂教学改革总体模式框架,为全校教师打样示范,学校还邀请兴义一中党委书记黄利君、兴义一中副校长刘婷婷、贵州省乡村名师工作室主持人查玉仙、兴义市盘江路小学教导副主任朱艳一行四人组成的专家组到校开展了4节示范课和2个专题讲座。我校教师执教的示范课,得到了专家组的好评。同时,利用"三教"教学模式,与郊纳镇民族小学、打易镇长田小学开展同课异构教学教研交流,我校执教的示范课,也得到了观摩教师的好评。

四、全员推进

根据学校"三教"模式框架和各学科特色课教学模式,开展全员性教学研评活动,大家围绕两个"三个一"开展教研,即备课做到"三个一"——设计一个核心问题、一个好的活动、一个有效的课堂检测;评课做到"三个一"——发现一个亮点、寻找一个缺点、提出一条建议。以学科教研组为单位,采取人人过关的形式,每人上一节课改课,教研组内评价、指导,符合"三教"课程模式标准的教师视为合格;不符合要求的,在教研组的帮助下尽快修正问题,进行第二次、第三次授课,直至合格。在教、研、评活动中,教师根据学情,及时调整自己的教学策略。同时,学校还对教师日常课堂教学进行跟踪问效,确保教师在日常教学中按照新模式授课,避免反弹。

五、反思前进

聚焦课堂问题,鼓励教师写教学课例和学生学习体验,助推教师前进。2022年6月,吕教授再赴我校对教师的教学课例和学生的学习体验再指导、再培训。吕教授用我校的10篇教学案例在全县培训会上做了分享,使我校教师对课堂改革与课例的撰写增添了信心。目前,我校将教师撰写的教学案例、教育故事、教学随笔,学生学习体验等多篇文章汇编成书稿,共同撰写课例、教学随笔和学生学习体验,推动教师前进。在评价课堂教学机制上,增设课堂改革、班级管理、潜能开发等奖项,激励教师勇毅前行。

此外,学校还坚持开展"青蓝工程"师徒结对工作,促进青年教师或新进教师快速成长。鼓励教师自学。教师阅读教育专著,撰写心得体会,利用新学期举行读书心得交流会,为教师搭建展示和进步的平台。

总之,学校将以"三教"为领航,重新审视自己的课堂,鼓励教师多写教学课例,让"三教"理念在课堂教学中得以落实,促进学生真正长见识、悟道理。

易地扶贫搬迁安置点学校小学生非连续性文本阅读策略研究

龙 英　贵州省望谟县实验小学甘莱校区

非连续性文本的常见类型有：主要以文字、符号为表现形式的文字类；既有图又有文字的图文类；用图表说明问题的图表类；综合使用文字、图画、表格、音频、视频等的综合类。它信息量大，节约读者时间，图、文、声并茂，趣味性高，且便于记录。主要以其直观、简明、概括性强、易于比较等特点，在现代社会中被广泛运用。非连续性文本鲜明的时代性、实用性、生活化等特性连接学生的校园生活、家庭生活、社会生活，对提升学生的语文素养提出了更高的要求。而作为异地扶贫搬迁安置点学校，教师在教学中更要充分认识到非连续性文本的重要性，了解非连续性文本在教科书中分布的学段教学目标，结合学生生活实际，扩展阅读资源，在教会学生阅读的同时，于"润物无声"中提升学生的语文核心素养。

一、易地扶贫搬迁安置点学校开展非连续性文本阅读的价值意义——与时俱进，体现时代性

随着信息技术的发展，人们接触信息的渠道多而宽泛，这是一个信息爆炸的时代。学生的学习机会多和主体地位逐渐凸显，接受信息多。如何在数以万计的信息里筛选对自己有用的信息，是学生必须具备的一种学习和生活能力。因此对异地扶贫搬迁安置点学校的学生而言，学习非连续性文本阅读能开拓学生视野、提升阅读能力，意义非常大。

(一) 提高学生的信息提取能力

非连续性文本形式多样，学生需要根据阅读任务在众多信息中进行筛选、提取有价值的信息，在观察和阅读文本中，学生的信息能力得到锻炼和提升。

比如学生通过短视频、广告、公交站牌、说明书、菜单等上面看到的文字图片等提取自己所需要的信息就是一个非连续性文本阅读的过程，非连续性文本阅读体现了鲜明的时代性和很强的工具性。

(二) 培养学生的思维发展能力

《义务教育语文课程标准(2022年版)》指出："在发展语言能力的同时，发展思维能力，学习学科的思想方法，逐步养成实事求是，崇尚求知的科学的态度。"非连续性文本信息量大，学生在阅读时，需要快速运转大脑，思维得到活跃，思维能力也慢慢得以发展。

(三)丰富阅读教学的文本类型

当前的语文课堂,多以文学类的连续性文本阅读为主,实用类的文本仅占非常小的比例。实用类文本中多数是说明文,操作类、指导类文本比较少。重视非连续性文本阅读教学,可以丰富当前阅读教学的文本类型,实现阅读多样化。

(四)提高学生的概括表达能力

易地扶贫搬迁安置点学校的学生,他们到一个新的家园,过上新生活,爱上新学校等适应环境和不断学习的过程,也正是进行一次次非连续性文本阅读的过程。在阅读非连续性文本时,学生通过观察、思考、提取不同的信息,大脑迅速整合后,又通过语言组织概括表达非连续性文本所呈现的内容,学生的概括表达能力也在一次次的训练中进步。

二、易地扶贫搬迁安置点学校开展非连续性文本阅读教学存在问题

经过调查研究发现,易地扶贫搬迁安置点学校学生一般是来自自然条件恶劣、生态环境脆弱等不具备居住条件和地质灾害高发地区的贫困群众的子女。这些新学生在非连续性文本阅读教学中存在的问题有两个方面。

(一)从学生本身而言,对非连续性文本阅读认识不到位

异地搬迁地的学生留守儿童居多,大多是隔代教育,学生沉迷网络,学习自觉性不高,识字量少,阅读能力更是让人担忧。他们很少走出校门、家门,生活空间狭窄,生活经验贫乏。面对生活中常见的非连续性文本阅读材料,他们不感兴趣,不愿思考,也不能将生活与语文阅读联系起来,对阅读存在畏难心理。同时,他们也不知道生活中的非连续性文本无处不在,更不知道非连续性文本阅读和自己的生活息息相关。但是自2022年版新课标课程印发之后,语文阅读教学提出两大任务分别是注重培养学生的阅读能力和养成良好的阅读习惯,对于易地搬迁学生非连续性文本阅读能力提升,培养学生学语文、用语文,在阅读中生活、在生活中阅读的良好习惯,成为我们易地扶贫搬迁安置点学校小学语文教师教学的首要任务。

(二)从教师教学而言,对非连续性文本阅读教学认识不到位

实践是检验真理的唯一标准。笔者通过调查研究发现,在实际教学中,大多数教师对"非连续性文本"概念比较模糊,无法将生活与语文教学联系起来,很多教师对教科书中出现的非连续性文本并不重视,只是简简单单地一带而过。尤其是课程标准,在第三学段才对非连续性文本的阅读教学提出要求,部分有意识的教师也把非连续性文本的教学都集中在高学段,这显然有悖知识结构衔接的"长程意识"。其实,很多非连续性文本在低、中学段学生的生活中也是随处可见的,例如:药品、玩具、零食包装袋上的说明书,公交站牌,楼层指引,绘本阅读等,低、中学段的学生也需要学习一些基本的非连续性文本阅读方法来服务于生活。作为教师,一方面要考虑学生接受和阅读水平参差不齐的实际情况,一方面则是教师非连续性文

本阅读策略、方法缺失,缺乏对非连续性文本阅读价值的思考,导致非连续性文本阅读与生活联系不紧密。

三、易地搬迁安置点学校非连续性文本教学方法、策略初探

通过亲身的教学经验总结、文献学习和钻研教科书,我们了解了非连续性文本的类型和其在部编版小学《语文》教科书中的分布情况,充分认识到非连续性文本在小学阅读教学中的重要价值。通过实际教学、实地走访、问卷调查、面对面访谈等方式,大致掌握了非连续性文本教学当前存在的问题,根据当今社会的发展,结合学生实际和教科书特点,我们针对问题提出如下解决方法和策略。

(一)挖掘教科书资源,增强实用性

教科书是教学的基础和方向,具有很强的权威性。对小学生的非连续性文本阅读指导教学同样不能脱离课程标准的引领。因此教师应以教科书中的案例为蓝本对非连续性文本阅读进行方法指导。

1. 在图文结合中捕捉重要信息。

图文类非连续性文本图文并茂,图画和文字之间密切关联,相辅相成,缺一不可。文字说不清楚的由图画补充,图画不能表现的由文字来解释。因此,阅读图文类非连续性文本,首先要指导学生读懂阅读要求,关注标题,引导学生关注文字叙述的信息,指导学观察图片并结合文字中的关键词句,从文本中捕捉重要信息。

例如部编版一年级《语文》下册第七单元第17课《动物王国开大会》,这篇课文一共有18个自然段,是学生上小学以来第一次接触篇幅这么长的课文,我在教学时借助课文中的插图,利用这篇童话故事情节反复的特点,图文对照进行分角色朗读指导。一年级学生识字量少,注意力集中时间短,为了达到本课长文短教的教学效果,除了采用图文结合的方法,我们年级组教师在集体备课时还根据学生的年龄、认知特点设计了表格类学习单,再次让学生借助课文插图和学习单图表,带着问题尝试通过小组合作探究,讨论汇报的形式,从文章中提取一些关键词句来厘清课文的思路,以便读懂课文。

2. 在联想中丰富思维内涵。

非连续性文本阅读材料提供给学生的信息是多元的,特别是以图为主的漫画类、图标类非连续性文本,往往留有空白,需要学生调动想象进行思考、分析和多元解读,不断提炼出有效的核心信息,帮助学生表达。

例如二年级上册第六单元口语交际中的看图讲故事,内容就是我们喜闻乐见的漫画作品《父与子》中的一则。共有六幅图,最后一幅留下空白,目的就是让学生通过自己的想象来补充故事,给人以想象的空间。教学时,我让学生认真观察每幅图,帮助学生找到关联点说一说故事,到最后一幅图之前戛然而止,激起学生听故事的兴趣,激发学生自主想象的热情和争相表达的激情,发展学生的思维能力。

(二) 扩展阅读方式,突出趣味性

1. 因地制宜促阅读,营造良好氛围。

易地扶贫搬迁安置点的学生家庭贫困,父母教育意识淡薄,没有为学生准备课外书的意识和习惯,学生家里几乎没有课外读物,因此学生也没有阅读的习惯和爱好。为了创设良好的阅读环境和氛围,让学生有书可读,爱上阅读,学校针对学生缺乏图书的问题和偏远地区学生识字量少的问题增加绘本图书数量,以活动促进学生阅读。学校的图书馆全天为学生开放,学生可以根据自己的时间安排借阅,教室里班级有图书角,学校文化长廊张贴名人画像和事迹、英雄故事等图文并茂的非连续性文本阅读材料,降低偏远地区学生阅读的畏难心理。开展倡议学生把自己的图书和同学互换、线上线下阅读打卡、师生共读等活动,激发学生的阅读兴趣。引导学生关注身边的非连续性文本,例如让学生去找一找,读一读学校安全演练路线、学校社团报名宣传、公交车路线、说明书、宣传广告等非连续性文本,培养学生关注生活、关注阅读的意识,让学生在良好的氛围中爱上阅读。

2. 口语书面相结合,发展思维能力。

非连续性文本阅读教学中,阅读是信息输入的过程,口语表达是信息输出的过程,也是书面表达的基础,只有两者有效交互,才能培养、锻炼和提升学生的阅读素养。在教学中,让学生先用说的方式把看到的、想到的复述出来,甚至尝试做出来,加深对文本的理解的同时,学生的思维和书面表达能力也得到了发展。

例如部编版小学《语文》六年级上册第八单元综合复习中的《看说明书做玩具小台灯》一课,我让学生先观察书中的插图和说明书,接着让学生分小组合作交流小台灯的制作要领,让学生用这样的方法自制玩具或小发明,然后让学生把制作过程的示意图画出来,最后让学生尝试写一份说明书,把使用材料、功能、制作步骤、注意事项等用文字表述出来。让学生从生活中阅读,兴趣浓起来,形式多起来,素养提起来。

非连续性文本阅读的内容是非常丰富的,而且内容就在学生身边。在开展语文学科的教学中,书本上的插图就是很好的阅读训练材料。例如在部编版小学《语文》三年级上册第八单元第24课《司马光砸缸》一文的教学中,初读课文后,教师采用借助注释、联系上下文、借助插图等方式让学生猜测故事发生的时间、地点、人物心理,了解故事大意,并尝试用自己的语言进行描述。课后,还可以让学生用几句话夸一夸司马光,并把它写下来,又达到了由口语表达转向书面表达的过渡。因此,在非连续性文本阅读课堂上,教师要多措并举,充分将各种策略巧妙融合在一起,提升学生的观察能力、信息整合能力、语言表达能力。

3. 阅读写作相结合,提升表达能力。

阅读的目的就是为了运用,小学语文教学重点在于培养学生的听、说、读、写能力,学会用语言进行输出和文字表达,促进学生语文核心素养提升。对于多种材料组合而成的非连续性文本,教师要深刻把握非连续性文本的特点和教学方法。同时,要与其他学科教学紧密联系在一起,找出非连续性文本与连续性文本融会贯通、互相补充、紧密联系的点,为材料信息排序,通过图文转化、分类阅读,引导学生展开非连续性文本阅读"学问","开发"针对性训练,培养学生的问题意识。例如在低学段一、二年级的教学中,通过图片阅读形式,教会学生阅读图片策略,实现图文转换,自主构建一个文本阅读概念,如看图写话的指导就是培养学生由读到写转化的必经过程。

读写结合的另一个最佳方式就是指导学生写读书笔记,读书笔记是学生学习体验的一种表现形式。新课标注重体现学生的主体地位,尊重学生的学习体验。体验是最好的教育,只有学生用心感悟、亲身体验过,所学的知识才能沉淀。读书笔记中有对文章、书本信息的提取,也可以摘抄好词佳句或是谈一谈读后的感想,或是以思维导图的形式把自己的读书心得呈现出来。一、二年级学生识字量低、写字慢,如果让他们用画的方式来完成读书和观察所得,学生就会更加感兴趣。例如我校每班有自己的劳动体验区,学校要求学生把种的植物生长变化写成观察日记,低年级的学生就很难达到这点要求,我们可让学生把植物生长过程画下来,写观察日记对他们来说就不是那么难的事了。读书笔记的这种检验式的文本形式本身又是一种非连续性文本,它能让学生在读、写、画、思相结合而又具有阅读的趣味性的氛围中提升学生的表达能力。

由此可见,非连续性文本阅读是可以也应该从低学段开始的,由简单的绘本阅读、写写画画和看图写话起步,选取简单的阅读内容,由简单的方法开始,循序渐进地来培养和提高师生的非连续性文本阅读意识。

要让教师重视非连续性文本阅读教学,就要先提高教师的教学意识和水平。教师在设计教学中,应巧设情境,增强趣味性,才能激发学生的阅读兴趣,收到事半功倍的效果。

在小学一、二年级,经常会有看图写话训练,或是图文结合给自己的小组命名等写画相结合的教学活动,深受低年级学生的喜爱。同时,高年级学生同样喜欢这种直观性强又具趣味性的阅读文本。教师在进行非连续性文本阅读的教学中,要结合连续性文本,挖掘各种非连续性文本阅读资料,让两种文本阅读互相补充,扩宽学生的阅读思路和阅读方式。在语文习作教学中,采取在学生下笔写作之前,进行思维导图训练的方法,例如部编版小学《语文》三年级下册第一单元"我喜欢的植物"习作中,通过小组互助合作学习,引导学生首先确定植物类型,然后通过看一看、摸一摸、闻一闻的方式观察植物后,抓住植物的特点,按一定的顺序找出植物的样子、颜色、气味等不同信息,让学生填写观察记录卡或是思维导图,指导学生。

(三) 提升指导水平,注重启发性

1. 开展非连续性文本教学案例赛课活动,提高教师的阅读指导水平。

授人以鱼,不如授人以渔。虽然课程标准在第三学段才提到非连续性文本阅读,但教学的关联性比较强,教师要有长程意识,关注非连续性文本阅读内容在教科书中的分布和非连续性文本阅读的类型,从低学段就开始有意识地渗透图画类非连续性文本阅读的教学,中年级在低年级的基础上将图画类文本转换到表格类文本,高年级则以图文组合类文本、纯文字类文本为主指导学生在阅读中提取并加工信息,让学生把在语文学习中学到的知识运用到生活中,提高生活能力。生活中的公交站牌、玩具说明书、药品说明书,教师要不断学习,更新教学方法,重在教给学生提取信息和整合信息的方法。教会学生从多元材料里,寻找所需的信息,分辨显性和隐性信息,学会联系和文本关联的信息,通过课堂教学,引导学生对信息进行比较、归纳、综合处理,从而得出有效信息。利用视频、图片等帮助学生学习非连续性文本,围绕教学主题,训练学生思维能力和阅读能力,让学生会阅读、会分类、会总结、会分析、会思考和会表达。

我校是贵州省民族地区基础教育质量提升项目学校,在项目专家吕传汉教授"三教"理念引领下,开展邀请专家送教非连续性文本阅读指导、非连续性文本教学研讨专题培训等活动,旨在提高教师对非连续性文本阅读教学的认识和教学水平,找准易地扶贫安置点学校课堂教学改革方向和思路,突出以学生为中心的教学,把教的研究转向学的研究,引领学生长见识、悟道理,教会学生借助非连续性文本提升阅读水平。

为普及师生对非连续性文本的认识,在专题研讨活动中,我校黄老师执教的"身边的非连续性文本"一课,通过不同类型的非连续性文本,了解不同阅读方法,培养学生留意身边的非连续性文本的意识,引导学生从日常生活中的非连续性文本提炼信息,并懂得利用其指导生活。许老师执教的"用好身边的说明书"一课,着力培养学生养成阅读说明书的良好习惯,指导学生阅读说明书的方法,学习如何提取、整合信息。接着让学生按照说明书步骤完成手工作品,然后让学生在阅读、动手操作之后汇报过程,既锻炼了学生的实践能力,又培养了学生的阅读和表达能力。

2. 教育写作提升教师教研水平。

教育写作对教师来说是一种草根研究方式,研究的是自己的教学行为,让教师在记录、反思、行动、培训的循环研究中,通过记录教学情境或感悟,发展自己的思想,提高自己的思想,也在无形中培养了教师的反思意识、科研意识。

一堂好的阅读教学课离不开教师对学情的关注和对课堂生成的把控,在不断反思和改进的过程中,找出问题的症结后不断调整教学方法,才能使课堂活起来。教师只有经常性地思考:我的表达清楚吗?我的设计和教学方法有效吗?学生听懂了没有?有没有更有效、有趣的方法?假如再来上这一堂课,我将如何呈现?我们的思考有时是暂时性的,时间长了容易忘记,那么如果我们把当时的一些想法、感慨记录下来,写成教学案例、教学反思、教学随笔、教学故事,把那些思考的点滴、感人的瞬间定格下来,这就给以后的教学形成了一定的思想和理论指导。

(四) 增设课程设置,培养好习惯

为确保教师能对不同年级学生的实际有针对性地进行非连续性文本的阅读指导教学,学校利用课后延时服务时间,增设非连续性文本阅读课程。每班每周增加一节阅读课,同时还开设了以学段为单位的阅读社团。每学期定期或不定期开展读书分享交流、读书笔记展示、师生共读、早期绘本阅读指导、经典诵读等阅读或征文活动,促进学生阅读能力提高。

总之,现代社会已经进入读图时代、媒体时代,信息大多以碎片化形式呈现,有效整合、利用这些信息,已经成为当代学生适应社会和生活的必要能力。因此,教师要教会学生观察和思考,让他们从非连续性文本阅读中获取所需信息,总结有用的结论。这不仅能帮助学生提高阅读和表达能力,还能帮助学生更方便快捷地生活。非连续性文本跟我们的生活和学习息息相关,在教学中,引导学生在进行非连续性文本阅读的策略探究,是一项长期而艰巨的教学任务,也是我们小学语文教师义不容辞的责任,更对易地扶贫搬迁安置点学校的教师提出了更高的要求。作为新时代的教师,我们必须顺应时代的发展,结合区域特点、教科书和学生的实际,不断创新工作方法,做新时代学习型、实干型、创新型教师,利用非连续性文本阅读培养学生良好的阅读习惯,为小学生提升阅读能力和提高语文素养打下坚实的基础。

第二篇

教师实践课例

第一章

语文教学课例

教师的实验基地是每天面对的课堂,教师的实践成果是一篇篇经过自我思考在课堂亲历的鲜活课例!

无论是城市还是乡村,每位热爱教育的教师,通过撰写课例叙述自己的教育成长;正是通过课例的撰写,感悟到文章皆为"做"而著,自己已经从普通教师向教育研究者华丽转身!

这些课例,有的芬芳,有的质朴,但都是教师实践智慧盛开的花朵!

感谢智者:用真理念,上真实课,写真文章,教师在真实地成长!

遵循"三教"理念，引导学生观察和表达
——"观察水果"教学课例

黄晓兰　贵州省望谟县实验小学甘莱校区

一、教学设计

(一) 知识点

教师自创二年级观察写话。

(二) 学习背景

1. 教科书分析。

这节课是写话课，教学内容是语文园地的习作内容，在教学中设计情境，使听课学生获得体验，尝试写话练习。

2. 学情分析。

二年级是学生学习表达的起步时期，写话练习对这一年龄段的学生无比重要。这个阶段的学生对写话的基础知识缺乏，写话对他们来说相对困难。教师作为引导者在学生写话前为他们做充分的准备，能使这阶段的学生顺利写话。

3. 核心问题。

在教师指导下，学生能通过人的多种感官来仔细观察物体，先让每个学生进行思考，再进行小组讨论、汇报，最后使学生可以根据手中的事物的颜色、大小、形状、味道、作用等特征写一段较为生动的话。

(三) 教学目标

1. 学生用人体多种感官对一种事物进行有序、认真、具体的观察。
2. 提高低龄段学生的语言表达能力。
3. 学生会用语句描写个人见到的、想到的、说到的，写一段话，培养写作兴趣。

(四) 教学重难点

教学重点：学生获得个人体验，用眼睛看，用舌头尝，用鼻子闻，能表达出来。

教学难点：培养学生表达能力，描写所观、所感。

(五) 教学思路

遵循"三教"理念：教师创设情境，学生观察思考，合作交流，表达具体内容。

二、教学过程

(一) 片段一:创设情境,激发兴趣

师:同学们,大家时时刻刻都在这个五彩缤纷的地球上生活,会遇到很多有趣的事情。所以,我们要学会自己观看身边的事物。这节课,我将和你们一起来观察我手中的李子。大家想一想,当拿到这样一种水果,你们会从什么地方去着手写它呢?

师(拿出李子):下面,我们就来说一说这李子。每个同学都要细致地看,努力地去思考,可以用你们身体的哪些器官,感受什么样的信息?

图1

贝××:我用眼睛观察,观察东西的外形、颜色。

杨××:我们拿到老师发的李子,可以用我们的嘴巴、舌头来帮忙,尝一尝李子的味道。

师:酸的或者甜的指的是水果的……

黄××:味道。

黄××:在观察李子的时候,我们可以用个人的鼻子来闻一闻它的气味。

张××:可以用手摸一摸。

杨××:想听一听它的声音时,我们可以用上咱们的耳朵来帮忙。

师:你们太聪明了,给你们点赞。还有谁有什么补充吗?

(学生思考后)

黄××:在观察李子时,我们可以用上大脑,帮忙观察想象。

师:你们说得真棒!鼻子、嘴巴、眼睛、手等都是我们每个人身体上的感觉器官,使我们感知许多事物。这节课老师和大家就请它们来帮忙,观察李子。

师:李子,大家都见过。我们可以按什么顺序来观察它呢?

胡××：先观察李子的外皮，再观察里面的果肉。按照从外到内的顺序观察。

师：你真会动脑筋，想出了很多办法，那我们今天就这样来观察。

（现在请学生用上身体的不同感觉器官，对手上的李子进行仔细观察。）

反思：学生平时观察过事物，明白一些观察方法。但不那么具体，需要教师引导学生观察，温习总结学生过去运用的相关方法，对本课时观察李子有一定的铺垫作用。在教学环节中灵活地设计了一些情境，使学生感受到成功的结果，每个学生的学习兴趣都很浓，达到预期效果。

（二）片段二：细心观察，用心体验

1. 观察李子的外形。

图 2

师：现在，小组仔细观察手中的李子后，进行讨论，李子有什么特点？讨论好的小组派代表汇报。

图 3

小组1：我们观察到李子的形状是圆的。

小组2：这种李子的外皮是淡绿色的。

小组3：李子的外皮是光滑的。

小组4：每个同学发到手中的李子大小不一样。

小组5：手上的李子大小和乒乓球差不多。

师：每一组都有团结协作精神，你们太了不起了。

师：大家猜一猜，李子外皮里面有什么？自己掰开李子看一看，你们猜得准不准？

2. 观察李子的内部。

师：同学们，现在，掰开手上的李子仔细观察，你们看一看有什么发现？

生1：李子外皮包住的是肉肉的、绿绿的东西。

师：你说的那东西就是李子的果肉。你们可不要小看这果肉，它有促进消化、治疗便秘的功能呢！

生2：我发现李子果肉的中间还有一颗核。

师：李子核有止咳化痰的作用。

生3：我用上自己的鼻子来帮忙，闻到了浓浓的香味，口水都要流下来了，迫不及待想吃上一口！

师：想吃就吃吧，美美地品尝，是什么感觉？

（学生津津有味地吃起来，吃过后讨论）

生4：当我吃上第一口时，脆生生的，觉得很香，接着香味就满嘴乱钻了。

生5：是呀！真是满口留香呀！

师：再尝一尝李子的核。

生6：很硬，咬不动。

生7：和果肉味道相比，口感差远了。

反思： 在教学进程中，教师给学生一定的时间，让学生进行观察。通过小组交流个人体验观察的结果，学生说得轻松。同时，作为引导者的教师，在第一时间做到提示、修改、规范学生的语言，让学生表达到位，对他们进行角色体验的方法训练，这样大大缩短了学生与自己观察物体的距离；在教学中，教师偶尔用一些幽默的语言跟学生进行交流，活泼有趣，使学生于无声中学习，乐于观察，积极表达。

3. 尝试动笔写一写。

师：你准备怎么介绍李子给你的朋友？

生8：可以先介绍李子的外形、颜色和味道，后介绍李子的作用。

师：很好，思路清楚。还有别的办法吗？

师：同学们，你们还可以写一写李子和别的水果之间发生的有趣的故事。也可以根据个人观察到的和想象到的写一写。

反思： 让学生根据个人观察到的手中李子的一些特征写一写，更使学生感兴趣，大有不吐不快之感，收到了良好的效果。

(三) 片段三：以说促写

师：同学们，想把你们刚才认真观察到的李子的特征说一说吗？那就把自己想说的话写在语文中方格本上，好吗？（学生可以结合同学的汇报分享和自己所观察到的来写。让学生静下心来认真写作，教师巡视，对个别有困难的学生辅导。）

(四) 片段四：自我展示

师：写好的同学上讲台分享给大家听一听。

学生展示分享图：

图4　　　　　　　　　图5

学生现场写话展示：

贝能

　　今天，老师拿水果给我们观察。我观察到水果的颜色、大小和形状。老师还让我们尝水果的味道。老师让我们亲眼看到的举手讲给大家。老师今天给我们上的这堂课很有趣。老师还让同学们感受到的到讲台上分享给同学们。我们这堂课收获到了很多。

图6

黄泉淼

　　今天，老师给我们每人发了三个李子，我一看到李子，我的口水差点就流到了作业本上了。但是我知道，老师是让我们观察它的形状。然后我就跟同学说："它的样子是圆圆的，颜色是青绿的，味道是酸中透甜果肉是软软的，种子是又粗又硬的，吃起来是脆生生的。"非常诱人。

图7

学习体验(图8、图9)。

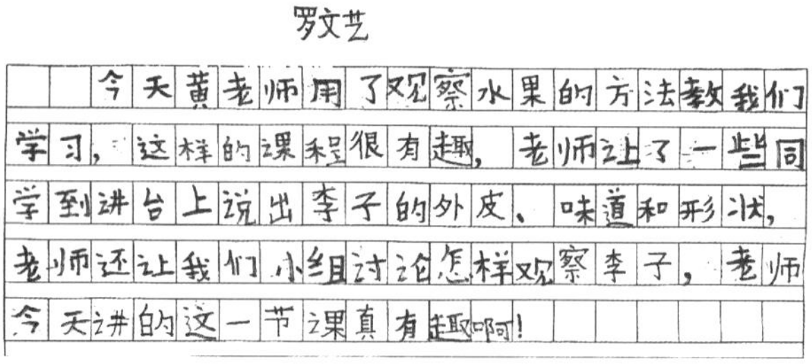

罗文艺

> 今天黄老师用了观察水果的方法教我们学习，这样的课程很有趣，老师让了一些同学到讲台上说出李子的外皮、味道和形状，老师还让我们小组讨论怎样观察李子，老师今天讲的这一节课真有趣啊!

图8

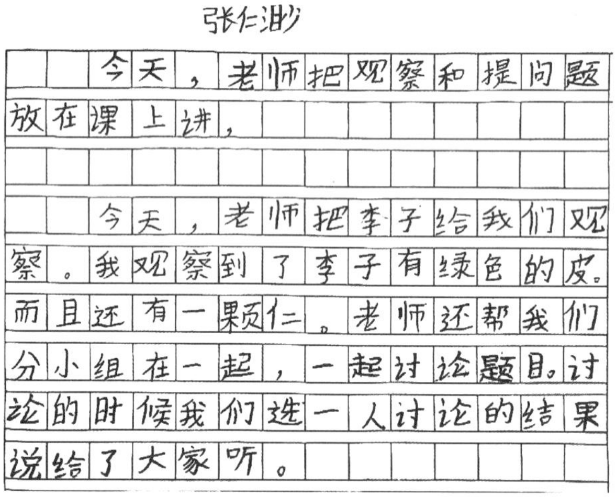

张仁渺

> 今天，老师把观察和提问题放在课上讲。
>
> 今天，老师把李子给我们观察。我观察到了李子有绿色的皮。而且还有一颗仁。老师还帮我们分小组在一起，一起讨论题目，讨论的时候我们选一人讨论的结果说给了大家听。

图9

三、同伴互助

黄××：这堂课时间安排上有些不合理，还有结束部分也有所欠缺，如导入环节要精练，能调动每一个学生的积极性，能把学生的好奇心抓住，提高学生思维的参与度。在全课总结时，要提到整个教学环节，结合人体的感官去说，对学生了解观察水果有很大的帮助。另外，学生个人表达部分，可以多安排一些时间，因为此处也是具体落实环节，学生要有一定的空间、时间去进行个人的口头表达，时间应放长一点。

刘××：我有一个不成熟的想法，教师在上课时所用的衔接语不够自然。

罗××：黄老师在上课时语气抑扬顿挫度不够。教师上课时的语气会直接影响教学氛围。

王××：我觉得老师在上课前可以让每个学生事先了解李子的情况，这样会有利于在课堂中学生讨论、表达。

四、教学体验

(一) 指导学生做到有序观察事物的特征

低年级的学生好奇心强,喜爱观察事物,但他们还缺乏观察力,甚至不会观察。这就需要教师有效引导。在这节课中,教师直接采用实物李子向学生进行演示,借助实物李子为学生提供直观形象的感性学习材料,把学习内容与认识事物有机结合起来。这样,让学生直接面对学习对象进行充分感受、理解和想象。由于这种方式贴合学生的生活实际,能给学生减少一些困难。一堂口语交际课,应有一个明确的主题或说话的中心。学生在兴奋的同时,有时说话不着边际,东拉西扯。这时,教师要充分发挥主导作用,逐步引导学生回到课堂内容上。

(二) 引导学生先思再说后写,思维有序

学生虽然敢思考、敢表达,但作为二年级的学生,不一定能把想说的具体说出来,也不一定能有序地表达,更不一定能把个人想到的想说的写下来。怎样使学生有条理地把个人想到的话说得好?在教学过程中,教师要训练学生学习观察的方法,从外到内观察李子,并以一个学生的表达为例具体说明,然后再指导学生可以先观察李子的整体再观察李子的部分。

纵观本节课教学的全过程,教师体验到课前只要进行充足的准备,对教学细节有所预设,学生在写作时就会逐步得心应手。所以每次写话之前,教师可以设计相应的口语交际训练,用以调动学生的思考,激发学生的写话兴趣,理顺学生的思路。我们发现,多数学生往往善于说,而不善写,所以教师要提醒学生,把个人说的内容用笔记录下来,就能得到一篇好文章。强调口语交际的目的性,做到有条有理。

(三) 教师退到幕后,激发学生主动思考

在教学中,教师感觉似乎不是自己在教学生,而是学生在教教师。课堂上,学生对李子的详细了解,知识是那样丰富,发言是那样积极,思维是那样活跃,令教师始料未及。本节课的教学设计中,教师遵循"三教"理念,联系学生的生活实际。学生的生活是丰富的,也是教学的源泉,说话写话同样离不开生活。李子对学生来说并不陌生,因此,把生活中熟悉的事物引进课堂,让学生无拘无束地看、摸、闻、说,调动学生的各种感官,唤起学生的生活经验。当学生对自己本不陌生的李子有了更充分的认识后,通过创设生活化的情境,把教学内容指向生活、面向生活、联系生活、理解生活、表达生活,使学生在生活中认识学习,激发兴趣,激活情感,从而加强学生对生活的关注和体验,真正做到课堂教学回归生活。

(四) 民主的教学氛围,激活学生的灵性

在整堂课中,师生之间的关系是友善的、民主的、平等的,课堂氛围是和谐的。正因为有了民主平等的师生关系,学生才会热情洋溢、畅所欲言。教室里更是笑声四起。有了教师不断赞赏学生富有个性的表达,才有课堂上的师生互动、生生互动,形成学生想说、乐说、会说的

氛围。在这堂课上,不但有学生的自由表达,更有教师的巧妙指点,渗透写作技巧。教师非常擅长引导学生仔细观察,当学生忘记介绍水果的味道时,一句"你把它的样子说得真好,不知道吃起来什么滋味呢",给学生以巧妙的提醒;当学生对别人的发言进行质疑或作出补充时,教师首先表扬,一些写作技巧和学习习惯就在一句句的提醒、赞叹与表扬中潜移默化地渗透到学生心里,看似无痕,实则有效。

(五) 合理的预设和恰当评价让思维飞扬

生活是学生说话的基础,通过营造一定的教学环境,结合语文学习,让学生动起来,观察生活,乐于表达,在这样的学习活动中,学生不仅积极参与和体验,丰富了自己的阅历,而且组织、协调、合作等能力,得到了进一步的发展提高,学习过程既充满了乐趣,又有了效果。本节课的预设利用实物将说、听等训练综合在一起,打破了常规的训练模式,创设情境开展互动活动,锤炼学生的表达能力,增强合作意识和创新意识,丰富了教学效果。同时,教师更是运用了"你真棒""你回答得真好""你说得真完整"这些鼓励性语言让课堂气氛更活跃。教师与学生的互动有利于师生的沟通,进一步发挥教师的主导作用。

总之,"三教"理念的落实,改变了传统教育模式。学生思维和学习习惯的养成,需要一种坚持。生活中的作文教学资源丰富,不能穷尽。要与"三教"理念融合,语文教师就应该具备一双慧眼,善于挖掘,合理开发,巧妙利用,使写话课堂别有一种精彩。

扶放有度，引导探究
——《要是你在野外迷了路》教学课例

黄炳蝶　贵州省望谟县实验小学甘莱校区

一、教学设计

(一) 教科书分析

《要是你在郊外迷了路》是部编版小学《语文》二年级下册第17课。本课为一篇以自然科学为主题的儿童文学作品，向学生介绍了在自然中很多细微的、能帮助人们识别方向的自然现象。这首诗歌易懂，很能激起学生对自然的浓厚兴趣，并让他们知道自然界中的许多现象，只有细心的学生才能够观察到。

全诗共六节，主要讲述了用自然界景物辨别方向的办法。通过学习课文，学生知道，在自然界中有许多大自然的指引针，能够协助人们辨别方向，只要你认真地观察，动脑筋思索，当你迷失方向的时候，就会发现辨别方向的好办法。本课启发学生探索的欲望，从而培养学生热爱大自然和观察大自然的兴趣。

(二) 学情分析

《义务教育语文课程标准（2022年版）》指出："学生是掌握和发现的主体。"必须针对学生本身发展和语文教学中的特点，"保护中小学生的好奇、探索求知欲，尽可能地培养中小学生的自主意识和开拓进取奉献精神"。在本课教学中，教师力求创造情境，引导学生在情境中感悟。运用自主、合作、探究的学习方式，把学语文与生活实践结合起来，鼓励学生质疑，开拓学生的创造潜能。让学生在语言实践中感悟语言，积累语言，运用语言。

(三) 教学思路

在教学时，力求引导学生各种形式的自主读文贯穿课堂始终。让学生一读了解每个事物是怎样指点方向；二读弄清楚它们可以怎样指点方向；三读拓展还有哪些事物可以指点方向，做到读有目的，读有突破。

(四) 教学目标

1. 知识与技能。

流利地朗读课文，掌握四种天然指南针的用法。

2. 过程与方法。

采用创造情境、课堂与实践相结合的形式,学会一些辨别方向的方法。通过组织合作等教学活动方式,学生不仅理解课文,而且还能感受到合作教学的方法,从而培养评价与合作教学的意识与能力。利用拓展资源等教育活动,培养学生学习语文的方式与策略;在情境和探究性教学过程中,体验主动学习与合作学习。

3. 情感态度与价值观。

在自由、共同探究中调动学生进入自然界、了解自然环境、探究自然界的好奇心。

(五) 教学重点和难点

1. 重点:采取各种途径,促使学生了解一些辨别方向的办法,体会自然的奥妙与乐趣。

2. 难点:在充满情感的天地里,让学生深深感受到:懂得关注身边事情、发现科学知识的重要性,从而成为生活中的有心人。

二、教学过程

(一) 创境激趣,导入课题

1. 故事引入。

一群孩子到外地去郊游,他们玩得可开心了,但是走着走着,森林里的树叶愈来愈密,慢慢的,孩子们找不到集合的地方了……孩子们迷路了,大家都特别焦急。你能有方法帮助他们吗?(组织学生交流)

2. 导入课题:今天,我们来学习一首诗歌,它告诉人们如何利用自然景物辨别方向。(板书课题)

反思:一上课,我通过创设情境,帮助野外迷路的孩子找到方向这一生活情节,把学生的学习兴趣一下就激发出来,为学生奠定了学习课文的情感基础。

(二) 初读课文,了解内容

1. 游戏闯关。挑战一:识字。

(课件出示:使用拼音自由诵读)

2. 指名带读。去拼音读。

3. 这些字的读音有什么特点?(都是翘舌音)再读生字。

4. 怎么记住它们呢? 有什么好方法?

生1:加一加:禾+周=稠。

生2:用谜语"四周都是禾苗"记"稠"字。

生3:换一换:"钱"字去掉金字旁,加上"皿"字底就成为"盏"字。

生4:给它们交个朋友。"打针、忠厚、一盏、稠密"。

反思:《义务教育语文课程标准(2022年版)》指出:"汉字教学要将学生熟知的语文元素

当作重要内容,并且根据学生的生活,着重教给学生汉字方式,力求识用紧密结合。"在这个教学环节中,我充分利用学生已掌握的字学习新字,符合小学生的认字规律。

(三) 不拘一格,创设平台

1. 师:要是你在野外迷了路,有什么解决的方法?请同学们齐读诗歌的第一小节。

生:大自然有许多天然的指南针,会帮我辨别方向。(板书:指南针)

2. 师:指南针是什么样的?它有什么用呢?(出示实物:指南针)

生:它的针一直指向南方。

3. 师:没有指南针也可以辨别方向。因为大自然有很多……

生:天然的指南针。

师:"天然的"是指什么?

生:在自然界里的,自然的东西。

4. 师:课文讲了哪几种天然的指南针?学生自由读课文,思考。

5. 学生汇报,教师相机板书。(太阳、北极星、枝叶、积雪)

(四) 教师引导,先扶后放

1. 挑战二:帮小女孩找方向。(课件出示小女孩迷路地图)

(1) 图片中的小女孩在什么时间走失了?她应该用哪个天然指南针辨认方位?(引导学生看地图,引出天然指南针——太阳。)

(2) 学生读第二小节。

(3) 太阳作为忠实的"导游",该如何帮助小女孩辨别方向呢?大家再来读一读这一小节,看谁能最先帮助小女孩。

(生读文——同桌交流——汇报交流)

观察体验:用手电筒充当太阳,让一个学生充当大树,太阳慢慢移动,让学生观察太阳和影子的变化。

生1:影子随着太阳移动而不断改变位置。

生2:影子的方向与太阳的方向相反。

2. 挑战三:完成表格。(课件出示表格)

如果你在野外迷了路:

什么时候	观察什么	怎样辨认
中　午	太　阳	太阳在南方,树上的影子指着北方

反思:通过实验让学生认识太阳和影子的关系,教师准备了一个手电筒,让一个学生充当大树,用手电筒充当太阳一天的活动轨迹,让学生观察太阳和影子的位置关系,学生惊奇地发现影子会随着太阳的移动而移动,并且影子与太阳的位置相反。但没有强调太阳的活动方

向,东升西落,中午太阳正好在南方,影子就在北方。通过这一节的学习,学生学会方法,然后去独立学习其他天然指南针,达到先扶后放的教学目的。

(五) 小组合作,善于思考

大家知道中午的时候太阳在南方,而地上的树影在北边。那么,其他天然指南针又是在什么时候怎样帮助我们辨别方位的呢? 各小组的同学一起找一找,把找出的方法填到自己手中的表格里面。

生1:北极星在夜晚的时候帮我们辨认方向,北极星在的方向就是北方。

生2:大树在阴雨天给我们辨认方向,树枝稠的一侧是南方,树枝稀的一侧是北方。

师(指导):为什么枝叶稠的一边就是南面?

生2:由于朝南的枝叶平时受太阳照射较多,所以在南面的枝叶茂盛。朝北的枝叶平时受太阳照射少,所以北面的枝叶稀疏。

生3:沟渠里的积雪在冬天帮助人们辨别方位。

师(引导):沟渠里的积雪有的化得快,有的化得慢,哪边是南? 哪边是北呢?

生3:化得快的是南方,化得慢的是北方。因为南面光照多。

生4:南边化得慢,而北边化得快。因为这是沟渠里的积雪,在南边已经被遮挡住了,所以雪化得慢。而北边的积雪因为没被挡住所以化得快。

师:那我们用手势表示应该是怎样的?(引导学生运用手势来做沟渠)再来做一做,看哪边太阳晒得多。

(小组里用手电筒当太阳,用手势表示沟渠,观察后讨论哪一面的雪化得快)

生5:因为沟渠里北面积雪晒得多,所以化得快的一面是北方。

师:山坡上的积雪,化得快的一面是在哪边?

(学生用手势,两手合拢成山坡;开始有小组在做实验,轻声讨论)

生6:由于山坡的积雪不相同,化得快的一方是南边。(小组里用手电筒当太阳,用手势表示山坡,观察后讨论哪一面的雪化得快)

师出示天然指南针的图片,回顾汇报结果。

什么时候	观察什么	怎样辨认

反思:《义务教育语文课程标准(2022年版)》指出:"读书是孩子个性化的活动,不能用教师的分析来代替他们的读书实践。要使学生从主动积极的思想和情感过程中,深化认识和感受,并进行深刻体验和反思。"在课上,教师应顺着学生的意愿方向,因势利导,及时点拨学生,

将可托付的教学任务托付给他们,学生通过自己的思考和体验,主动去学习知识。

(六) 知识迁移,拓宽教学

1. 智慧的小朋友们,你还了解过自然界中有哪些自然的指南针吗?(学生自由交流)
2. 学生回答。(向日葵、年轮、大雁、苔藓……)
3. 大自然中有这么多天然的指南针,大家一起开动脑筋,给老师介绍一下这些天然指南针是如何帮助我们辨别方向的!

生 1:年轮爷爷是一位忠诚的向导,它能为我们指点方向。年轮密的一面是北,疏的一面则是南。

生 2:向日葵也有自己的指南针,它整天朝着太阳转。太阳在南,它就朝南。

生 3:岩石上布满青苔。青苔喜好潮湿的地方。岩石上布满青苔的一面是北侧,干燥光秃的一面是南侧。

反思:由课内延伸到课外,把教学推向了一个更高的层次。"教学的艺术,不在于传授知识的本领,而在于是否能激励、唤醒、鼓舞学生。"教师唤醒了学生探究科学的意识,留心观察生活,发现更多科学知识。同时,教师的精心设计,再次激发学生的创造热情,在这样的教学环境中,创造的光芒时时闪烁,学生在活动中不仅有外在的愉悦表现,而且有内在的成功体验。

三、教学体验

(一) 先扶后放,引导探究

在本节课的教学设计中,教师力求体现学生学习的自主性与能动性。通过激发学生产生疑惑,动手实践,生生合作,解决疑惑的教学方法,充分尊重学生的感受、体验和理解,留下足够的空间给学生探究。例如:以为迷路的小朋友寻找回家的路这样的情境引导学生进入课文。在帮助他人解决问题这样的思想情感带动下,学生对课文产生极大的兴趣。先引导他们掌握一种天然指南针,并知道太阳是怎样帮我们辨别方向的,再进行拓展。采用先扶后放,引导探究。学生应用这样的方法分小组合作,自己去探究、体验、学习其余三种天然指南针,最后小组汇报。

(二) 指导实验,亲身体验

教师通过课堂实验,让学生认识太阳和影子的关系:影子与太阳的位置相反,中午太阳在南方,影子就在北方。以此为基础,让学生去独立学习其他天然指南针,达到先扶后放的教学目的。另外,第三组汇报:"沟渠的积雪会给你指示方位。看哪边的雪化得快,哪边化得慢,就能够分清北边还是南边。"学生说沟渠里的雪化得快是南方。当时,听到这里时,我心里就觉得不好,学生不理解沟渠里的雪。但我并没有马上给学生指正讲解,而是转向其他同学,问他们哪个组讨论的也是积雪,问他们赞不赞同刚才那个同学"积雪化得快是南方,积雪化得慢是北方"的说法。这时,有一个组的同学提出了相反的答案,"南边化得慢,而北边化得快。因为这是沟渠里的积雪,在南边已经被遮挡住了,所以雪化得慢。而北边的积雪因为没被挡住所以化得快。"听到这,我知道这个组的讨论很到位,他们都清楚地掌握了沟渠里的雪化的原理。为了将这一难点解决好,让学生能一看就懂,当时让两个学生用手势做沟渠,再用手电筒充当太阳,即简单又有趣,让学生一目了然,轻松解决了这个难题。但由于时间问题,没有延伸展开,应该让学生以手势来充当山坡、屋顶,了解山坡、屋顶积雪化得快的是哪边。

(三)知识迁移,课外延伸

教师应培育学生观察自然、探究大自然的能力,形成智慧。"教学的艺术价值,不意味着传递专业知识的本领,而意味着是否能激发、唤起、鼓励学生。"教师唤起了学生探究科学本质的意识,留心观察生活,发现更多的科学知识。也可以培养他们喜爱自然,探究大自然的热情。学生在课堂上不仅可以有外在的愉悦表现,而且可以有内在的成功体验。

(四)用好时间,讲求实效

由于前面生字用时较多,导致后面解决问题的时间捉襟见肘,在今后教学中要做好课堂教学时间的预设。例如,不仅要让学生演示河道里的积雪,知道北边化得快,而南边化得慢的原因,而且要对比展开演示山坡和屋顶的积雪。学生汇报时,教师没有让其他组的学生来点评,而是教师自己代替学生点评,由于时间没有把握好和没有精准引导学生讨论,致使没有很好发挥学生学习的主动性。因此,在引导学生探究、讨论时,务必把握好时间,讲求实效。

创设情境，引导学生自主表达
——《蜘蛛开店》教学课例

罗　涛　贵州省望谟县实验小学甘莱校区

一、教学设计

（一）教科书分析

《蜘蛛开店》是部编版二年级《语文》下册的一篇童话。本单元以"童话故事"为主题。课文主要讲了蜘蛛因为寂寞、无聊而想到要开店。而纺织是它的特长，开纺织店能把自己的长处发挥到极致，但是没有想过做任何事情都会有困难的时候，而它在遇到困难时则选择了逃避。因此，它三次开店最后都以失败而告终。本篇课文内容贴近儿童生活，篇幅不长，语言幽默风趣，对学生很有吸引力。

（二）学情分析

二年级学生在识字量、自学能力和思考能力等方面已经有了一定的基础。本课内容生动、故事性强又很贴近生活，自然容易激发学生的读书欲望。要求学生先预习，通过查字典解决生字词，部分学生能根据故事举一反三。但是，有少数学生基础薄弱，在理解上还跟不上节奏。

（三）教学目标

1. 认识"店、蹲"等15个生字，会写"店、决、定、商"等9个字，正确读写"决定、商店"等6个词语。
2. 能正确、流利地朗读课文，体会蜘蛛的想法和心情变化。
3. 能根据示意图、借助关键词，发现故事的结构特点，尝试把故事讲得生动有趣。
4. 能根据课文内容展开想象，续编故事，感受童话故事的生动有趣。

（四）教学重点难点和核心问题

1. 重点：能根据示意图、借助关键词，发现故事的结构特点，尝试把故事讲得灵活生动。
2. 难点：能根据课文内容展开想象，续编故事，感受童话故事的趣味。
3. 核心问题：蜘蛛为何三次都开编织店且都失败？对此你有何想法？

（五）教学思路

创设情境—脉络梳理—故事分析—感情朗读—品析故事—拓展延伸。

二、教学过程

(一) 片段一：了解蜘蛛开店过程，梳理脉络

师：自由读课文，找一找蜘蛛开了几次店？什么店？迎来了哪些顾客？

生1：开了三次店

生2：口罩编织店、围巾编织店、袜子编织店。

生3：顾客是：河马、长颈鹿和蜈蚣。

反思：在教学中，文章的自然段较多，但是情节相似。因此在整体感知时，给学生提出鲜明的问题，能较快帮助学生提取关键信息，形成示意图，为学生讲述故事梗概提供了框架、厘清了脉络。

学生(生1)的体验：课文不长，我觉得老师的要求明确。让我们在读的过程中就能知道课文大概的内容了，找出相关问题不难。

(二) 片段二：领悟口罩编织店的具体过程

师：哪些段落讲的是口罩编织店，蜘蛛为什么要选择开口罩编织店？

（生自由读文）

生：第2—4自然段讲口罩编织起来简单。

师：（指导朗读第2—4自然段）你还知道哪些信息？

生1：挂招牌。

生2：顾客是河马。

生3：蜘蛛用了一天的时间才把河马的口罩编织好。

师：再仔细读一读！

（生思考还能领悟到什么）

生4：口罩编织起来很费劲！

师：你从哪里感受到的？

生4：从"终于"这个词。

（师让全体学生读此自然段）

师：能用"终于"说一句话吗？

生：我终于把作业写完了！

师：是一种什么样的状态才有这种感觉？

生：花费的时间多，好不容易才能完成的感觉！

师：蜘蛛为什么要花这么长的时间？

生：因为河马的嘴太大了。

师：（出示河马图片让学生观察）顾客的特点是什么？

生：嘴大。

师：还有一些信息请仔细找一找！

生：价格(一元)。

师：一天挣一元容易吗？请读出编织过程的不易！

反思：教学中，文章的自然段虽多，但是情节相似。将各个情节分开来教学，针对性就很强，范围缩小，学生易悟到很多信息。例如：蜘蛛为什么要选择开口罩编织店？来了谁？顾客有何特点？等等。帮助学生提取关键信息，使示意图更加细化，学生自读自悟，做到读与思相结合，同时为下一个故事情节的迁移学习奠定基础。

学生(生2)的体验：我觉得老师的教学是通过提问，让我们自己去思考。我们在不断反复朗读中发现了许多信息！这使我们产生兴趣。

(三) 片段三：继续领悟，发现故事结构的特点

师：朗读围巾编织店的内容，按照上面的学习方法分别说一说你所领悟的相关信息。

生：开围巾编织店，迎来的顾客是长颈鹿，长颈鹿的脖子特别长。

师：你是从哪里知道的？

生：他的脖子和大树一样高！

师：他的脖子长意味着什么？

生1：要的围巾很多。

生2：蜘蛛忙了一周的时间才把围巾编织好。

生3：蜘蛛累得趴在了地上。

生4：价格都是一样的。

(师指导学生再读此故事)

师：这次结果怎样？

生：都失败。

师：能不能把这一小节内容叙述一下？(组内相互讲解)

师：好！我们继续往后读！又有什么发现？

生1：招牌又换成了袜子编织店。

生2：三次的价格都一样。

生3：蜘蛛被吓得逃到了网上。

师：为什么？

生：蜈蚣的脚太多了，它没有想到开袜子编织店会迎来这位顾客！

师：(出示蜈蚣图片)是呀！这密密麻麻的脚要织多少双袜子啊！所以才会吓得蜘蛛逃到网上。

师：这三次开店都有什么相似之处？

生1：都是因为简单才选的。

生2：都要打上招牌和价格。

生3：卖什么都会遇到费工费时的客户。

师：你能根据故事结构的特点,把故事讲一讲吗?

(四) 片段四：出示核心问题,引导讨论

蜘蛛为何三次都开编织店且都失败了？读了这个故事,你有什么感受？

师：(引导学生讨论)蜘蛛可以开别的店吗？

(生自由交流)

生：开饭店。(但被同学否定,观点是因为蜘蛛不擅长做菜)

师：田××同学说得有一定道理！

师：读了这个故事,你有什么感受？

生：说明一些事情看起来简单,做起来可不是一件简单的事！

师：是呀！看着简单,可动起手来就难了！

生1：蜘蛛太倒霉了,每次开店都遇到了最难做的顾客。

生2：蜘蛛一遇到困难就放弃了。

师：依你看,蜘蛛应该怎么做？

生：要坚持！

师：说得太好啦！我们的学习是不是也如此呢？

反思：此环节引导学生归纳总结,发现课文结构反复的特点,再通过复述故事落实教学目标。通过引导学生分析失败的原因,让学生明白其中的道理！

(五) 片段五：根据故事结构的特点续编故事

师：读了这个故事,根据故事结构的特点,你能继续编一编故事吗？如果继续开下一家店他又会怎么开？会遇到什么顾客？

生：可能会开毛衣编织店,顾客可能会是大象,可能又会是河马……

师：如果蜘蛛想扭亏为赢,要请你帮他当顾问,你会怎样帮助他？

生1：就卖口罩。按照小、大、特大号收费。

生2：就卖围巾,但要按照米收费。

生3：牌子为编织店,顾客需要什么就编什么,但收费要么按照时间,要么按照布料多少！并且还要请会编织的工人,自己创业当老板。

反思：此环节通过引导学生根据故事结构反复的特点,再续讲故事。不但解决了教学难点,还培养了学生的想象力,达到了提升学生思维能力的目的。

学生(生3)的体验：通过讨论,我明白了蜘蛛每次都开编织店是对的,只是它因不会收费而失败。在讨论中,我发现,只要它仔细想一想就能变成老板了,太有意思了。

三、教学体验

"朗读是获得信息的重要途径,让学生在朗读中获得信息,感受童话的乐趣。"因此,在教

学中,我采用以读悟意的形式,重视学生的朗读、表达及思考体验。

(一)重视朗读训练,提升自我表达

　　创设情境,激发学生的朗读兴趣。在现有条件下结合学生的生活实际,给学生创造朗读的情境。朗读有利于促进学生对课文的理解。常言道:"读书破万卷,下笔如有神。"低学段学生识字量有限,教师只有不断加强对学生的阅读指导,才能够让学生逐步地将书面语言转化为自己的语言,增强对文意的表述,从而更好地感受文意及其背景。《蜘蛛开店》是一篇有趣的童话故事且贴近生活,反复朗读后用各种方式不断引导学生复述故事,不断增强学生的表达能力。

(二)厘清文章脉络,领悟故事特点

　　《蜘蛛开店》是一篇有趣的童话故事,篇幅不长,语言幽默风趣。课文主要讲了蜘蛛开口罩编织店、围巾编织店和袜子编织店三个故事,各个故事情节都相似。因此,在对文章分析时引导学生提取关键信息,形成示意图,帮助学生厘清文章的脉络,引导学生归纳总结,发现故事结构的特点。

(三)引导思维碰撞,获得更多观念

　　小组讨论鼓励学生多质疑,勇于创新。在教学中教师应善于启发学生多思考、多质疑,增强思维的变通性。人们常说:"一千个人眼中就有一千个哈姆雷特。"这就要求我们在教学中要为学生搭建平台,为他们树立起学习的自信心,敢于开口,敢于质疑,敢于提问,倡导学生要有自己的看法!课堂中,学生是主体,是课堂的主人。引导学生从不同的角度去思考,让学生发表自己的看法,表达自己的独特见解,使他们的思维得以相互碰撞、相互触发,得出更多不同的建议与想法,使学生的思维得到启发。在教学中,我设计了一个环节:如果你是蜘蛛的顾问,要你为它扭亏为赢,你会怎样帮助它?各种建议层出不穷,但有一个学生给出了很不一样的结果:他认为牌子为编织店,顾客需要什么就编什么,要么按时间收费,要么按布料多少收费。又如黄××提出蜘蛛开饭店遭到反驳,这些都是非常出乎意料的结果。同时,在这个有趣的讨论过程中,很多学生也受到了启发!

　　教师点评:紧紧围绕蜘蛛都源于简单而三次都选择开有关编织店的内容来展开教学,首先引导学生梳理脉络,把文章简化成示意图的形式,简明。

　　重视读中悟意,以读代讲。通过反复阅读找到相关的故事信息,教师把碎片信息加以整理形成模块,指导学生迁移学习,在反复阅读中使学生的表达能力得到锻炼。

　　小组讨论,获得体验。根据课文的故事结构特点,让学生续编及当顾问环节的设计,让学生的表达更宽甚至讨论得到意外的突破,使学生获得更多的启示。

(点评人:刘晓波　实验小学甘菜校区)

掌握书信格式，学会表达情感
——《给老师的一封信》教学课例

滕仕锦　贵州省望谟县实验小学甘莱校区

一、教学设计

《给老师的一封信》是人教版《语文》六年级下册第六单元的一篇书信例文，属于应用文体。主要内容为给老师写一封信，引领学生回忆六年的学校生涯，重现教师诲人不倦的形象，并唤起学生内心对教师的感情，用一个个具体生动的场景表达对老师的敬意和眷恋。

(一) 教学目标
1. 学会书信的基本写作格式。
2. 能够运用书信来表达自己对老师的感激之情。

(二) 教学重点难点和核心问题
1. 重点：通过学习表现自己对母校、老师、校友的依依惜别之情。
2. 难点：表现的方式，通过描述，用优美的语句或具体的例子表现对老师的感激之情。
3. 核心问题：会用书信对老师表达自己的感激之情。

(三) 教学思路
设置情境，引发兴趣—学习与交流，感悟书信—品析课文，触摸真情—扩展与延伸，表达感情。

二、教学过程

(一) 片段一：初读课文，整体感知
师：同学们，在我们的成长过程中，有鲜花，也有荆棘；有笑声，也有泪水。这六年的学校生活，你们经历了很多令人激动、快乐、烦恼和伤心的事情。不管酸甜苦辣，都将变成我们最宝贵、最无法忘怀的美丽回忆。在这六年的学校生活里，是老师陪伴我们长大。老师，多么亲切的称谓，他们是辛勤耕耘的园丁，是人类灵魂的工程师。他们用自己的汗水与心血浇筑了我们祖国的鲜花，培育我们茁壮成长。在即将分别的那天，我们要诚挚地对他们说：老师，谢谢您！你们辛苦了！接下来，我们来看一封写给老师的信，看看书信和我们的作文有何不同。

（出示课文，让学生说一说自己发现的书信与平常习作的不同之处。）

生：这篇书信中有称呼，我们以前学的作文没有称呼。

生：我发现书信有日期，我们写的作文没有日期。

生：我发现书信有祝福语，我们写的作文没有祝福语。

师：同学们，你们认真观察了老师出示的课文。老师现在问你们，你们是从哪里知道问候语、祝福语、署名和日期的呢？

生1：我在课文的第一行发现了问候语——"亲爱的方老师"。

生2：我在正文下面第一行找到祝福语——"祝您桃李满天下"。

生3：我在课文倒数第二行发现署名——"您的学生——书哲"。

生4：我在课文最后一行找到了日期——"5月30日"。

师：看来，同学们都在认真观察、思考。谁来告诉老师，这封书信里面一共写了几件事呢？

生：我找到这篇课文一共写了三件事。

师：第一件事是什么，谁来回答？

生：第一件事是回忆一年级时，方老师记得"我"的名字。

师：不错，这个同学归纳得很到位。

师：谁来说一说第二件事是什么呢？

生：我认为第二件事是老师的字写得很漂亮。

师：还有最后一件事，谁来告诉大家呢？

生：我觉得最后一件事是老师在运动会上不顾形象地为大家加油呐喊。

教学反思：在课文教学中，学生将书信与我们的作文相对比，找出它们的不同之处。在教师的点拨下，学生知道书信的写作格式和几个基本要素。此外，将平常的作文与书信的写作作对比的方法，加深了学生对书信的理解，从而感受了书信表达的感情。

学生(生1)的体验：我认为老师的教学方法非常好，这节课老师通过把书信形式和平时的写作方式进行比较，大大提高了我们对书信格式的认识，并记住了书信的一些重要元素。同时使我们学会了书信的写作方法，为今后的书信写作奠定了基础。

(二) 片段二：品读课文，感悟真情

仔细品味课文，体会书信写作的基本方法，知道书信的结构：名称—问候语—正文—祝福语—署名—时间。

师：同学们，你们知道称谓都有哪些吗？

生：尊敬的，敬爱的，亲爱的。

师：同学们，面对不同的人群，我们所使用的称谓是否一样呢？

生1：我觉得不一样，面对长辈时要用尊敬的或敬爱的，跟我们同辈的用亲爱的。

师：书信的第二个关键要素是问候语。同学们知道问候语该如何使用吗？

生2：对长辈要用您好，对同辈用你好。

师：看来同学们在日常生活中都注意到了我们的礼貌用语。谁来告诉我们，正文部分一般怎么书写。

生：我看了这篇课文,知道了每一个自然段都只写了一件事情。

师：没错,书信在写作时一般一个自然段只写一件事情,不能将几件事情写在一个自然段。如果那样,就会出现表达不清楚的现象,让读者觉得很混乱。

师：同学们,书信的下一个要素是什么,谁知道？

生：下一个要素是祝福语。

师：我们在写书信时,面对不同的人群所使用的称谓和问候语都不同。那么,我们写祝福语时能一样吗？祝福语应该怎么写？

生：对长辈一般祝福身体健康,工作顺利。

师：除了这个同学说的,谁能再补充一下？

生：我认为,还可以祝愿他们福如东海、寿比南山。

师：你们说得都很好,看来大家平时对祝福语都有了很好的积累。如果老师让你们写一封信给你的同学,祝福语该如何使用？

生：写信给同学,他是我的平辈,我觉得可以写祝福他学习进步、快乐成长。

师：我们的书信现在只剩下署名和日期了,你们都知道该怎么写吗？

生：署名写的是写信人的名字,日期就是写信的时间。

教学反思：采用读、找、品的教学方式,指导学生正确把握书信的几个重要元素：称谓、问候语、正文、祝福语、署名和日期。引导学生进一步思考在写作中,针对不同的人,在称谓、祝福语和问候语方面使用的不同,学生自己思考,自行体会,产生自己独特的观点,也尊重了学生的内心感受,加深学生对书信的理解。

学生(生2)的体验：在掌握了书信的几方面内容后,教师要求我们采用看、找、品的练习方式,在正文中勾画出称谓、问候语、正文、祝福语、署名、时间等内容。这种学习方式让我们感到轻松、愉快,记得也牢固。

(三) 片段三：练习书写,巩固运用

师：难忘与老师在一起的一幕幕！在这即将分别的时候,就让我们将心中最难忘、最甜蜜、最珍贵的记忆,以书信的形式呈现,表达对老师的感谢之情吧！

(通过本节课的学习,学生掌握书信的写作格式,让学生拿出课前老师发放的书写纸,将自己对老师的感激之情,通过书信的方式表达出来。)

学生书写,教师巡视,适时给予点拨,强调学生抓住书信的几个要素书写。如果要写几件事情,就要进行分段叙述,不能几件事情放在一个段落来表达,免得文字的层次混乱。

学生(生3)的体验：在练习书写这个环节,老师巡视、点拨,强调书信要素,让我们将一件事情用一个自然段进行表述,使平常无从下笔的我有了一定的写作方向,突然间觉得写一封信不再是一件那么难的事。

(四) 片段四：作品展示,师生互评

鼓励学生上台读出自己给老师写的信,师生互评。在评价学生习作时,引导学生抓住书信的几个要素进行评价。看书信的写作格式是否正确,几个要素是否都在习作中体现,是否一件事情用一个自然段来表达,各环节是否处理得当。

师:(用投影仪展示学生的习作)请同学们评价这个同学的习作写得怎么样,好在哪里,不足之处在哪里,应该怎么写更好。

生1:我觉得这个同学写得好,他运用了我们刚才学到的知识,尤其是几个关键要素。

生2:我也觉得他写得好,他在称谓处,运用了礼貌性的称谓"尊敬的"。

生3:他在问候语处,运用了"您好",这跟刚才老师说的一样。

生4:在祝福语处,他运用了祝福语"祝您身体健康,工作顺利"。

(教师出示第二个学生的作品,让学生上台当"小老师",大家一起评价。)

生1:他的书写格式正确,在称谓处顶格书写。

生2:正文按照老师教的方法,一件事情写一段。

生3:署名和日期格式都写对了,而且他的字写得很漂亮,我们都应该向他学习。

教学反思:教师利用学生的习作再次强化了本节课的"双基",让学生上台写出自己的作品,并采用生生互评和师生共评的方式。不但锻炼了学生的胆量,也训练了学生的语文学科能力,同时让学生记住了书信的格式要求。学生更多的感官进入学习,既缩短了学生和生活之间的距离,也领会了学生对教师的敬意。

学生(生4)的体验:在上台当"小老师"这个环节,我真正学会了书信写作的关键要素。要当好"小老师",不仅自己要掌握所学的知识,而且又将所学知识运用到习作中去。这样,在讲解中班上同学学会了写书信。

三、教学体验

(一) 在对比中发现不同,引导交流,取长补短

学生通过把书信内容和平时的习作内容做对照,把握写书信的几个重要要素——称谓、问候语、正文、祝福语、署名和时间。学生在与作文的对比中发现书信与作文的不同。课程标准对中小学生优秀朗读行为的养成提出了具体的要求——学生具备自主朗读的能力。所以,在教学《给老师的一封信》时,我要求学生自己朗读课文,首先对这篇书信有一种总体的认识,通过阅、找、品为学生展现书信与平常习作的不同。特别是让学生上台展示他们自己给老师写的信时,不仅锻炼了学生的胆量,验证了学生在本节课上是否学有所获,还培养了学生朗读的情感。在对比交流中,扬长避短,既提高学生的阅读品质,也启发了他们对书信的兴趣,接着让学生找出书信的几个关键要素,加深对书信的掌握。

(二) 在练习应用中巩固,关注差异,整体发展

《义务教育语文课程标准(2022年版)》指出:"语文课程应当针对儿童身体特点和语言教学的要求,重视他们的差异和多样化的教学需求,充分保护他们的好奇追求能力,全面调动他们的自主能力和进取精神,鼓励自主学习探究的读书方法。"在学习中,全体学生都能得到不同程度的发展。为此,在教学《给老师的一封信》过程中,教师把教学的过程留给了学生,也把说话的平台留给学生,以充分调动学生的兴趣,并始终引领他们主动投入课堂教学中,尤其是学生上台展示他们自己给老师写的信时,不但锻炼了学生的勇气,考察了学生知识的掌握情况,还培养了学生朗读的情感。学生书信的内容应密切联系学生日常生活实际,写得情真意切,能将在学校生活中记忆深刻、最难以忘怀的事物,内心深处的情感用丰富的语句表现出来,并表现自己对教师的敬意。这不就是我们教师所追求的生动课堂吗?

用"三教"理念激活古诗课堂教学
——《芙蓉楼送辛渐》教学课例

毛成玉　贵州省望谟县实验小学甘莱校区

一、教学设计

《芙蓉楼送辛渐》是部编版《语文》四年级下册第22课《古诗三首》中的一篇精读古诗。古诗主要通过环境描写、借物抒情等方式表现人物的品质。

（一）教学目标

1. 认识"芙、蓉"等6个生字，会写"芙、蓉"等8个字。
2. 有一定感情节奏地重复朗读课文，背诵《古诗三首》，默写古诗《芙蓉楼送辛渐》。
3. 读懂诗意，感悟诗情，读出美的画面，体会诗句里表现的人物的精神品格。

（二）教学重难点

1. 理解古诗，体会诗句内容里要表现的人物的精神品格。
2. 积累古诗，提升学生对中国古典文学的鉴赏能力。

（三）教学思路

1. 字词教学。

用学过的方法认识、指导"壶"字的书写。

2. 阅读理解。

以默读方式读中促悟，悟境中启迪想象，引导学生通过自觉学习采用"自读自品自悟"的主题诗歌学习实践活动方式，通过指导学生充分自主阅读、合理构思、拓展空间想象、补白营造想象情境、充分自主地朗读主题诗文内容等有效方式，感悟诗人表达出自己心声的真实内心意境，体会诗句中所蕴含的深刻隽永的哲学内涵和所体现的诗人的高尚品质与纯洁心灵。

3. 表达运用。

学习作者借物抒怀、借景抒情的表达方法。

二、教学过程

（一）回忆导入

师：同学们，还记得我们是怎么学习古诗的？我想请几个同学来一起回忆一下。

刘××：五步法。

罗××：(1)解诗题；(2)知诗人；(3)读诗文。

师：还有谁需要补充的吗？

杨××：(4)明诗意；(5)悟诗情。

师：不错！同学们，今天我们用五步法来学习这首古诗。请同学们一起读诗题。

(生齐读芙蓉楼送辛渐)

(二)知识新授

1. 解诗题。

师：我们读了诗题，请同学们以小组的方式交流一分钟。你从题目中知道这是一首怎样的诗？(学生讨论交流)

李××：送别诗。

师：你从哪里知道的呢？

李××："送"字。

师：不错，这是一首送别诗。同学们，哪个小组的代表来告诉我，是谁送别谁呢？

班××：王昌龄送别辛渐。

师：很好！这是王昌龄送别自己的好友辛渐时所写的诗。请同学们仔细阅读王昌龄的介绍资料和这首诗的写作背景。

2. 知诗人。

王昌龄：字少伯，一说河东人或晋阳人(今山西太原)人，又一说为唐朝京兆总管府的长安人(今西安)人，是盛唐时期一位著名的边塞诗人，被后人誉为"七绝圣手"。王昌龄早年家世贫苦，主要依靠家族农耕所得维持全家生活，30岁左右进士及第。初任过秘书省校书郎，而后他又分别担任博学宏辞、汜水尉，因其事终被迫贬岭南。王昌龄开元年间未召返长安任职，改授为江宁(今江苏南京)丞，被谗谤谪龙标尉。安史之乱，被当时荆州刺史闾丘晓所误杀。其一生工诗，而尤以七绝等名篇见长，又以他在未登第进士之前，先往赴西北边塞时期所写作的边塞诗成绩最显著，有"诗家夫子王江宁"之雅誉。王昌龄因他诗绪的深密而思清，与高适、孟浩然、王之涣齐名。有诗文集共六卷，今所著编补佚其诗的仅四卷。代表作主要有《从军行七首》《出塞》和诗集《闺怨》等。

本诗写作的时代背景：这首诗词大约作于天宝元年至德元年七月闰七月，王昌龄在当时为江宁丞。辛渐是王昌龄的一位好朋友，这次乘船由润州(今江苏镇江)和渡江分别出发，取道于扬州，北上到洛阳。王昌龄可能陪他从江宁到润州，然后他们又在此分手。在到达的前一天晚上，诗人在杭州西湖芙蓉楼为朋友辛渐饯别。

3. 读诗文。

师：诗人及其背景我们知道了。现在请同学们分组进行诵读比赛，看哪一组的同学读得又准又有节奏。

(学生读诗文)

芙蓉楼送辛渐

【唐】王昌龄

寒雨/连江/夜入吴,平明/送客/楚山孤。

洛阳/亲友/如相问,一片/冰心/在玉壶。

师:从甲骨文字形结构的各个角度综合观察,这个"壶"字要记住,难吗?或者你有其他什么比较好的方法?

杨××:我觉得不难,这个"壶"像贝壳的"壳",我把"壳"字的下面那个"几"改成"业"字就记住了。

师:你是一个很会分析字形的孩子,这就是通过形近字认识新字。

① 讲解示例:"壶",上下结构,由"士、冖、业"等组成。注意上面的是"士",不是"十"或"土"。

② 播放"壶"字的演变视频。

③ 看完视频后,师引导:请问"壶"这个字,在书写时要特别注意什么?(提示:上面的"士"要写正确)

④ 师指导书写"壶"字,引导学生观察"壶"字在田字格里的占位,指导学生描红、书写。

4. 明诗意。

① 出示诗句:"寒雨连江夜入吴,平明送客楚山孤。"

师:同学们根据注释,以小组的方式讨论,并用自己的话来说一说这两句诗是什么意思,你们从中体会到诗人怎样的情感呢?

(学生讨论)

黄××:我从"寒雨"这两个字知道了当时下着雨,而且天气冷,应该是晚秋或者冬天。从"孤"字能感受到诗人很孤独。我的理解是:在一个下着冷雨的晚上,连夜赶到吴地,第二天一大早送别我的好朋友,自己一个人面对着楚山有点孤独。

师:你是一个很会思考的孩子。你知道当时诗人是怎样的心情?

黄××:孤独,寂寞。

师:你很会理解。同学们,你们还有什么可以补充的吗?

班××:我觉得应该是:在吴地的江边,天空下着蒙蒙细雨,诗人和他的好朋友在楚山脚下分别,隐隐之间略带伤感。

师:你是一个很会想象与思考的孩子,把我都说感动了。意思都差不多。(秋雨蒙蒙,绵绵不绝,夜色也渐渐增浓。诗人王昌龄和朋友辛渐来到了江边相互道别,抬眼四处望去,江面雨雾弥漫,凄清又静谧。)

师:同学们,这个时候你们觉得诗人与他的朋友会说些什么话呢?

简××:再见了我的好朋友,祝你身体健康,事事顺心。

岑××:我的好朋友,劳烦你给我的家人带几句话,说我一切都好。

师:你们都是很会想象的孩子。

② 出示诗句:"洛阳亲友如相问,一片冰心在玉壶。"

师:请同学们根据注释,以小组的方式讨论,并用自己的话来说一说这两句诗是什么意思,你们从中体会到诗人怎样的品质?

(学生讨论)

韦××:我是从"洛阳"两字知道诗人的好朋友去的是洛阳,而诗人的家就在洛阳,我自己的一个理解是:诗人王昌龄是对他好友辛渐说:"如果洛阳的亲朋好友问我在这里的一些情况,请你告诉他们,我一切都好,我还是以前的我。"

师:你是一个聪明的孩子。你是怎样理解"一片冰心在玉壶"的?

韦××:我的理解是,像冰一样纯洁,具体是什么意思,我也没明白。

师:有没有那个同学来补充一下呢?

刘××:我觉得应该从古诗的背景去思考。我想诗人是想表达他不想变成坏的官,他还是他,还是像冰一样纯洁,像玉一样坚贞。

师:你是一个善于思考的孩子。

师:同学们,这句诗的意思应该是:如果洛阳的亲朋好友问起我的近况,请告诉他们,现在的我还是像以前一样没有大的变化,我会依然像冰心玉壶一样,坚守信念!

5. 悟诗情。

师:请同学们一起读"一片冰心在玉壶"。思考:冰、玉有什么共同特点?王昌龄一遍又一遍地在自己心底大声呐喊,是想清楚表达什么?请同学们开展小组讨论并派代表回答问题。

(学生讨论)

杨××:冰、玉的特点是洁白,纯净。我想诗人想表达的是:他一直清廉、正直、纯洁、坚强,不会被恶势力所压倒和逼迫。

师:你是一个很会分析的孩子。还有哪个小组的代表需要补充呢?

罗××:冰、玉的特点是洁白、纯净。我想诗人是想表达他会像冰、玉一样,做一个顽强、纯洁、清廉、正直的人。

师(小结):尽管经历过两次被贬,可这位诗人,永远不会放弃甚至改变他自己那种冰清玉洁的高尚人格。秋雨声绵绵,江水波悠悠,寒意阵阵,两个独自夜行的人,他们或许是即将永别天涯的好友。天还未明,早起送别的路上,两人早已开始依依惜别。这个"孤"字,是诗人在分别之前留下的一缕淡淡离愁,更是诗人的心声。但无论世间有多少凄风冷夜寒雨,诗人内心始终坚如磐石,纵然此刻他已孤身一人,也依旧冰清玉洁。诗人寓情于景,情、景之间相互交融,别具匠心。

三、教学反思

古代经典诗歌,赋予培育学生独立思考的品质,对继承优秀传统文化具有现实意义。古诗教学,是教师培养或提高学生语感的良好素材。因为古诗有一种"只可意会,不可言传"的意境美。在教学中,尝试通过学生自主学习和讨论,教师及时引导、补白,拉近师生与古诗的心理距离,使学生真正跨越历史时空,捕捉、体会诗人语言里那悠远、空灵的文化气息,陶冶情操。同时,充分体现理解、尊重学生个体独立思考、表达的学习过程,对学生的个性化阅读进行肯定。

古诗凝聚与丰富了中国优秀传统文化。诵读经典古诗，教会学生应该如何阅读这些古诗。教学中，灵活创设各种教学情境，讲解语言和文化背景，补充课外阅读资料，再现诗歌意境，补白续写，激情引读，调动学生思考、交流的积极性与主动性，加深学生对古诗全面透彻的理解，丰富学生的语文想象力。为此，古诗中语言之大美、意境之深美、形象之高美，将流淌在学生心里。

四、学生的学习体验

刘××：在小组讨论中，我们领会了同学之间的交流和学习的快乐。

罗××：我本来成绩就不错。在讨论中，我还帮助一些同学，教他们怎么去记，怎么去学习。我发现自己对课堂内容的印象比以前深。

杨××：在学习中我感觉很快乐，又可以和同学交流，感觉老师都在让我们自己学，这样压力不会很大。

韦××：这样的学习方式很好玩，我们可以学习怎样和同学沟通。

黄××：这堂课我很开心。不像以前那样一天天就是记，还能和同学相互学习。

李××：我觉得有点不像是老师在上课，而是我们自己在上自习课，很轻松，而且能很快地接受新知识。

简××：我以前很害怕老师，但是这节课我不知道为什么我不怕老师了。而且我能够把我知道的和同学说、和老师说，总的来说这节课很轻松。

五、教师对学生的学习体验的反思

这些学生，平时爱观察、爱思考，总有问不完的问题说不完的话。课堂上，教师总是以鼓励、引导为主，给他们思考、发言、表达的机会，激励他们自主、用心地读古诗，用心去体会诗情。学生思维敏捷，喜欢问，喜欢说，很多时候虽然表达不清，观点甚至是错误的，但从学生的发言中，能感觉到学生思维的活跃，多给学生一些时间去思考和交流，多让他们去体验和体会诗人的情感，这样他们就会自觉地去思考和学习，能够达到自主学习的目的。

同时，在学生表达和思考时教师适当地引导，避免出现错误性的观点。由于在小组合作的基础上，学生的观点直接影响整个小组成员，甚至有时候会影响全班学生，所以教师应积极引导学生在他人表达时认真倾听，主动辨析，加以纠正，培育学生独立思考的良好品质，使他们能够在快乐中成长、在学习中成长。

六、教师的教学体验

学生从诗题知晓《芙蓉楼送辛渐》是一首送别诗。但四年级学生对送别体会不深刻，很难理解诗人的孤寂心境。短短的四句诗,展现了诗人孤寂的心境与坚定的信念。以小组形式教学,目的在于增强学生的思考与表达,增进学生与学生之间的交流,使学生能够通过交流的形式完成自主学习,达到敢说敢想的效果。

(一)"三教"理念改变着我的课堂

在民族地区基础教育高质量发展行动计划项目的推动下,以吕传汉教授"三教"理念为指导,我们的课堂不知不觉发生着变化。我校地处偏远,又是易地扶贫搬迁安置点学校,学生来自各乡镇,家长教育意识较为淡薄。教师的教学功底薄弱,教学观念滞后,课堂教学停留在过去灌输式的模式中。通过吕教授"三教"理念培训,反思自我过去的教学,发现我们没有从大纲要求、学生能力发展出发,只是在教教科书,而不是在用教科书去教。为了提高学生的表达能力,在"三教"理念推动下,学生能够与教师之间达到愉快的交流与探讨,让学生在课堂中动脑思考,动手书写,动嘴交流,吕教授提倡应结合课程标准运用自主、合作、探究的学习方式,摒弃传统的灌输式教学,把学习的主动权还给学生。想要达到这样的效果,教给学生方法尤为重要。

(二) 合作让教学更有实效

个人认为,"三教"理念融合课堂教学,小组合作方式是最有力、最有效的方法。教师只需要设置一些问题,然后让学生思考、交流,这首古诗就能轻轻松松学完,并且能够达到一定的效果,虽然还有小部分不能够掌握,教师可以利用课后服务时间加以指导。

总之,"三教"理念的落实,改变着传统教育模式,对学生思维和学习习惯的引领,应在循序渐进中走下去。在教学生思考、体验和表达时,教师应该学会转变自己,不断学习和改进课堂教学,不断将"三教"理念融入教学环境。不论上新课还是讲练习,或者是平时的作业辅导都应该融入"三教"理念,让学生思考和完成相应的教学任务。"教思考""教体验""教表达",绝不仅仅运用在语文课堂上,更应该将思考、体验、表达带到其他学科学习中去,让深层次思考、有效性体验、多元化表达伴随学生成长。

读演结合,激活语文课堂
——《手指》教学课例

蒙锡敏　贵州省望谟县实验小学甘莱校区

一、教学设计

(一) 知识点

部编版小学《语文》五年级下册第八单元第 22 课《手指》教学课例。

(二) 学习背景

1. 教科书分析。

《手指》这篇课文通过描写五个手指的不同特点,告诉我们任何事物都各有所长、各有所短,我们要学会取长补短,共同努力协作,才能发挥出各自的力量,团结就是力量。文章结构清晰、语言简洁明了。课文有 6 个自然段,运用了总—分—总的结构,呈现出五个手指不同的用处。第 1 自然段总写手指的特点,第 2 至 5 自然段分别写五个手指的不同特点,最后一个自然段总写,点明文章中心,总结全文。整篇文章语言朴实、幽默风趣,作者采用拟人手法写出了手指的不同特点。学生在了解课文主要内容的基础上,认识五根手指的不同特点,在生活中获得感悟。

2. 学情分析。

五年级学生思维活跃,求知欲强,喜欢表达,愿意分享。和低年级学生相比,五年级学生想法更加独特,对生活也有了体验与感悟,思想慢慢变得成熟起来,正是引导他们明事理、辨是非,提高语文表达能力的关键期。他们虽然具有自主学习的能力,但需要教师进一步引导,关注每个学生的个性体验,让每一个学生在快乐中学习,能发表自己独特的想法,体现出自己的思考能力。

3. 核心问题。

五个手指各自的姿态是什么?分别有哪些作用?

(三) 教学目标

1. 知识与技能。

借助拼音正确、流利地朗读课文;理解课文的主要内容,并简单说出五个手指的姿态与作用。

2. 过程与方法。

在教学这篇课文前,结合本单元前面的几篇课文,先组织学生交流。例如:你了解了哪些作家,哪些课文给你留下了深刻的印象,你从中受到什么样的启示?因为五年级学生已经有了自学能力,所以放手先让他们自主学习,根据单元导读中的提示自学课文。通过先让学生认真读一读课文,想一想作者写了五个手指的哪些特点?把课文多读几遍,读通读懂,再和同学交流,普普通通的手指带给我们什么启示?通过学习、交流,五个手指的特点学生容易把握,所以教师把重点放在表达方法的体会上。引导学生通过比较,体会这篇课文表达感悟的方法。

3. 情感态度与价值观。

学生自主学习,小组合作,交流学习的方法,大胆表达出自己的想法,把自己的想法和同学、老师一起分享。

(四) 教学重点难点

1. 重点:感受文章语言的幽默风趣,了解五根手指各有什么姿态和五根手指不同的作用,并了解作者描写手指的方法。

2. 难点:通过文中五个手指,你联想到生活中的哪些人物?从中感悟人生的道理。

(五) 教学思路

在教学这篇课文时,教师注重学生在读中学会感悟。五年级学生已具备自主学习的能力,所以先让学生自主学习,然后再分组讨论,每个学生说出自己的想法,并与同学分享、交流。把自己在课文中找到的五根手指的特点和作用,写在学习记录卡上,然后说出自己在学习这篇课文时感悟到的人生哲理。

二、教学过程

(一) 片段一:游戏导入

师:为了让同学们比较轻松地、更快地投入到本节课的学习中,现在我们一起来做一个小游戏。请同学们根据老师的描述,发出对应的响声,使我们的雨点变奏曲更加悦耳动听。

请同学们听清楚游戏规则:

(1) 两手轻拍——小雨。

(2) 拍拍大腿——中雨。

(3) 大声鼓掌——大雨。

同学们,你们明白游戏规则了吗?让我们一起做这个有趣的游戏吧。

生:明白了。

(老师指导学生进行简单的练习)

师:现在,老师要借助同学们灵巧的手,一起演奏世界上最美妙动听的雨点变奏曲。

师:一天,阳光明媚,我们班43个同学一起去操场跑步。突然,天空下起了雨,一开始,同学们并不在意,雨一直下,越下越大,小雨变成了中雨。同学们赶紧往回跑,一会儿同学们都到了教室,还好回来了。因为此时教室外已经是倾盆大雨。这天气变得可真快呀,刚才是倾盆大雨,一下子又成小雨了。

(在老师描述的过程中,学生做相应的动作,配合十分默契)

师:同学们,刚才的游戏中,我们使用的是我们身体的哪个部位呢?哪个同学起来回答?

杨××:手。

杨××:我们的两个手掌。

黄××:手指。

师:那老师问问大家,我们每天的生活都离不开这双手,但是你们有仔细地观察过自己的手吗?今天我们就一起来读一读由著名漫画家、散文家丰子恺先生写的一篇散文《手指》,看看作者是怎样观察自己手指的。请同学们和老师一起来齐读课题。

(出示初读课文的要求:通过拼音能正确、流利地朗读课文;遇到不认识的字可以查字典,同桌交流,不理解的句子用笔勾画批注)

师:请同学们开始按照学习要求学习课文吧!

(学生汇报合作交流的成果,老师抽查重点字词)

师:哪个同学说一说自己是怎样理解课文的?遇到不会读的生字我们要怎么办?

曾××:老师,我借助拼音来读课文。

李××:遇到不认识的字,我会用红笔圈画出来,去问学习委员。

谢××:在读课文时,我会把不懂的字圈画出来,然后去查字典。

黄××:我会联系上下文,理解课文大致内容。

韦××:老师,我看到课文里的插图,感觉五只手指非常可爱。

韦××:五只手指都各有所长,发挥作用时缺一不可,让我明白了团结就是力量的道理。

师:同学们的学习方法各有不同,让我们继续保持这种学习态度。

(二)片段二:快乐朗读吧

师:课前老师已经要求大家先预习课文。现在这节课,请大家展示自己的预习成果吧!让我们请出"朗读小达人"为大家进行朗读。你们准备好了吗?

我们有四个小组,现在请第一小组朗读代表起立朗读。同学们,我们要认真聆听。

何××:大家好,我是第一小组组长,现在我为大家朗读《手指》。……

师:第一小组的朗读代表已完成了朗读,声音洪亮,语速适中,真是"朗读小达人",值得大家学习,下面我们把热烈的掌声送给他。

同学们,展现你们火眼金睛的时刻到了。现在,大家说一说你的哪只手指最优秀?说出你喜欢它的理由,并和同学交流。

生1:我最喜欢中指,中指最漂亮,居于中央,无名指、食指在它左右,身旁的指头就像他的徒弟,对师傅片刻不离地守护。它不受外物冲撞,曲线优美。

生2:我最喜欢大拇指,最能吃苦,任劳任怨,使我想到了那些时刻为我们安全着想的警察叔叔和消防官兵,他们最辛苦了,他们才是最可爱的人。

生3：我最喜欢食指，因为我很喜欢弹吉他，在弹奏时它可是我的好帮手啊。

生4：我最喜欢小拇指，它长得小巧可爱，做事又灵活。

生5：我喜欢无名指，因为它戴上戒指很漂亮，没哪个手指能超越。

师：同学们都能说出自己喜欢哪根手指的理由，都看到了它们的亮点，却没有看出它们的不足。其实，五根手指都有自己的优点和不足，都能发挥自己的作用，但一根手指，没有其他手指的帮助，也不能发挥其作用。所以，我们不能只看到自己的优点而忽视了别人的存在。相互欣赏、团结合作，才更有力量。

(三) 片段三：课本剧情表演

师：昨天，老师要求大家根据《手指》这篇课文进行剧本创作，把《手指》改编成课本剧。大家完成得都不错。在同学们的剧本中，杨××同学的剧本《五指争功》脱颖而出。他们利用课余时间进行了几天的排练，今天他们要给我们上台呈现一段精彩的表演。

（课本剧小组上台进行表演，精彩片段）

张××（中指）：大拇指，给我过来，你最丑最胖最矮，竟想排在我前面。我最高，我应排第一，走走走，你靠后去。

杨××（大拇指）：我生来就是富贵命啊！你看，我吃得白白胖胖的，看我圆鼓鼓的肚皮，享福的命啊！哼，老总形象，我不在第一位还有谁敢？

王××（食指）：那你也不能搞独立王国啊，没有我的功劳，你会当上老总这个职位吗？下来下来，我的功劳最大，我排在第一位。

姚××（无名指）：你们不要自高自大啊，我才最可爱！你们看，有谁像我这么漂亮，整天穿金戴银，有钱人的象征。你们可没有。呵！你还想当老总呢，我才最厉害。

侯××（小拇指）：现在，都在追求苗条身材哦！你们看，谁像我一样小巧可爱、小鸟依人啊？我哪像你们一个个虎背熊腰的？自觉点儿，都往后靠吧！

师（评价表演结果）：同学们，有没有发现一个问题？在剧情表演中，同学们都各自说出了自己的长处，却没有发现自己的短处哦！现在，老师请你们各自分头去办自己的事，看能办吗？同学们，再优秀的人，都会有自己的缺点。我们要继续发扬自己的优点，同时我们要学会看到自己的不足。就像我们全班43个同学，我们是一个集体，如果不团结，学习上不相互帮助，自私自利，对班级不闻不问，总是在做自己的事情。那么，我们不管在学习中还是学校举办的活动中，都会比其他班落后。只有团结，才能战胜一切困难。

(四) 片段四：体验式游戏

师：同学们，通过自学，大家了解了五只手指的优缺点。接下来，我们再来做一个游戏：首先，请大家用任何一只手指去拿一拿我们课桌上的书本，看能不能拿起来。然后用两只手指、三只、四只、五只。怎么才能轻松地拿起书本呢？你有什么发现？请同学们开始操作，按老师的要求拿起书本。

生1：一只手指实在拿不起书本。

生2：两只手指勉强能拿得起，但很累，容易掉下来。

生3：三只手指要轻松一点。

生4：四只手指也能拿起。

生5：五只手指能完全把书拿起来。

师（总结）：是呀！单枪匹马是办不了大事的。这个游戏告诉我们，五只手指一起协作能轻松拿起书本，诠释了团结就是力量。所以，我们43个同学要团结互助。

反思：学生亲身实践，在游戏中体验五只手指团结协作，发挥各自优势，做事情时才能达到最佳效果。

（五）片段五：联系实际，感悟哲理

师：手指需要团结合作，才能扬长避短，发挥最佳效果，从而帮助主人完成各项任务。其实，在自然界、生活中这样的例子也有很多很多。你能举一个类似的例子来和我们分享吗？

生1：打扫卫生分工合作，各自都认真打扫，教室才能打扫干净。

生2：球场上，需要球员们相互积极配合。单靠一个人运球、投篮，是不可能打败对方的。

生3：拔河比赛，我们需要每个同学都使劲拉，单靠一人绝对会输得很惨。

师：是的，通过现实生活中的实例，我们看出，只有团结互助，才能把事情做得更好。

三、布置作业

小练笔：结合《手指》这篇课文，选择其中你最喜欢的一只手指，结合身边的人和事，写出自己的感受。

四、学习体验

何××：上了这节课，我明白了做人不能只看到自己的长处，我们还要看到自己的不足，要学会取长补短。

杨××：我明白了，做人不能太自私，要团结友爱。

黄××：我最佩服的是大拇指，一直任劳任怨地在为别人默默奉献。这让我想到了一直为我们默默奉献的消防官兵、警察叔叔和环卫工人，他们才是最值得尊敬的人……

王××：我们全班要像五只手指一样团结，才能有力量。

五、同伴互助

许××：这是一篇幽默风趣的课文。学生学起来积极性很高，课堂轻松活跃，整篇课文仅仅围绕五只手指来写，却让我们感悟到很多人生哲理，启发学生在生活中学会做一个取长补短的人。

罗××：蒙老师的这堂课，总体来说很成功。学生参与度很高，课堂氛围浓厚，真正做到了以学生为主体。学生既表达，又表演，把自己的真实想法和同学交流。

六、教学体验

《手指》这篇课文语言风趣幽默，结构清晰严谨，主题鲜明突出。全文围绕五只手指不同的姿态和不同的性格进行描写，运用多种表达方法，刻画了姿态栩栩如生、性格不同的五只手指。在了解课文主要内容的基础上，认识五只手指的不同特点，体会手指带给我们的哲理，了解作者采用的表达方法。教学这篇课文时，重点让学生理解五只手指各有什么特点，作者运用什么方法表现这些特点。难点是让学生在五只手指中，感悟人生道理。

指导学生理解大拇指的形状（姿态）特点——丑陋。具体表现为：不仅身体矮而胖，而且头大而肥。大拇指在五只手指中的形象和其他四只成鲜明对比。然后用关联词"但"为转折，写出大拇指在五指中，却是最能吃苦的。在写到大拇指时，课文具体描写了拉胡琴、水喷出来、血要流出来时它相帮扶住、死力抵住、拼命按住、用劲扳住等表现，突出了大拇指吃苦耐劳、任劳任怨、默默奉献的精神。学生了解了这段话的基本意思，再引导学生体会写法，圈画出写大拇指形状和写它"吃苦"的句子，体会作者在语言表达上的魅力。

为了突破难点，让学生能更好地体会"五根手指如果能团结一致，成为一个拳头，那就要根根有作用，根根有力量，不再有什么强弱、美丑之分了"这个道理，我设计了表演"五指争功"这个游戏环节，让学生上台表演，体会五只手指的特点。小组派代表上台表演大拇指、食指、中指、无名指和小指，争一争谁的优点多。经过一番"搏斗"，学生谈一谈自己的体会。在游戏表演中，学生只看到自己的优点，这是不可取的。同学之间，不管在生活上还是在学习上，都要相互帮助，学会取别人之长补自己的不足，只有大家团结一心，才能把事情做得更好。

《小猴子下山》教学课例

杨兴娣　贵州省望谟县实验小学甘莱校区

一、教学设计

(一) 教科书分析

《小猴子下山》是部编版小学《语文》教科书一年级下册第七单元的一篇课文。这是一篇富有趣味的童话故事。讲的是一只小猴子在下山时，看见许多喜欢的东西，它看见什么都喜欢，但抓到这个丢了那个，结果一无所获，只好空手而归。课文图文并茂，语言简洁生动，五个自然段分别对应五幅插图，如同连环画一般使小猴子的动作、形象更加直观化。

(二) 学情分析

本班共有学生45人，其中女生21人，这是一群对故事有着无限向往的孩子，奈何识字量过少，无法自己完成。而且多数学生学习生字是学一个就一个，不会引申，不会迁移，更有学生学了这个忘了那个。在表达方面毫无章法，对文章的学习从不主动，教师说什么就听什么，学习很是机械，没有自己的思考与体验。所以，在教学中坚持不断巩固，多种形式训练和检验学生对字词的掌握。注意培养学生的观察兴趣，让学生获得学习体验，引导学生有条理地说话，教学生和同学一起学习。

(三) 教学目标

1. 会认识"猴、结、掰、扛、满、扔、摘、捧、瓜、抱、蹦、追"12个二类字。会书写"块、非、常、往、瓜、进、空"等9个生字。
2. 能准确、流利、有感情地朗读课文。
3. 知道小猴子下山教给自己的道理：做事不能三心二意，见异思迁，应该一心一意。

(四) 教学重点、难点和核心问题

1. 重点：会认"猴、结、掰、扛、满、扔、摘、捧、瓜、抱、蹦、追"12个二类字。会写"块、非、常、往、瓜、进、空"等9个生字。能准确、流利、有感情地朗读课文。
2. 难点：知道小猴子下山教给自己的道理：做事不能三心二意，见异思迁，应该一心一意。
3. 课时核心问题：如何从故事中明白做事不能三心二意，见异思迁的道理。

(五) 教学思路

理解重点字词的意思,合作探究,读懂故事内容,体会故事蕴含的道理。

二、教学过程

(一) 片段一:学法迁移,体验汉字的魅力——创设情境,谜语导入

1. 猜谜导入。

师:同学们,在上课之前,我们来猜一个谜语吧。

一物像人又像狗,爬杆上树是能手,爱吃香蕉爱吃桃,家里没有山里有。(打一动物)

生:是猴子。

2. 板书,学习"猴"字。

提示:猴子是动物,所以"猴"字是反犬旁。(反犬旁字的训练)

师:之前我们学过很多反犬旁的字,你还记得吗?

生1:反犬旁和"句"字组成"狗"字,小狗的狗。

生2:反犬旁和"苗"字组成"猫",花猫的猫。

生3:反犬旁和"者"字组成"猪",小猪的猪。

生4:反犬旁和"里"字组成"狸",狐狸的狸。

……

师:特别棒,不仅找到了反犬旁的字,还能给它组词。

生:老师,我还知道一个反文旁和"青"字组成猜字,猜谜语的猜。

师:对了,我们学了很多反犬旁的字,老师也告诉大家反犬旁和动物有关,但也有个别的,比如"猜"字就和动物没有关系。大家记住特殊的字。

教学反思:课堂开篇,运用猜谜语的形式让学生判断故事中的主人公,在有趣的汉字归类游戏中让学生学会归类识字,延伸到其他偏旁的归类,引导学生练习完整的口语表达。这样充分调动了学生的积极性,为学生营造轻松愉悦的学习氛围,为新课学习做准备。

学生体验:老师这样让我们学到好多字,还有"青"和"包"加不同的偏旁组成的字,这样学我觉得简单。

(二) 片段二:学会思考,体验动词的乐趣——初读课文,理解字词

1. 朗读全文。

(1) 教师播放录音,学生认真听课文中长句子的停顿。

(2) 自读提示:大声朗读,不认识的字借助拼音多读几遍。

2. 学习"会认字"。指导读好这些词语,教师接着让学生演一演。

(1) 学习"掰"。

师:同学们观察一下这个字的组成部件,想到了什么?

生:这个字的两边是手字,中间是分字,就是用两只手把什么分开的意思。

师：你观察得真仔细,用手把东西分开叫"掰"。(师动作演示)谁能用"掰"字说一句话,并作出动作?

生1：我把苹果掰开。

生2：弟弟把筷子掰断了。

(2)学习"扛"。

师：用手把东西放在肩上叫"扛"。(师动作演示)谁可以一边做动作一边用"扛"字造句?

生：我和爷爷去扛木头。

生：妈妈让我扛一袋米回家。

(3)学习"捧"和"抱"。

师：用两手把东西放在胸前叫"捧"。(动作演示)张开双臂拥入怀中叫"抱"。(对比做动作)

生：我捧着一块西瓜吃。

生：妹妹抱着篮球玩得好开心。

(4)学习"扔"。

师：东西不要了,把它丢掉叫"扔"。(动作演示)

生：我把垃圾扔进垃圾桶。

生：奶奶把不穿的衣服扔掉了。

(5)掰、扛、捧、抱、扔都表示手的动作,都是提手旁,都和手有关。

教学反思：本环节设计,初读课文整体感知,检查预习,疏通字词,理解表示动作的词语,教学以上生字均以手的动作演示,口头造句,帮助理解字义。想象交流,用这些词语说句子,既能丰富积累,还能激发学生表达交流的兴趣,体会小猴子一系列动作后的性格特征。

学生体验：老师做的动作让我们觉得好笑,我们也知道了这些字的意思。

(三)片段三：朗读交流,体会小猴子的性格特点——精读课文,理解内容

1. 学生边读边想：小猴子看见了什么,用横线画出来；做了什么,用圆圈圈出来；结果怎样,用波浪线画出来。

2. 师生共同讨论完成第1自然段的内容,学生分组再讨论后面内容,各小组分别用表格的形式记录,并完成表格。

3. 出示表格。

(小猴子)看见了什么	(小猴子)做了什么	结果怎样
玉米结得又大又多	掰 扛	

师巡视小组提示：小猴子从玉米地里出来后，又去了哪里？它看见了什么？它是怎样做的？

4. 小组派代表汇报。

师要求：讲清楚小猴子看见什么东西，它是怎样做的？例如：小猴子看见玉米又大又多，就掰了几根玉米扛着往回走。

韦××小组：小猴子看见桃子又大又红，就扔了玉米，去摘桃子，捧着桃子着往回走。

岑××小组：小猴子看见西瓜又大又圆，就扔了桃子去摘西瓜，抱着西瓜往回走。

罗××小组：小猴子看见小兔蹦蹦跳跳，就扔了西瓜去追小兔。

师：结果怎样了呢？你怎么知道的呀？

生：小猴子什么也没有得到，只好空着手回家了。我从课文图片上知道的，它的手上什么也没有。

(小猴子)看见了什么	(小猴子)做了什么	结 果 怎 样
玉米结得又大又多	掰 扛	
桃子结得又大又红	扔 摘 捧	空着手回家
西瓜结得又大又圆	扔 摘 抱	
小白兔蹦蹦跳跳，可爱	扔 追	

教学反思：教学中，重视了学生自读自悟，读得细致，图文结合，做到阅读与理解相结合。引导学生抓住重点词语，通过联想和朗读，感悟小猴子见异思迁的特点。此环节积累了关于小猴子动作的词语，加深了对小猴子性格特点的理解。

三、教学体验

(一) 重视字词学习，培养表达习惯

对一年级的学生来说，生字词教学才是重难点，新课标对低年级学生学习生字作出了明确的要求。因此，作为一名低年级语文教师，应加强对学生识字的指导、引领和点拨，使学生有一定的识字量。在教学《小猴子下山》这一课文时，教师让学生先提前预习生字，在文中圈出来。教学时学生自主学习、汇报。通过对生字词的认识与理解，达到掌握与运用的目的，让学生在理解字词的基础上，积累识字方法，养成完整表达的习惯。在小组合作探究的汇报环节，引导学生用自己的话讲述每一个环节的内容，理解文中主人公的性格特征，从而对这篇课文有一个整体的感知。

(二) 引导学法迁移，学会顺势思考

《小猴子下山》是一篇故事性较强的课文，厘清课文的内容对学生来说，是举足轻重的举

措。教学时,我采用图文结合的学习方式,第1自然段由师生共同合作探究完成,让学生分小组用同样的方式学习后面的内容。因为有了前面的实践经验,学生很快就能就轻驾熟。这种顺势学习的方式,能让学生在自主探究中体验更多学习的乐趣。朗读,特别是学生的自主朗读,它会不断超越学生原有的认知经验、智慧水平、想象能力,形成积极的创造精神,从而促进学生语文能力发展,为学生今后学好语文打下坚实的基础。在教学中,不断引导和点拨,抓住关键词句指导自读,学生有了充分的自由,变得爱读、想读,带着感情和体会理解课文内容,在这样的课堂上,学生作为学习的主体,通过小组合作探究,很快就能完成学习任务,并对课文内容有了初步的感悟。

(三) 倡导自主阅读,享受自悟的乐趣

鼓励学生自主探究阅读,优化阅读方法,才能提高语文阅读水平。在《小猴子下山》一文的教学中,教师引导学生自主阅读,合作探究学习。由于第1自然段的结构和第2至4自然段一样,所以,在学习时教师引导学生按照学习第1自然段的方法,自己读书,小组互议,把写小猴子看见什么、它怎么做的句子找出来,阅读交流。这样有目的地读书,学生学习起来才能高效轻松,很快就归纳出了小猴子下山后每到一个地方所看见的和它是怎样做的,心中也有了对小猴子行为的认知与评判。

叶圣陶先生曾说过:"语文老师不是给学生讲书的,而是引导学生读书的。"朗读是每个学生都应该拥有的权利。只有让学生参与进来,才能让学生获得自身的情感体验,这样的课堂才有生命力。总之,阅读能力的提高,将对课堂教学产生积极的效果,学生在积极思维和情感体验中,获得思想启迪,享受快乐和美。

创设情境，合作学习
——《棉花姑娘》教学课例

朱新秀　贵州省望谟县实验小学甘莱校区

一、教学设计

(一) 知识点
部编版小学《语文》一年级下册第七单元19课《棉花姑娘》第二课时。

(二) 学习背景

1. 教科书分析。

《棉花姑娘》是一篇童话故事。本课讲述棉花姑娘生病了，叶子上长满了蚜虫。棉花姑娘请燕子、啄木鸟、青蛙帮她捉害虫，他们都帮不了她。正当蚜虫得意地吸食棉花姑娘的汁液时，七星瓢虫来了，把这些害虫一扫而光。棉花姑娘快乐地成长，吐出了雪白的棉花。通过这篇课文，让学生知道燕子、啄木鸟、青蛙、七星瓢虫分别吃什么地方的害虫，激发学生热爱科学、探索科学的兴趣。

2. 学情分析。

一年级学生虽然年龄小，但是求知欲非常强烈，对自己感兴趣的事情非常专注，并且乐于把自己知道的事情告诉别人，能自觉、主动地获取信息。学习这篇课文时，学生已有一定的学习生字和阅读短文的能力，掌握了一些学习方法。

3. 教学思路。

课文以童话的形式出现，根据这一特点，利用多媒体辅助教学，体现课堂教学的直观性、形象性、趣味性、创造性，显得新颖、生动、有趣，符合学生的年龄、心理特征。"以读为本"，加强读书实践。《义务教育语文课程标准（2022年版）》指出："阅读教学是学生、教师和文本三者对话的过程。"这种"对话"首先是读书实践，让学生充分地阅读，在阅读中整体感知，在阅读中有所感悟，在阅读中培养语感，在阅读中受到情感熏陶。注意培养学生朗读，分角色朗读，调动学生的主动性，同时初步培养学生的人文素养。

4. 教学目标。

在各种方式的朗读中主动体验故事中角色的心灵世界。在读一读、议一议中了解益虫等一些科学知识。在资料的收集和展示交流中知道更多的益虫和一些科学知识。从内心喜欢阅读、朗读童话故事。对科学常识产生浓厚的兴趣，有留心观察、探索和发现身边科学常识的欲望。树立保护益虫的意识。

5. 教学重点及难点。

有感情地朗读课文。让学生通过认识七星瓢虫和蚜虫,了解益虫和害虫的概念,并树立保护益虫的意识。激发学生学科学、爱科学的兴趣。

6. 教学准备：课件、学习单。

7. 教学方法：观察法、谈话法、探究法、合作法。

二、教学过程

(一) 激发兴趣,导入新课

1. 小朋友们,看看她是谁？（课件出示棉花姑娘图片）
2. 你们瞧,棉花姑娘长得多漂亮啊！她穿着绿裙子,多像一个翩翩起舞的小姑娘！让我们一起来和她打个招呼吧！
3. 刚才在看棉花姑娘的时候,你们发现了什么？（棉花姑娘生病了）

(二) 欣赏动画,整体感知

1. 小朋友们,你们喜欢棉花姑娘吗？让我们走进动画片,去了解棉花姑娘的故事吧！（播放动画）
2. 看完动画片,你们知道了什么？

生：棉花姑娘生病了,最后被治好了。

(三) 创设情境

师：这个故事真有趣。小朋友们看得很认真,想不想自己走进课文去读一读？

1. 打开书,用自己喜欢的方式读课文,想一想棉花姑娘向哪几位小医生求助？

生1：燕子、青蛙。

生2(补充)：还有啄木鸟、七星瓢虫。

2. 小朋友们读得很认真。
3. 点击课件,学生齐读课文。
4. 看来,你们和这些生词宝宝交上了朋友。瞧,多美丽的棉花姑娘呀！哎呀,可恶的蚜虫来了,你们看棉花姑娘生病了。你们想不想消灭蚜虫,谁是小勇士？好,读好课文,蚜虫就能被我们消灭。
5. "开火车"领读。

(四) 学悟课文,了解知识

1. 学习第1自然段。

(1) 刚才小朋友争当了一回"小勇士",把生字里的"蚜虫"消灭了。但在课文里,我们的好朋友棉花姑娘怎么了？请小朋友快速读完课文第1自然段,告诉大家。（学生自读）

（2）棉花姑娘怎么啦？（课件出示挂图）

生：生病了。

（3）介绍蚜虫。（课件出示）

（4）棉花姑娘生病了，树叶上长满了可恶的蚜虫，棉花姑娘的心情怎样？让我们带上这样的心情来读一读第1自然段。（可以是难受的、伤心的，也可以是急切的、着急的）

（5）是呀！棉花姑娘这时多么希望有人来帮助她治好病呀！所以她不断向身边的人求助，请同学们接着读课文，看可怜的棉花姑娘到底向谁求助了呢？

2. 学习课文第2—5自然段。

（1）教师扶学第2自然段。

① 她先请求谁的帮助？（课件出示挂图一）

② 他们说了些什么？请同学们用横线画出燕子的话，然后读一读。

③（课件出示对话）教师请两个学生来读课文，一个学生读棉花姑娘说的话，一个学生读燕子说的话，谁来试试？（挑选学生）请其他学生来读作者说的话，好吗？

师：她先请求谁的帮助？（课件出示挂图一）

生1：燕子。

师：他们说了些什么？请同学们用横线画出燕子说的话，然后读一读。

（学生进行总结交流）

师：好孩子，会学习，刚才这两个同学找得对、读得好，那么你们最喜欢他们谁读的课文？

生2：我最喜欢黎××读的课文，因为她读的时候声音很洪亮、清楚，而且她读棉花姑娘说的话时脸上还有表情，好像就是棉花姑娘在说话。

师：你不仅听得认真，看得仔细，说得也好。

生3：我喜欢郭××读的课文，因为他读课文很有感情。

师：是啊，因为他们在用心感受了棉花姑娘无助的心情，所以才会读得这样好，你们想和他们比赛吗？

生：想！

师：请同桌的男女同学分工，一起再来读一读。（老师挑出两桌展示读并指导朗读，然后进行男女生合作读、大组合作读等，引导学生读出棉花姑娘的诚恳和燕子爱莫能助的心情）

（2）教师放学第3—5自然段。

① 棉花姑娘并没有放弃，她又分别向哪些朋友请求帮助？（出示学习单）

② 他们说了些什么呢？请同学们接着读一读课文，拿出老师准备的学习单小组合作交流。

③ 指名汇报小组的学习情况。

（2）学习第6自然段。

① 棉花姑娘的病终于治好了，她的心情会怎样呢？让我们和棉花姑娘一起体会一下吧。

② 看谁是一个细心的孩子，知道棉花姑娘的心情？

生：她很开心，因为她咧开嘴笑了。

③ 你读得真仔细,但是你们是怎么知道的呢?

生:课文最后一个自然段说的。

④ 看来同学们已经很了解棉花姑娘了!今天的小功臣是七星瓢虫,谁想来夸一夸这个能干的小功臣?

生:七星瓢虫,你虽然那么小,可是那么能干,以后我会保护你的。

⑤ 句式练习:"读读说说"。碧绿碧绿的叶子碧绿碧绿的(雪白雪白的棉花雪白雪白的)。

生1:碧绿碧绿的禾苗。

生2:雪白雪白的云朵。

(五) 朗读全文,总结回味

1. 今天,我们不仅经历了棉花姑娘治病的全过程,认识了可爱的七星瓢虫,还认识了许多大自然里的朋友。例如:专吃空中飞虫的——(生接)燕子,给大树治病的——(生接)啄木鸟,还有在田里捉害虫的——(生接)青蛙,他们为了让大自然更加美好而各自奉献着,所以我们一定要爱护他们,和他们一起让生活更加美好,好吗?

生:好。

2. 你们喜欢这些新朋友吗?你们愿意读一下它们和棉花姑娘交谈的这段话吗?那好,就让我们用朗朗的读书声来表示我们对他们的喜爱吧!

(六) 布置作业

1. 正确、流利、有感情地朗读课文。

2. 自由组合分角色演一演。

3. 搜集有关益虫、益鸟的资料,下节课汇报交流。

三、教学反思

(一) 创设情境,自主识字是小学低年级语文教学的重点,贯穿小学语文教学的整个阶段

让学生初读课文,在识字过程中,学生随文识字,创设摘棉花、打蚜虫这一学习情境,以调动学生的学习兴趣,并采用自由读、齐读、"开火车"领读等多种形式,让学生从整体上认记生字、生词。这样,既使识字教学能有的放矢地进行,又培养了学生倾听的习惯。但在教学时,我发觉"打蚜虫,学习生字"这个游戏设计不是很恰当,与课文内容重复,以致进入课文学习时衔接不自然。如果重新设计,把这个"打蚜虫"的游戏换成"与棉花姑娘交朋友"的游戏,这样既能调动学生的学习兴趣,掀起自主识字的一个高潮,又能很好地过渡,与进入课文学习很自然地衔接起来。

(二) 掌握方法自主学习,才能更好地自学

《棉花姑娘》这一篇课文的第2、3、4、5自然段结构是一样的,句式也十分相似。抓住这个

特点,我花时间指导学生重点学习第2自然段,然后小结学习方法——读一读,画一画,演一演。接着让学生用学习第2自然段的学习方法同桌合作自学第3、4、5自然段,自学以后再让学生进行汇报。但在教学这个环节中,我先让学生起立汇报画出的句子,再指名分角色朗读。就这样,既浪费了一些时间,又没有达到预期的效果。如果重新设计,先重点指导学生学习第5自然段,让学生知道是七星瓢虫治好了棉花姑娘的病,了解七星瓢虫,然后小结学习方法——读一读,画一画,接着,让学生带着"为什么燕子、啄木鸟、青蛙都不能帮棉花姑娘治病"这个问题,用学习第5自然段的学习方法同桌合作自学第2、3、4自然段,自学以后直接指名分角色读、男女生分角色读、师生合作读。这样设计,不但能节省课堂学习时间,而且能让学生认识课文结构的特点,提高学生的学习兴趣,懂得自学的方法,达到"我会学"的目的。

(三)合作完成学习单,促进朗读,是学生对课文理解的外化表现

在整个学习过程中,教师根据学生的实际、课文的特点对作者表达的思想感情进行抒发。在整个朗读过程中,根据学生的实际、课文的特点,分别采取了自由读、领读、齐读、分角色读等形式,使学生一直处在积极的思维状态而不感到疲劳。而教师自己也不断变换角色:时而是他们的引路人,引导他们把读感叹句的方法讲出来;时而是他们的学习伙伴,和他们一起体验课文中的情感;时而是他们的竞争对手,故意暴露出他们平时读书时存在的问题,激励他们读流利,读出感情;时而是他们的学生,引导他们把悟出的感情表达出来。

总之,教师尽力创造出一种氛围,使学生能自然而然地将感情释放于朗读中,使他们的感情在朗读中得以淋漓尽致地抒发。

让生活融进课堂
——"我们当地的风俗"教学体验

王大羽　贵州省望谟县实验小学甘莱校区

一、教学设计

(一) 教材分析

"道德与法治"课程是一门以儿童社会生活为基础,促进学生良好品德形成和社会性发展的综合课程。本课程以儿童的社会生活为主线,将品德、行为规范和法制教育,爱国主义、集体主义和社会主义教育,国情历史和文化教育,地理和环境教育等有机地融合,引导学生通过与自己生活密切相关的社会环境、社会活动的社会关系交互作用,不断丰富和发展自己的经验、情感、能力、知识,加深对自我、对他人、对社会的认识和理解,为他们成长为具备参与现代社会生活能力的社会主义合格公民奠定基础。

(二) 学情分析

四年级是小学生知识、能力、情感价值观形成的关键时期,他们对自我、他人、家庭、社会有了一些浅显的认识,养成了一些好的行为习惯,随着他们社会生活范围的不断扩大,进一步认识了解社会和品德的形成成为迫切的需要。因本课程的开放性、活动性、实践性较强,绝大部分学生乐于进行这一门课程学习,能积极参与本课程课内外的学习活动。

四年级学生大多淳朴、活泼、积极向上。这学年是他们知识、能力、情感价值观形成的关键时期,他们对自我、他人、家庭、社会有了一些浅显的认识。但有一小部分学生比较自私,团结协作精神欠缺。学生的学习主动性和自觉性比较低,有些学生作业拖拉,字写得不够端正。上课时,不爱动脑、动笔,需要不断督促。

(三) 知识点

了解各地的常见风俗和我国传统的节日风俗。

(四) 教学目标

1. 了解我国春节、清明、端午等几个主要传统节日的习俗、传说、故事等,体会其对人们生活的影响。
2. 了解我们家乡的民风民俗,增强学生爱家乡爱祖国的感情。
3. 提高学生自主探索研究、搜集信息的能力。

(五) 教学重点难点

了解家乡民风民俗的来历和民俗活动,体会民风民俗对人们生活的影响,激发学生的民族自豪感。

(六) 教学思路

在诵读课文的基础上,小组之间进行交流讨论,运用创设情境法、活动感知体验法、启发诱导法、讲故事法等,结合学生的学习经历,理解课文内容,体验课文所要表达的思想感情。

二、教学过程

(一) 片段一:激趣导入,设置悬念

一张图片(一支毛笔)

状元笔,是用胎毛制成的毛笔。胎毛是宝宝出生时带有的毛发,是人体唯一从母体带出并可永久保存的部分。用胎毛制作的笔是最传统的宝宝纪念品之一。中华民族自古以来就有制作胎毛笔的习俗。相传古时候,一书生家贫,遂剪下自家孩子的胎发,制成毛笔考中状元,故胎毛笔又得名状元笔。胎毛笔以婴儿出生时的胎毛精心制作,具有先天之灵气,"仅此一次"的自然发锋,是人之一生独无仅有的珍贵纪念品。

问题1:同学们,你们知道这是什么吗?你们知道什么是状元笔吗?

问题2:人们为什么要制作胎毛笔,它有什么作用?

胎毛笔用以祈福、避邪、定情和寄托父母的关爱之情,保佑孩子平安成长、聪明向学!

反思:学生对见过的或身边的东西觉得简单、平常,这样的开场让学生感觉这是一节非常简单的课,缓解了学生对学习的焦虑,能更好地让学生走进课堂学习。

(二) 片段二:方法引领,走进课文

感受与自己成长相关的风俗。

1. 结合图片,初读文本。

2. 采用小组讨论的方式进行讨论:你所知道的风俗。

问题1:课文中的图片你知道是什么风俗吗?你的家乡也有这样的风俗吗?

3. 明确知道图片的风俗:小孩出生后,家长煮了很多鸡蛋,并把鸡蛋染成红色,送给亲朋好友,这叫作"报喜"。

有些地方小孩子满月时要剃胎发,叫"剃胎毛"。

问题2:和同学讨论你知道的风俗,并和大家分享你所了解的风俗。

学生1:百家衣。百家衣是从各家取一块布拼合起来做成的。

学生2:抓周。新生儿周岁时,将各种物品摆放于小孩面前,任其抓取,传统上常用物品有笔、墨、纸、砚、算盘、钱币、书籍等。

学生3:压岁钱。每年过年的时候,家里的长辈会给孩子压岁钱,压岁就是"压祟"。

学生4：苗服。女孩出生以后母亲开始缝制一整套衣服，一针一线绣上图案或女孩长大后自己缝制出嫁时要穿的漂亮的服饰。

……

问题3：伴随你成长的风俗还有哪些？这些风俗寄托了长辈哪些美好的祝愿？

4. 学生讨论后派代表发言，学生不能正确表达则由其他学生补充或教师加以讲解。通过讨论、分享等让学生知道这些风俗寄托了长辈对晚辈的美好祝愿。

问题4：在上面的学习环节中，当我们遇到疑惑的时候，我们可以通过哪些方法解决问题？

总结：① 结合图片，自己阅读理解；② 找同伴（教师、同学）讨论交流；③ 结合生活实际谈一谈自己知道的风俗。

反思：教师不是传授者，而是整个活动的促进者。作为促进者，关键是促进学生自主学习，促使学生去感知、体验、探究、研讨。而学生已不是接受者，而是积极主动的参与者。本环节的设置较好。首先，结合学生学习的实际情况，更真切地理解和挖掘了当地的风俗。这样能更深刻地理解风俗在我们的生活中占据着重要的地位。其次，通过及时引导学生进行补充和教师的及时总结，让学生明白我们本课所要学习和掌握的知识，以及逐渐掌握正确的学习方法。这个环节的设置，更重要的是收获一些学习方法，对学生以后的学习将有正迁移影响。

（三）片段三：视频欣赏，找寻关键

1. "十二生肖"是我们熟悉的风俗之一，让我们一起深入了解一下吧。

问题1：谁知道十二生肖？

生肖，也称"属相"，是中国和其他东亚国家的一些民族用来代表年份和人出生的年号。据说，古时候的文人，为了让全天下的人，包括不识字的人，都能记住自己是哪一年出生的，就使用了常见的动物名称来标识，后来，相对应的年就被人们称为"生肖年"。"生"是出生的意思。"肖"是相似、相像、肖像的意思。生肖的周期为十二年。每个人在其出生年都有一种动物作为生肖。中国的十二生肖即鼠、牛、虎、兔、龙、蛇、马、羊、猴、鸡、狗、猪。

问题2：你还知道哪些和十二生肖有关的故事？

分组完成：一组提出问题、一组解答。（可以寻求教师的帮助）

提问：我想了解的生肖是兔。

解答：与生肖有关的故事、传说有嫦娥奔月、龟兔赛跑等。

相传在远古的时候，天上突然出现了十个太阳，晒得大地直冒烟，百姓实在无法生活下去了。有一个力大无比的英雄名叫后羿，他决心为百姓解除这个苦难。后羿登上昆仑山顶，运足气力，拉满神弓，"嗖——嗖——嗖——"一口气射下九个太阳。他对天上最后一个太阳说："从今以后，你每天必须按时升起，按时落下，为民造福！"后羿为百姓除了害，大伙儿都很敬重他。很多人拜他为师，跟他学习武艺。有个叫逢蒙的人，为人奸诈贪婪，也随着众人拜在后羿的门下。

后羿的妻子嫦娥(原名：姮娥)，是一个美丽善良的女子。她经常接济生活贫苦的乡亲，大家都非常喜欢她。一天，昆仑山上的西王母送给后羿一丸仙药。据说，人吃了这种药，不但能长生不老，还可以升天成仙。可是，后羿不愿意离开嫦娥，就让她将仙药藏在百宝匣里。

这件事不知怎么被逢蒙知道了，他一心想把后羿的仙药弄到手。农历八月十五这天清晨，后羿要带弟子出门，逢蒙假装生病，留了下来。到了晚上，逢蒙手提宝剑，迫不及待地闯进后羿家里，威逼嫦娥把仙药交出来。嫦娥心想，让这样的人吃了长生不老药，不是要害更多的人吗？于是，她机智地与逢蒙周旋。逢蒙见嫦娥不肯交出仙药，就翻箱倒柜，四处搜寻。眼看就要搜到百宝匣了，嫦娥疾步向前，取出仙药，一口吞了下去。

嫦娥吃了仙药，突然飘飘悠悠地飞了起来。她飞出了窗子，飞过了洒满银辉的郊野，越飞越高。碧蓝的夜空挂着一轮明月，嫦娥一直朝着月亮飞去。

后羿外出回来，不见了妻子嫦娥。他焦急地冲出门外，只见皓月当空，圆圆的月亮上树影婆娑，一只玉兔在树下跳来跳去。啊！妻子正站在一棵桂树旁深情地凝望着自己呢。"嫦娥！嫦娥！"后羿连声呼唤，不顾一切地朝着月亮追去。可是他向前追三步，月亮就向后退三步，怎么也追不上。

乡亲们很想念嫦娥，在院子里摆上嫦娥平日爱吃的食品，遥远地为她祝福。从此以后，每年农历八月十五，就成为人们企盼团圆的中秋佳节。

反思：教学中，课程更需要评价激励，由于道德与法治课的目标、内容、活动方式不同于其他学科课程，因此它更应注重评价的内容、手段。课堂中，我们必须时刻关注学生的一言一行，努力倾听学生的发言，从学生的话语中及时地提取有价值的信息进行评价，给予肯定，让其他同学也能从中效仿，继而发散思维激发兴趣，提高参与性。

(四) 片段四：收集图片，认识风俗

尊老爱幼是中华民族的传统美德。我们的很多风俗体现了爱幼的传统，相应的，也有很多风俗体现了尊老的美德。

问题1：图片上的内容是什么？议一议这些风俗寄托了我们对长辈什么样的美好祝愿？

学生1：老人过寿为什么都要有寿桃？

学生2：过生日为什么要吃长寿面？

(学生自主学习讨论，解决问题)

学生3：寿宴上会摆放寿桃，一般是8个小桃，1个大桃，取"八仙祝寿"，暗含长久之意。

学生4：寿星要吃长寿面，面条绵长表示长寿，晚上安排酒宴，寿星坐在正位，接受亲友和晚辈的祝贺。

问题2：在你的家乡，还有哪些风俗与尊老有关呢？

学生1：我知道每年的农历九月初九是重阳节，和敬老有关，但是重阳节为什么和敬老有关呢？

老师：结婚中的敬老习俗。结婚之日女方要赠与男方长辈礼物，要向男方族中长辈敬茶，长辈则给新人见面礼，以示双方已认亲；新婚第二天，新娘子向公婆等长辈敬茶；等等。

老师：传统节日中的敬老习俗。在春节、端午、重阳、中秋等传统节日中，子女都要看望父母和长辈并赠送礼物。

学生2：生辰寿诞中也有敬老习俗。

反思：学生是学习的主体，课堂上要体现学生的主体地位，让学生自己去收集资料、思考问题可以很好地体现学生的主体性地位，体会学会自主学习的重要性。但是学生收集的资料较少，学生自主学习的能力还有不足，需要教师不断提示和指导才能一步步走向成熟。

三、教学体验

在道德与法治课上，教师不是传授者，而是整个活动的促进者。作为促进者，关键是促进学生自主学习，促使学生自己去感知体验、实验观察、探究研讨。充分尊重学生的主体性，尊重学生的兴趣与选择，鼓励学生努力探究自己的目标，初步引导学生获得成功。

在这节课上，我努力凸显学生的主体性，从学生的身边事说起，从学生的身上事说起，把生活融进课堂，以此来激发学生的兴趣。确实，当让学生说一说你们是怎么过这个节的时候，每个学生都眉飞色舞、情绪高涨，学生争先恐后地诉说着自己的所见、所闻，以及所经历的事，探究的兴趣非常高。而我也积极地配合他们，适时地引导、激发，体现他们的主体地位。有了学生积极的参与，强烈的探究兴趣，使接下来主题的确定水到渠成了。从中我又明白道德与法治这样的课程更需要评价激励。

在这节课中，我始终让自己静下心来，认真倾听每个学生的发言，并及时提取学生言语中有价值的信息，"你们知道的还真多，相信经过你们的探究，你会了解得更多的！""你说的情况，真遗憾我不清楚，但我相信，通过你们的探究能给我一个明确的答案！""哦，是这样的吗？你们想不想搞清楚，那就以它为主题去探究一下吧！""看来你是十分迫切地想知道这个答案是吗？真好，我们这门课呀，就需要你这样的探究精神！"……一句句激励性的评价语，就如同一把把钥匙，开启学生的一扇扇希望之门。看着学生那高涨的热情，幸福之花顿时开放。

道德与法治课程教学，教师必须对这一环节相关的内容有一个全面的了解。这个话题的探究会涉及很多方面的内容，因此要求教师事先必须了解、熟悉这些内容。只有这样，才能更有效地组织学生开展各种活动。说实话，对有一些节我全然不知，当时还以为学生搞错了，追问下去才知道。对这样的情况，幸亏当时没有马上否定。这时，突然意识到自己知识的匮乏和备课的疏忽，课堂还是有很多不完美的地方需要改进，这也是我们教师需要不断去学习的地方。

分角色朗读,培养学生的阅读能力
——《小壁虎借尾巴》教学案例

张 彩 贵州省望谟县实验小学甘莱校区

一、教学设计

(一) 知识点

部编版小学《语文》一年级下册第八单元第21课《小壁虎借尾巴》第二课时。

(二) 学习背景

1. 教科书分析。

《小壁虎借尾巴》是一年级下册第八单元第21课。本文是一篇知识性童话。《小壁虎借尾巴》是一篇有趣的童话故事。故事通过描写小壁虎向小鱼、老黄牛、燕子借尾巴的经过,讲述了鱼、牛、燕子尾巴的用处,壁虎尾巴可以再生的特点。

本课以连环画的形式呈现,课文没有注音,连生字也没有注音,目的是让学生借助图画或者其他手段自主识字或阅读。教师要充分调动学生积极性,采取各种各样的方法,让学生自己识字、朗读。可放手让学生自己学,引导他们通过小组互助学习,利用已经掌握的知识识字、读书。

2. 学情分析。

一年级学生正处在阅读初始阶段,根据本课的课型特点和语言特色,在教学方法的总体构思上采取情境教学法,运用生动形象的课件等学习手段,把学生带入课文情境中,产生好奇、求知欲,在跃跃欲试的状态下进入阅读,使学生始终保持主动参与的角色意识,激发学生通过这个故事认识小鱼、老黄牛、燕子尾巴的作用,了解小壁虎的尾巴有再生的功能,课文浅显易懂,线索明了,人物对话角色鲜明,是对学生进行朗读训练,培养良好语感的最佳范例。

3. 核心问题:小壁虎几次去借尾巴,小动物们会借给它吗?

(三) 教学目标

1. 知识与技能。能正确、流利地朗读课文;分角色朗读课文,理解课文内容。

2. 过程与方法。

(1) 借助课文插图,通过小组合作分角色体验读对话,读出疑问句和感叹句的语气。

(2) 利用故事情节反复的特点,借助小组合作填写学习单,厘清课文脉络,读通、读懂长句子。

3. 情感态度与价值观。

逐步学会小组合作学习方法,会倾听,尝试表达自己的看法。

(四) 教学重点、难点

1. 重点:正确、流利地朗读好小壁虎三次借尾巴的经历,读出借尾巴的礼貌用语。
2. 难点:借助插图分角色朗读,填写学习单,正确理解课文。

(五) 教学思路

以"三教"理念为基础,结合《义务教育语文课程标准(2022年版)》的要求:"让学生能有感情地朗读课文,并感受阅读的乐趣。"本课时教学设计,根据一年级学生年龄特点创设讲绘本故事的情境,让学生利用课文插图,在分角色朗读中感悟,利用小组讨论填写学习单促进学生对课文的理解。学生在听童话—读童话—演童话的角色体验活动中,在读好祈使句、疑问句的基础上理解课文,通过填写学习单,厘清课文脉络,把长课文读短,知道发通知要说清楚、完整。

二、教学过程

(一) 揭示课题,复习旧知

1. 板书课题:围绕"借"提出问题。
2. 学生可能提出:小壁虎为什么要借尾巴?怎么借?向谁借?借到了吗?

(二) 全文朗读

课件展示——动画。

(三) 学习课文第3、4、5段

1. 学生自读自悟:围绕提出的问题,在课文上批注。

(向谁借"△△",怎样借"?",结果怎样"○○")

2. 全班交流:你读懂了什么?指名学生说,教师相机指导,结合板书,贴三个动物的图片。

(1) 引导学生分析第3、4、5段。

生:我知道了小壁虎借不到尾巴。

师:你是怎么知道的?

生:(读)小鱼说:"不行啊,我要用尾巴拨水呢。"老牛说:"不行啊,我要用尾巴赶蝇子呢。"燕子说:"不行啊,我要用尾巴掌握方向呢。"

师:再读读这几句话,想一想:小鱼、老牛、燕子为什么都不把尾巴借给小壁虎?

生:因为它们的尾巴各有用途,小鱼要用尾巴拨水,老牛要用尾巴赶蝇子,燕子要用尾掌握方向。

(2) 教师利用课件演示——图画,帮助理解动物尾巴的用途。

(结合学生回答板书:拨水 赶蝇子 掌握方向)

3. 指导学生品读第3、4、5自然段。

师:小壁虎这么可怜呀!小鱼、老牛、燕子怎么都不愿意帮助它呢?我们再读一读课文吧。

(1) 逐段品读:结合讨论不借尾巴的原因。让学生自由选择自然段。

(课件展示——图片配上对话文字)

生:小鱼不能把尾巴借给小壁虎,因为如果借给它,小鱼就没有尾巴了,它会沉到水里去的。

生:小壁虎那么小,老牛那么大,尾巴怎么能接到小壁虎的身上呢?

生:……(发表许多意见)

师:同学们的想象力非常丰富,理解得很正确。那么,小鱼、老牛、燕子的话该怎么读?

生:有滋有味,摇头晃脑地读。

师:指名学生读,组织全班评议。

(可从语气、语调、速度等方面结合动物的特点评议)

(2) 出示句子比拟读,展现礼貌教育。

老牛,你把尾巴借给我吧!

牛伯伯,您把尾巴借给我,行吗?

(3) 师出示铅笔做教具,让学生上台借铅笔。注意礼貌用语。

(4) 课件出示三句礼貌用语,教师串独白,以小组分角色,读第3、4、5自然段。

(5) 课件展示:各种动物的尾巴具有的不同功能。

4. 小结延伸,引导学生编故事。

师:小壁虎借不到尾巴,多伤心啊!假设小壁虎继续向其他动物借尾巴,它会来到什么地方?向谁借?怎样借?借到了没有?请同学们也来当小作家,像课文那样编故事。学生自由编;在小组里说、评、议;指名说,全班评议。

(教师预设:小壁虎爬呀爬,爬到大树上,看见猴子在树上摇来晃去,小壁虎说:"猴子大叔,您把尾巴借给我行吗?"猴子说:"不行啊,我要用尾巴荡秋千呢!")

(四)学习第6、7自然段

1. 自读、讨论:小壁虎借不到尾巴,心里很难过,它爬呀爬,爬回家里找妈妈。哪个词语在课文中屡次出现了?

("爬呀爬"在三个自然段中反复出现,说明了什么——爬得慢、艰难)

2. 小壁虎爬回家里找妈妈,结果怎样呢?为什么?

3. 解释:小壁虎的尾巴断了又可以长出来。这种能力叫再生。

(举例说明——人的头发、指甲)

4. 指导朗读：小壁虎这时的心情可快乐了，它说的话又该怎么读？

（学生自由读；指名读，全班评议）

三、学习体验

王××：今天的课堂很有趣，我学得很开心。

石××：大家一起讨论，我就没有那么害羞了。表演小动物真有趣。

文××：小组互助学习真好，在教同学时我记得更牢了，词语读得更准确了。

韦××：有图片的帮忙，我填学习单时会更快。

杨××：一边演一边读，太好玩了。

伍××：大家一起填学习单，比一个人填写快多了。

四、同伴互助

张××：教学环节设计注重了学法指导，创设了给学生阅读体验的氛围，尤其是学习单的设计有助于学生理清课文思路，降低长课文学习的难度。让学生找到画出小壁虎借尾巴三次时，小组讨论的时间恰当，充分体现探究合作学习方式。

龙××：互助小组安排四人一组比较好，一年级学生过于好动，人多了纪律难管控。在老师引导下，学生通过认真思考后得出自己感悟。不足之处就是教学语言不够丰富，指导学生动手找句子时，辅导的时间少了一些。

杨××："三教"理念中的"教体验"有所欠缺。学生体验没有落实好，学生就失去了自主探究和思考空间了。

朱××：整节课，教师营造了一种轻松、和谐、活跃的氛围，在学生的活动中，必要时给予点拨，或者鼓励，或者启发，学生学得轻松，学有所获。但在以后的教学中多运用"三教"理念，带动学生的积极性，学习新知识。

五、教学体验

《小壁虎借尾巴》是一年级下册第八单元第21课，本文是一篇知识性童话。一年级的学生正处于阅读初始阶段，这篇童话故事生动有趣，故事中的动物也是学生喜爱的动物形象，有较多对话描写，感情色彩很浓。因此，在教学过程中，加强指导朗读，并通过自主合作学习，表演课文来进行角色体验，达到理解课文内容，引发学生对动物尾巴用途产生兴趣。

这节课，我们了解了小壁虎借尾巴的艰难过程，知道了小壁虎的尾巴具有自我保护的作用和再生的功能，从中还了解了很多动物尾巴的不同功能，更重要的是，我们从小壁虎身上学到了礼貌待人的好品德。

第二篇

教师实践课例

第二章

数学教学课例

在提出问题的体验中,培养学生的问题意识
——"带有小括号的两级混合运算"教学课例

杨秀江 贵州省望谟县实验小学甘莱校区

一、教学设计

"带有小括号的两级混合运算"这节课是在 2022 年 6 月 6 日,在望谟县实验小学甘莱校区二(4)班施教,是人教版《数学》二年级下册计算教学的一节新授课。

(一) 教学内容

教科书第 49 页例 3 和做一做,练习十一第 6—11 题。

(二) 教科书分析

本节教学内容是在学生一年级学过含有小括号的加减混合运算基础上的新知学习。教科书直接给出含小括号的两级混合运算的例题,让学生迁移类推脱式计算。最后用语言表述含有小括号的混合运算的运算顺序。本节课教学,为后面学习复杂的混合运算奠定基础。

(三) 学情分析

小学生经过一年多的数学学习,具有初步的数学意识、数学理解能力和应用数学知识解决生活中实际问题的初始经验。二年级学生的年龄特点,决定了部分学生的自觉性较差,个别学生不能注意听讲,计算能力较差。为此,在课堂教学中,教师注重多鼓励学生努力学习,继续培养学生倾听、合作、交流等能力,养成认真听课、认真做作业、书写工整的良好习惯。

(四) 知识点

含有带小括号的两级混合运算顺序的构建。

(五) 教学目标

1. 让学生进一步掌握含有小括号的混合运算的运算顺序,能正确地进行两步混合运算。
2. 理解小括号在混合运算中的意义和作用,会正确运用小括号列综合算式。
3. 激发学生的学习兴趣,培养独立思考解决问题和积极参与学习活动的数学学习态度,逐步发展学生的运算能力和思维能力。

(六) 教学重点

正确理解和运用含有两级混合运算(有括号)的运算顺序。

(七) 教学难点

理解混合运算的运算顺序。

(八) 核心问题

理解混合运算的运算顺序,学生掌握含有小括号两级混合运算的正确计算顺序。

(九) 教学思路

遵循"三教"理念:创设情境,发现规则→合作交流,应用规则计算→变式规则拓展,巩固运算顺序→运算顺序的回顾反思,知识拓展→师生小结。

二、教学过程

(一) 活动一:动手实践,发现定律

教师课件出示:说出先算什么,再算什么,再用脱式计算。

(1) $30-4+5$ (2) $7\times8-2$ (3) $20+16\div4$

学生分成三组,试着按照题目要求做在练习本上,你发现了什么?(每组派一名学生代表说出运算顺序。

学生1:算式(1),同级算式计算,按从左到右顺序计算。

师:在用脱式计算时,等号应写在什么地方?

学生1:算式(1)的等号,应写在这个算式下面一排,对应第一个数前面的位置。

师:正确。太棒了!真是厉害,爱动脑筋。

学生2:算式(2),不同级算式计算,先算乘法再算减法。

师:太棒了!正确。

学生3:算式(3),不同级算式计算先算除法再算加法。

师:太棒了!同学们都掌握上次课的教学内容,二(4)班同学就是棒!上课认真听讲,太爱动脑筋啦!

教师板书:

(1) $30-4+5$ (2) $7\times8-2$ (3) $20+16\div4$
　　$=26+5$　　　　$=56-2$　　　　$=20+4$
　　$=31$　　　　　$=54$　　　　　$=24$

师:(提出疑问,揭示新知)上面的算式,要改变它们的运算顺序,应该怎么办?(板书课题)

(二) 活动二：动小脑筋，解答定律

(1) 30−4+5　　　　　　(2) 7×8−2　　　　　　(3) 20+16÷4

师：同学们自己思考，上面三个算式怎样去改变计算顺序？（教师等待2分钟）

学生1：要改变算式(1)同级算式的计算顺序，要用小括号括起(4+5)那里，然后先算括号里的加法，再算小括号外面的减法。

师：正确。太棒了，你是怎样知道的呢？

生：昨晚我预习新课内容就会算了。

师：太棒了，这个同学学习多努力呀！懂得怎样去规划自己的学习啦！

学生2：要改变算式(2)不同级算式的计算顺序，要用小括号括起(8−2)那里，然后就先算小括号里面的减法，再算小括号外面的乘法。

学生3：要改变算式(3)不同级算式的计算顺序，要用小括号括起(20+16)那里，然后就先算小括号里面的加法，再算小括号外面的除法。

师问：同学们，这2个同学回答正确吗？

生：正确。和我们做的一样。

师：我们班的同学就是棒！全班会做了吗？（教师目视着几个潜能生，他们不敢看教师。教师下去看了看几个学生的作业笔记，没有写一个字。这时，教师微笑着小声对他们说："不懂就要大胆地问，去想、去做，并认真听课，不然就会从不懂的少变多，最后全部不懂了。"之后教师又在黑板上再次讲解并板书说明）

(1)　　30−(4+5)　　　　　(2)　　7×(8−2)　　　　　(3)　　(20+16)÷4

　　　＝30−9　　　　　　　　　＝7×6　　　　　　　　　＝36÷4

　　　＝21　　　　　　　　　　＝42　　　　　　　　　　＝9

师：同学们，认真观察上面这三道题，有括号算式和没有括号算式计算的过程和结果相同吗？

学生4：计算过程和结果都不同。因为加括号后，就改变了算式的计算顺序，结果也不一样。

师：太棒了！这个同学上课多认真和爱动脑筋呀！我们大家都要向他学习。

师：从活动二中，你发现什么？

生：先算括号里面的，再算括号外面的。

师引导小结：算式里不管是同级还是不同级运算，有小括号，要先算小括号里面的，再算小括号外面的。

教学反思：通过学生活动一的教学，让学生回忆起运算顺序，为探究运算顺序教学做铺垫，但此活动对小学二年级学生来说并不难，缺乏挑战性。通过学生活动二教学，引导学生去发现相同算式加小括号后，因运算顺序的改变，使得运算的结果不同。让学生在经历观察、操作、猜测、交流、反思等活动后，逐步体会数学知识的新旧联系与区别，从而实现新知识产生、形成与发展的过程。

（三）活动三：合作讨论，应用定律

师：通过活动一、二的学习，大家感知混合运算的运算顺序，会应用运算规则去计算各种算式，现在同学们计算比较上下各三道算式，说出小括号的作用。三道算式中有什么相同点和不同点？

(1) $30-4+5$
   $=26+5$
   $=31$

(2) $7×8-2$
   $=56-2$
   $=54$

(3) $20+16÷4$
   $=20+4$
   $=24$

(4) $30-(4+5)$
   $=30-9$
   $=21$

(5) $7×(8-2)$
   $=7×6$
   $=42$

(6) $(20+16)÷4$
   $=36÷4$
   $=9$

生一下子陷入沉思（或是茫然）。

师：请同学们观察上面三道运算顺序和下面三道运算顺序是怎样的？

学生1：上面三道算式是没有小括号的计算，下面三道算式是有小括号的计算。

师：它们运算顺序一样吗？

学生2：不一样。

师：你能用一句话清楚地概括出来吗？

学生3：上面三道算式是同级算式的就从左到右顺序计算，不是同级算式就先算乘除法，再算加减法。

学生4：这六道算式中，上下两道算式的数字相同、运算符号相同，只是下面的题目多了小括号，运算顺序和结果不同。

师：太棒了，这个同学又发现不一样的问题了。（教师点赞，教室里响起一片掌声。）

师：哪个同学能把这几个同学说的问题，用一句话概括出来呢？

生一下子陷入沉思（或是茫然）。

学生4：小括号的作用是改变算式的运算顺序；这六道算式中，有两两算式数字相同、运算符号相同；不同的是下面多了小括号，运算顺序不同、结果不同。

师：这个同学真是太厉害了，正确！大家没有看到和想到的，他全部看到和想到了！大家要像他一样在课堂学习中多动小脑筋。

师引导并总结：小括号的作用是：改变算式的计算顺序。

共同点：有两两算式数字相同、运算符号相同。

不同点：多小括号，运算顺序不同，结果不同。

教学反思： 通过看一看、比一比、想一想，让学生能感知算式运算顺序异同和小括号的作用。如何去突破这个教学难点？为了体现数学的严谨性，教师通过不断启发、引导，在师生、生生不断互动下，终于顺利地完成了两步混合算式运算顺序的教学。但是学生心中有话，却不会表达出来，因为我们面对的农村学生不善表达。为此建议在政府、教育局领导高度重视和大力支持下，通过专家的讲座、示范课、观摩课等线上或线下指导，以及网上"三教"视频课的不断学习，定能实现"三教"理念课堂教学。

(四) 活动四：由浅入深,体验规律

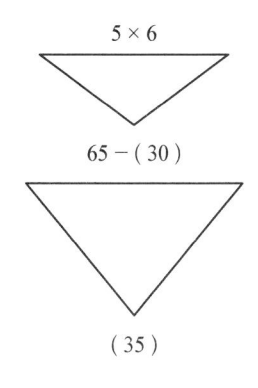

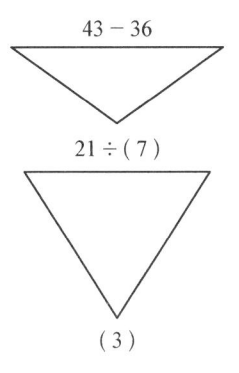

```
        5×6                           43-36
      ▽                              ▽
      65-(30)                        21÷(7)
      ▽                              ▽
      (35)                           (3)
```

算式：65-5×6=35　　　　　算式：21÷(43-36)=3

(问题给出不到1分钟,马上就有学生举手了)

学生1：答案是30和35、7和3,5×6-65=35,43-36÷21=3。

师：请再仔细观察计算顺序？

(学生1支支吾吾一下子答不上来,只见另一个学生举起了手)

学生2：他的综合算式写错了,应该是65-5×6=35,21÷(43-36)=3。

师：比较这两个同学的算式,你发现什么？

学生3：第二个同学答案正确。

师：为什么第二个同学答案正确？

学生3：根据图上的指示步骤及运算顺序得知,5×6-65=35不对,30减不了65,43-36÷21=3算式中36÷21我们没有学,因而得出学生2答案是正确的。

师：这个同学真棒,有一双明亮的眼睛和一个机灵的脑袋,推算合理,答案正确。我们解决问题时不能只知道答案,要知道解决问题的方法,学会归纳理解问题。

教学反思：从一个简单的问题由浅入深,一步一步引导学生掌握解决问题的方法和策略,从而让学生充分体验含有小括号的两步计算的运算规则的应用价值。在解决问题的过程中注重引导学生解决问题后的归纳与整理,会用指示图帮助解题,在解决问题过程中注重培养学生提出问题的意识,让学生在提出问题的过程中去体验运算顺序。这样的教学设计,符合"三教"理念。在此环节,学生的生成问题会很多,就要科学合理地把握课堂教学时间,否则就会在规定时间里完成不了教学任务,在实现"三教"理念课堂教学中,教师应掌控好课堂教学时间。

(五) 活动五：注重思想,巩固定律

教师出示：计算 (6+12)÷6　　　63-(25+16)

　　　　　　　　(4+3)×9　　　　64÷(4×2)

师：照样子,把先算的一步画上横线再计算。(班级多数的学生已举手)

学生1：先画第一步下面的横线,然后算小括号里面的,再算小括号外面的。

师：计算结果呢？

学生1：没有算结果。

师：请同学们认真再读读题目要求。

学生2：把先算第一步下面画横线，然后再算小括号里面的，再算小括号外面的。答案是3、22、63和8。

师：太棒了，全部按题目要求完成答题。同学们在答题时，要先读懂题目要求，然后再答题。

教学反思：在解决问题的过程中，不仅让学生感受两步计算运算顺序的应用价值，更让学生体验在解决问题过程中渗透数学思想方法，从而激发了学生的学习热情。教学中，能较好地完成课前预设的目标，有效实现本节课的教学目的。

(六) 活动六：回顾反思，应用规则

$4+3\times5=35$ $50-13-10=47$

$9-8\times4=4$ $66-14+26=26$

师：请在适当的位置加上小括号，使等式成立。（全班同学思考2分钟后回答问题，刚说完就有学生举手）

学生1：上排两个算式，小括号加在$(4+3)$和$(13-10)$。（说完后这个学生露出了满意的神情）

学生2：回答下排两个算式，小括号加在$(9-8)$和$(14+26)$。

师：加括号后这个算式的等式一定成立吗？（过了1分钟）

学生1：这四个算式，我加括号后计算等号左边和等号右边的数都相等。（这时候全班响起了热烈的掌声。我想这时候大多数学生已经理解这题目的做法了）

师：同学们，这就是混合运算定律在计算中的计算方法和小括号在计算中的作用。

师：由于时间的关系，希望同学们在课后练习中，进一步去思考问题，提出问题并解决问题。

教学反思：活动六环节，让学生从算式计算里经历寻找规律→发现规律→试用规律→形成定律的过程，对学生综合素质进行逐步培育。在教师一步一步有序引导下，85%的学生已经完成教学任务，实现课前预想的教学目的。但还有少部分学生带着问题离开课堂，让学有余力的学生在课外进一步去研究，同时为下一节课的学习做铺垫。

三、教学体验

(一) 在合作学习操作中，分享学生的学习体验

《义务教育数学课程标准(2011年版)》指出："动手实践、自主探索与合作交流是学习数学的重要式。"动手操作，可以使学生学会体验，获取大量的感性知识，使抽象的数学知识形象化，深化对知识的理解和掌握。合作交流，可以使学生学会表达，用不同的视角观察事物，用不同的方式探究新知。在合作中，一起交流和讨论问题，获得知识与技能，培养情感、态度和价值观，也分享学生之间的学习体验。本课在探索混合运算规律时，教师设置两个活动，帮助学生复习旧知、引出新知，让学生在观察、操作、猜测、交流、反思等活动中逐步体会运算定律

的产生、形成与应用,激发学生进一步学习新知的兴趣。在解决问题活动一的过程中,学生进一步提出问题遇到障碍时,教师选择学生小组合作交流;在解决活动的过程中,学生对变与不变思想方法产生困惑时,教师果断地选择了学生小组合作交流;在活动四证明运算定律的形成时,学生举反例时感到困难,教师坚定地选择让学生小组合作交流;在解决运算定律推论让学生进一步去提出问题时,由于上课时间的关系,教师从容地选择让学生在课外进行小组合作交流,留下悬念为下一节课做铺垫。在数学课堂中实施动手操作、合作交流学习方式,促进教师与学生、学生与学生间互动,这对发展学生的解题思路、增强学生自信心十分有利,同时有助于增强学生对数学的体验和感悟,使学生获得数学知识技能、发展数学能力、形成良好的个性品质,从而更好地实现新课改"三教"理念教学。

(二) 在解决问题过程中,领悟数学的思想方法

日本著名数学教育家米山国藏指出:"作为知识的数学出校门不到两年可能就忘了,唯有深深铭记在头脑中的是数学精神和数学的思想、研究方法、着眼点等,这些随时随地发生作用,使学生终身受益。"数学的思想方法是数学的灵魂和精髓,它是对数学知识发生过程的提炼、抽象、概括和升华,是对数学定律的理性认识。因此,应当注重在平时的教学中对学生进行这种数学智慧的培养,使学生掌握数学的思想方法。本节课在解决活动二的过程中,教师适时引导学生在看一看、想一想、做一做、说一说的过程中去体验相同算式,因有了小括号后就产生运算顺序不同、结果不同,通过此环节的证明让学生体验到了变与不变的数学思想。同样在解决活动四时,让学生去寻找规律→发现规律→试用规律→形成定律,让学生在动手的过程中体验讨论的思想方法,在问题的解决过程中去发展学生领悟数学思想的学习体验,对学生的终身发展有十分重要的意义。

(三) 在提出问题的体验中,培养学生的问题意识

本节课遵循"三教"理念,把提出问题→解决问题→提出新问题学习链贯穿始终,不断引导学生提出问题,解决问题,产生深层次的问题并带着问题离开课堂。活动一教学中,学生复习混合运算定律;在解决活动二后,引导学生提出加上小括号算式与原来算式的变化,再次引导学生提出新问题,从而让学生在提出问题的过程中,体验原来的运算定律还不能解决新问题。设置活动二的目的是引导学生提出问题,环环相扣,最终让学生体验到新的运算定律的应用价值。对一些学生,课堂上未能提出的问题,可以由教师提出来,然后引导学生去解决,再让学生去尝试提出问题。例如:在学习小括号作用的推广应用时,教师先引导学生先算没有加括号时等号左右两边结果数字是否相等,这个命题是否成立,鼓励学生自主探究去解决问题,再引导学生去提出新的问题,并带着问题离开课堂。所以,在应用"问题—情境"教学模式中,教师要把核心问题作为教学的出发点,把产生的新问题作为教学的生成性资源或后续研究的起点,把探究触角延展到课外,让核心问题成为学生学习知识、习得能力的纽带,从而让学生在提出问题、解决问题、再提出问题的体验中,促进学生问题意识的培养,发挥他们的主观能动性。

"除数是一位数的笔算除法"教学课例

班家画　贵州省望谟县实验小学甘莱校区

一、教学设计

(一) 知识点

人教版《数学》三年级下册第 2 单元"除数是一位数（十位能整除）的除法"。

(二) 学习背景

1. 教科书分析。

"除数是一位数的笔算除法"是人教版《数学》三年级下册第二单元"除数是一位数的除法"第一课时，教科书第 17 页例 1、练习的第 1 题。主要是让学生初步掌握一位数除两位数的计算方法，在理解算理的基础上，培养学生对竖式计算书写过程的观察、分析、推理和概括能力。

2. 学情分析。

学生掌握了一位数除两位数的笔算方法，既可以解决相关水平的实际问题，又可以获得相关的知识基础和思维基础，为后面学习除数是两位数的除法在知识、技能上做准备，逐步培养学生的类比推理能力。

3. 核心问题。

一位数除两位数（十位可以整除）的计算方法是如何掌握的？

(三) 学习目标

1. 学生初步学会一位数除两位数，在理解算理的基础上学习两位数的笔算方法。
2. 经历一位数除两位数商为两位数笔算方法的形成过程，动手操作，感悟算法。

(四) 教学重点难点

1. 重点：掌握一位数除两位数的运算方法（十位可整除）。
2. 难点：掌握一位数的试商方法和两位数笔算过程中竖式的书写格式。

二、教学过程

(一) 片段 1：复习引入，巩固基础

1. 看谁算得又对又快。

30÷3＝10	40÷4＝10	50÷5＝10	60÷2＝30
600÷3＝200	480÷6＝80	320÷8＝40	500÷5＝100

(设计意图：通过对已有的知识经验进行梳理和巩固,为后面所学的知识做铺垫)

2. 师：(课件出示主题图)你们知道他们在做什么吗？

生1：同学们在植树。

生2：三年级和四年级的同学在植树。

师：对了,每年3月12日是植树节。爱护环境人人有责,积极参与护绿活动,我们同学也不例外,这一天也到山上去种树,只是去的同学只有三年级和四年级的同学。

师：(出示问题信息)你们能从图中看出哪些信息？能提出一些关于除法的问题吗？

生1：三年级每班平均要栽多少棵树？

生2：四年级每班平均种多少棵树？

师：以前,我们学习了商是一位数的笔算除法和一位数除两位数,商是两位数的口算除法,那么一位数除两位数的笔算除法(十位可以整除),又该怎样进行笔算呢？我们这节课的学习内容就针对这些问题进行。

(板书课题：笔算除法)

反思：本环节,研究学生身边熟悉的事件,情境是学生身边的事,激发学生提问的兴趣,带着学生自发提出的问题,有目的地进入新知的学习。

(二) 片段2：算法多样,促进优化

1. 学习教科书第17页例1。

(1) 解决问题1：三年级各班平均每班栽几棵树？42除以2等于几？

(2) 明确42÷2表示什么意思？

(3) 问："二( )四十二"口诀在乘法口诀表中有没有？

生答：没有。

师：能不能把它的结果用前面学过的方法算出来呢？

生1：用口算的方法把42分成40和2,先算40÷2＝20,再算2÷2＝1,最后算20＋1＝21。

生2：将4捆零2根小棒,用分小捆的方法平均分成2份,先将整捆4个十除以2得2个十,再将剩下的2个一除以2得1个一,2个十加上1个一商就是21。

图1

图2

师：演示文稿演示两种方法的过程。

师：根据同学们说的两种方法，我们做了演示。这节课笔算除法的学习内容，可以借用第二种方法，先把4捆小棒平均分成两份，每份2捆，有20根；再把2根小棒再平均分成两份，每份1根；最后将20根与1根合起来，这样每份21根，21就是42÷2的商。求得的商21是两位数，前面我们学习了商是一位数的算术除法，这里出现了商是两位数的除法，你们会写竖式吗？

2. 生独立思考计算，反馈交流。

3. 展示4个同学的计算过程。

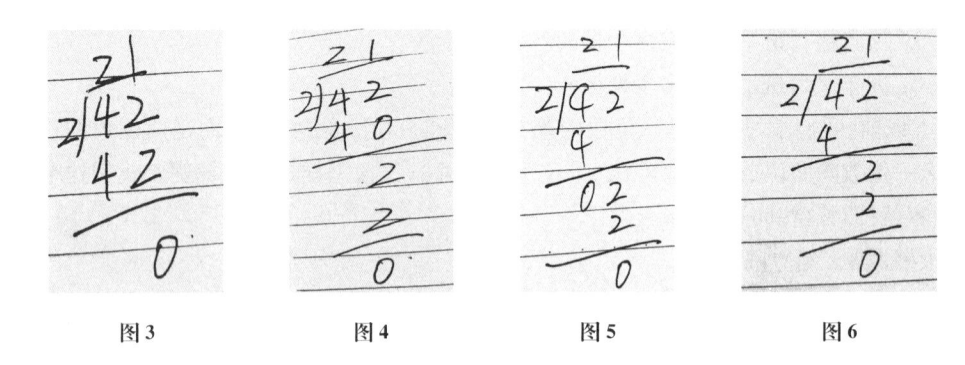

图3　　　图4　　　图5　　　图6

师：比较一下，你们喜欢哪种计算方法？说一说理由。（同桌讨论，点名回答）

生1：第一种，跟我做的一样。

生2：第三种，由于十位上的数要相减，所以十位上也要写上0这个数。

生3：第四种，十位上数相减后，个位数还要进行计算，所以十位上不要写0，所有数位除尽后才写0。

师：同学们很棒，都说出了自己的想法，我们来看第一种方法虽然竖式短，但是我们看不出它的计算过程，所以这种方法我们不提倡。后面第二种和第三种竖式我们能看出它的计算过程，可是它的书写过程不对，这也是错误的计算。像刚才狄××同学说的，在计算过程中十位上0可以省略不写，所以第四种竖式比较整洁，强调书写格式。

4. 进一步沟通算理和算法。

师：从被除数的哪一位除法开始做笔算除法？每次除法所得商写在什么位置？（按照学生说的板块表现）

生：从被除数的最高位商起，二二得四，除号上写2，下面写4。

师：这个除号上的2表示什么？下面的4表示什么？

生：把40平均分成2份，每份是20，这样写在十位上，代表20，后面的0可以省略不写，这个4就代表分掉的40。

师：现在接着怎样计算？

生：画横线等号，写出个位上的2，再商1，表示将个位上的2平均分成2份，每份是1，写在在被除数个位2的除号上。

师：最后的0表示什么？

生：最后的0，是表示42已经全部分完。

师：那就对了！0预示着正好分完了，这每一笔竖算的背后似乎隐藏着一段故事，咱班的小伙伴们真棒！

4. 再利用课件对运算过程进行演示，使学生加深对运算的认识。

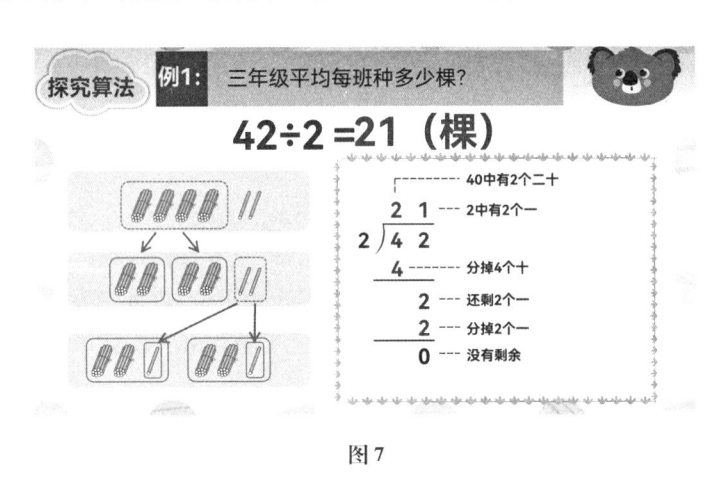

图7

反思：在教学笔算除数是一位数的两位数除法时，学生已有的经验不足，竖式写法是一个难点。所以在教学中，大部分时间是围绕着解排除法的顺序和竖式的写法来进行的。指导学生把笔算除法的过程用数学语言表述出来，让学生把自己的思考过程说出来。知道在做笔算除法的时候，一般都要有一个合理的演算顺序，先算哪项，后算哪项，最后算哪项。

(三) 片段3：趣味练习，巩固算法

师出示问题：96÷3＝ 68÷2＝ 48÷4＝

指名上台练习，剩下的做练习册，重点分析做题中的错误。

要求：说出笔算的过程"先算什么……再算什么……最后算什么"。

反思：趣味练习的目的，一是为了激发学生的学习兴趣，设计练习题在有趣和巧练上思考；二是巩固算法，特意让平时掌握知识比较慢的，或者计算比较容易出错的学生板演，这样就可以及时纠正他们的错误。

三、学习体验

狄××：班老师上课亲切，语言简洁。两位数除一位数（十位能整除），计算42÷2＝？的方法是多样化的，我可以把42分成40和2，用口算的方法先算40÷2＝20，然后再算2÷2＝1，最后算20＋1＝21；也可以采用分小棒的方法，将4捆零2小棒平均分成2份，先将4个十根的整捆分成2个十根，再将2根分成2个一根，2个十根加上1个一根为21；还有今天学的除法笔算，先把笔算除法的符号画出来，里面是被除数，左边是除数，上面要写上商。计算时要将相同的数位对齐,从被除数的最高位商开始,除到哪一位,就在那一位上写出除数除被除数的商。

罗××:数学运算这门课,我一辈子都要好好学。通过这堂课,我不止明白了除了要掌握理论外,还要动手亲自计算,俗语说,好记性不如烂笔头。只有多写、多练,才能更好地掌握和巩固更多的知识。

韦××:我知道了笔算除法要用竖式计算,以后遇到类似的题型,我就可以直接运用竖式计算,首先要写好格式,把计算过程写清楚,要先算什么,再算什么,最后算什么,都要用竖式计算的方法来计算。这样节省了计算时间,正确率也会很高。

四、同伴互助

黄老师:这节课采取了复习导入的方式,先将旧知识巩固,以此激发学生对新知识的兴趣,把讲、做、演结合起来,在教学中让学生易于接受。手脑并用的教学方式,除了让学生掌握算理的计算方法,更为所学内容夯实了基础。

韦老师:本节课,最大亮点是学生板演,激发学生的学习兴趣,在理解算理,掌握计算方法的同时,为接下来的学习打好基础。

五、教学体验

"笔算除法"是人教版《数学》三年级下册第17页的内容,"笔算除法"与"口算除法"的过程基本相同,但"笔算除法"是在口算除法的基础上,以竖式计算、基本运算思路、竖式写法等为主要教学内容,主要讲授一位数除两位数的算理。这节课的难点在于如何让学生自主地从算理过渡到算法。

1. 采用复习导入,用开火车的方式,将一位数以外的整十个、整百个数字的列式展示出来,让学生回答,再将本节课的教学内容引入,以图文并茂的方式,创设情境,激发学生的学习兴趣,鼓励学生自主思考,动手操作,使学生的主体作用得到充分发挥。

2. 转变教学方式,促进学生思考。《义务教育数学课程标准(2022年版)》指出:"教师是数学学习的组织者,是引导者,也是合作者。"在数学教学中,教师要认真组织好课堂教学,切实把学生引导到数学活动中来,真心实意地配合学生,共同打造课堂新文化。在课堂教学中,教师要提供有利于学生合作交往和有意义建构的环境,教师要学会观察和倾听,帮助学生制定能够达成的教学目标,机智地处理生成目标,从学生的生活实际和已有的知识经验出发,创设恰当的问题情境,引发学生的认知冲突,唤起学生的学习兴趣。教师在教学活动中应承担起积极的组织者、引导者、合作者等多种作用。学生数学核心素养的培养,以"三教"理念引领"情境—问题"教学。在例1教学42÷2=21中,理解笔算除法的算理,通过直观的操作和演示,习得竖写的正确格式。

3. 指导学生从算理过渡到算法。《义务教育数学课程标准(2022年版)》提出:"有效的数学活动不能单纯依靠模仿和记忆,学生学习数学的重要途径是动手练习,独立探究,合作交流。"除数是一位数的笔算除法,虽然计算法则不是教科书上所概括的,但是学生在做笔算除法的时候,一般先算什么,再算什么,最后算什么,在演算顺序上都要有一个合理的认识,所以要形成基本的笔算除法策略。因此,在教学中,帮助学生理解笔算除法的算理,需要通过直观操作与笔算竖式相结合的方式进行。

六、教学反思

本节课教学设计,从复习开始导入整十除以一位数、整百除以一位数、整百除以一位数的方法,通过提问口算引起学生的注意,学生回答起来也很迅速。这样既提高学生的口算能力又激发学生对新知的求知欲,出示主题图(学生植树),让学生根据图中信息理解题意,释题列出算式:42÷2=?让学生小组讨论,并点名回答。在汇报时,根据学生说的,40÷2=20;2÷2=1;20+1=21,再用演示文稿演示分小棒的方法,最后提问:能用竖式计算解答吗?独立完成,通过巡视大部分的同学都能很好完成,因为是自己探索获取的知识,所以整节课学习积极性高,课堂活跃。

一堂计算课,蕴含较多的知识点,学生对算法的掌握程度非常有效。算理的理解有困难,教学时从学生的已有知识水平出发,采用讲授和自主学习相结合的方法,利用学生熟练的口算经验进行新课前的笔算学习,紧密结合口算方法的理解性和笔算的理解性,减少学习新知时的难度。除数是一位数的除法,笔算的必要性学生虽然不理解,却是后继知识学习的基础。因此,在教学中,注重让学生用简短的语言表达出来,谈到哪些是先算的,哪些是再算的,把思考的过程展示出来。并给每个学生提供了试笔、说笔、评笔、改笔的充足时间和空间,使学生学得实实在在,培养了相关能力。

利用小组学习培养学生的合作意识和探索精神
——"认识人民币"教学课例

黄　妮　贵州省望谟县实验小学甘莱校区

一、教学设计

(一) 学习内容

人教版小学《数学》一年级下册第 5 单元"认识人民币"。

(二) 学习背景

1. 教科书分析。

本课时充分利用学生已有的生活经验，了解学生对人民币的认识程度，把"人民币"这一概念的学习设计为实践活动。让学生在活动中认识各种小面额的人民币。通过兑换人民币，让学生明白人民币单位间的十进制关系。最后开展各种购物练习，体会人民币在社会生活中的功能和作用，感悟数学知识与现实生活之间的联系。

2. 核心问题。

认识人民币，理解人民币在生活中的应用。

(三) 教学目标

1. 知识与技能：认识各种面值的人民币，了解元、角、分是人民币的单位，知道 1 元＝10 角，1 角＝10 分。

2. 过程与方法：初步认识商品的价格，获得一些简单的购物经验，使学生体会人民币在社会生活中的功能和作用，感悟数学知识与现实生活之间的联系。

3. 情感态度与价值观：培养学生爱护人民币、勤俭节约的好习惯。

(四) 教学重点难点

重点：认识人民币的单位元、角、分，知道 1 元＝10 角，1 角＝10 分。

难点：突破方法，借助模拟人民币，让学生在观察、讨论、操作等活动中认知。

(五) 教学思路

遵循"三教"理念，创设情境，导入新课→自主探索→合作交流，汇报发现→纠正错误结论，理解人民币单位的换算，加深理解→拓展延伸，引发思考。

二、教学过程

(一) 片段1：创设情境，导入新课

师：请观看一段视频。你们知道了什么？这段视频和什么有关？

生1：我知道了1分钱。

生2：和钱有关。

师：对的，同学们都看得认真、听得仔细，还有小朋友在存钱，你们知道他为什么要存钱吗？因为节约是一种品德，所以我们要节约用钱。今天这节课我们就一起来认识钱，我们国家的钱也叫人民币。

(二) 片段2：通过观察，教学认识人民币的方法。

活动一：认真观察桌面上的一套人民币，人民币有哪些？

生1：纸币和硬币。

师：用纸做的叫纸币，用金属做的叫硬币。

活动二：认真观察桌面上的一套人民币，说一说你是怎么认识人民币的，人民币的单位有哪些？

生1：通过看人民币上面的数字和单位。

生2：通过看人民币上的图案和颜色。

生3：有元、角、分。

师：同学们观察得真仔细，回答也对，太棒了！（教师补充强调认识人民币的方法）我们还发现1元人民币上有国徽，国徽代表我们伟大的祖国，所以我们要爱护人民币。

活动三：为了方便认识人民币，请同学们把桌面上摆乱的人民币分一分。

生1：1元、5元、10元、1角的纸币，1角的硬币、1元的硬币、5分的硬币放在一起，人民币按质地可分为纸币和硬币。

生2：按单位来分，1元、5元、10元一组，1角、5角、2角一组，1分、5分一组。

师：分得不错，很清晰。

教学反思：教师为学生提供观察和操作的机会，使学生体会到数学就在身边，感受到数学的趣味和作用，对数学产生亲切感。通过观察人民币的面值，了解人民币的作用和识记人民币的方法。

(三) 片段3：动手实践，合作探究

活动一：老师手中有一根棒棒糖，卖1元一个，用黑板上的钱来买，可以怎么买？

生1：用1张1元的买得了。

生2：用两张5角的买得了。

生3：用10张1角的买得了。

师：孩子们的动手能力真强。

问题：你们从这三个同学买东西的方法，知道了元和角有什么关系？

生：1元＝10角。

师：太棒了！

活动二：老师手中有一块橡皮擦，卖1角一个，用黑板上的钱来买，可以怎么买？

生1：用1角来买得了。

生2：用10张1分的来买得了。

师：你们的见识真广。

问题：你们从这两个同学买东西知道了角和分有什么关系？

生：1角＝10分。

师：回答正确，真好！1元＝10角，1角＝10分。这就是元角分的关系。

教学反思：通过学生买东西，其他学生观察过程的活动，引导学生理解面值相等的人民币才能够交换，通过活动，学生自主探究出人民币单位间的进率，1元＝10角，1角＝10分，同时理解了面值相等的人民币才能够交换，培养了学生的动手操作能力和思维能力。

(四) 片段4：实践活动，运用知识

1. 写出下面的钱数，并填一填。

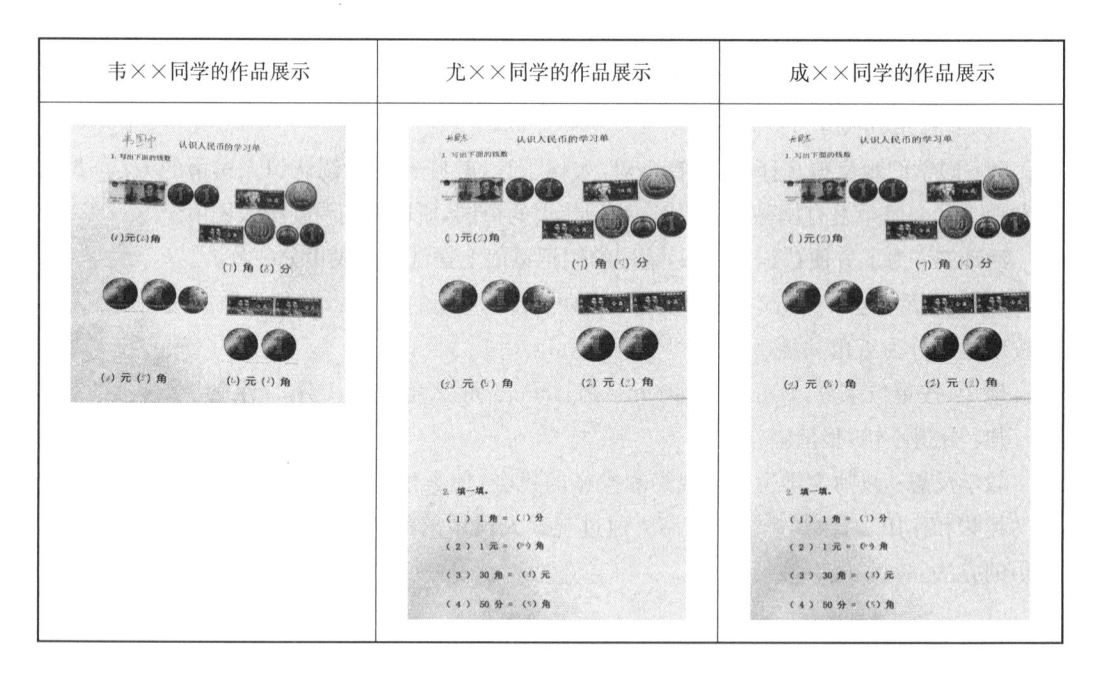

韦××同学的作品展示	尤××同学的作品展示	成××同学的作品展示

2. 小熊最喜欢收集邮票了，一拿到钱马上去买邮票了，邮票1元2角，它该怎么付钱呢？几种付法？

生1：1张1元和2张1角。

生2：2张5角和1张2角。

生3：12张1角。

师：付的钱数都很对。所以面值相等的人民币才能交换。

教学反思：根据学习知识的性质特点，本环节设计了两个练习，例如认识人民币不同的付款方式等，让学生通过找、认、摸、比、摆，从感性到理性，放手让学生自己"做"数学，及时交流，让操作与思维相结合，让操作成为培养学生创新意识的源泉。

三、学习体验

尤××：本节课，我学会了认识人民币的方法，感受了买东西付钱的方式有多种。

王××：我学会了1元=10角，1角=10分。知道了人民币的单位是元、角、分。

韦××：今天这节课，我很高兴！老师给了我们宝贵的机会，让我们自己发现问题，自己总结，教会了我们体验和表达。

四、同伴互助

涂××：本节课，老师与学生互动多，教了学生表达，思考还有体验。在教1元=10角，1角=10分时，学生有点不明白，老师应加强讲解，让学生理解元、角、分的进率。

陈××：本节课，老师引导得当，活动中照顾了学生的表达，让学生体验了人民币和购物的联系，要面值相同才能交换。在整个活动中，教师让学生畅所欲言，对每个学生的回答都给予热情鼓励和表扬，营造了活跃的课堂气氛。

五、教学体验

（一）观看视频，通过动画音乐，激发学习兴趣

本节课教学过程中，教师遵循数学教学必须注意从学生熟悉的生活情景和感兴趣的事物出发，为他们提供观察和操作的机会。使他们体会到数学就在身边，感受到数学的趣味和作用，对数学产生亲切感这一数学思想。

（二）创设自主、合作的学习空间，培养学生的合作意识和探索精神

通过观察学生购物换钱的画面，了解人民币的作用，认识人民币。进一步理解人民币单位间的换算关系，培养学生的应用意识，激发学生参与的欲望和学习的兴趣。

让学生自主探究，已成为数学教学课改的新趋势和热点。教学中，教师要充分了解学生的起点，从学生已有的生活经验和认知水平出发，发挥学生学习的主动性，灵活处理教科书。在这节课的教学中，教师根据一年级学生的特点，把全班42人分成12组，各组坐在一起。在认识了人民币之后，我让学生自己分一分手中的人民币，有的学生分成纸币和硬币，也有的学生分成分币、角币和元币，教师都给予了肯定。整个教学过程，为学生创造了自主、合作、探究

的学习环境,使学生在轻松、愉快的心境下掌握了人民币的认识,并且培养了学生的小组合作意识和探索精神。

(三) 重视动手操作实践,学生在过程中思考感悟

密切联系生活实际,培养学生的实践能力并在活动中升华情感。教师创设"换钱"活动,使学生领会在购物中会根据实际情况而决定付款方式,注重算法多样化。为学生提供充分的实践活动的机会,在活动中让学生学会学习,体验数学与生活的密切联系,会用所学知识解决生活中的问题并让情感在教学中升华,感受人民币在生活中的作用,培养学生珍惜每一分钱的美德。

(四) 做到课程思政,及时对学生思想品德教育

纵观本节课教学,实现了预定的情感目标:在认识人民币的同时,对学生进行爱护人民币的教育,引导学生养成勤俭节约、用过人民币后要洗手的好习惯,并激发了学生的爱国主义情感。

总之,数学来源于生活又运用于生活。在低年级的数学教学中,我们要根据学生的特点,合理利用教科书,激发学生的学习兴趣,创造轻松的学习氛围,让学生学会自主、合作、探究式学习,一定会收到意想不到的效果。

在实践操作中促进学生的思考
——"平均数"教学课例

班丰盛　贵州省望谟县实验小学甘莱校区

一、教学设计

(一) 知识点

人教版《数学》四年级下册第 8 单元"平均数"。

(二) 学习背景

1. 教科书分析。

"平均数"是人教版《数学》四年级下册第 8 单元"平均数与条形统计图"第 1 课时,教科书把平均数与条形统计图编排在同一单元,可见平均数与统计学基础知识有着密不可分的联系。平均数,作为统计学基础知识中的一种信息数,教科书通过让学生实验、操作、探究等活动,理解平均数的重要性,这对于学生应用平均数知识解决日常生活中的现实情境问题和今后掌握更复杂的统计学基础知识有重要的铺垫作用。

2. 学情分析。

在此之前,学生已掌握了平均分和除法计算的基本意义,并掌握了平均数的基本知识在生活中的使用,例如平均成绩、人均身高、平均速度等。所以学生通过参加活动、动手操作,较易掌握平均数的意义,在此基础上学生还可列出算式并加以运算,从而更加了解平均数的意义并学会求平均数的计算方法,也为学生用平均数解决生活中的简单问题奠定基础。

3. 核心问题。

如何运用平均数知识解决生活中的简单问题。

(三) 学习目标

1. 认识平均数的意义,掌握求平均数的具体方法,认识平均数在统计中的重要性。

2. 了解"移多补少"和"先总后分"求平均数的思想方法,体会平均数在实际生活中的使用意义,引导叙述学习数学解决实际问题的乐趣。

(四) 教学重点难点

1. 重点:掌握求平均数的方法。

2. 难点:认识平均数在统计上的重要性,学会并运用平均数的知识处理简单的实际问题。

(五) 教学思路

遵循"三教"理念：创设情境,导入新课→合作交流,汇报算法→算法比对,理解意义→趣味练习,加深理解→拓展延伸,引发思考。

二、教学过程

(一) 片段1：创设情景,导入新课

师：从一年级到现在,我们学过哪些"数"？（板书：数）

生：小数、分数、自然数、整数……

师：讲台上有3个相同水杯,里面盛有不同高度的水,仔细观察水杯里面的水,你发现了什么？

图1

生1：水位的高矮不同……

师：这个同学观察得很仔细,虽然坐在侧面,但她发现了水位不同。

师：谁还有补充？

生2：不一样多。

师：也就是说3个杯里面的水不相等,谁有办法使这3杯里面的水同样多？

生3：平均分。

师：怎样做？谁愿意上来操作？

生4：把多的倒给少的。（生操作）

师：大家看清楚她是怎样操作的了吗？

生：把多的倒给少的。

师：把多的倒给少的,使3杯水同样多,现在三个杯子里水量的多少,我们就需要用一个数——平均数来表示,这就是这节课我们要研究的内容。

(板书课题:平均数)

图2

反思:本环节,教师从研究学生熟知的生活情境入手,创设平均分3杯水的情境,通过学生将杯子中的水"移多补少"直观感知水面要一样高,激发学生思考,学生带着对知识的渴望,有目的地进入新知学习。

(二) 片段2:合作交流,汇报算法

课件出示例1主题图:为落实"双减"方针,该校成立了很多的兴趣小组,环保小组在周末去收集废旧的塑料瓶,你看,这是其中一组收集的瓶子,教师把它制作成了统计图。

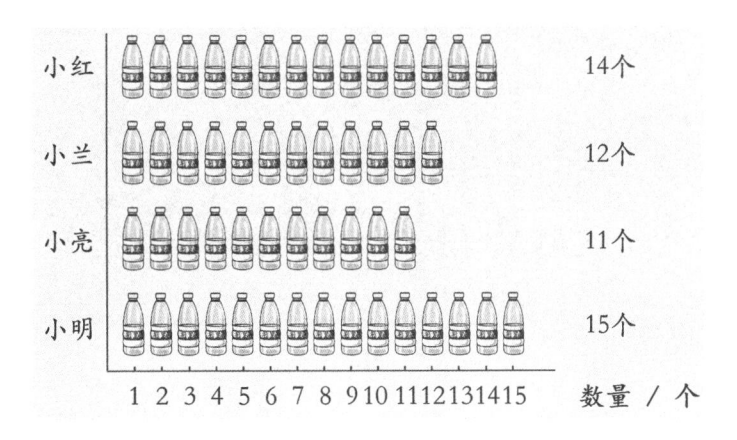

图3

师:从统计图里你获得哪些数学信息?

生:小红收集了14个,小兰收集了12个,小亮收集了11个,小明收集了15个。

生:小明收集的瓶子最多,小亮收集的瓶子最少。

师:通过收集数据,可以提出哪些数学问题?

生：一共收集了多少个瓶子？小明比小亮多收集了几个瓶子？

生：平均每人收集多少个瓶子？（这个问题提得非常好）

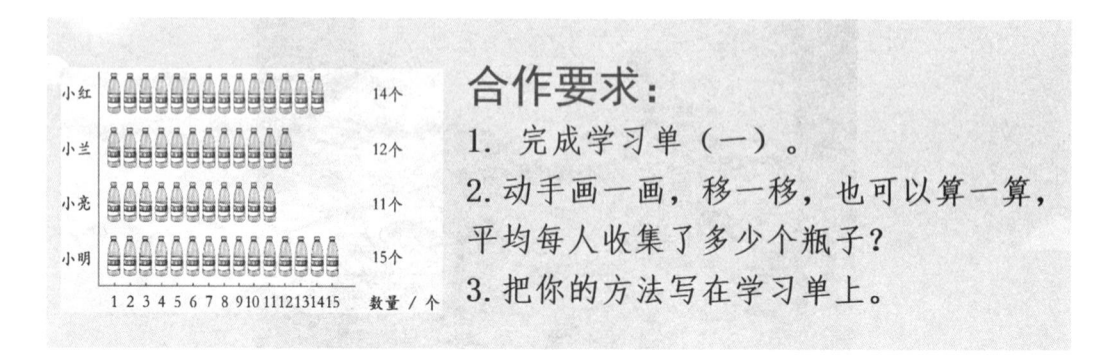

图 4

师：本节课我们重点研究平均每个人收集了多少个瓶子。请同学们拿出学习单阅读要求，怎样做才能使每人收集的瓶子的数量同样多？

学生独立思考，有困难组内相互交流。

组长对本组的算法进行汇总，准备展示汇报。

组代表1：把小红多的1个瓶子给小兰，再把小明多的2个瓶子给小亮，这样他们平均每人收集了13个瓶子。

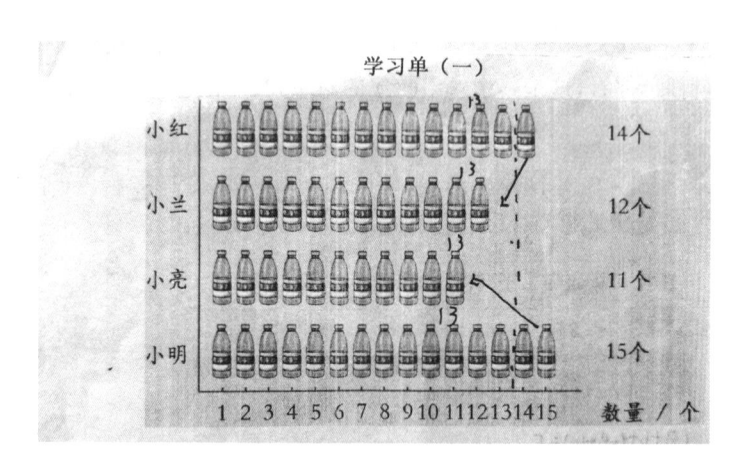

图 5

师：你能将你的想法在这儿摆一摆吗？为什么把小明的给小亮？

生：把最多的给最少的，他们就同样多，每人都是13个。

师：这就是采用了移瓶的办法，让多的补给少的，这也就等于他们都收集了13个废旧塑料瓶，而这个办法在数学中称为"移多补少"。（板书：移多补少）

组代表2：先计算出4个同学共收集的瓶子总数，再除以4，得到平均每人收集了13个瓶子。

图6

师：说一说你先算了什么？再算什么？

生：先算4个同学一共收集的瓶子总数，再除以4，就得到学生平均每人收集了13个瓶子。

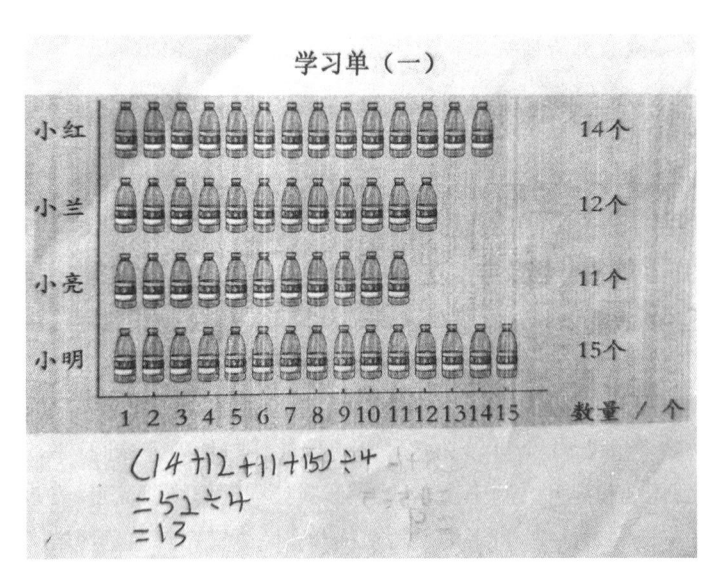

师：(14+12+11+15)第一步表示什么？52÷4表示什么？13表示什么？

生：第一步表示4人收集的瓶子的总数，52÷4表示平均分给4个人，13表示每人得到13个。

师：你的想法是将全部的瓶子都合在一起后，再除以4，就得出了平均每人收集到的13个瓶子，所以这个算法也可以简称为"先合并再平均分"。这也是一个相当好的方法。（板书：先合后分）

组代表3：在11的后面画一条线，11的右边还剩(3+1+4)个，(3+1+4)÷4＝2(个)11+2=13，所以每个人都收集了13个。

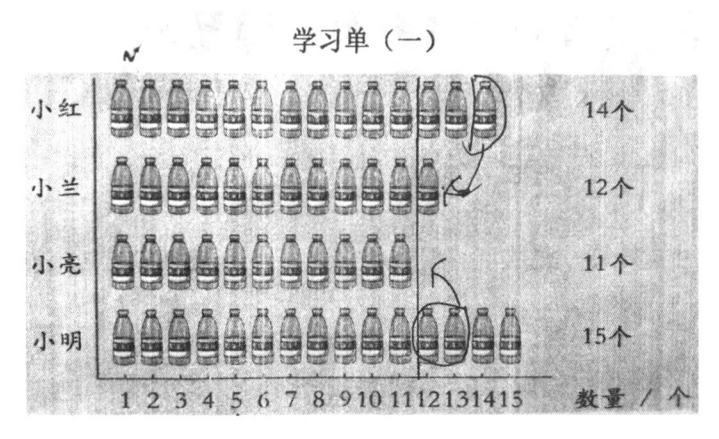

图7

师：我把这条线画的更清晰一点。为什么在11那儿画一条线啊？

生：因为每个人都是(至少是)11个。

师：为什么你只平分那8个？

生：因为每人平均分得11个后，还剩8个，所以只平均分这8个。

反思：建构主义者认为，知识不是由教师讲授得到的，而是学习者在特殊的社会文化背景下，基于现有的科学技术、经验、方法(在同伴和导师的帮助下)通过自主地观察，或比较的方法而习得的。本环节教学，就是让学生主动地观察、比较、反思，就可以发现学生通过画一画、移一移、算一算等操作方式，得出求平均数的正确方法，并运用日常生活中分东西的知识和除法的意义来解决问题，把将要学习的新知识转化成已有的生活经验，从而体现"移多补少""先分后合"的数学思维，学生可以在掌握平均数计算的基础上，理解平均数的意义，个性化的思维品质得到体现和提升。基于这样的情况，我让同学们畅所欲言，发表自己的想法，在师生、生生之间的交流和对话中，将平均数的求法和实际意义完整地呈现出来。

(三) 片段3：算法比对，理解意义

师：对比第2种、第3种方法，分别有什么相同点与不同之处？

生：第2种方法是把总数平均分，第3种方法则是平均分了11右面的部分(师提示)。

小结：不管是平均分总数还是平均分一部分，都是运用了"先合后分"的数学方法。今天我们学习了3种方法，解决了平均每人收集了13个瓶子。我们就说：13就是14、12、11、15这四个数的平均数。(板书：平均数)

师：13是这4个同学实际收集的瓶子的数量吗？

生：不是。

师：看来，平均数并不是真实存在的，它是一个虚拟的数字。

师：平均数13和这4个同学收集的瓶子数相比较，你发现了什么？

生：比11大，比15小。

师：也就是说，平均数13在11和15之间。

(板书：平均数是一组数据的平均水平代表)

反思：找出求平均数的三种算法的相同点和不同点，目的是让学生懂得如何用数学语言表达平均数的意义。通过教师引导，学生比对，思考交流后形成结论。在这一环节中，教师发现班上平时不喜欢表达的几个同学欲欲跃试，半举着手，教师就把机会让给了她们，并给予鼓励，培养她们的自信心。每个学生表达自己的观点后再让其他学生补充自己的想法，从而进一步规范表达语言，发展学生的总结归纳能力和语言表达能力。

(四) 片段4：趣味练习，加深理解

师出示问题：

(1) 小小判断家。

师：王悦每次跳远的成绩都是2米吗？(学生独立思考)

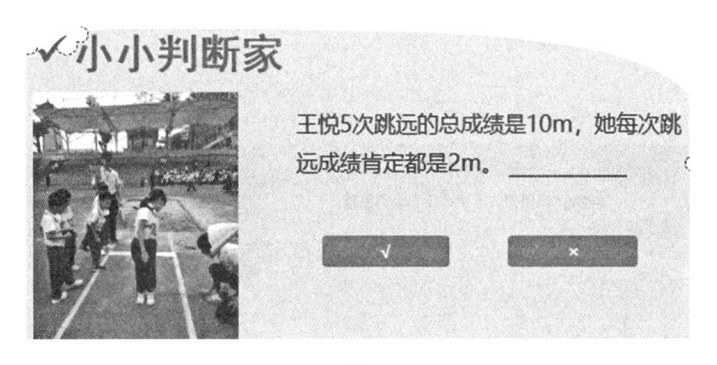

图8

生：我认为是错的，不一定每次都是2米。

师：为什么呢？

生：因为10米是总成绩，2米是(5次的)平均数，每一次的成绩可能比2米少，也有可能比2米多。

师：你真会思考，真是一个会学习的好孩子。

(2) 安慰老爷爷。

图9

师：(指名读题)老爷爷只能再活两年吗？你会怎样开导老爷爷？

生：老爷爷，72周岁是(全国男性的)平均数，不是每个人只能活的岁数。

生：有的人活的比72(岁)多，有的活的比72(岁)少。

反思：为了增强学生对平均数意义的认识和特点的掌握，结合学生的生活实践，与所学知识互相照应，提出了"运动会王悦5次跳远的总成绩是10米，她每次跳的都是2米"的讨论题，让学生展开讨论，从对平均成绩的理解中找到正确的答案。当学生们在课堂上已有些疲惫时，设置了一道幽默题目"安慰老爷爷"，结合里面提出的"我今年70岁，只能活两年"的问题，一方面引导学生进一步思考；另一方面，学生根据问题深入领悟平均数所表达的具体意思，培养学生的表达能力。

（五）片段5：拓展延伸，引发思考

预防溺水教育。

图10

师：用这节课所学习的内容帮助小亮，他身高140厘米，下水游泳会有危险吗？

生：牌子上写的是河水的平均深度。

生：河底高低不平，有些地方肯定比140厘米深，小亮下河会有危险。

生：河边明摆着有警示牌——当心溺水，所以我们不能下河游泳。

生：……

师：同学们都理解了平均数的意义，平均数是一组数据的平均水平代表，还学会用平均数的知识来解决我们生活中的很多问题，老师真佩服你们。

反思：设计该题的目的，一是进行防溺水知识教育，结合当下小学生溺水事件频发和当地气候、地理等特点，进行预防溺水知识教育；二是加强学生对平均数的意义理解，并训练学生运用平均数知识解决生活中实际问题的能力，引发学生思考，引导学生表达。学生的判断能力是值得肯定的，知道用平均数知识确定结果的范围，学生的认知能力在逐渐提升。

三、学习体验

黄××：班老师的这节课很好，我学了平均数，再学分东西方便多了。

罗××：之前，我只认识整数、小数、分数，经过今天的学习，我又认识了平均数。

魏××：今天上了一节数学课，我学会了平均数，有时我们看到平均（数），不一定是真的（它只是一组数据的平均水平），因为平均数不一定是真的数（可能是一个虚构的数）。

四、同伴互助

罗××：这节课，最大的亮点就是让学生自己去发现"平均数"的概念，通过环保社团活动收集瓶子的数据，小红捡14个，小兰捡12个，小亮捡11个，小明捡15个，通过"移多补少"

法和"先总后分"法(即公式法)求出平均数为 13 个。引导学生用眼观察、用脑思考、用语言表达出 13 是一个虚拟的数,而不是具体的数。用平均数代表这组数据的一般水平。

周××:本节课,最新颖的地方是充分调动学生的学习兴趣,引发学生思考。将求平均数的算法通过比对,让学生理解得透彻,体验算法的多样性,促进了学生运算能力的培养。习题设计符合学生认知规律,紧扣教学内容并能拓展延伸,联系生活实际,体现数学来源于生活,生活中处处有数学。

五、教学体验

"平均数"这节课,我之前执教过,采取的是传统的教师教、学生学的教学模式。教师直接给出什么叫平均数、怎样求平均数,然后再围绕教科书习题展开巩固练习。课后,学生对平均数的意义和在生活中的运用就"一知半解"了。所以,我在本次"三教"理念探究课中,我特地选了这节课再次挑战。

(一) 激发学习兴趣,体验数感内涵

《义务教育数学课程标准(2022 年版)》中指出:"学生的学习应是一个主动的过程,认真听讲、独立思考、动手实践、自主探索、合作交流等是学习数学的重要方式。"

这节课上,我设置了两个场景:一是平均分 3 杯水,让学生体验、感受、感知平均数的产生,认识平均数的基本含义,了解他们的学习状态,关注他们的学习过程,让学生学会思考,掌握解题方法;二是如何让环保小组每人收集废旧瓶子的数量同样多,通过小组合作,引导学生在活动中"做"数学,给每个学生创设讨论合作、独立思考、实践操作的时间和空间,发挥学生的主体作用,让学生在"做"中学。从而认识平均数的意义,并学会求平均数的方法。

(二) 转变教学方式,促进学生思考

《义务教育数学课程标准(2022 年版)》指出:"教师是数学学习的组织者、引导者,也是合作者。"在数学教学中,教师要精心地组织课堂教学,有效地引导学生参与数学活动,真诚地与学生合作,共同创造出一种新的课堂文化。在课堂教学中,教师要从学生的生活实际和已有的知识经验出发,创设适当的问题情境,引发学生的认知冲突,激起学生的学习兴趣。教师要提供有利于学生合作交往、有意义建构的环境,教师要学会观察和倾听,帮助学生制定能够达成的教学目标,机智地处理生成性目标。教师在教学活动中要担当起一个积极的组织者、引导者和合作者的角色。

主动应用"三教"理念引领"情境—问题"教学培育学生数学核心素养。如何对平均数的意义进行思考和体验,这让我在处理教科书时有了启示,在学生的日常生活中,平均分东西一直伴随于学生的生活历程,教学中我没有简单地给出数据要求学生计算出它们的平均数,而是把平均数的意义作为教学重点,紧密联系生活实际,课的导入环节用环保小组收集瓶子数,如何才能使每人收集的数量同样多的情境,使学生体会到为什么要学平均数,充分引导学生

理解平均数的意义,并能在新的情境中运用它去解决实际问题,从而获得必要的发展。

(三) 引导表达交流,实现学以致用

建构主义的课程观认为,知识是由学生自己主动建构生长的。因此,新知识的学习是在原有基础上"老枝发新芽",学生对新知识的理解是逐步由模糊到清晰、由零碎到完整,并逐步融入原有知识体系之中的。

课堂教学拓展环节设计"安慰老爷爷"和"防溺水教育"这两道习题,先让学生独立思考,然后各小组合作交流,最后让各组的学生汇报,其余组员进行点评、补充,培养学生的表达能力,规范学生对数学用语的表达。

参考文献

[1] 虞秀云,李聪睿,彭细山.高效课堂教学技能指导·小学数学[M].天津:天津教育出版社,2013:153—154.

[2] 陈旭远.小学数学实施难点与教学对策[M].北京:中国文联出版社,2006:8—9.

在数学体验中培养学生的思考和表达能力
——"认识算盘"教学课例

陈益美　贵州省望谟县实验小学甘莱校区

一、教材简析

"认识算盘"是人教版《数学》二年级下册第7单元"万以内数的认识"单元教学中一项主要知识点,是课改后教科书增设的教学内容。虽然随着先进运算技术的蓬勃发展,算盘作为中国传统的运算工具渐渐退出了人们视野,但是在《义务教育数学课程标准(2011年版)》中再次明确提出了"使用算盘能够显示多位数各位上的数字"的规定。课程中采用了算盘显示数字,学生一方面能够通过了解算盘在我国数学应用的历史,感受它直观生动反映数位信息丰富的特点;另一方面能够加深学生对万以内数的理解。教学前,学生已经了解应用计数器进行一千以内数的数数、拨数、读数和写数。教科书中提供了算盘的各个基本组成部分名称,并介绍了一颗上珠表示5,一颗下珠表示1,使学生感受古人"以一当五"的创新思维。

数学新课标认为,数学活动必须从"做"和"思"的过程积淀。本课程教学活动中,教师充分创造给学生进行课外活动的空间与时间,将重视实践操作和数学的密切联系,使每个学生动手体验、动脑思考、动嘴表达,培养学生数感。

二、教学设计

(一) 知识与技能

直观认识算盘,知道算盘各部分的名称,学会用算盘记数和数数。

(二) 过程与方法

经历用算盘表示数、数数的过程,掌握用算盘计数的方法。

(三) 情感态度与价值观

知道算盘的起源,了解算盘是中华民族古代的重要发明创造之一,是中华民族对世界文明的重要创造,进而提高中华民族自豪感,体会中华文化的悠久与深厚,激发学生对算盘的热爱。

(四) 教学重点难点

1. 重点:认识算盘,学会读算盘上的数,并会用算盘表示数。

2. 难点：带有上珠的数的拨法、读法和写法。

(五) 教学思路

遵循"三教"理念：创设情境，珠子意义→合作交流→师生小结。

(六) 教学准备

多媒体课件、算盘。

三、教学过程

(一) 创设情境，导入新课

1. 师：同学们，老师这里有个谜语，请大家猜一猜谜底是什么。（出示课件）
2. 猜谜语：一座城，四面墙，一群珠宝里面藏。若用小手拨一拨，噼里啪啦连声响。
3. 揭课题：学生猜了谜语后，教师出示算盘。

师：算盘，在我国古代生产和生活中广泛应用，可以用算盘数数和记数。这节课我们学习如何利用算盘进行数数和记数。（板书课题：认识算盘）

4. 了解计算的历史。

师：在很久很久以前，人类最开始时用石子记数，后来人类用木棒和竹签记数（即算筹），再往后人类用摆珠子的方法记数，也只是用小木棍将珠子串起，上边金色的珠子表示5，下边金色的珠子表示1，组合起来就代表了不同的数字。图1中，这样摆出来的珠子，就表示了数字563。后来，这种记数和运算的工具，逐渐改进形成了算盘。算盘是中国古代的最伟大发明创造之一，我们的先人早在六百多年前就已发明开始使用算盘进行统计，并一直流传到了现在。算盘是中华民族的优秀文化遗产，而且传入了日本、韩国、欧美、美洲等多个国家和地区。

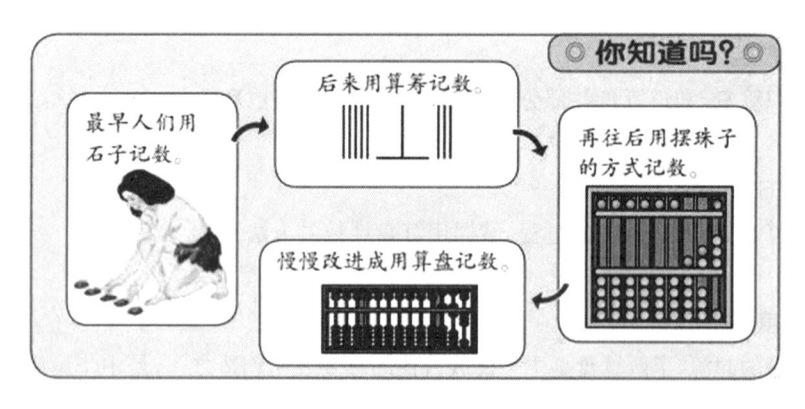

图1

教学反思：针对小学二年级学生的年龄特征，通过猜谜语的方法介绍算盘，充分调动了学生学习的兴趣。再通过教科书讲述中国算盘的发展史，学生了解中国算盘是中华民族在古代对运算的创造,是中华民族对人类的一项重要贡献,提升民族荣誉感。

(二) 知识迁移,探究新知

1. 了解算盘各部分的名称。

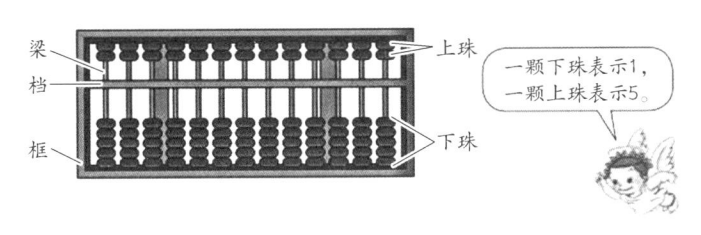

图2

师:在学会用算盘来记数之前,我们先来认识算盘的构造。(课件出示教科书第78页例4)

师:你知道算盘是由哪些构成的吗?(预设1:珠子。预设2:木棍。)

教师根据学生的答案和课件(图2),分别说明算盘的基本组成部分和具体情况,框、梁、档和算珠。(板书:框、梁、档、算珠)

同桌之间互说名称,一人指,另一人说。

师:谁知道珠子的意义?

生:根据以前学过的计数器,一颗珠子表示1。

师:先介绍上珠和下珠的含义:梁上边的算珠叫上珠,一颗上珠表示5;梁底下的算珠叫下珠,一颗下珠表示1。(板书:上珠、下珠)

2. 0—9在算盘中的表示方式。

师:接下来,咱们就尝试用算盘表示0—9这几个数字。数字0代表没有,所以不拨珠了。拨一颗下珠,就可以表示1,拨两颗下珠表示2,那怎么拨珠表示3呢?4呢?

学生:数字为3,拨三颗下珠。数字为4,则拨四颗下珠。

师:数字5呢?(预设1:拨五颗下珠。预设2:拨一颗上珠。)

师:你同意哪种拨法?说一说你的理由。

生生交流,从交流中体现上珠的用途。用一颗上珠表示数字5会比较简单。

(学生之间互问0—9该如何表示,并让学生进行说明。接着教师边说边演示拨珠,学生根据教师拨珠读数,学生尝试拨珠。)

3. 了解算珠如何定位。

教师讲解拨珠指法:用中指操控上档的算珠向上拨动,用大拇指操控下档算珠往上拨,食指操控下档的算珠往下拨。(教师演示,学生跟着一起做)

师:下面我们一起用正确的指法,从1拨到9。

放慢节奏,我们再同时数数,并拨算珠显示正确数值。

师:怎么拨10呢?

(让孩子观察,不管用什么方法,都应该确定个位,再作标记。确定个位后依次往左数,之后依次为十位、百位、千位。通常是以最右一档为个位,满10向前一位上拨一个下珠。)

4. 用算盘记数。

(1)师:试着用算盘表示563。

学生操作:先单独拨,然后让学生举手上台展示,最后共同评判。在拨好后从算盘上由右向左确定个位上是几,代表几,十位上是几,代表几十,百位上是几,代表几百,再看看左右珠子如何拨。

师:用算盘表示563的方法,是不是比那些古老的方法简便多了?现代人类文明的发展有赖于我们努力思考,期待大家能积极思考,在已有基础上,进行更好的开发!

(2)拨珠练习:拨出数字804、1000。

首先由学生以组为基本单位完成,再教师演示,拨好后在算盘上由右向左确认个位上是几,表示几,十位上是几,表示几十,百位上是几,表示几百,最后集体评价,检验本课的知识点学生掌握程度。

课堂反思:教师的精讲,学生的即时操作,进一步了解算盘各个组成部分,并了解上珠与下珠的含义,对"一个下珠表示1,一个上珠表示5"的认识,尤其是0、5、10的拨法学生在操作中领会。用算盘拨数的关键点是定好个位,所以,设计"如何正确定位"环节,进行对比优化。用算盘数数较难,教学时,教师先示范学生后练习,学生较好掌握应用,加深对算盘结构特点的认识,让学生了解在算盘表示数时应先定位,再拨珠,了解拨珠的指法,从而借助算盘进一步了解位值制。

(三)学以致用,巩固练习

1. 拨珠数数。

练习方式:请学生上台拨数,先拨出95,然后边数边拨至110,其他学生可以用自己手上的计数器拨数,让学生体会"拐弯数"在计数器上是怎么表现的。

2. 用算盘数数。

练习:由教师示范,先拨出497,然后再让学生边看边数边拨出502。

同桌合作:一人拨珠,另一人检查,然后互换。

3. 把相同的数连起来。

4. 讨论了计数器拨数与算盘拨数的差异点。

(1)相同点:都可以进行数字计算,数位顺序都一样,都是按各个数位上是几来拨数。

(2)不同点:计算方法和原理不同(算盘上的珠子分为上珠和下珠,一颗上珠表示5,一颗下珠表示1,而计数器上的一颗珠子始终表示1)。

课堂反思:通过基本训练,让学生感受上珠与下珠所表示的数;通过操作综合运用,学生体会算盘与计数器之间的区别,从而使学生在对比中,提高了对位值制的认识。这样的设计符合"三教"理念。这个阶段的学生,常常用数珠当作1来表示,所以教师在上课时要注意突出要点,掌握好重要知识点,有助于学生了解算盘的构造特点以及运用算盘表示数字的方式,才能熟练地写算盘上的数。同时,通过将相同的数连起来的练习,用不同的形式表示出同一个数,沟通算盘与计数器、数位之间的关系,重点深化学生对数的认识,培养数感。

(四)趣味活动,加深理解

1. 小组讨论后每组邀请一人代表答题,对的打"√",错的打"×"。

(1) 一颗上珠表示5,一颗下珠表示1。　　　　　　　　　　　　(　　)

(2) 254,百位上拨一颗上珠和一颗下珠。　　　　　　　　　　　(　　)

(3) 一颗上珠表示1,一颗下珠也表示1。　　　　　　　　　　　　(　　)

(4) 个位是8,千位和百位都是4,十位是6,拨在算盘上是8 446。　(　　)

2. 比一比,看谁拨得又快又对!

教师报数,如:18、252、160、304、400,学生拨珠。

3. 完成课本第81页"练习十六"第11题。

教学反思: 学生通过练习来巩固认识算盘,理解算盘的构成,掌握好算盘上的定位,能熟练地在生活中用算盘数数和计数。

(五)畅谈收获,师生小结

1. 回顾小结:这一节课你学到了什么知识?还有什么疑问?

2. 欣赏算盘。

教学反思: 从学生认识算盘的名称到操作实践,体验用算盘数数与计算,通过自己的总结和归纳,进而激起学生对算盘的喜爱,传播中华民族优秀文化,提高民族荣誉感。

四、教学体验

(一)学生的学习体验

龙××:通过今天这节课的学习,我认识了算盘的各部分具体名称——框、梁、档和算珠,知道了算盘上表示的意义,一颗上珠表示5,一颗下珠表示1。

刘××:经过今天最后一节课的练习,我明白了计数器与算盘之间的区别。相同点:进行数位运算,数位排列方式相同,都是在各个数位上用几来拨数。不同点:计算方法和原理都不同(算盘上的珠子分为上珠和下珠,一颗上珠代表5,一颗下珠代表1,而计数器上的一颗珠子代表1)。

罗××:我已经认识了算盘各部分的具体名称,也会在算盘上拨数、数数和记数,知道了计数器和算盘的相同点和不同点。

(二)教师的教学体验

1. 学生探讨问题,培养思考习惯。

本课时教师是利用一个谜语介绍认识算盘,利用算盘使学生自己发现所有算盘是由框、梁、档和算珠等构成的,梁上边的算珠叫上珠,梁底下的算珠叫下珠,引导学生探讨和回答,指出下珠与计数器意义的相同点,而一颗上珠表示5,一颗下珠表示1。

2. 体验教学过程,培养操作意识。

本节教学中,贯穿了"三教"理念,让学生自己在算盘上拨珠,并鼓励学生自主计数。在课堂教学实践中不断体会,运用"问题—情境"教学模式,教师要把教学内容当作课堂教学的起点,把探索的触角延伸到课堂外,以目标问题促进学生掌握方法,提高他们解决问题的能力。

3. 培养表达交流,实现学以致用。

通过教学中教师的提问,学生自己表达出来一颗下珠表示1,然后学生自己计数自己说出来,把小组拨的数读了出来;通过总结明白了算盘上珠子代表的含义,一颗上珠就表示5,一颗下珠可以表示1;学会了在算盘上拨数、数数和计数,培养了学生的探究精神、创新能力和表达能力。

以核心问题为导向,培养学生发散思维
——"没有括号的同级混合运算"教学体验

刘晓波　贵州省望谟县实验小学甘莱校区

一、教学设计

(一) 知识点

人教版《数学》二年级下册第 5 单元"没有括号的同级混合运算"。

(二) 学习背景

1. 教科书分析。

"没有括号的同级混合运算"是人教版《数学》二年级下册第 5 单元的主要内容。本课特别设计了图书阅览室提问情境,目的是使学生了解脱式计算,并知道在没有括号的计算里,除了相加减还有乘除法,都要由左到右计算。让学生掌握数学基本的运算顺序,并逐步提高综合计算能力,运算和利用综合计算来处理两步计算的实际问题。在教学过程中,教师根据具体情境,体会计算方法次序规则的合理化,并帮助学生理解需要先计算什么,再计算什么。解决问题的方法主要是把前两步计算的实际应用题,转化成混合计算的实际应用题,能利用小括号使学生给出的综合计算方法和实际提问中的数量关系相符,发展和培养学生的问题求解能力。

2. 学情分析。

二年级学生已掌握了加、减、乘、除的基础运算,掌握了简单的连加、连减、加减混合和乘除的基本计算,具有了初步的运算能力。但对二年级的学生来说,理解"先乘除、后加减""有小括号,先算小括号里的算式"的计算方式,有一定难度。特别是对乡村的学生更为困难。这样,教师在让学生单独操作时通过演绎推理,经过"仔细观察算式—回顾计算顺序—制定计算结果程序—按次序完成计算结果—反思并累积经验"的过程后,进一步发展学生数学思维水平,理解运算顺序。在计算顺序教学中,教师赋予学生具体的情境,帮助学生认识和体会计算结果次序是有规定的,而且有它的必然性,让学生对学习产生强烈的好奇心。同时,教师要给予学生足够的自由思考的空间,通过问题发现和探究活动有机结合的教学方式,为学生创造一个轻松和谐的学习环境,使他们积极主动地获取科学新知。

3. 核心问题。

理解没有括号的同级混合运算的脱式运算和应用。

(三) 学习目标

1. 了解并熟悉同级运算的顺序,并准确根据计算顺序进行脱式计算。
2. 初步理解"同级混合运算,从左往右顺序进行"的算理,并能合理地完成脱式计算结果的书写。
3. 培养学生养成先看计算顺序后完成运算的习惯,提高计算能力。

(四) 教学重点难点

1. 重点:了解和熟悉同级运算的运算顺序,并能合理地进行脱式计算。
2. 难点:能正确进行脱式计算,掌握脱式计算的书写格式。

(五) 教学思路

遵循"三教"理念:创设情境,发现问题→提出问题→解决问题→巩固练习→回顾反思→知识拓展→师生小结。

二、教学过程

(一) 活动一:回顾旧知,引入新课

(1) 用竖式计算。

38－26＋43　　　　　　　　75－18＋26

(2) 板书课题:没有括号的同级混合运算。

反思:本环节从四则运算的计算有目的导入新知。

(二) 活动二:创设情境,探究新知

师:同学们,你们知道学校哪里图书最多?

生:图书馆。

师:今天老师带领大家走进图书馆吧!

1. 出示例1:图书阅览室里上午有53人,中午走了24人,下午又来了38人。阅览室里下午有多少人?

师:题目提示了我们什么数学知识?

生1:图书阅览室上午有53人。

生2:图书阅览室中午走了24人,而下午又来了38人。

生3:提出的问题是在图书阅览室下午有多少人。

师:你们很棒。

2. 师:从题目中获取这么多信息,你们能解答这个问题吗?如果能,请你们告诉老师怎么解答?

生1(唯唯诺诺地说):先用"53－24"计算出中午图书阅览室还剩多少人,将计算得到的数量再加上下午又来的 38 人,就得到整个图书阅览室下午的人数。

生 2(小声地说):图书阅览室上午是 53 人,但是中午走了 24 人,所以应该是 53 减去 24。下午又来了 38 人,所以还要加上 38,才是图书阅览室下午的人数。

生 3(大胆地说):先以"53+38"计算这一天图书阅览室一共来了多少人,将计算得到人数再减去中午走了的 24 人,就是图书阅读室下午的人数。

师:同学们说得真是太好了!

3. 师:同学们,这道题目要计算图书阅览室里今天下午有多少人,就必须算出中午有同学走了以后还剩几个人,再加上下午来的人,就是下午在图书阅览室内的人数,所以你们能列式算吗?

生 1:这样的算式,我们学过,先算前面的减法,然后再算后面的加法。

53−24=29(人)　　　　29+38=67(人)　　　　口答:下午阅览室里有 67 人。

生 2：53−24+38=67(人)　　　　　　　　　　　口答:下午阅览室里有 67 人。
　　　　　29

生 3：53−24+38=67(人)　　　　　　　　　　　口答:下午阅览室里有 67 人。

```
    5 3              2 9
  − 2 4            + 3 8
  ─────            ─────
    2 9              6 7
```

4. 对比计算方法,明确脱式计算的优点。

师:下面咱们来比较一下这这两个算法(分步算式和综合合算式),这两种算法有哪些特点呢?你们有哪些发现?

生:第一种是用分步计算方法,第二种是用综合计算方法。综合算式里既有加法,也有减法。

5. 师:像这样的算式,我们把它称为综合算式。既包含加法,也包含减法的综合算式是加减混合算式,你们还记得它的计算顺序吗?

生 1:从左往右计算。

师:为了更简单地知道各步骤的运算方式与计算结果,今天我们即将学习一个全新的计算方法——脱式运算。

师:首先要把等号书写在计算方法的左下方,然后写下第一步计算的结果,不参加计算的符号和数字也要落下来,然后在计算左下方书写第二步计算的结果。等号上下都要对齐。

师:你比较了四种书写方式后,你认为脱式计算法和别的计算方法又有哪些区别呢?

小结:在没有括号算式里,只有相加、减法运算时,要按从左到右的顺序运算。

6. 巩固脱式运算格式,体会同级运算的方法。

课件出示:

　　53−24+38　　　　　　　　15÷3×5
　=29+38　　　　　　　　　　=5×5
　=67　　　　　　　　　　　　=25

师：这两个题目是怎么计算的？它们的运算顺序是什么？

生：加与减、乘与除分别是同一级运算。

师（小结）：在没有括号的计算方式里，只有加减法或只有乘除法，一定要由左至右按顺序运算。

反思：本环节教学内容，就是要学生主动发现，用前面学到的两位数加两位数，两位数减两位数来解决问题，从而把新知识转化成旧知识，以体现"先分后合"，学生在明白算理的基础上理解，算法就得以提升。基于这样的情况，教师让学生畅所欲言，发表自己的想法，在生生之间的交流和对话中，使算法更加优化、简洁。

（三）活动三：巩固练习、深化新知

1. 教科书第47页"做一做"。

（1）规定每个学生可以说一说每道综合算式正确的计算顺序。

（2）当学生完成了每道算式，由教师检查，巡视时要注意其书写的准确性。

（3）全班交流时，强调脱式计算的正确书写格式。

2. 教科书第50页第3题。

（1）首先由学生自己完成，之后指定学生说明出错的理由。

（2）口答：这些综合算式是按什么顺序加以计算的？

反思：设置这样的练习题，有两个目的。一是调动学生的积极性，解决习题的单一性。二是巩固脱式计算的算法，检测学生是否掌握正确的书写格式，掌握此类题目的计算方法。

三、学习体验

田××：刘老师今天上课好亲切哟，有时候是我们不太听话，刘老师也有严厉的批评，但数学真有趣。我会计算很多这样的算式。

吕××：数学老师很快就计算出例1的结果，我真佩服她。我要好好学习，掌握很多本领，将来也跟她一样做一名老师。

毛××：我知道一个解决问题的方法，我首先要读懂题意进行分析，然后列式，分步计算，正确率可能更高一些，我跟我的同伴都是这样做的。

余××：刘老师上的课我听得比较入迷，讲每一道题都是那么仔细，我比较喜欢刘老师上课，特别她讲的脱式计算，我很快就知道怎么计算了。

四、同伴互助

杨老师：教师的课堂教学氛围较好，学生很喜欢，时而幽默，时而高低起伏，将低段数学课堂上出别样的风味。但是，在某些时候，教师只顾和学生的互动，没有给学生自己思考的空间，建议把教师与学生的互动改为生生之间的互动就更好了。

陈老师：本节课最大的亮点是将53－24＋38用先分后合的方式进行计算，让学生理解脱式计算，把握脱式计算的正确格式，促进了学生运算能力的培养。

王老师：刘老师这节课给学生思考的时间较短，她让学生表达的多，生生互动的较少，但她能把握好这节课的主旋律，以学生为主导，教师为辅导。

胡老师：课堂中，设计的活动环节，给各小组的同学拿出本子计算，然后学生上台展示，并表达出自己的想法。教师引导学生通过操作、思考、体验、表达等方式，感知不同计算方法。美中不足的地方是对学生书写潦草的问题，刘老师并未及时指出。

五、教学体验

针对我们易地搬迁而来的学校，只要从学生知识水平入手，通过创设合理的提问、情境引导课堂，激励学生大胆地表现与交流，并引导学生在探索、反思过程中学习，一样可以获得良好的教育教学效果。

(一) 激发学生的兴趣，体验知识的内涵

心理学家布鲁纳曾说过："最好的学习动机是学生对研究的东西有着内在的兴趣，缺乏直接兴趣，会使学习变得枯燥乏味。反之，如果学生对所学内容产生浓厚的兴趣，就能刺激大脑活动的兴奋性，保证对学习内容有效感知。"教学思想是使学生在创设的数学环境中得到启迪。在课堂教学中，教师注意把握孩子的特点（由于学生好奇，对新鲜事物很感兴趣）营造适宜的教学环境，充分调动他们的积极性，丰富学习过程。

在本课时的教学中，教师选取了两种情境：一是教师通过让学生做竖式计算，从而提高了学生对竖式计算的计算能力；二是指导学生动手操作，组织协作，交流探讨，并总结没有括号的同级混合运算法则。

学生通过切身体验，得到了真实的结果，从而提升了自己对学习的信心。通过获得成功的体验，提升了运算能力，使学生从"要我学"变成"我想学"，实现了理解没有括号的同级混合运算的法则。

(二) 核心问题导向，鼓励发散思维

在课堂上，每一个知识点的讲授时间有限，教师怎样在有限的时间里完成课堂教学任务呢？这就要求教师要以核心问题来统领整个课堂教学，而核心问题也是本节课的教学重点，要直击整节课的教学基础和核心。目标一旦实现，知识的主线也会越来越清晰，任何难题都会迎刃而解。

本课时的目标是学生通过探究认识并熟悉同级计算的运算顺序后，能准确地根据计算顺序完成脱式计算活动过程，提高学生的探究意识和协作沟通研究的能力。在课堂教学时包括三个环节：一是让学生动手操作，用正确格式脱式计算；二是通过组织协作、沟通研究，确定没有括号的同级混合运算的正确计算法则；三是个性展示，由各小组选出一名代表表述小组

的结果,其余各小组进行补充。聚焦讨论没有括号的同级混合运算中有哪些的核心问题,以鼓励学生发散思维。

(三) 促进表达能力,提高思想质量

表达,包含书面语言表达和口头语言表达,是学生思维的重要体现。表达不清楚,学生的思路是混乱的。在课堂教学上,不仅要教学生听、看、想,还要训练学生的口语表达。

在数学教学中,培养学生的数学语言表达能力非常重要。特别是计算题目,因为学生如果表述不清,就很容易思维混乱,甚至无法完成清晰的计算过程;所以教师在课堂教学上,应格外重视指导学生用数学语言表达,逐步做到思考有条理、言语有根据。通过与学生之间的外在沟通、表达,锻炼他们的能力,以逐步提高学生的逻辑思维水平。

在数学情境中，引导学生再发现
——"找规律"教学课例

涂民燕　贵州省望谟县实验小学甘莱校区

一、教学设计

(一) 知识点

人教版《数学》一年级下册第 7 单元"找规律"第一课时。

(二) 学习背景

1. 教科书分析。

"找规律"是人教版《数学》一年级下册第 7 单元"找规律"第一课时内容，属于"数与代数"领域中"探索规律"这一版块。本课时是"找规律"体系中的起始内容，即让学生探究，发现最简洁的图形改变规律。教科书结合学生的生活实际，创设了学生熟悉、喜爱的"六一"儿童节生活情境，充分使学生体会到现实生活中包含着许多数学问题，感受到数学与生活的联系，使学生学习起来更容易。

2. 学情分析。

"找规律"这一课时内容，虽然在教科书中第一次出现，但是学生对这一内容有一定的生活经验。现实生活中有规律排列的事物很多，学生已经有了感性基础，能有一种美的享受。在这样的基础上利用多媒体辅助教学，使学生在直观的学习中发现事物的规律，能够利用所学知识创造规律。这些都是学习本课的重要基础。一年级学生年龄小见识少，但是对于新鲜事物很感兴趣，思维特别活跃。本节课教学时注重把数学知识与现实的生活联系，给学生提供丰富的感性认识和生活经验，激发学生的学习兴趣，为实施创新教育打下良好的基础。

3. 核心问题。

如何学会寻找、发现简单的图形变化规律？

(三) 学习目标

1. 知识与技能。

通过观察事物的有序排列，学生初步认识简单的排列规律，能够根据规律找出下一个物体，通过涂色、摆学具等活动，培养学生推理和创新的思维能力。

2. 长见识，悟道理。

利用多媒体教学手段，学生初步感知事物的变化规律，并能运用感知的规律解决一些日常生活中的简单问题,初步培养学生欣赏数学规律美的意识。

(四) 教学重点难点

1. 重点:理解规律的含义,学会找规律的方法。
2. 难点:引导学生学会观察事物,找出所列举事物的规律,积累数学思维的经验。

(五) 教学思路

遵循"三教"理念,创设情境,观察、发现规律;小组合作,动手操作并表达规律。

二、教学过程

(一) 片段1:游戏引入规律

师:同学们,今天有这么多老师到我们班听课,你们开不开心呢?

生:开心。

师:开心的同时我们来做个游戏。

师(演示):拍拍头,拍拍肩,拍拍手→拍拍头,拍拍肩,拍拍手→拍拍头,拍拍肩,拍拍手……同学们跟着老师做起来。

生:拍拍头,拍拍肩,拍拍手……

师:同学们,你们怎么能那么快完成老师的游戏呢?

生:是按照拍拍头、拍拍肩、拍拍手……这样一直做下去的。

师:同学们,刚才你们和老师一起做的这个游戏,它是有规律的。在我们的生活中有许多这样的规律。今天,我们一起来学习找规律。(板书课题:找规律)

反思:导入环节,利用低年级学生活泼好动的特点,从他们的兴趣出发,引导他们观察并发现规律,根据他们的观察、发现引出课题。

(二) 片段2:探究、发现规律

1. 课件出示教科书情境图(图1)。

图1

师：图片上的小朋友在做什么？

生：在过"六一"儿童节。

师：对了，我们在上周也度过一个欢快而难忘的"六一"儿童节。

师：同学们，看一看小朋友为节日做了什么准备呢？

生1：有小朋友在唱歌，演奏乐器。

生2：同学们为节日挂上了灯笼。

生3：同学们为节日挂上了小花。

生4：同学们为节日挂上了小彩旗。

师：同学们，这节课的学习任务是找规律，请你们观察图片中有没有规律呢？

生：有。

2. 课件出示小彩旗的图片(图2)

图 2

师：同学们，请观察上面小彩旗的排列有什么规律呢？

生：一面黄色，一面红色。

师：对了，小彩旗是按照黄、红、黄、红、黄、红……这样的规律排列下去。什么色和什么色为一组呢？

生：黄色和红色为一组。

师(小结)：小彩旗颜色的规律是：一面黄色旗，一面红色旗，两面小彩旗为一组依次不断重复出现。

师：如果我们再往下摆，应该是什么颜色的小彩旗呢？

生：是一面黄色和一面红色的小彩旗。

师(小结)：找规律分三步：第一步，找一找；第二步，圈一圈；第三步，说一说。

3. 课件出示小花的图片(图3)。

师：同学们，请用刚才的方法，说一说小花的排列有什么规律呢？

生1：红色、紫色。

生2：红色、紫色为一组。

师(小结)：小花颜色的规律是：一朵红色小花，一朵紫色小花，这两朵小花为一组，依次不断重复出现。

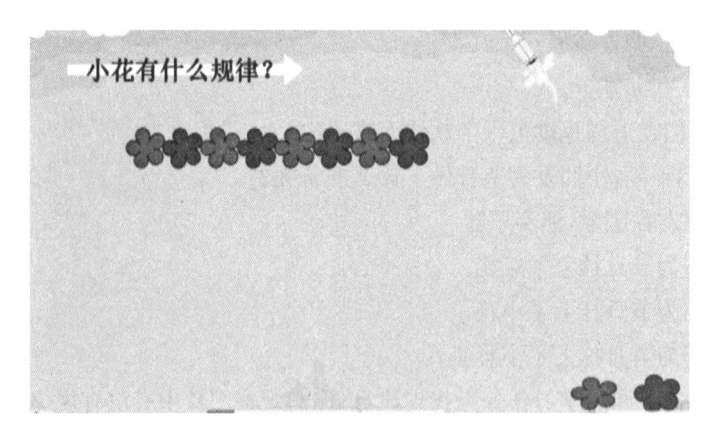

图3

师：如果我们再往下摆，应该是什么颜色的小花呢？

生：一朵红色的小花和一朵紫色的小花。

4. 课件出示灯笼的图片（图4）。

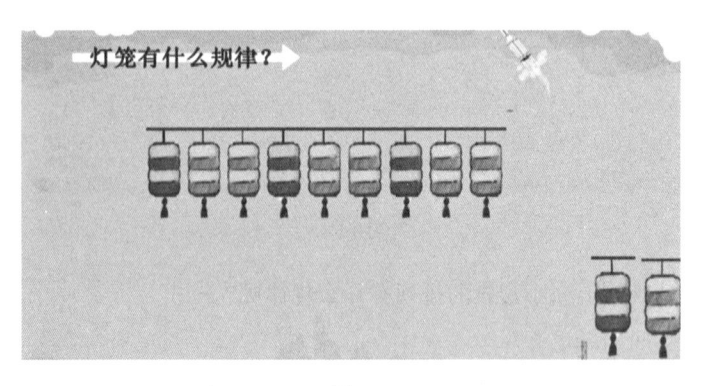

图4

师：同学们，请用找规律的方法，说一说灯笼的排列有什么规律呢？

生1：红灯笼、蓝灯笼、蓝灯笼，红灯笼、蓝灯笼、蓝灯笼……

生2：红灯笼、蓝灯笼、蓝灯笼，三个为一组排列。

师：这两个同学都说得不错。我们来总结一下灯笼的排列规律。

生：灯笼的排列规律是：红灯笼、蓝灯笼、蓝灯笼3个灯笼为一组，依次不断重复出现。

师：知道了灯笼的排列规律后，如果我们再往下摆，应该是什么颜色的灯笼呢？

生：红灯笼、蓝灯笼、蓝灯笼。

5. 课件出示小朋友表演的图片。

师：小朋友围成了一圈，在欢快地舞蹈呢！小朋友的排列又有什么规律呢？

生：一个男生，一个女生。

师：我们把一个男生和一个女生圈起来，说一说小朋友的排列规律。

生：一个男生，一个女生，这两个为一组依次不断重复出现。

师：同学们，请仔细观察图片，你们还能发现不一样的排列规律吗？

生1：一个女生，一个男生。

生2：一个女生，一个男生，这两个人为一组依次不断重复出现围成一个圈。

师：对了，同学们观察真仔细！图上的小朋友围成一个圈，如果我们用不同的视角去观察，就会发现不同的规律。通过刚才找规律的过程，你们学会找规律了吗？

生：学会了。

师（小结）：像这样，几个实物为一组依次不断重复出现（至少重复出现3次），就是有规律的排列。（板书）

反思：根据一年级学生年龄小、好动、爱玩的特点，利用他们生活中最近刚度过的"六一儿童节"情境来探索、发现规律，引导他们一起发现规律存在于生活、学习之中。培养了他们的观察能力和语言表达能力。

（三）片段3：动手感知规律

活动一：在学习卡上按照自己喜欢的规律涂色（图5）。

图5

师：拿出学习卡，听清楚老师的活动要求。

（学生独立完成学习卡，进行展示汇报。）

生1：我涂色的规律是按照一朵绿色，一朵蓝色，两朵为一组依次不断重复出现（图6）。

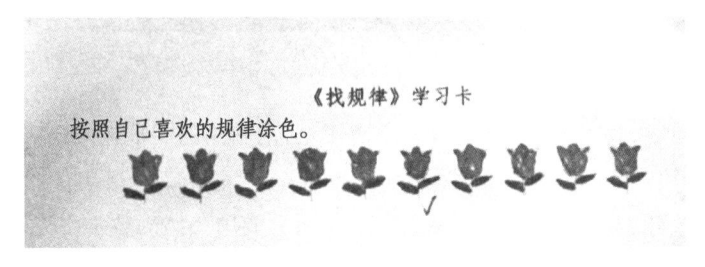

图6

生2：我涂色的规律是按照两朵红色，一朵蓝色，三朵为一组依次不断重复出现（图7）。

师：同学们的表现真棒！很好地完成了活动。接下来你们有没有信心来挑战活动二？

生：有信心。

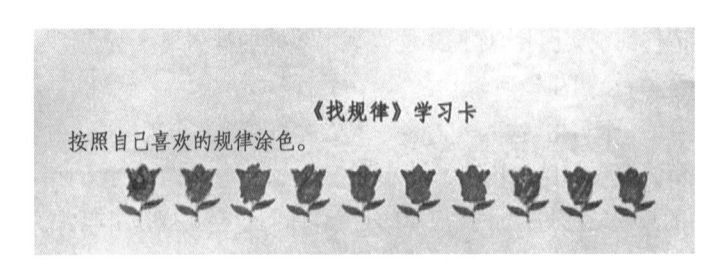

图7

活动二：我是小小设计师。

要求：小组合作，用你手中的卡片按照一定的规律排一排，相信你能行！（图8）

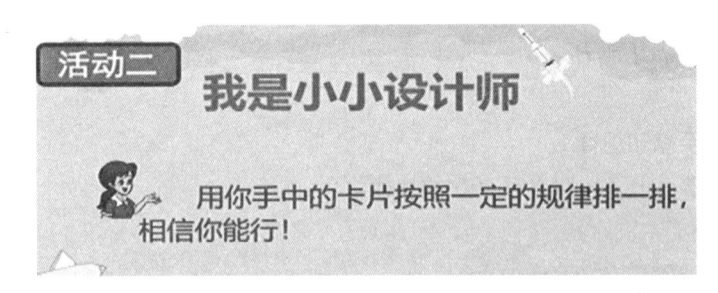

图8

师：刚才我看到每组的同学都很有自己的想法，那有没有哪组的同学愿意把你们组设计的想法分享给老师和同学呢？（小组代表上台展示，表达本组作品的设计规律。）

生1：我们组是按照绿色黄色两个为一组，依次不断重复出现。

师：刚才这个同学说出了颜色排列的规律，那其他小组的同学还有不同的想法吗？

生2：还可以按照形状，一朵小花，一头小熊，两个为一组依次不断重复出现（图9）。

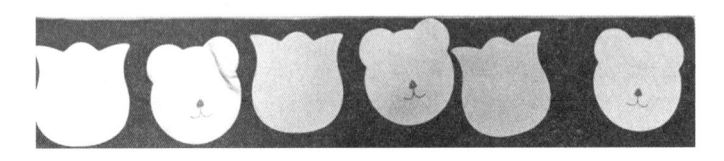

图9

师：这组的同学表现得很好！很有自己的想法，还有哪组的同学想来分享本组的作品呢？

生：一只企鹅，一朵小花继续在后面。

师：你很勇敢，但表达得还不是很清楚。哪个同学能用我们的数学眼光和数学语言来表达这组同学的排列规律呢？

生：一只企鹅，一朵小花，两个为一组依次不断重复出现。

师（小结）：这节课，我们一起学习了"找规律"。在我们的生活中，有许多的规律存在，它们为我们的生活增添色彩。（课件播放有规律的图片）请同学们在课后去找一找生活中的规律，下节课和老师、同学分享。

反思： 在本环节中，设计了两个活动。活动一是学生独立完成，活动二是小组合作完成。通过活动涂一涂、排一排，引导学生发现规律存在于生活、学习之中。将抽象的规律直接让学生感受到是非常困难的，所以，教师设计了两个活动，让学生在活动中发现规律、体验规律、表达规律。最后，利用有规律的图片，让学生感知生活中的规律无处不在。

三、学习体验

陆××：这节课我学会了找规律的方法。原来，在我们的生活中还存在这么有趣的数学知识。

罗××：这节课，我觉得很有趣。老师设计的游戏和活动我很喜欢，也完成得很好，而且鼓起勇气大胆上台表达了我的想法。

黎××：我很喜欢老师最后播放的有规律的图片，好漂亮啊！我也要用这节课学到的知识去寻找生活中的一些规律。

四、同伴互助

黄老师：本节课以学生感兴趣、贴近学生生活的素材为教学资源，精心设计了一系列学生喜欢参与的活动。学生通过涂一涂、贴一贴等活动来掌握图形的排列规律，充分促进学生参与学习，为学生提供探索的机会，让学生通过动口、动手、动脑，发现规律。美中不足的是，在观察布置"六一"儿童节的活动中，让学生表达小彩旗的规律时，学生说的是"黄红"。教师能加以引导为"一面黄色小彩旗、一面红色小彩旗"更好。在做练习时，学生的作品教师拿在手上，下面的学生看不到，如果展示出来会更好。

刘老师：课堂中，设计的活动环节，给各小组的同学拿出本组的学具按照要求动手操作，然后学生上台展示作品，并表达出自己的想法。教师引导学生通过操作、思考、体验、表达等方式，感知不同的规律。

五、教学体验

一年级小学生的注意力以无意注意为主，带有强烈的兴趣性、直观性和感情色彩，注意力不稳定，容易被新颖的事物所吸引，能保持的时间只有10—20分钟。在生活、学习、活动等方面需要正确的引导，否则很难完成时间较长的任务，例如：上课时，新授课内容不能超过15分钟，否则，就会有很大一部分学生不能保持注意力集中。在教学中，教师从一年级学生的特点出发，借助"三教"理念，从以下几个方面来完成教学任务。

（一）在游戏中轻松自如地学习

小学低年级学生精力充沛，学习兴趣和学习认知范围在逐步扩大，正处在世界观、人生观形成的初期。学生的观察力、想象力、有意识注意能力和抽象思维能力正在不断形成和发展；学生爱说、爱动,自我表现欲和参与意识强烈,但意志力不强,对学习缺乏目的性。游戏、玩乐是儿童的天性。课堂上组织学生开展适当的游戏活动,既有助于学生体力、智力、交际能力的发展,又有利于激发学生的学习兴趣。所以,在课堂导入环节,教师利用有规律的拍手游戏让学生进入学习状态,学生在游戏中初步体验规律,活跃课堂氛围,激发学生的学习兴趣。

(二) 在数学情境中再发现知识

数学源于生活,生活中到处充满着数学。在教学中,应为学生创设良好的数学学习氛围,让学生陶醉于数学情境之中发现问题并解决问题。因此,教师在教学中,结合教科书创设了一个学生刚刚度过的"六一"儿童节情境,通过情境过渡到教科书中的图片,进入课堂的主题"找规律。"使学生在轻松、愉悦的状态下进入知识学习中。

本节课中,教师主要是通过图片中出现的小彩旗、小花、灯笼、小朋友为教学素材,通过教师的指导,师生互动,让学生自己观察、发现规律。这样的设计,学生由易到难寻找简单的规律,再探究复杂的规律。教师"扶"着学,再到教师"放"开让学生自己学,既面向全体学生,又让有困难的学生在教师的引导下学懂,还满足了思维活跃的学生主动探究找出规律的愿望。

(三) 在活动中体验数学知识

数学学习过程应该是一个探究、发现的过程,为学生提供创造的空间,培养学生的发散思维和创新意识。因此,在教学中设计了"涂一涂"和"我是小小设计师"两个活动,学生通过"涂一涂""摆一摆"等活动,最后让小组代表上台分享想法,加深对规律的认识,拓展了思维,培养了学生的动手能力、创新能力,亲自体验规律产生的过程,真正成为学习的主人。同时让学生意识到生活离不开数学,既有利于培养学生的数学意识,又体现"生活中的数学,学有用的数学"的新理念。

但是,整个过程并没有我课前预想的那样顺畅。在小组合作完成活动时,学生的表现很不错,完成活动后很积极地想主动上台与同学分享,但在表达规律时语言还是不够精练、准确。正确的表达应该是"什么和什么,几个为一组依次不断重复出现。"而学生却出现了"一只企鹅,一朵小花继续在后面"这样的表达。针对一年级学生年龄小,语言表达有待提升的特点,出现这样的表达也是正常的。需要教师在教学中,发挥自己的智慧,不断引导学生逐步规范表达。

吕传汉教授在数学"情境—问题"教学模式的基础上,提出了"教思考、教体验、教表达"的"三教"理念,其目的在于"授之以渔",引导学生在课堂和日常生活中会思考、敢于体验,并敢于表达、会表达,进一步地教会学生学习,培养学生的自主能力。今天的这堂课,只是一个新的起点！

创设情境引导表达，促进学生思考
——"因数和倍数"教学课例

周 青 贵州省望谟县实验小学甘莱校区

一、教学设计

(一) 教学内容

"倍数和因数"是人教版《数学》五年级下册的内容。教科书第5—6页例1、例2和练习二相关习题。

(二) 学习背景

1. 教科书分析。

"因数和倍数"的学习是在初步了解自然数的基础上，进一步研究自然数的本质性质和规律，而教科书在这一知识点的安排上和以往的课程不同：没有直接用因数化的方式对"整除"问题下定义，而只是利用整除的模式对 $a \times b = c$ 直接提出了因数和倍数的定义。本节课主要是对因数、倍数方面的知识介绍，并为本单元之后的内容，也包括第四单元中的最大公因数、最小公倍数提供了必要的铺垫。

2. 学情分析。

通过乘除的运算过程使学生理解因数和倍数。教科书在界定倍数和因数的概念时，不是像以前的教科书一样，首先阐述整除的含义，然后通过整除理解倍数和因数，而是引导学生经过分析，在分析的运算过程中理解倍数和因数。在教学中寻找一个数的因数，也要引导学生利用乘除法的理论，寻求找出一个数的因数的途径。由于学生在平时学习中缺乏积极性，个别学生怕难，又没有独立思考的好习惯，加之思考问题不充分等，在本模块的课堂教学中，就需要激发他们学习的积极性，培养他们在课堂学习的自觉性，使学生体验收获的喜悦，进而实现掌握知识点、掌握学习内容的目的。

3. 核心问题。

理解因数与倍数的概念，学会找出一个数的因数。

(三) 学习目标

1. 初步了解因数和倍数的概念，理解它们相互依存的关系（不能单独而论）。

2. 经历了寻找一个数的因数的探究过程，逐渐掌握寻找一个数的因数的基本方法，学会有序思考。

3. 感悟与数学知识间的内在联系,培养思想的顶层设计与条理性,培养分析、总结与比较事实的能力,提高学生的概括能力和考虑问题的全面性。

(四) 教学重点难点

1. 重点：先掌握因数与倍数的概念,学会找出一个数的因数的方式。
2. 难点：正确找到一个数的因数。

(五) 教学策略和思路

1. 策略。

本节课是一节初始概念课,在教学时可采用数形结合的方式,化抽象为形象,通过学生操作展示、班班通课件的形状工具等信息化教学手段,实现课堂的交互性和灵活生成性。学生独立探究某个数的因数,教师适时进行指导,防止他们盲目猜想,利用小组互动、探究、相互评价,促进他们总结寻找某个数的因数的方法。

2. 思路。

通过在格子图中画面积为12的长方形,并通过除法算式导出因数与倍数的概念,从而经历知识的生成过程。在此基础上,可以让学生尝试用不同的方式找出某个数的因数,从而掌握找出某个数的因数的方法。

二、教学过程

(一) 激趣导入

1. 请你在格子图(图1)上,画出一幅面积为12平方米的长方形。(一小格表示边长为1米的小正方形)(多媒体、学具操作)

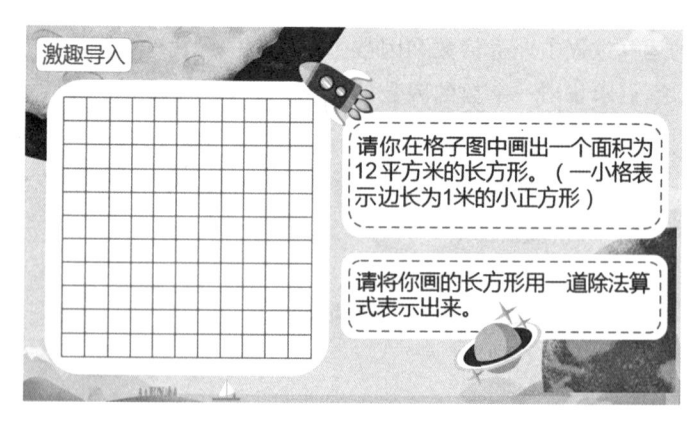

图1

2. 请将你画的长方形用一道除法算式表示出来。
3. 和你的同桌进行交流。

图2　　　　　　　　　　　图3　　　　　　　　　　　图4

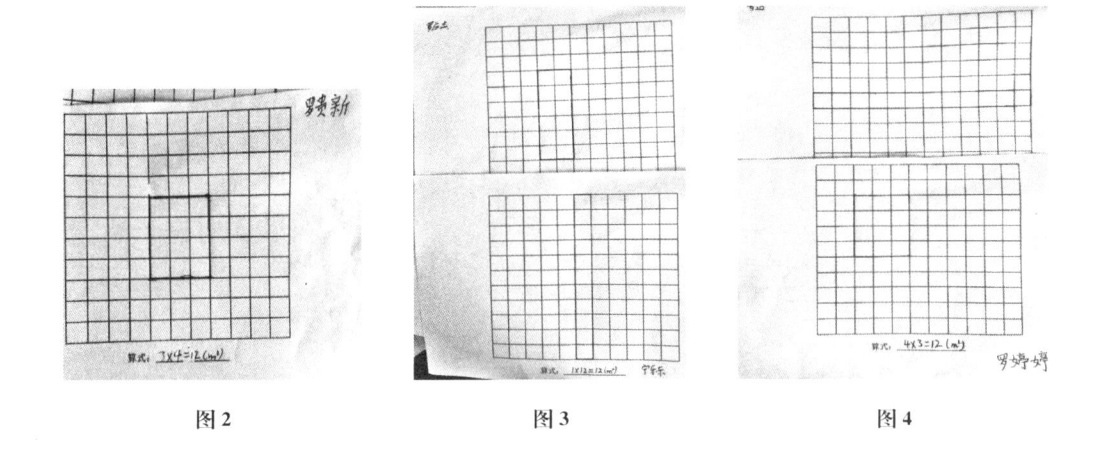

4. 教师选取不同的画图拍照展示。（移动授课—拍照）

反思：让学生根据自己的想法动手操作，并列出算式，达到数形结合，从而创设问题情境，为新知的探究做铺垫。

补充：其实除了可以画出上面这些格点长方形（长方形的四个顶点都在格点上），我们还可以画出非格点的长方形，如长为5米，宽为2.4米，算式为：12÷5＝2.4，你还能接着列举吗？

5. 算式分类：通过刚才的探究，我们发现，可以画出面积为12平方米的不同的长方形，教师正好列出了一些相关的算式，你能为它们分类吗？（多媒体：课堂活动—趣味分类）

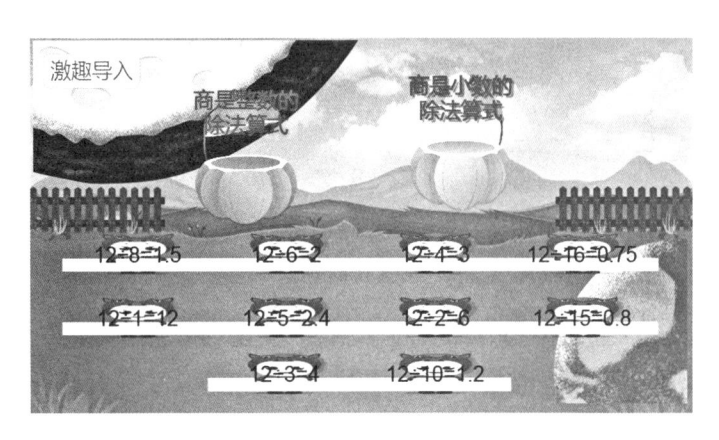

图5

学生先独立思考，然后小组内交流，派小组代表在电子白板上分类。

6. 划分准则：通过观察可以发现，在这些计算方法中被除数和除数都是整数，而商有整数也有小数，可以按照"商是整数还是小数"这一标准加以划分。（多媒体展示分类情况）

7. 揭示课题：我们今天要研究的内容就在这些除法算式中，不讲有小数的除法，专讲有关整数整除的除法。（板书：因数和倍数）

反思：学生对除法算式进行分类，使学生理解整除的含义，更好地理解因数和倍数的概念。

```
商是整数的除法算式：
    12÷4=3    12÷3=4    12÷6=2
    12÷2=6    12÷1=12

商是小数的除法算式：
    12÷5=2.4    12÷8=1.5    12÷15=0.8
    12÷10=1.2   12÷16=0.75
```

图 6

(二) 探究新知

1. 因数和倍数的含义：在整数除法中，如果商是整数而没有余数，我们就说被除数是除数的倍数，除数是被除数的因数。（多媒体展示图 7）

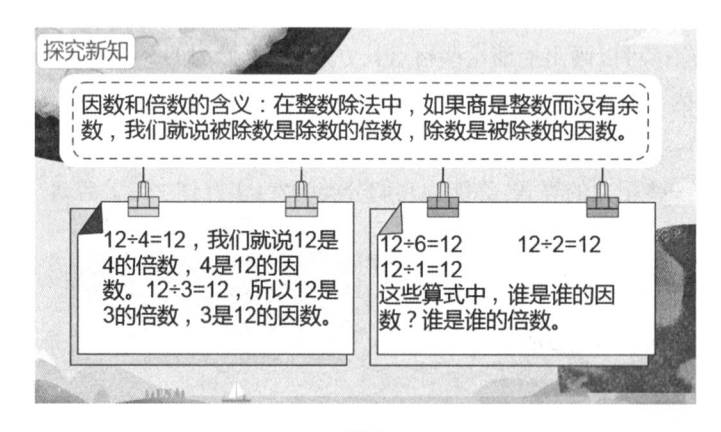

```
探究新知
因数和倍数的含义：在整数除法中，如果商是整数而没有余数，我们就说被除数是除数的倍数，除数是被除数的因数。

12÷4=12，我们就说12是    12÷6=12    12÷2=12
4的倍数，4是12的因        12÷1=12
数。12÷3=12，所以12是     这些算式中，谁是谁的因
3的倍数，3是12的因数。    数？谁是谁的倍数。
```

图 7

说一说：12÷6=2,12÷2=6,12÷1=12,在这个计算方法中，谁是谁的因数？谁是谁的倍数？（点名回答，再一起回答，加深印象）

在 12÷6=2 中，12 是 6 的倍数，6 是 12 的因数。

在 12÷2=6 中，12 是 2 的倍数，2 是 12 的因数。

所以，我们也可以这么讲，即 12 是 6 和 2 的倍数，6 和 2 都是 12 的因数。

在 12÷1=12 中，12 是 1 的倍数，1 是 12 的因数。

说明：(1) 被除数、除数、商都是不等于零的自然数。（因数和倍数存在的条件）（多媒体展示图 8）

(2) 因数与倍数是相互依存的，但它们并不是完全独立的，不能说谁是倍数，谁是因数，应该说谁是谁的倍数，谁是谁的因数。

因数和倍数：12÷4=3,4 是 12 的因数，而 12 则是 4 的倍数。

（类比：父子关系：王强是小明的父亲，小明是王强的儿子。）

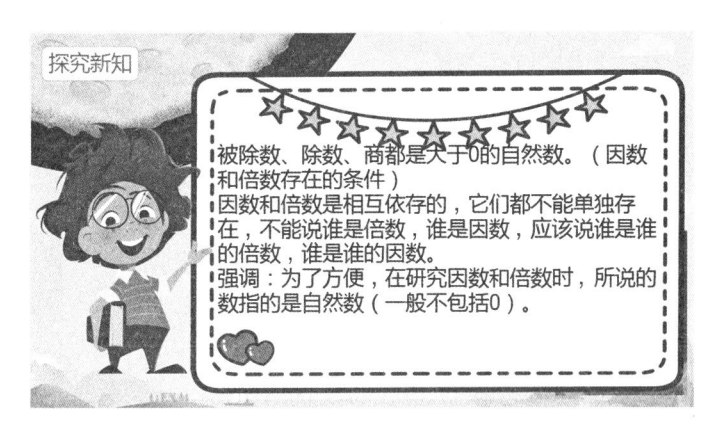

图 8

强调：在研究因数和倍数中，所说的数通常指的是自然数（一般不包括0）。特别强调0的特殊性！

反思：通过指导学生明确因数和倍数定义，从而提高学生对因数和倍数定义的正确认识。

2. 探究找一个数的因数的方法。

课件出示教科书第6页例2：18的因数有哪几个？（多媒体展示图9）

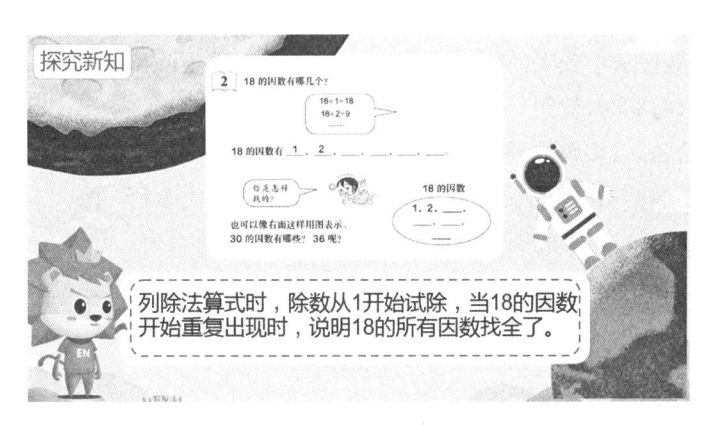

图 9

学生先独立思考并写出来，然后在小组内互相说一说是怎么找的，再派小组代表汇报。

预设1：列除法算式找的。根据因数的含义，被除数18不变，改变了除数，如果商为整数而没有余数，那么除数和商都是被除数18的因数。所以18的因数有1,2,3,6,9,18。

补充：列除法算式时，除数从1开始试除，当18的因数开始重复出现时，说明18的所有因数找全了。（多媒体展示图10）

预设2：列乘法算式找。根据除法算式各部分之间的关系，用"被除数＝除数×商"找出18的因数。看18是哪两个自然数相乘的积，这两个自然数就是18的因数。

讨论1：以上两种方式，在思考的时候都要注意什么？

注意：从最小的数找起，并且都是非零的自然数。

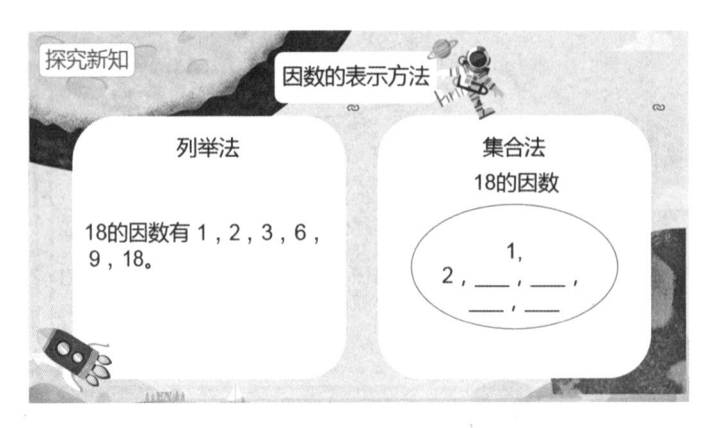

图10

讨论2：怎样才能把所有的因数都找出来？

（列举法；有序集合法；成对。）

反思：引导学生根据因数概念去思考，在找因数的过程中主动迁移知识，培养学生有序思考的能力。

3. 因数的表示方法。

提问：写因数时，怎么写更合适？

预设1：列举法。（多媒体展示图11）

（把18的因数按从小到大的顺序排列，在相邻两个因数中间用逗号隔开，当全部写完时，就用句号表示完成。）

预设2：集合法。（多媒体展示图12、图13）

（先绘制一个椭圆，在椭圆的最上方写上"18的因数"，代表所有18的因数的集合。将18的因数按从小到大的顺序写到集合里，每2个因数中间用逗号间隔，全部完成后不要加句号）

图11

图12　　图13

反思：明确因数的表示方式，并渗透集合思维。即利用集合的概念、逻辑语句和图表等来解决问题的思路。

4. 根据找18的因数的方法找出30和36的因数。（多媒体展示图14）

学生独立思考并写出来，然后集体交流。展示部分学生学习情况（多媒体展示图15）。

明确：当有两个一样的因数时，只写一个数。如 $6\times6=36$ 。

5. 探究一个数的因数的特征。（多媒体展示图16）

提问：观察表格，你发现了什么？

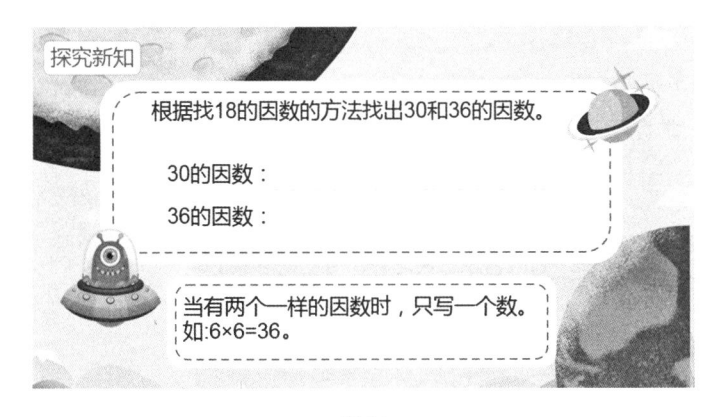

图 14

数	因数	最小的因数	最大的因数
18	1,2,3,6,9,18	1	18
30	1,2,3,5,6,10,15,30	1	30
36	1,2,3,4,6,9,12,18,36	1	36

一个数的因数的个数是有限的，其中最小的因数是1，最大的因数是它本身。

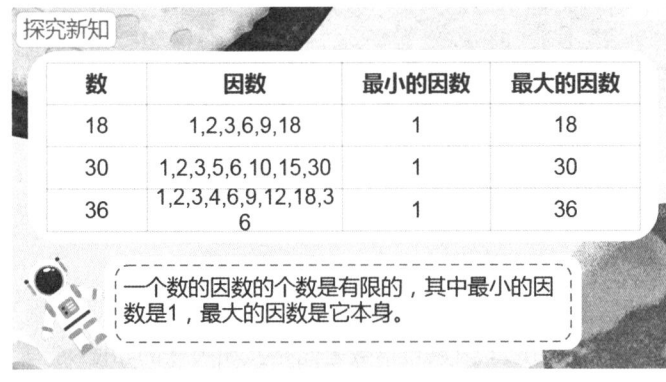

图 16

图 15

发现：每一个数的因数的个数都是有限的，其中最小的因数是1，而最大的因数则是它自己。

反思：指导学生观察一个数的因数的个数，明确因数的个数，培养学生观察、分析和概括的能力。

(三) 巩固练习

1. 完成教科书第5页"做一做"，并说一说你是怎么想的。（多媒体展示）

提示：成倍数关系的两个数，较大数是较小数的倍数，较小数则是较大数的因数。引导学生理解因数和倍数的互相依存性。

2. 完成教科书第7页练习二第1题，和同桌互相交流。

提示：如果某个数既是36的因数，又是60的因数，那么要分别填入两个热气球里。

3. 完成教科书第7页练习二第4题。

学生先独立完成，再小组讨论，全班交流。

【训练目标】通过训练，可以加强学生对因数、倍数的了解，能够熟练地得出某个数的因数和倍数，帮助他们形成有效的知识体系。

(四) 小结

通过这节课的学习,你学到了哪些知识?(多媒体展示)

【教学意图】帮助学生梳理、掌握学习的知识点。

板书设计(图17):

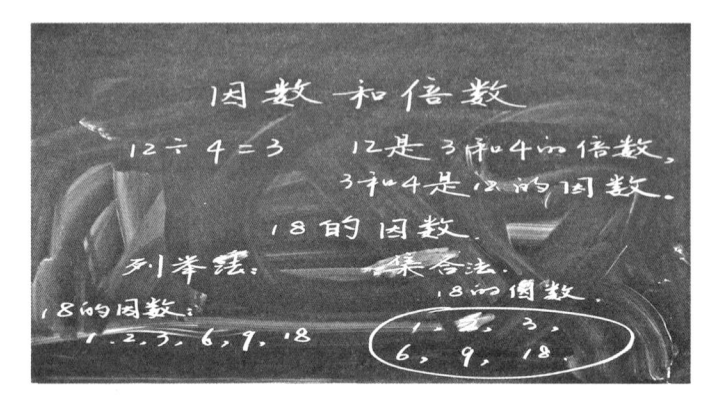

图 17

三、学习体验

罗××:周老师的这节课非常好。我知道了因数与倍数之间是互相关联的,并不能单独存在。如:12 是 6 的倍数,6 是 12 的因数。不能说 12 是倍数,6 是因数。

冉××:之前,我只认识整数、小数、分数,经过今天的学习,我又认识了因数和倍数。

宁××:今天上了一节数学课,我学会了因数和倍数是在整除情况下出现的,老师在讲到除法算式分类时就体现了这一点。

宁××:通过数学老师给我们讲的这节课,我学到了寻找关于这个数的因数的技巧。例如:12 的因数是:1,2,3,4,6,12(6 个,因数个数是有限的),老师提示我们因数不要写错,要从小到大按照顺序写,或者按照乘法算式成对写(1 和 12,2 和 6,3 和 4)。

四、同伴互助

罗××:本节课最大的亮点是老师通过在格子图上画面积为 12 平米的长方形,并通过整除算式提出了因数与倍数的概念。在此基础上,他们能以不同的方式找出某个数的因数和倍数,从而掌握了找出某个数的因数和倍数的具体方法。教学中,采用了分组讨论、小组合作等多种形式,充分调动了学生的主动性、积极性。

黄××:本节课在教学时采用数形结合的方式,通过学生操作展示、班班通课件的形象展示等信息化教学手段。学生可以独立探究某个数的因数,由老师适时进行指导,经过小组的互动、探究、相互评价,学生可以有效掌握寻找某个数的因数的方式。

五、教学体验

"因数和倍数"这节课,有的教师采取的是传统的教师教、学生学的教学模式。教师直接给出什么叫因数、什么叫倍数,怎样找出一个数的因数,然后再围绕教科书习题展开巩固练习。在练习中,发现学生对因数和倍数的概念似懂非懂。我吸取别人之长处再次以"三教"理念探究本课的教学。

(一) 将数形结合带入课堂

"数形结合"是一个很重要的教学观念。对教师而言则是一种教学策略,是一种发展型教学方法;对孩子而言则是一种教学手段。长期渗透,应用得当,将有利于养成正确的教学意识与观念,长久稳定地应用在他们的数学知识生活中。

课堂一开始,教师通过多媒体展示了格子图,并要求学生在学具格子图上画出面积是12平方米的长方形。学生利用之前所学的知识,根据自己的想法动手操作,并列出算式,达到数形结合,从而来创设问题情境,为新知的探究做铺垫。

(二) 算式分类,促进学生思考

通过学生所列出的算式,引发思考,经过观察后发现,在这些计算方法中被除数与除数都是整数,且商有整数也有小数,可按照"商是整数还是小数"这一标准加以划分。推荐学生在平板电脑上动手作业,以规范并展示分类的结果,获得了荣誉感,激发了学生的学习兴趣。

通过分类结果,使学生理解整除的含义,从而更好地理解因数和倍数的概念。

(三) 密切联系生活,理解因数和倍数

因数和倍数关系可以揭示两种整数间的某种相互依存关系,在课前谈话中,教师利用父子之间相互渗透相互依存的关系,从日常生活的父子关系,逐步迁移到了数学中的数与数间的互相联系,通过这种方法促使学生逐渐体会到了数学和日常生活之间的密切联系,也初步懂得用数学的视角去看待自然世界、思考问题,引发了对数学的强烈好奇心,也潜移默化地使他们逐渐认识到因数和倍数间的互相依存联系。在教学上,取得了预期的成效,学生对因数与倍数之间相互依存的关系认识得更加深入。

(四) 引导表达,实现学以致用

在寻找一个数的因数时,可以首先通过独立思考而做出来,然后再指导他们通过对因数问题的分析,根据18是哪两个数相乘后所得,而这样的数便是18的约数,为了找全18的因数,指导学生从一定的途径(列举法,集合法)考虑题目的周全度,在经历找约数的探索历程中主动迁移知识点,培养学生有序思考的能力和概括能力。然后在小组内互相说一说是怎么找的,再派小组代表汇报,培养他们的表达能力。

(五) 重组教科书,探究因数、倍数

教学中,关于探究因数这部分的例题比较少见,只有一个找 18 的因数。但针对实际状况,教师进行了重组。首先让每个学生通过乘法算式"一对一对"地找出 12 的因数,通过质疑:有哪些方式可以做到找全而不疏漏呢?然后让每个学生通过思索,并发现:可以根据一定的顺序一对一对地找出因数,能既找全又不疏漏。然后列举找 30 和 36 的因数,起到了巩固练习的目的。如此设置从易到难,由浅入深,符合学生的认知能力要求。在研究一个数的因数时,教师大胆放手,让学生自己摸索找一数因数的方法,为学生创造了很大的思考空间。通过多种形式的教学手段,既充分调动了学生学习的积极性,也大大提高了教学的效率。

综上所述,因数和倍数是一节小学高段数学的基础课,学生在理解上有一定难度。数学课以"三教"的教学模式确定了数学教育发展的基本方向,以促进和推动学生的成长。同时针对本段教学内容的性质和对学生的认识发展,教师采取数形结合、算式分类、整合课程、互动教育等开拓型教育方法开展课程研究,在课堂教学中也注重体现以学生为中心的教育新理念,并尽力为学生的探索发展创造了有效的空间。

运用"三教"教学模式，培育学生素养
——"负数的认识"教学课例

王远润　贵州省望谟县实验小学甘莱校区

一、教学设计

（一）知识点

人教版《数学》六年级下册第一单元"负数的认识"。

（二）学习背景

1. 教科书分析。

"负数的认识"是人教版《数学》六年级下册第1单元，用学生熟知的日常生活情境，如温度中的负数、收支中的负数和数轴中的负数，引导学生感悟负数的产生。在活动情境中建立数轴的模式，让学生借助数轴直接地感知正数、0和负数相互之间的关系，并强调正数、负数中能够表达对立含义的量，发现每一个数在数轴上都有一个点与之相对，体会数形结合的数学思想。

2. 学情分析。

本节教学内容建立在学生认识了自然数、分数和小数的基础上。学生在日常生活中接触到一些负数，有了最初认知负数的基础，比如在天气预报中的零上温度和零下温度、在存折明细中的存入数额和支出数额、楼梯上升的层数与下降的层数等。通过这些熟悉的生活情境，可以引导学生深入理解负数的意义，并体会用正数、负数代表两种对立含义的量。

3. 核心问题。

在熟悉的生活场景中，使用正数、负数代表两个相反意义的量，表示不同的意义。

（三）教学目标

1. 让学生从熟悉的日常生活场景中初步理解负号，并准确地读写正号和负号；知道0不是正数也不是负数，理解分类的方法。

2. 初步掌握用负数说明一些生活中的具体现象，根据实际情况理解负数的含义，体会负数的使用意义。

（四）教学重点难点

初步认识负数，掌握正数和负数的读法和写法，能应用正数、负数表示生活中具有相反意义的量。

(五) 教学思路

遵循"三教"理念：创设情境，导入新课→合作交流，汇报→比对，理解意义→趣味练习，加深理解→拓展延伸，引发思考。

二、教学过程

(一) 片段1：情境导入，揭示课题

师：同学们，我们一起来做个游戏。注意听游戏的规则：老师说出一个词语，你们说出与它意思相反的另一个词语。

师：节约。

生(齐)：浪费。

师：高山。

生(齐)：平地。

师：拥护。

生(齐)：反对。

师：上面几个意思相反的词语，组成了一组对立含义的量。(板书：相反意义的量)

课件出示+3℃,和−3℃，让学生找出它们的不同和各自代表的意义。

课堂反思：此环节通过课堂热身，引入新课，既活跃了课堂气氛，又可以引入"相反的意义"的话题，为负数的学习做铺垫。

(二) 片段2：教学新知

1. 表示相反意义的量。

引入实例。

师：生活中有很多这种表达相反意义的量。如，某水果店新进了一批果品，当天盈利200元，而第二天损失了200元。怎样用数学知识来表达这么一组相反意义的量呢？

生1：获利200元就用200元↑来表示，亏损200元就用200元↓来表示。

生2：盈利200元就用+200元来表示，损失200元就用−200元来表示。

师：这里的−200元是什么数呢？

生(齐)：是负数。

师：到底什么是负号呢？它和我们以前学过的数，有哪些区别呢？今天我们就一起来对负数进行初步认识。(板书课题：负数的初步认识)

2. 教师出示教科书第2页例1的主题图(图1)。

3. 引导学生阅读教科书，仔细观察主题图形，初步通过教科书认识正数、负数。

(1)师：看，负数藏在了气温中，仔细观察这六张图片，你发现了什么？(学生自由发言)

> **课件出示**
>
> -27℃~-19℃ 哈尔滨
> -12℃~-4℃ 北京
> 1℃~4℃ 上海
> -3℃~2℃ 武汉
> 0℃~3℃ 长沙
> 20℃~23℃ 海口

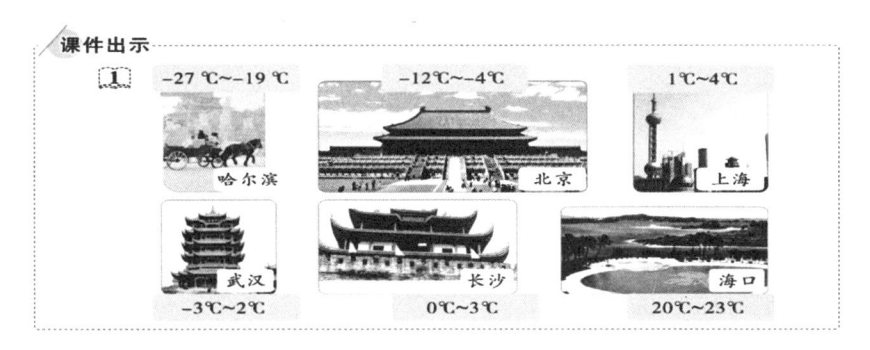

图1

在黑板上书写其中的3个温度：3℃，-3℃，0℃。

师：这两个3℃有什么不同？大家讨论一下。

生1：3℃比0℃高3摄氏度，-3℃比0℃低3摄氏度。

生2：3℃在0℃的上面，-3℃在0℃的下面。

（教师引导学生说出以0℃为分界线。）

师：0℃、3℃、-3℃各代表什么意思？

师（小结）：0℃代表淡水开始结冰的气温。以0℃为界限点，比0℃低的气温叫零下温度，常常在数值前加"-"（负号）。如，-3℃代表零下三摄氏度，读作负三摄氏度。比0℃高的气温叫零上温度，往往在数值前加"+"（正号），一般情况下可省略不写。如，+3℃代表零上三摄氏度，读作正三摄氏度，也可以写成3℃，读作三摄氏度。（板书：3℃读作三摄氏度；-3℃读作负三摄氏度）

（2）师：哈尔滨的气温是-27℃~-19℃，这里的-27℃、-19℃分别是什么意思呢？

引导学生了解哈尔滨的最高温度是零下19℃，而最低气温则为零下27℃。

师：根据图1上的信息填写教科书上的表格，学生之间可以互相说一说数字分别代表了什么含义。

课堂反思：通过看图1，学生知道同一时间各地域的气温有高有低，并且感受到气温的表示中使用了负数，引导他们通过生活实践说一说对不同气温的认识，唤醒对零度、零上温度、零下温度的体验。

（三）片段3：理解负数的意义

1. 课件出示教科书第3页例2。

师：生活中处处有数学的影子，负数也到处可见。

师：仔细观察这张存折，说一说上面数字代表的含义。

学情预设：学生会说出2 000.00表示存入2 000元，-500.00表示支出500元，-132.00表示支出132元，500.00表示存入500元。

师：仔细想想，500.00和-500.00，它们之间有什么区别和联系？（虽然符号不同，但符号后面的数字都相同。）

师：它们的含义一样吗？（让学生同时说出500.00和-500.00是表示两个相反意义的数。）

师：收入与支出，是两种相反意义的量，你还知道哪些相反意义的量呢？

2. 联系实际，加深认识。

（1）结合日常生活，举出一组相反意义的量，用正数、负数来说明。

① 同桌交流。

② 全班交流。根据学生发言板书。

思考：这样的正数、负数能写完吗？

（2）强调并指出：像过去我们所熟知的，整数、小数、积分等都是正数，也叫正整数、正小数、正分数。如果在它们的前边加上负号，就成为负整数、负小数、负分数，统称为负数。

3. 进一步认识数字0。

请学生观察温度计，说一说有什么发现。

学生明确：以0℃为界限点，零上温度用正数来表示，而零下温度用负数来表示。

思考：0是正数还是负数呢？

在学生发言的基础上，强调0是正数与负数的分界线，它既不是正数也不是负数。

总结归纳：如果说过去所理解的数仅仅包括正数和零，那么现在应该把数加以重新划分。

4. 练一练。

读一读，填一填。（练习一第1题）

5. 出示课题。

师：同学们，想一想，今天学了哪些新知识？

（通过学生的回答概括本节课所学知识）

6. 负数的历史。

课件介绍教科书第4页"你了解吗？"。

师：负数已经在人们日常生活中被普遍采用，我们去追寻一些负数的足迹吧！（学生自主认识负数的形成与演变，然后说一说自己的感觉。）

学生自行阅读教科书：我们是当今世界上最先认识和使用负数的国度，早在两千多年前，我国古代数学书籍《九章算术》中对正数和负数就有了记载。刘徽在该书的注文中深入地总结了正数、负数的意义。"两算得失反之，要令正负以名之。"这句话的含义是："两个得失恰恰相反的数，依次就是正数和负数。"古代用算筹代替数，规定以红色算筹指代正值，深蓝色算筹指代负值。但因为在记录时的换色很简单，到了十三世纪，中国古代天文学家又创制出在正数字上画斜线来指代负号的新技术。国外对负数的理解也经过了曲折的发展历程，同时产生了各种表达负数的形式，但直至二十世纪初期，才有了现在的形式。比中国晚了几百年！

7. 练习应用。

今天，负数在人们的工作与生活中仍然具有广泛的应用。让我们来体会数和人们生活的密切联系。

(1)课件给出教科书第4页"做一做"第1题。

师:-3℃与-18℃哪个温度低?

生1:我认为-18℃高。

生2:我认为-3℃高。

(结合温度计帮助学生理解)

师:为什么-18℃低?

师(小结):-3℃表示零下三摄氏度,比0℃低三摄氏度,而-18℃则表示零下十八摄氏度,比0℃低十八摄氏度,所以-18℃温度低。

师:-20℃和-18℃相比,哪个温度低呢?(-20℃低)

【设计目标】进一步了解负数的大小,负号后面的数字越大,数反而越小。

(2)师生共同完成相关练习。

8. 课堂小结。

师:同学们,今天的数学课,有什么感受?

师生共同小结负数的意义,正数、负数的读法、写法等基本知识。

教学反思:在负数概念的学习过程中,指导学生通过气温的高低逐步感悟负数的含义,并在练习题中设置了各类现实背景下相反意义的量的例子,创造了丰富多彩的素材。同时指导学生在已有知识、经验的基础上,掌握负数概念在现实中的应用情况,并明白相反意义的量具有相对应性。

三、学生体验

胡××:通过学习王老师的这节课,我会用正数、负数来记录家里每个月收入、支出的钱。

罗××:学习了这节课,我会用正数、负数来记录温度变化。如果温度比今天高几度,我记作正几摄氏度;如果温度比今天低几度,我记作负几摄氏度。

四、同伴互助

王××:这节课,通过讲相反词语的方式切入,能充分调动学生现有的认识能力,给负数的认识创造了一个必要的环境,学生可以自主认知,但不能照顾到部分数学后进生。在教学上应让这些数学后进生用正数、负数表述一些日常生活中的实际情况。

胡××:利用教科书中丰富的材料,尝试发掘了较多的产生共性背景的材料,并指导学生通过观察、探究、对比,让他们对负数的理解产生了在温度和海拔层面的深入和完整的认识。当然,本节课程有很多需要完善的问题,比如有部分学生对负数的认识还存在偏差,需要在练习中强化。

五、教学体验

(一) 对课标要求的理解

认知负数,这对小学生而言是数概念的又一个扩展。因为他们以往认知的整数、小数、分数都是在算术范畴内。而建立负数的概念,则使学生认数的范畴扩展到所有有理数,进而增加了他们关于对数概念的认知。如此,便于中小学数学衔接,为学生理解有理数的意义与计算,奠定良好的基础。《义务教育数学课程标准(2022年版)》旨在使学生从熟悉的日常生活场景中初步理解负数,并感知数学就在我们的日常生活,从而扩大对对数含义的理解。怎样全面地揭示负数的概念及其负数的内涵,激发学生认识负数的积极性,是我们应该重视的问题。

(二) "三教"理念,培育学生素养

1. 教会学生学会思考是前提。

新知往往是在对旧知的迁移或是与旧知产生矛盾冲突的前提下而形成的。在课前准备时可以做一些可以表示相反词语的游戏,因为这样不仅活跃了课堂气氛,而且可以很快地将我们引入相反的意义中,为接下来的学习做铺垫。这样的设计让两个数量的相反意义凸显在学生面前。

2. 引导学生在动手操作中感悟。

培养和激发学生不同的记录方式并表达出来,这种教学活动帮助他们持续地开展有价值的数学探索,直至产生"需要找到一种统一的形式"的内心需求。这时,负数的真正含义便呼之欲出。

用"三教"引导表达交流,实现数学课堂学以致用
——"单式折线统计图"教学课例

黄经涛　贵州省望谟县实验小学甘莱校区

一、教学设计

(一) 知识点

人教版《数学》五年级下册第 7 单元"单式折线统计图"第 104 页至第 105 页。

(二) 学习背景

1. 教科书分析。

学习本单元之前,学生已经掌握了收集、整理、描述、分析数据的基本方法,会用统计表(单式和复式)和条形统计图(单式和复式)来表示统计结果,并能根据统计表、条形统计图解决简单的实际问题。在此基础上,本单元认识一种新的统计图——折线统计图(单式),帮助学生了解单式折线统计图的特点,根据折线的变化特点对数据进行简单分析、判断和预测,更好地了解统计在现实生活中的意义和作用。

教科书第 104 页例 1 是认识单式折线统计图,以中国青少年机器人大赛为题材,先用统计表和条形统计图表述历届参赛队伍数量的情况,在此基础上引出折线统计图。教科书的编写目的包括两个方面,一方面激活学生认知结构中已有的统计知识,另一方面有助于学生感受这两种统计图的联系,了解折线统计图的特点,把握数据分析的方法,培养数据分析的观念。

2. 学情分析。

在前面有关统计的学习中,学生已经从不同层面经历了数据的收集、整理、描述和分析的过程,对统计的过程和方法有了一定的经验。本单元的教学,让学生看图分析,提出问题,解决问题;引导学生确定纵轴、横轴,并在图中描点、标数据、连线,既突出了绘制折线统计图的关键环节,又能让学生更加关注统计活动的过程,全面理解和掌握统计的方法,积累统计活动的经验。

3. 核心问题。

会应用单式折线统计图解决实际生活中的简单问题。

(三) 学习目标

1. 了解单式折线统计图的结构,认识单式折线统计图及其特征。

2. 能读懂单式折线统计图,会根据单式折线统计图中的数据进行简单分析,并能对事物作出初步判断和预测。

(四) 教学重点难点

体会单式折线统计图的特征,学会绘制单式折线统计图。

(五) 教学思路

遵循"三教"理念:创设情境,导入新课→合作交流,比较分析,理解特点→巩固练习,加深理解→引发思考。

二、教学过程

(一) 片段1:创设情境,导入新课

师:同学们,你们见过机器人吗？你们对机器人是否了解？

(学生自由交流对机器人相应数据的了解。)

师:为激发青少年对机器人设计与制造的热情,我国每年都会举行青少年机器人大赛。请看,老师收集了一组中国机器人大赛参赛队伍的情况(图1)。

> **课件出示**
> 中国青少年机器人大赛参赛队伍情况如下:
> 2006年:426支 2007年:394支 2008年:468支 2009年:454支
> 2010年:489支 2011年:499支 2012年:519支

图1

师:通过观察数据你们有什么想法？

生:2006—2010年参赛队伍呈上升趋势。

师:怎样才能清楚地看出数据是多少呢？

生:用统计表。

师:应用统计表整理数据,有什么好处？

生1:能清楚地看出数据的多少。

生2:能清楚地看出参赛队伍有增多也有减少。

师:除了用统计表,你们还有其他的表示方法吗？

师:课件呈现(图2)。

师:你们现在又有什么想法？

生:这是我们学过的条形统计图。

师:还记得它有什么特点吗？

> 课件出示

中国青少年机器人大赛参赛队伍统计图
（2006—2012年）

图2

生1：能清楚地看出数据的多少。

生2：容易比较数据的大小。

生3：还存在有高有低的直线。

师：其实，我们也可以用一种新的统计图对前面数据进行整理表达——单式折线统计图。

（板书课题：单式折线统计图）

反思：在这一过程，首先让学生感受用统计表、统计图表示数据更加清楚、直观，激活学生已有的统计知识；其次由条形统计图过渡到单式折线统计图，有助于学生初步感受单式折线统计图与条形统计图的关系，便于利用条形统计图的知识学习单式折线统计图。

(二) 片段2：探索新知，合作交流

课件出示例1主题图（图3）。

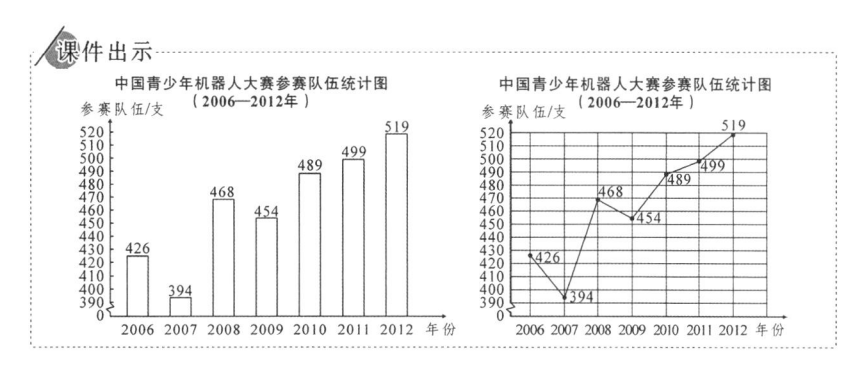

> 课件出示

图3

师：从统计图里你们获得哪些数学信息？它们有什么相同点和不同点？讨论分析，初步认识单式折线统计图的特征，汇报交流。

生1：表示的方式不同，能具体反映数据的多少。

生2：有下降和上升的过程。

师：单式折线统计图有什么特点？

（板书：单式折线统计图不仅表示数量的多少，还能表示数量增减变化的情况）

师：根据图文信息，你们能提出什么数学问题？

生3：哪一个年份参赛队伍最少？2016年参赛队伍比2017年参赛队伍多多少？……

生4：平均每年参加中国青少年机器人大赛的队伍有多少？

反思：让学生在观察、比较的基础上，自主发现单式折线统计图的特征，帮助他们自己去认识、读懂单式折线统计图。学生在对比、观察、分析、发现中认识单式折线统计图的特点，体会单式折线统计图的作用，提高他们的读图能力。让学生感受到虽然数据是变化的，单个看是杂乱无章的，但根据这些数据绘制单式折线统计图就能看出数据的变化规律，从而体会随机思想。

（三）片段3：看图分析，感受数据的随机性

师：从2006年到2012年，这些数据的变化有什么规律？

生：每年参赛队伍数量不一样，有时在增多，有时在减少；有时增加得快，有时增加得慢。

师：可能我们单独从一年、两年这些数据，看不出什么规律，但我们看多年的数据，就可以发现参赛队伍的数量总体上呈增加趋势。

教师课件出示图4。

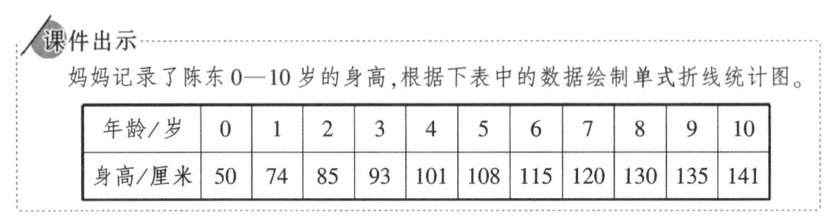

> **课件出示**
> 妈妈记录了陈东0—10岁的身高，根据下表中的数据绘制单式折线统计图。
>
> | 年龄/岁 | 0 | 1 | 2 | 3 | 4 | 5 | 6 | 7 | 8 | 9 | 10 |
> |---|---|---|---|---|---|---|---|---|---|---|---|
> | 身高/厘米 | 50 | 74 | 85 | 93 | 101 | 108 | 115 | 120 | 130 | 135 | 141 |

图4

合作交流：

(1) 课件呈现统计表，学生读表。

(2) 课件呈现网格统计图。

(3) 学生自主将统计表中的数据在统计图中表示出来。

师：说一说你们是怎样画单式折线统计图的。

生：描点，连线。

师：教师根据学生的回答板书画单式折线统计图的步骤和方法。

（板书：描点—表示数据—连线）

反思：学生在前面已经对单式折线统计图有了一定的认识和理解，这里重点在让他们独立完善单式折线统计图的画图并读图。这样不但有助于培养学生的学习兴趣和作图技能，也

有助于提高学生的读图能力。

(四) 片段4：巩固练习，强化认识

1. 教师出示问题(图5)，学生独立观察单式折线统计图后，全班交流。

下面是我国农村居民2005—2011年年人均纯收入情况统计图。

（1）我国农村居民年人均纯收入呈现什么变化趋势？
（2）你还能提出什么数学问题？

图5

师：我国农村居民年人均纯收入呈现什么变化趋势？从这个趋势中你感受到了什么？
(学生独立思考)

2. 教师课件出示习题(图6)。

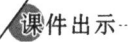

课件出示
根据你的生活经验，用手势比画出下面这些数量的上升或下降趋势。
1. 从春天到冬天，梧桐树上每个月树叶数量的变化。
2. 从每年10月到次年3月，每个月长途客运流量的变化。
3. 你家一昼夜每时用电量的变化。

图6

师：学生独立思考后全班交流。

反思：围绕单式折线统计图的特点和作用，读图分析，根据统计图自主提出问题，加深对单式折线统计图特点的了解，培养读图分析能力和发现问题、提出问题的能力。第3题结合生活经验和想象比画折线图，不但有助于学生对数量变化趋势的感悟，而且有助于培养学生的想象能力，感悟数形结合的思想。

三、学习体验

韦××：黄老师上的这一堂课，我学会了单式折线统计图的特点和在实际生活中的

应用。

陈××：在学习单式折线统计图之前，我只认识条形统计图，经过今天的学习，我又认识了单式折线统计图。

许××：今天上了一节数学课，我学会了单式折线统计图的实际应用，它是在我们实际生活中经常遇到的数学问题。

四、同伴互助

王××：教学中，让学生通过自己的观察，表达出统计图上数量的变化趋势，说出点表示的数量，培养了学生的观察、思考、概括、总结的能力。

周××：本节课，通过学生已有的统计知识——条形统计图来统计中国青少年机器人大赛参赛队伍的数量，引出要学习的单式折线统计图，过渡自然，有层次，小组之间的交流，能清楚地用自己的语言说出单式折线统计图的特点。

王××：教学中，教师把生活中的数学有效引入教学设计中，能激发学生的学习兴趣和热情，让学生在课堂中充满兴趣。

五、教学体验

"单式折线统计图"这节课，我之前执教过，采取的是传统的教师教、学生学的教学模式。教师直接给出单式折线统计图的定义和特点、直接对数据进行分析，然后再围绕教科书习题展开巩固练习。课后，学生对单式折线统计图的意义和在生活中的运用仍模糊不清。所以，我在本次"三教"理念探究课中，选择了这节课再次挑战。

(一) 激发学习兴趣，体验数感内涵

《义务教育数学课程标准(2022年版)》指出："学生的学习应是一个主动的过程，认真听讲、独立思考、动手实践、自主探索、合作交流等是学习数学的重要方式。"

本节课中，让学生经历、体验、感受、理解单式折线统计图的意义，关注学生的学习过程，让学生学会思考，学会解题思路。给学生提供讨论合作、独立思考、实践操作的时间和空间，充分发挥学生的主体作用，让学生做学习的主人。

(二) 转变教学方式，促进学生思考

学生应当有足够的时间和空间经历观察、实验、猜测、计算、推理、验证等活动过程。认识单式折线统计图同样需要如此。在提出探究问题后，放手让学生完成3张学习单，然后教师巡视加以指导，让学生在小组内完成对单式折线统计图的组成、画法、优点进行研究。让学生先独立思考，再通过小组合作探究交流，在合作中逐渐认识。从学生的汇报可以看出，学生对线的作用理解非常到位，既能从整体上思考，又能一段一段地进行分析。一节课下来，学习方

式让学生的思路更加开阔,合作探究的能力也增强了。

(三) 引导表达交流,实现学以致用

认识单式折线统计图的目的,是学会用它来直观、有效地表示数据。这节课的重要教学目标之一,是通过对数据的整理与分析,让学生进一步体会单式折线统计图的价值,体会统计在生活中的意义与作用。因此,充分认识并掌握单式折线统计图的特点之后,教师设计了应用练习内容,目的是强化学生的应用意识,培养学生的数据分析观念,进一步发展学生的统计观念。

在联系生活中学习数学
——"认识人民币"教学课例

王永辉　贵州省望谟县实验小学甘莱校区

一、教学设计

(一) 知识点

人教版《数学》一年级下册第5单元"认识人民币"。

(二) 学习背景

1. 教科书分析。

"认识人民币"是人教版《数学》一年级下册第5单元第一课时。教科书通过一组主题图,列举了购买文具、乘船买票、买报纸、存零钱等生活中使用人民币的例子,让学生知道买东西要用人民币,揭示人民币在商品流通过程中的功能以及在人们生活中的重要性。通过存零钱的示意图,初步感知人民币单位的进率,让学生合理用钱,养成勤俭节约的好习惯。人民币是我国的法定货币,体现着国家的文化和精神风貌,爱护人民币是爱国的表现。

2. 学情分析。

人民币是我国法定的货币,它是价值的一般代表,在人们的生活中起着重要的作用。让学生结合自己的生活经验和已掌握的100以内数的知识认识人民币,一方面使学生初步知道人民币的基本知识,另一方面使学生加深对100以内数的概念的理解,体会数学概念与现实生活的密切联系。一年级学生年龄小,缺乏社会经验,去市场购物的机会也少,对人民币只是初步认识。本节课的教学促使学生对人民币有进一步的认识,通过简单的活动,感知人民币的面值和人民币的功能。本课的设计充分利用学生已有的生活经验,把这一概念的学习设计成实践活动,学生在活动中初步认识商品的价格,学会简单的购物,并了解元、角、分之间的进率关系。

3. 核心问题。

认识人民币的面值和掌握人民币单位的进率。

(三) 学习目标

1. 知道人民币的单位有元、角、分,知道1元＝10角,1角＝10分。
2. 经历认识人民币的过程,初步培养学生观察、比较、分析和推理等能力。

3. 体会人民币在社会生活、商品交换中的作用,了解简单的货币,知道爱护人民币。

(四) 教学重点难点

1. 重点：认识人民币的单位元、角、分,知道 1 元＝10 角,1 角＝10 分。
2. 难点：初步学会用人民币购物,进行简单的单位换算。

(五) 教学思路

以"三教"理念为基础,通过小组合作,进行分类活动,上台进行购物和换算的游戏。认识并归纳人民币种类;通过兑换活动理解人民币的单位元、角、分之间的进率。

二、教学过程

(一) 情境激趣,导入新知

PPT 出示主题图(出示教科书第 52 页 4 幅情境图)。

师：请同学们仔细观察这几幅图,说一说小朋友在干什么。他们做这些事情的时候用到了什么？

生 1：购买作业本、购买船票、购买报纸和存零钱。

生 2：用到了钱。

师：同学们说得很对。在买东西的时候都要用到钱,我国使用的钱叫人民币。人民币是我们国家的法定货币,爱护人民币就是爱护我们的国家。同时要合理使用人民币,养成勤俭节约的好习惯。人民币与我们的日常生活密切相关,今天我们就来学习有关人民币的知识(板书课题：认识人民币)。

设计意图：此环节是根据一年级学生的心理特点和认知水平来设计的。一开始就出示情境图看图中人物在做什么,吸引学生的注意力,营造愉悦的教学氛围。

(二) 快乐学习,认识新知

1. 自主认识小面额人民币,认识 1 元、5 角、2 分。

(1) (教师 PPT 出示整套人民币)瞧,我们国家人民币的面额有这么多种呢！有些是纸做的,叫纸币；有的是金属做的,叫硬币。这些人民币你们都认识吗？

(2) 小组合作。

师：请小组长把信封里的人民币倒出来(内含 1 角、2 角、5 角、1 元、2 分、1 分、5 分若干),每个同学从中选出你认识的人民币,跟同伴说一说面值是多少。说完了放回信封里,比一比哪个小组的动作最快。

设计意图：新课标提倡合作学习,就是为了能让学生人人参与,把学生从旁观者转变为学习的主人。为此,教师课中设置了小组合作交流,让学生在小组合作中进行探究活动,既鼓励学生独立尝试,又重视学生间的合作互助,给学生提供多向交往的机会,提高学生合作学习的意识和观察、分析与解决问题的能力。

2. 认识面值1元的人民币。

(1) 同学们,这么快就认出这么多不同面值的人民币,真棒!能告诉老师,是用什么办法来判断的?(图案、字样、颜色、数字、大小)

(2) 出示1元人民币的正面和反面,请小组长从信封里拿出两张1元纸币,仔细观察它的正面和反面,互相讨论,1元人民币有什么特点?

(3) 汇报:四人小组到电脑前指着屏幕说(主要是汉字表示的面值、颜色、数字、国徽)。

(4) 师:国徽是我们国家的标志,我们要爱护人民币。请同学们想一想:我们在生活中应该怎样爱护人民币呢?(不乱涂乱画乱折)

(5) 人民币上还有许许多多的图案,每一种图案都有着特别的意义。下课后,同学们再仔细观察,把你的发现告诉你的小伙伴或老师,好不好?

设计意图:以小组合作方式学习,学生积极动脑、动手,广泛交流。学生在活动中互相启发,加深对问题的理解,获取数学知识,发展数学能力,并获得积极的情感体验。

3. PPT出示5角和2分。

(1) 你们认识这两种人民币吗?你们是怎样认出来的?(根据数字、单位和颜色等)

(2) 通过看数字和单位,同学们很快认出了这两张人民币,就是说看人民币最主要看的是什么?(板书:最主要看数字和单位)

(3) 人民币的单位有元、角、分。

(4) 这个"壹"字,你们见过吗?这个是咱们汉字"一"的大写,它也表示数量"1"。

(5) 在人民币上,咱们还能看到下面这些汉字:"贰""伍""拾""佰"。认识的同学请大声读出来。(边读边板书)这些汉字在人民币的哪个位置呢?(出示:壹圆、贰圆、伍圆、拾圆和壹佰圆的人民币)引导学生观察。

(三) 初步认识小面值的人民币

(课件出示1元和1元以下的人民币,包括纸币和硬币)

师:请同学们仔细观察黑板上的这些人民币,能认出几种呢?怎样识别的?

生:看上面的数字、颜色、大小。

师(及时表扬):你们知道得这么多,真了不起!

设计意图:以1元、5角、2分为例,抽象出人民币的主要数字和单位,强调认知的方法:不同的数字配上不同的单位就组成不同面值的人民币,让学生提高分析能力并轻松认识整套人民币。

(四) 质疑

同学们请看教科书第54页,你们还有什么疑问吗?如:

(1) 为什么有数字?

(2) 为什么人民币的颜色不同?

(3) 为什么有的人民币有国徽,有的没有?

(五) 游戏

1. 同学们表现得真棒,下面我们来玩一个人民币的游戏,屏幕上的人民币只露出一部分,你们能猜出它们的面值是多少吗?

2. 同学们能不能用这些人民币购买东西呢?请同学们派小组代表上台进行购买。

课件演示,学生抢答的同时能亲自上台购买物品。

设计意图:学生已有认识人民币的基础,对不同面值的人民币有一定的生活经验和辨别能力,几乎每个人都能说出识别的方法,但由于学生的生活经验和辨别能力有差异,因此在教学中分组互动,通过学生教学生和游戏的方法,加强认识人民币面值这方面的知识。

(六) 认识人民币的进率

1. 认识元和角之间的进率。

师:同学们对人民币已经有了一定的认识,现在老师要和同学们做一个换钱的游戏。

(出示一张5角人民币)

如果你们用1角人民币来换老师的5角人民币,你们应该用几张?

生:5张。

(出示1元人民币)

如果你们用1角人民硬币来换老师的1元人民纸币,你们应该给老师几枚硬币?

生:10枚。

(板书:1元=10角)

师:现在换老师的1元人民纸币,请你们选任意面值的人民币来换,并分别摆一摆,看看用几张人民币纸币或几枚人民币硬币。

(课件出示教科书例2中的左图)

2. 认识角和分的进率。

(课件出示教科书例2中的右图)

师:这幅图有两种面值的人民币,你们能发现这两种面值的人民币之间的关系吗?

生:1角=10分。

(板书:1角=10分)

师:现在,老师手里有1枚1角的人民币硬币,你们能用以分为单位的人民币硬币来换吗?有几种方法?

(学生动手操作,用硬币进行换钱游戏)

(学生在知道10枚1分硬币可以换1角硬币的基础上,拓展到5个2分、2个5分等)

设计意图:师生互动,换钱游戏更能让学生加深印象。通过摆一摆的不同付钱方法,延伸到教学知识一个数是由哪些数组成的,这个数是由几和几组成的,推理出元、角、分的进率。

(七) 课堂练习,巩固提升

1. 基础练习。

买一件价格是1元1角的玩具,有几种付钱方法?哪种方法简单?

(指导学生思考付钱的方法,并集体讨论哪种方法简单)

2. 巩固提升。

(八) 课堂总结

同学们,这节课我们学习了很多知识,你们都学会了什么?因为人民币在我们的生活中随处可见,所以认识、了解人民币很重要。爱护人民币也就是爱护我们的国家。同时我们要合理使用人民币,养成勤俭节约的好习惯。

第二篇

教师实践课例

第三章

英语教学课例

挖掘想象天赋，培养思考、表达能力
——Unit4　At the farm Part B Let's talk

刘禄笔　贵州省望谟县实验小学甘莱校区

一、教学设计

(一) 教科书分析

本节课是人教版《英语》四年级下册 Unit4 At the farm 中 B 部分的 Let's talk，主要通过 Let's talk 和 Let's play 两部分的学习，来巩固之前所学的农场上常见的动物名称，以及运用句型"What are these?""What are those?""How many horses do you have?""What about those?""Are they...?"来进行询问和正确作答练习。

(二) 学情分析

本单元的内容与学生生活紧密相连，但现在的学生缺乏实践经验，对生活的情境接触太少。在教学中，教师主要以视频、图片教学为主，实时分散重点难点，采用比较法来学习句型"What are these?""What are those?""Are these...?""Are those...?""How many ... do you have?"在学习动物名称的同时学习名词复数形式。

(三) 教学目标

1. 认知目标：能听、说、认读单词 horse，cow，hen 和句型"What are these?""What are those?""What about those?"了解这几种动物的叫声和特征。

2. 能力目标：培养学生的口头表达能力、模仿能力和辨别能力。

3. 情感目标：教育学生要仔细观察，善于抓住事物的本质。

(四) 教学重点难点

1. 灵活运用句型"What are those?""How many...?""Are they...?""Yes, they are.""No, they aren't."进行回答。

2. 区分 these 和 those 的含义、距离及其发音。

(五) 教学思路

理解重点单词和句子的含义，师生合作探究，读懂对话内容，体会农场生活里的趣事。

二、教学过程

（一）Step 1：Warm-up（片段一）

1. 教师依次播放 hen，cow，horse 等动物的叫声。

2. Sing the song—Old MacDonald had a farm.（出示课件）

3. Revision.

T：Mike，John and Sarah were visiting the farm. What did they see at the farm?

Ss：Some vegetables.

T：What vegetables? Let's see.（Show the word cards.）What are these? Are these…?

Ss：…

Use the word cards to review the words and the sentence structures.

4. Lead-in.

T：In the afternoon，Mike and Sarah are visiting the farm. This time they see a lot of animals at the farm. That's cool! Let's go and see!

Write down the topic "At the farm" on the blackboard.

教学反思：先声夺人，首先播放动物的叫声来激发学生学习的兴趣，调动学生初步对动物叫声的认知水平，同时能激发学生交流的兴趣。

学生体验：老师让我们先模仿各种动物的叫声，我们对模仿每种动物的叫声非常感兴趣，班上叫声一片，瞬间我们班成了"动物园"。这样的英语课真是太有趣啦!

（二）Step 2：Presentation（片段二）

1. Look and predict.

Show the two pictures in "Let's talk" on page 41.（出示课件）Let students look at the pictures carefully. Ask some questions to lead them to predict the main idea of the dialogue.

The questions are like these：

① Who are they?

② Where are they?

③ What are they talking about? Vegetables or animals? How many?

2. Watch and answer.

Show the questions and the pictures of some animals on the PPT.（出示课件）

Let students watch the cartoon.（课件出示：教科书第41页 Let's talk 视频）

T：What animals are they talking about? Picture A，B，C or D?

Ss：Picture C and D.

T：Great!

3. Teach the new words and the new sentence structures.

(1) Listen to the dialogue about Picture 1.（出示课件）

T：Does Old MacDonald have animals?

Ss：Yes.

Q：How many animals does he have? A few or a lot of animals?

Ss：He has a lot of animals.

Use pictures to help students understand "a lot of".（课件出示 a lot of 的相关内容）

Teach the word "horses".（课件出示几匹马的图片）

T：What are these?

Ss：They're horses.

T：Yes. They're horses.

Students read the word after the teacher.

Teach the word "those".

Present the pictures on the PPT.（课件出示近处的马群图片和远处的马群图片）

Use the pictures to help students understand the word "those".

Then try to make some sentences by using "these" and "those". The teacher points to some things in classroom and asks questions. Students answer.

T：What are these?

Ss：They're...

T：What are those?

Ss：They're...

Write down the sentence structures on the blackboard.

(2) Listen to the dialogue about Picture 2.（出示课件）

The teacher points to the second picture and asks questions.

T：What are those? Are they hens?

S：No, they aren't. They're ducks.

Teach the new word "hens" and the sentence structures "—Are they hens? —No, they aren't. They are...".

Students practice by using the word cards.

Read and act.

(1) Play the recording. Let students read after it and pay attention to the pronunciation and the intonation.

(2) Let students practice the dialogue in groups.

(3) Act out.

教学反思：在PPT场景中练习对话，在听说训练后背诵重点句型。为学生营造轻松愉悦的学习氛围，为角色扮演做准备。

学生体验：老师设计的农场很有趣，感觉把我们全班同学都带到农场里去了，特别是在分角色扮演对话的时候,我们都成了农场的小主人。

(三) Step 3: Practice(片段三)

1. Practice the words and the sentence structures.

Use the word cards to practice the words and the sentence structures.

Let students look at the pictures and read the words. Ask one student to present some cards standing in the front of the classroom. The teacher asks "What are those? Are they...?" The other students answer according to the word cards they see.

2. Let's play.

T：I can act like an animal. Look at my action and guess what it is.

Ss：Is it a...?

T：Yes, it is.

(Ask two students to act together.)

T：They can act like one kind of animal. Look at their actions and guess what they are acting.

Ss：Are they...?

T：Yes, they are. /No, they aren't.

教学反思：在课堂上充分调动学生,尽情让学生在学中玩,在玩中学,主要掌握由"are"引导的一般疑问句,以及肯定回答和否定回答。

学生体验：老师让我们在小组内一些同学提问,一些同学回答。我们一开始觉得非常紧张,慢慢地觉得这节课既有趣又有挑战性。

(四) Step 4: Consolidation & Extension(片段四)

1. 询问事物数量的句型和答语。

How many _____ do you have?

Seventeen.(用数量回答)

2. 选择填空。

3. Guess and sing. (课件播放旋律)

T：They like eating grass. They can run so fast and people can ride them. What are they?

Ss：Are they horses?

T：Yes, they are. Old MacDonald has a farm. On his farm he has some horses. Let's sing together.

Students sing together.

T：Cool! Let's go on! They're vegetables. They're green. They're long. What are they?

Ss：Are they green beans?

T：Yes, they are. Old MacDonald has a farm. On his farm he has some green beans. Can you sing?

Students sing together.

教学反思：通过让学生观看视频，让学生谈观看视频后的感受，紧接着对学生进行法制渗透教育，教育学生要懂得：人与动物要和谐相处，培养学生爱护我们生活中的动物，每个学生都要有保护动物的意识。

学生体验：这节课，老师耐心地教导我们，要求我们爱护动物，我们也懂得了动物是人类的朋友，地球是我们共同的家园，我们应该在这个地球上和动物和谐相处。

三、学生的学习体验

班××：上这节英语课，刘老师好像带着我们全班去农场游玩了一次，我们学习起来很有趣，因为今天的英语课不像以前的学法。这节课老师总是不断出示农场的各种场景，提问我们看到了什么？这几个动物怎么样？几只？……让每个学生有话说，单个同学回答时，其他同学都在认真地听，我们喜欢这样的英语课堂。

杨××：今天天气晴朗。我们今天的英语课也格外特别，刘老师不再像以前那样子教我们，而是让我们当农场的小主人。自己和小伙伴去感受，去寻找农场里有哪些动物和植物。老师引导我们朗读对话之后，让我们小组互助学习，操练对话。最后进行对话表演比赛。我们喜欢这样的英语课堂，学习起来不感觉累，不懂的地方同伴也可以互相帮助。

黄××：今天的英语课很有意思，刘老师的教学方法变了，不像以前那样无聊了，今天她教的知识不多，反而问的更多。今天学的是农场的对话，老师让我们当农场的主人，一节课下来，我们感觉像真的去了农场游玩了一趟。那些动物真的好像就在我们身边一样，哇！这节课真是太有趣啦！

魏××：今天的英语课好特别呀！老师没有像往常那么一直在讲，也不像往常那么累了。我们在课堂上是一边玩一边学，老师只做了很多精美的课件，把我们从课堂带到一个农场去体验、去游玩。一节课结束了，我们认识了很多动物和植物的单词，我和同伴们争先恐后地学习，学得很快。这样的课很好玩。

罗××：今天我们班的英语课，学习了一个在农场的对话。我们都感觉这节课非常特别，老师让我们扮演农场里的人物，去亲身体验农场里的生活，对话部分先和同伴互助完成。遇到困难了再求助老师，熟练对话以后组内分角色扮演，最后小组进行角色扮演比赛。我们感觉不在课堂，真的就觉得在农场游玩一样。

四、同伴互助

吴××：在教师巧妙的问题驱使下，学生通过认真思考后自己感悟，让学生先在体验中练习，然后在教师的引导下思考，再体验，教师顺学而导。不足之处就是教学语言不够精练，指导学生动手找句子时辅导的时间不够。

钱××:"三教"理念中的教学生体验落实得较好,学生说得多,老师说得少。就应该让学生自主去探究,给足学生思考的空间,这样才是真正把课题交给学生,教师只做学生学习的引路人。

张××:整堂课,教师从开课就营造了一种轻松、和谐、活跃的氛围,在学生的对话活动中,必要时给予学生适当的点拨,或者鼓励,或者启发,学生学得非常轻松,学有所获,学有所成。时间安排合理,复习时间恰当,教授时间富足。

五、教学体验

(一) 挖掘学生想象天赋,培养学生独立思考

俗话说:"想象力作为一种创造性的认知能力,是一种强大的创造力量。"想象的内容并不单单是图像,还包括声音、味道等。所以在上课前,我让学生关上书本,闭上眼睛,随着老师的话语开始天马行空地想象,师:"我们本单元的主题是人教版《英语》四年级下册第四单元 At the farm。今天,我们将要到这个农场去游玩,你们想象自己的角色,在农场看到了什么?听到了什么?闻到了什么?感觉这个农场怎么样?"想象结束后,以小组为代表分享自己的想象,从而达到身临其境的体验。再打开书本,让学生把想象与书本结合,体验丰富的想象给自己带来的快乐。我这一做法,很受学生欢迎,达到了师生共赢的效果。

(二) 注重学生学习体验,培养学生自学成效

对四年级的学生来说,他们有了一定的单词量作为基础,因而在课堂上培养他们学习英语的兴趣非常重要。要做到这一点,教师有必要经常走近学生,不断与学生沟通,了解学生的心理,这样才能构成富有情趣、精彩纷呈的教学过程。在教学中,我们要摆正师生关系,真正做到课堂以教师为主导,以学生为主体,给足学生独立学习、思考的空间。在 Let's talk 对话中,我引导学生以游玩的形式走进对话,尝试让小组内学生互帮互助,一对一地去自学对话,教师巡查,发现学生还有困难的再给予帮助。自学结束后,让学生谈一谈自学体会。

在教学过程中,教师要及时反思导入方式、教学方法、教学态度等。这样的教学模式学生是否能够接受,同时所运用的教学方法学生是否喜欢,这些都要及时思考。在教学结束后,反思学生是否用心的参与学习过程,学生的知识有没有得到提升,学生的潜力有没有得到挖掘和发展。

(三) 引导操练学生对话,学会口语流畅表达

富有情趣、精彩纷呈的英语教学课堂,需要师生无缝对接、默契配合。教师是课堂的引领者,学生是课堂是实施者。新课程中的新理念,要求教师不断更新教学观念,改进教学方法。教学要以学生为主体,充分发挥学生的主观能动性,将句子教学与阅读、听力、口语和写作等技能训练有效地结合起来,全面提高学生听说读写的能力。本节课着重熟读课文对话,在熟读的基础上,我安排了小组角色扮演,三人扮演,生生、师生扮演,回家带动家人一起表演。

作为英语教师,要用多样化的教学方法,时常给自己的课堂添加些"调味剂",变换着花样给学生教学。让学生在每一节英语课上都有新鲜感。

以问促答，引导思考
——"Then and now"教学课例

钱文丽　贵州省望谟县实验小学甘莱校区

一、教学设计

(一) 知识点

人教版《英语》六年下册"Unit 4 Then and now Part B　Let's learn"。

(二) 学习背景

1. 教科书分析。

六年级《英语》下册是小学阶段最后一册。小学阶段最后一个学期，要对整个小学阶段所学的主要词汇和语音进行比较全面和系统的复习。为了符合这一学期的教学实际，为小学进入初中阶段的英语学习打好基础，本册六个单元新语言的学习浓缩成为四个单元；并把学期中的 Recycle 1 和学期末的 Recycle 2 合并、扩展成为两个综合复习单元。本课时主要学习一个单词和两个短语，能运用句型来描述过去与现在的变化。

2. 学情分析。

学生虽有三年的英语学习经验，但还是存在一些基本问题，学习兴趣不是很高，部分学生甚至有厌恶感。同时，许多学生还是为学习而学习，谈不上兴趣。尤其是六年级学生越大越害羞，不愿意举手发言。有部分英语底子较差的学生，学习英语的兴趣不高，有时甚至没有按时完成作业。本学期将继续抓好学优生的培养工作，同时做好学困生辅导工作，尽量帮助他们从思想上重视英语，提高学生对英语学习的兴趣。

3. 核心问题。

认识一个单词和两个短语，在情境中运用适当的句型来描述或介绍自己对事物喜好的变化。

(三) 教学目标

1. 知识与技能。

能够听、说、读、写单词和短语 go cycling, ice-skate, play badminton。在情境中运用适当的句型描述或介绍自己对事物喜好的变化。

2. 过程与方法。

(1) 借助图片、录音、小组合作等引导学生自主学习，利用课后练习来巩固和运用所学知识。

(2) 利用课堂快速记忆,培养学生动手、动脑的能力。

3. 情感态度与价值观。

正确认识自身和他人的变化,保持身心健康。

(四) 教学重点难点

1. 重点:能够听、说、读、写单词和短语 ice-skate, go cycling, play badminton。在情境中运用句型描述或介绍自己对事物喜好的变化。

2. 难点:能够在情境中运用适当的句型描述或介绍自己对事物喜好的变化。

(五) 教学思路

以"三教"理念为基础,让学生能够在和谐轻松的课堂氛围中听、说、读、写和运用所学知识。

二、教学过程

(一) 片段一:师生互动,游戏热身

1. Say "Hello".

2. Let's play a game.

师:We have learned a lot of words about the past time. What do you remember? Let's play a game to see who remembers better, OK?（中间穿插一些表示"现在"的词,分男女生两组进行比赛）

师:It seems that most of you memorizes well! But since the boys were a little careless, our winner is the girls' team. Congratulations, girls.

师:So today we will learn Unit4 Then and now Part B, Let's learn.

反思:检测学生对已学知识的掌握情况,调动学生的积极性,为学习本课做铺垫。

(二) 片段二:复习旧知,引入新知

师:Do you know, how many seasons are there in a year?

生:Four.

师:They are...

生:Spring, summer, autumn, winter.

师:Which season do you like best? Why?

生1:I like spring best, because I like flowers.

生2:I like summer best, because I like swimming.

生3:...

师：Can you guess which season do I like best?

生1：Winter？

师：No.

生2：Summer？

师：No.

生3：Spring？

师：Yes. You are right.

生3：Why？

师：Because I can ride bikes. Do you like riding bikes?

生：Yes.

师：And we can also say go cycling.（出示骑自行车的图片，学生自主拼读后汇报，教师纠正读音并带读）

师：Look at this picture，which season is it？

生：Winter.

师：Yes，what can we do in winter？

生：We can make a snowman.

师：Look，what is he doing？

生：滑冰。

师：Yes，he is ice-skating.（通过教授 i-e，a-e 的发音规则，让学生自主拼读 ice-skate）

师：Show the picture of Lin Dan，do you know who he is？

生：Lin Dan.

师：Yes，and he is a famous badminton player. What's this？

生：羽毛球。

师：How to say it in English？（通过拆分单词 bad-min-ton，教读短语 play badminton，学生利用多种形式操练三个新词，如：大小声、男女生、分组等。）

反思：以学生熟悉的图片吸引学生的注意力，调动学生的兴趣，激发学生的学习欲望，既能活跃课堂，也能让学生有新鲜感。

(三) 片段三：随堂记忆，学以致用

师：I will give you four minutes to remember these words，then we will have a dictation. Try your best. OK？

生：OK！（利用白板倒计时，四分钟后请四个同学上台听写，其他同学写在听写本上，然后一起核对答案并请听写全对的同学分享记忆方法。）

反思：六年级的学生要具备一定的听、说、读、写能力，教给他们记忆方法，让他们对以后的知识也能融会贯通。

(四)片段四：出示问题，引发思考

师：(1) Did Wu Binbin like winter before? Why or why not?

(2) Does he like winter now? Why?（播放课文录音，学生带着问题听录音，听后尝试回答）

师：Can you find the answer? Did Wu Binbin like winter before? Why or why not? Who can try?

生1：No, he didn't.

师：Why?

生1：Because he thought it was too cold and he couldn't go cycling.

师：Wow, you are so smart. Sit down please! Does he like winter now? Meng Yao, can you try?

Meng Yao：Yes, he does.

师：Why?

Meng Yao：Because now he loves to ice-skate.

师：Do you agree with him?

生：Yes.

师：Let's read the text together.（讲解对话，并引导学生找到 Wu Binbin 的变化，将学生分为四人一小组，相互讨论学习）

师：Have you finished? What are the changes of Wu Binbin?

生1：Before, he didn't like winter.

生2：Before, he couldn't go cycling.

师：How about now?

生3：He likes winter.

生4：He loves to ice-skate.

师：All of you did a great job. Big hands for yourselves.

反思：以问题的形式，引导学生自主思考，学生能更快更好地接收新知识。学生分小组相互帮助，在情境阅读、讨论交流中慢慢学会表达自己的观点，学生也能学有所得。

(五)片段五：拓展延伸，引发思考

师：同学们，从一年级到六年级，你们身上有没有发生什么变化呢？

生1：我长高了。

生2：我长胖了。

生3：以前，我不爱吃蔬菜，现在我爱吃蔬菜了。

生4：以前我不会游泳，现在我会游泳了。

……

师：我们还有同学开始长痘痘了，对不对？所以啊！随着时间的流逝，我们每个人都发生了或多或少的变化。这些变化都是正常的，希望你们能够正确地认识自身和他人的变化，多做体育运动,多吃水果蔬菜,保持身心健康。

反思:教师的职责,不仅仅是教授学生知识,更重要的是教育学生为人,培养学生的好品质。通过这节课的学习,学生正确认识自身和他人的变化,保持身心健康。

(六) 片段六:作业布置,巩固体验

1. Look and say.
2. 用所给动词的适当形式填空。
3. 选择括号里正确的单词,把正确的单词圈画出来。

反思:通过不同的练习,检查学生对本节课知识的掌握程度,教会他们学以致用。

三、学习体验

罗××:今天我学会了打羽毛球的英文,而且利用拆分法,很快就能把它拼写出来呢!

黄××:今天的这堂课,我最喜欢小组合作了,因为我不会的可以请教同学。比如,我对before和now的用法还不太清楚,我们的组员就很耐心地给我讲解。

成××:这节课的游戏很有趣!我们在玩的同时,复习了所学的表示过去时间的单词和短语。

四、同伴互助

刘××:整堂课的教学设计,符合学生的实际和教学内容的需要,教学各环节过渡自然。从开头的游戏到复习导入课文,通过图片启发提问,等等,符合学生的认知水平。

吴××:传统课堂的特征是教师讲、学生听、教师说、学生记,关注的是教师的教,新课标强调关注学生的学。这节课的教学指导思想还有待进一步解放,直到彻底解放学生,让学生自主学习。

张××:教师能有意识地营造平等、和谐的课堂氛围。教学用语规范,体态大方,板书美观。只是讲得过多,抢了学生的风头。同时,学生是夸出来的,应该多表扬学生。

五、教学体验

Unit 4 Then and now Part B Let's learn 部分的重点是学生能够听、说、读、写单词和短语 ice-skate,go cycling,play badminton;在情境中运用句型描述或介绍自己对事物喜好的变化。基于重点,设计了本堂课。

(一) 游戏热身,激发兴趣

游戏可以培养学生的学习兴趣,可以集中学生的注意力。学生喜欢游戏,从游戏中获得了无限的快乐。根据学生的这个特点,教师将游戏运用到教学活动中,充分利用游戏,将其与教学有机地统一起来,提高教学的效率,让学生在玩中学,在学中培养兴趣。

(二) 图片辅助,轻松学习

在英语教学中,很重要的一点是如何使学生对英语学习感兴趣、有动力。图片在教学中的运用,首先在感观上抓住了学生的注意力,使抽象的语言符号变得具体。与教学内容相符的图片,给学生一种学习的自信感和可靠感,消除了外国语言的陌生感。图片生动形象,又使学生有感而发、有话好说。图片在教学中的运用,无形中给了学生学习的动力,增强了学生学习英语的兴趣。同时,学生能很快理解单词的意思。在教学过程中,还应该把更多的时间留给学生,体现学生在课堂上的主体性。教师讲得多,不代表学生就能学得多。课堂教学的关键在于学生是否能自主思考并学会知识迁移。

(三) 以问促答,引导思考

"三教"理念的本质是让学生在课堂中动脑思考,动手书写,动嘴去说。吕传汉教授提倡教师结合课标自主、合作、探究的学习方式,摒弃传统的灌输式教学,把学习的主动权还给学生。教学中,让学生带着问题去自主思考,同时学会如何抓住关键词并找到答案。这样,在以后的学习中能触类旁通。在学生找到答案后,又让学生开口汇报,锻炼学生的表达能力。

(四) 小组合作,互帮互助

小组合作学习,不仅将学生个体间的学习竞争关系变为组内合作、组间竞争的关系,还将传统教学中的师生之间单向或双向交流变为师生、生生之间的多向交流,学生有更多的机会发表自己的看法,为学生提供较为轻松、自主的学习环境,提高了学生的思维创造能力。更能体现出学生的主体地位,培养主动参与的意识,激发学生的求知欲。在合作学习过程中,强调小组中每个成员都要积极参与学习活动,学习任务由大家共同分担,集思广益,各抒己见,人人尽其所能,学习过程中产生的问题就变得比较容易解决了。为每个学生参与学习提供良好的教学氛围,为发展学生的合作品质、提高学生的综合素质和终身学习的能力打下坚实的基础。小组合作学习,学生之间互帮互学彼此交流知识的过程也是互爱互助、相互沟通感情的过程。学生在讨论课文中 Wu Binbin 的变化的同时,能巩固学习课文内容,一举多得。

(五) 情感渗透,学以致用

教学是教师与学生共同参与的双边活动,其本质是一种在特定情境下的人际交往活动。过去学校的教学过程,主要是对学生思维与记忆能力起作用,很少培养他们情感、想象力、意志力这些非理性因素。而学生作为教学活动中的主体因素,必然会对教师与教学方法、教学环境、教学内容产生各种积极或消极的心理体验,在内心形成评价性情感,然后促进或阻碍智力活动开展。由此可见,情感因素在教学活动中的影响力不可忽视,应充分发挥情感因素的积极作用来提升教学效能。教师的职责不仅仅是教授学生知识,更重要的是教育学生为人处世,培养学生的好品质。通过这节课的学习,学生正确认识日常生活中自身和他人的变化,保持身心健康。

　　作为一线教师,很清楚每个学生的学习能力和接受能力是不一样的。学完一课,作业的布置既要符合教学目标,又要根据不同学生的水平而有所不同。所以,教师设计了分层次作业,让学生根据自身的学习能力,选择适合自己的作业。

转变教学方式，培养学生英语口语表达习惯
——"Do you like pears?"教学课例

吴德菊 贵州省望谟县实验小学甘莱校区

一、教学设计

(一) 知识点

人教版《英语》三年级下册"Unit5 Do you like pears? Part A Let's learn"。

(二) 学习背景

1. 教科书分析。

本套教科书的编写主要为了激发学生学习英语的兴趣，培养学生学习英语的积极态度，进一步建立学生学习英语的自信心；培养学生具有更高的语感、语音、语调的基础，以及良好的学习习惯；进一步提高学生用英语进行日常交流的能力。本节内容是一节词汇新授课，教科书通过 Wu Binbin 到 Sarah 家做客的场景呈现了关于水果的几个新词。apple, pear, orange, banana 和句子"Do you like pears?""Yes, I do.""No, I don't.",要求学生能够听、说、认读情境中所学的水果单词和句型。水果是学生生活中常见常吃的，学生对这一话题比较喜欢。

2. 学情分析。

三年级学生，由于年龄小，活泼好动，喜欢直观形象思维，思维活跃，对游戏、动画这些特别感兴趣。这个阶段的学生接触英语时间不长。因此，大多数同学还不太会使用英语来进行简单的交流。小学英语是以三年级为起点，虽然三年级下的学生已经有了一点基础，但是认知水平还较低，因此教师要选择相对简单的内容进行教学。

3. 核心问题。

能听、说、认读 apple, pear, orange 和 banana；能在实物、情境和图片的帮助下运用句型 "Do you like pears?""Yes, I do.""No, I don't."。

(三) 学习目标

1. 能在实物和图片的帮助下认识四个水果的单词；能听、说、认读 apple, pear, orange 和 banana。
2. 能在实物、情境和图片的帮助下运用句型"Do you like pears?""Yes, I do.""No, I don't."。

(四) 教学重点难点

1. 重点：能听、说、认读单词 apple, pear, orange, banana 和句型 "Do you like pears?"

"Yes, I do." "No, I don't."。

2. 难点：理解名词复数形式，掌握 banana 的发音。

(五) 教学思路

将"三教"理念贯穿教学过程。教会学生思考，为什么那几个水果的单词，当水果是两个及其以上的时候要变成复数；用句子询问的时候，我们应该作出怎样的回答。学习了单词和句子之后，把学生带入游戏情境中继续学习。运用转盘游戏，让学生更好地理解单词与句子的搭配练习；最后环节做一个小调查，学生首先进行小组合作，然后小组派代表进行汇报。这样，既培养了学生的合作意识，又充分锻炼了学生的英语表达能力，即我们所说的把内涵转为输出。

二、教学过程

(一) Section: Warm up(片段 1)

T：Hello, boys and girls, how are you today?

Ss：Hello, Miss Wu. We're fine.

T：Do you want to know what we will learn today? Now, let's enjoy a song.

反思：日常的打招呼，让学生养成习惯，树立他们学习英语的自信心，营造说英语的环境，拉近与学生的距离，减少学生的紧张感和陌生感，为接下来的共同学习打开一个和谐的开端。

(二) Section: Lead in(片段二)

T：Look, this is my magic bag.

Ss：Wow, amazing.

T：Today I bring you some food. Do you want to eat them?

Ss：Yes.

T：Now let's guess what's in my magic bag(全部猜完后再)OK? Who wants to try? Touch it and smell it. So guess: What is it?

Ss：An apple.

反思：在导入环节，教师首先出示 magic bag，目的是吸引学生的注意力，激发学生学习的欲望，抓住三年级学生的好奇心。他们遇到新奇的事物想一探究竟。教师应牢牢抓住学生的这一心理，展开接下来的教学。

(三) Section: Presentation(片段三)

T：Let's check. Now you can take them out.

Ss：An apple.

T：Follow Sunny, together. Group A, group B, I have a card for apple. So this is an _____ apple.

Ss: One apple, two apples.

T: Read after Sunny: apples, apples. So do you like apples?

Ss: Yes, I do. /No, I don't.

T: (Show the magic bag and take out an orange, ask students) What's this?

Ss: It's an orange.

T: Now follow Sunny to read the word three times.

Ss: Orange, orange, orange.

(Take out the picture of orange, then let the students read the word)

Ss: Orange…

T: (Show a picture of many oranges on the PPT and ask the students) What about these?

Ss: Oranges.

T: Do you like oranges?

Ss: Yes, I do.

T: (Show the magic bag and take out a pear, ask students) What's this?

Ss: It's a pear.

T: Now follow Sunny to touch the picture of pear and read the word three times.

Ss: Pear, pear, pear.

T: (Show a picture of many pears on the PPT and ask the students) What about these?

Ss: Pears.

T: Do you like pears?

Ss: Yes, I do./No, I don't.

T: (Show the magic bag and take out a banana, ask students) What's this?

Ss: It's a banana.

T: Now follow Sunny to read the word three times.

Ss: Banana, banana, banana. (Teach this word, use high and low voice. If I say high voice, the students should say in low voice. When I say low voice, the students should say in high voice.)

T: (Play a picture of many bananas on the PPT and ask the students) What about these?

Ss: Bananas.

T: Do you like bananas?

Ss: Yes, I do./No, I don't.

T: Let's review together (卡片闪卡复习,然后拿着水果复习"What's this?")

Ss: It's an apple.

T: Do you like apples?

Ss: Yes, I do./No, I don't.

T: Now let's chant together.

Ss: Ok.

T：First, let's read together. Ready? Go.

Apples, apples. Do you like apples?

Yes, I do. Yes, I do.

Oranges, oranges. Do you like oranges?

No, I don't. No, I don't.

Pears, pears. Do you like pears?

No, I don't. No, I don't.

Bananas, bananas. Do you like bananas?

Yes, I do. Yes, I do.

T：Now show me your hands and clap your hands with me. Let's chant together.

反思：设计该部分，目的是用一个魔术包，通过变魔术的形式来进行单词教学，再加以图片的形式来教学这四个水果单词的复数，图文相结合，吸引了学生的注意力，激起学生的求知欲。用多种形式来进行单词、句子的教学，学生学习起来不枯燥乏味，更加有兴趣。

(四) Section：Practice(片段四)

T：Do you want to play a game?

Ss：Yes.

T：Now, let's play Fruit Ninja. (One student stand up, read the word and cut the fruit, other students should ask do you like…? The one student should answer the question with Yes, I do./No, I don't.)

Ss：The game is very interesting, we like it.

T：Do you want to play another game?

Ss：Yes.

T：Now, let's play turntable game. (转盘游戏)

Ss：Ok.

T：Listen to the rules carefully. (Group games, the teacher turns the turntable, the first group should ask do you like…? Another group should answer the question follow the expression. If the expression is smiling face, students should answer "yes, I do". If the expression is crying face, students should answer "no, I don't". After completing one set, the two groups switch.) Got it?

Ss：Yes.

T：Let's go.

G1：Do you like oranges?

G2：No, I don't.

T：You did a good job.

G2：Do you like bananas?

G1：Yes, I do.

T：You are so excellent.

T：Hello, guys. Let's do some practices. You should look at the pictures and then answer the questions. Q1：What fruit do you see? Q2：Does Wu Binbin like pears?

S1：I see an apple, a banana, an orange, a pear.

T：Wow, you have a discerning eye. What about Q2?

S2：Yes, he does.

T：Wow, you are so clever.

T：Now, I'll play the video. After the video, you should repeat.

Ss：Apple, pear, orange, banana, do you like pears? Yes, I do.

T：Your voice sounds nice.

反思：设计该部分，目的是用学生喜欢的水果忍者和转盘游戏来操练本节课的单词和句子，让学生在轻松愉快的环境中学习，既能玩又能学习单词和句子。播放本课时的视频，让学生看，然后再复读本课时的单词和句子，其目的在于让学生能正确认读单词，跟着语音、语调复读单词和句子，通过回答两个问题，让学生更好地理解本课时的内容。

（五）Section：Consolidation（片段五）

Do a survey. Let the students do a survey and fill in the blanks.（图1）

图1

反思：设计该部分，目的一是培养学生动手、动脑的能力，让学生积极参与课堂学习；二是通过一个小调查，让学生之间相互了解，知道对方喜欢什么水果，并用所学的单词和句型进行操练；三是培养学生开口说英语的习惯。

（六）Section：Emotional（片段六）

反思：设计该部分，目的是通过观看图2和一个小视频，让学生养成吃水果的好习惯，培养学生不挑食的良好习惯，让学生知道水果有益于我们的身体健康，要多吃水果。

> We should eat more fruit. Fruit are good for our health.
> 我们应该多吃水果，水果有益健康。

图 2

(七) Section: Homework(片段七)

1. 把今天所学的单词读给组长听。
2. 抄写今天所学的四个单词，每个四遍。

反思：设计这两个题，目的是根据当下的"双减"政策，给学生减轻作业负担。第一小题要求学生读单词给组长听，复习巩固本节课学习的单词，培养学生开口说英语的好习惯。第二小题抄写四个单词，让学生养成良好的书写习惯，在抄写的过程中识记这四个单词。

三、学习体验

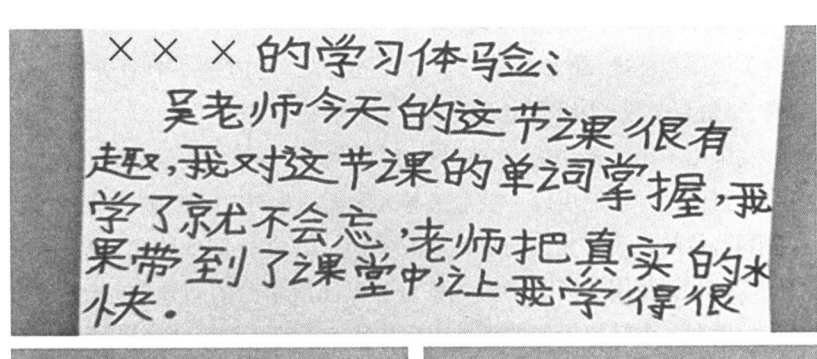

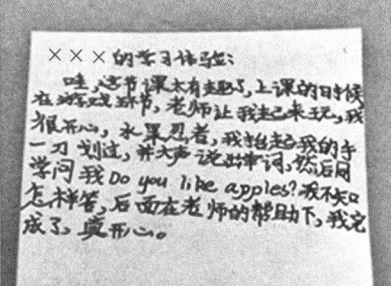

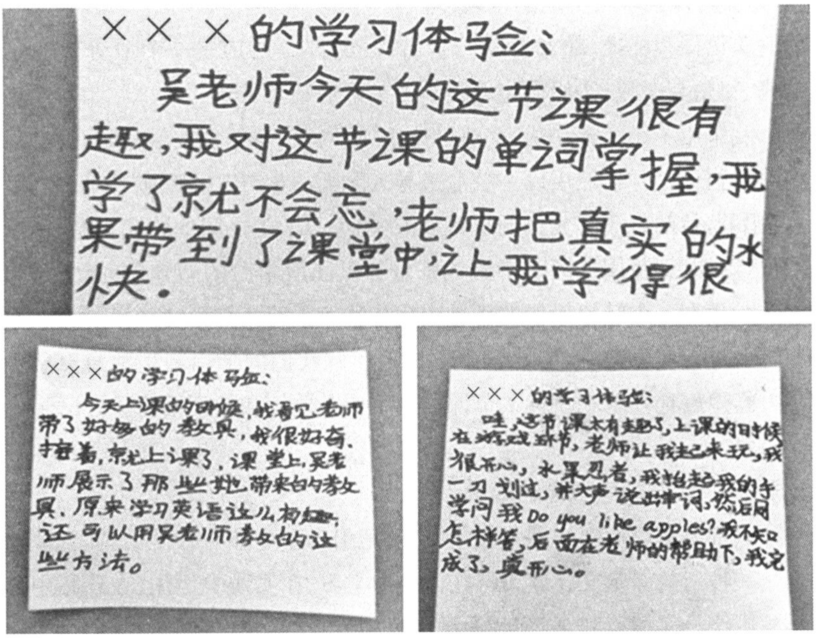

图 3

四、同伴互助

钱××：本节课，最大的亮点是教师在教学单词单复数时所采用的教具，更好地完成了单复数的区分。整堂课吴老师的口语流利，能很好地和学生进行沟通，板书设计精美；以魔术表演的方法来进行课堂教学，很新颖，学生很感兴趣，整堂课下来，学生对单词和句子的掌握很好，达到了较好的教学效果；最后环节还进行了情感教育，让学生养成多吃水果的习惯。

张××：本节课，我最喜欢的环节就是导入部分的那首歌，很贴近主题，充分调动了学生的积极性，拉近了教师与学生之间的距离，这样有利于教师较好地完成接下来的教学。

刘××：本节课，我觉得最成功的地方在教学单词时使用魔术包，这样能激发学生的好奇心，能更好地激起学生的学习兴趣。实物与图片相互结合，能更好地让学生理解本节课的知识内容。

五、教学体验

"Unit5 Do you like pears? Part A　Let's learn"这节课，我刚参加工作的时候执教过。对于初出茅庐，没有教学经验的我而言，那一节课，只是传统地照着书本教学，只是教学生认读几个单词和句子。随着社会的发展，现代教育技术设备的投入使用，教学方法逐渐多样化，在本次"三教"理念探究课中，我选择了这节课作为开启"三教"教学的新起点。

（一）激发学习兴趣，体验学习英语的乐趣

《义务教育英语课程标准（2022年版）》指出："学生的学习应是一个主动求知的过程，认真听讲、独立思考、讨论与交流、小组合作等是学习英语的重要方式。"

本节课中，我采用了小组合作法、交流讨论法、提问法、任务型教学法贯穿整堂课的教学。首先我与学生进行日常问候，然后以一首歌来导入今天的学习。在唱歌环节，我让学生拍手，打着节拍一起唱歌，目的是缓解紧张的学习氛围，拉近与学生之间的距离，为接下来的教学奠定基础。在导入新知后，我用了两个小游戏来复习巩固所学习的新知，选择了学生感兴趣的游戏教学法，让学生在一个轻松愉快的环境中完成这一节课。采用变魔术的方法教学本节课的四个核心单词，进行实物教学，能让学生更好地了解我们的学习与生活息息相关。整堂课让学生在玩中学，更好地理解和认读本节课的四个核心单词和句型结构。

（二）转变教学方式，践行学思结合的教学

在教学中，教师要精心地组织课堂教学，有效地引导学生参与教学活动，真诚地与学生合作，共同创造出一种新的课堂文化。秉持在体验中学习、在实践中运用、在迁移中创新的学习理念，倡导学生围绕真实情境和真实问题，激活已知。坚持学习与创新相结合，引导学生在迁移创新类活动中，运用所学知识解决生活中遇到的问题，形成正确的态度和价值判断。

注重"三教"理念中的教表达。教师是学生学习的引领者,学生才是课堂的主体。要求学生在教师教学的过程中,用不同的方式把本节课所学习的内容表述出来。例如,在课堂中设计的"Do a survey"这个环节当中,就要求学生在调查以后,用本节课所学习句型"Do you like...?"及其回答句型"Yes, I do./No, I don't."来进行表达。

(三) 引导表达交流,养成开口说英语的习惯

"三教"理念指出,小学英语重在培养学生综合语言运用的能力,重在培养学生的听、说。这就要求教师在日常教学中充分发挥教师组织者的身份,多为学生提供开口说英语的环境:一是教师坚持使用英语上课,学生耳濡目染,长此以往学生就会主动开口说英语;二是教师要善于与学生沟通,不要过于严厉,要富有激情,不要把生活中的不良情绪带入工作中;三是当学生主动开口说英语时,不要在乎学生是否语音、语调标准,是否出错,要及时表扬,增强学生的自信心。为了让每个学生说好英语,教师必须注重自己英语口语水平的提高;另外,教师要精心策划学生喜闻乐见的课外活动,有意识地渗透到英语口语训练中,引导他们多听、多看、多练,培养他们说英语的兴趣和能力。

在练习题部分,小组合作学习,培养学生合作交流的能力。小组选择一人汇报,其余的人补充,培养学生的表达能力,把学会的知识技能表达出来。

运用游戏互动，活跃英语课堂氛围
——"Work quietly!"教学课例

张新娟　贵州省望谟县实验小学甘莱校区

一、教学设计

(一) 知识点

人教版《英语》五年级下册第六单元"Work quietly Part A　Let's learn"。

(二) 学习背景

1. 教科书分析。

本单元是人教版《英语》教科书五年级下册第六单元，围绕话题"Work quietly!"引出两组情景对话、一篇小阅读和一个趣味故事，同时配以听力、表演、连线等活动，目的是运用句型询问、描述自己和他人正在做的事情，以及在不同的情境下应注意的规则，并在此基础上培养学生的语言交际能力和用英语做事情的能力。学生在前几册和本册前几个单元的学习中已经初步接触了现在进行时的一些使用，本单元就是在此基础上进一步学习现在进行时的用法并初步感知祈使句的使用和几种不同的表达方式。本单元的内容与日常生活息息相关，容易激发学生的学习兴趣，便于学生在学习中体验与理解、内化和运用。因此，教师要充分利用已学的内容为新知识的学习服务，注意带领学生从已经学过的动词或动词短语入手，创设贴近生活的情境和任务，在学习并运用本单元重点词语、句型的基础上，培养学生的规则意识和良好的行为习惯。

2. 学情分析。

在此之前，学生已经理解了动词 ing 形式，初步接触了现在进行时。本单元就是在此基础上学习现在进行时的用法并初步感知祈使句的使用和几种不同的表达方式。

3. 核心问题。

动词短语的 ing 形式。

(三) 学习目标

1. 掌握五个动词短语的 ing 形式：doing morning exercises, having...class, eating lunch, reading a book, listening to music。

2. 能运用句子"What is Chen Jie doing?"来询问别人正在做什么。

3. 能用现在进行时描述某人在某时正在做的事情。

(四) 教学重点难点

1. 重点：掌握五个动词短语的 ing 形式；能运用以 What 开头的特殊疑问句来询问别人某时某刻正在做什么。

2. 难点：学生能够大胆地创编和表演有关正在做事情的问答小对话。

(五) 教学思路

遵循"三教"理念：热身，目标导入→知识新授→技能操练→拓展提高→总结收获→作业延伸。

二、教学过程

(一) 热身(Warm-up)

1. Listen, chant and do.

图 1

2. 看图说话。

教师每次闪现五张动物做某事的图片，请某一组学生，凭记忆分别用一句话描述动物在做的事情。例如：图片上描绘的是一只熊猫在爬树，学生则说"The panda is climbing the tree"；如果图片上描绘的是两只或两只以上的熊猫，学生则说"The pandas are climbing the trees"。学生必须凭记忆正确地说出五张图片上所描绘的动物在做的事情。

师生对话。

T：When do you do morning exercises?

S：At 7 o'clock.

T：When do you usually eat breakfast?

S：I usually eat breakfast at 8:00.

T：What do you often do on the weekend?

S：I often go shopping.

设计意图：本环节旨在以对话的形式引导学生将时间与活动相关联。将"在正确合理的时间做事情"这一理念传达给学生并为后面知识学习做铺垫。同时以看图说话的方式复习以前学过的一些动词，激活学生的知识储备和相关经验，为学习动词和时间的搭配使用，扫清了部分语言障碍，激发了学生学习的兴趣。通过两个活动，营造良好的英语课堂气氛。

(二) 新课呈现

设置场景：将全班分成几个小组，给出任务——今天我们要开展一个竞赛。

1. Round One：Play a game Wolf，Wolf，What are you doing? 根据学生经常玩的游戏"老狼,老狼几点了"改编游戏。

T：My children, let's play a game "Wolf，Wolf，What are you doing?"教师给出各种提示，让学生边猜测，边新授新知识。

(1) S：Wolf，Wolf，What are you doing?

(教师给出提示——播放广播操的音乐)

T：Guess，Guess，What am I doing?

S：You are doing morning exercises.

(教师再给出提示"6:00 a.m.")

T：Guess，Guess，What are you doing?

Ss：We are doing morning exercises.

(学习词组 doing morning exercises，教师板书)

(2) S：Wolf，Wolf，What are you doing?

(教师给出提示"9:00")

S1：Having a Chinese class.

S2：Having a maths class.

……

(教师再给出提示"英语课的录音")

T：Guess，Guess，What am I doing?

Ss：Having an English class.

教授：Having an English class.(并造句"It's…we are having an English class.")

(3) 教师播放一段关于在肯德基吃饭的视频，学习 eating lunch，并拓展 eating breakfast，eating dinner。

(4) 请一个学生上台扮演 wolf。

Ss：Wolf，Wolf，What are you doing?

(给他看看单词卡片，让他做动作 read a book)

S1：Guess，Guess，What am I doing?

S2：Reading a book.

（学习词组 reading a book，教师板书）

（5）Ss：Wolf，Wolf，What are you doing?

（教师在黑板上画一个音符）

S1：Guess，Guess，What am I doing?

S2：Singing.

S3：Dancing.

S4：Playing the pipa.

…

（教师继续画出一个录音机，wolf 做认真听并陶醉的动作）

T：Guess，Guess，What am I doing?

Ss：Listening to music.

（学习词组 listening to music，教师板书）

（6）先由教师和每组代表示范玩这个游戏，然后各组在组内玩这个游戏。整体操练和输出本课 5 个词组，也自由拓展之前学过的词组，再挑选一两组学生进行展示。

2. Round Two(Let's do the exercise).

（1）Games：看谁反应快。

I say, you do.听指令做动作。

Look and say.看单词卡片说出句子。

图 2

（2）Find the differences.出示一组图片，找出图中不同的部分。

3. Round Three (Look and say).

（1）Look，match and say.读一读，说一说并连线。

（2）在小组里说一说图 3 上的人物和他们的活动。

图3

设计意图：以猜测"Wolf,Wolf,What are you doing?"为线索,设计形式各异的单词导入方式,唤起学生的兴趣,引发学生的竞争意识。学生对这种具有趣味性的活动非常地投入,主动积极地参与合作、交流,同时,这个猜的过程更是起了发散学生思维、调动已有知识的作用。"找不同"的游戏训练学生的观察能力,让学生运用语言进行表达。

(三) 巩固与拓展

活动：设置闹钟提醒功能。PPT显示手机里的"提醒事项"页面,并告诉学生：为了不遗忘,我们可以将一天中的某时刻要做的事情记录在"提醒事项"里,让手机到时间提醒我们。教师设置闹钟响,时间是上午6点,做早操。根据这一设置,师生展开对话。对话如下："What's the time now?""It's 6:00 a.m.""What is he/she doing?""He/She is doing morning exercises."又如时间是上午9点,上英语课。对话如下："What's the time now?""It's 9:00 a.m.""What is he/she doing?""He/She is having an English class."

设计意图：承接上一环节,介绍自己一天中某个时刻正在做的事情,本环节通过展示调查过程,不仅培养学生相互之间的合作与交流能力,以及学生英语学习的兴趣,而且学生的语言有效重组与输出能力也得到极大的提升。在这样一个逼真而有趣的情境中,学生用英语表达的欲望高涨,纷纷踊跃参与合作、表演,获得知识的同时体验了分享的过程与快乐。

(四) 总结

1. Phrases：doing morning exercises, having... class, eating lunch, reading a book, listening to music.

2. Sentences：
What is/are...doing?
...is/are...

设计意图：让学生再次熟悉本课时所学的内容,检测他们的掌握程度。

(五) 作业

Write something about your family members.

反思： 设计该题目的是让学生能够更好地与家人沟通相处。了解一天中某个时间段家人正在做的事情，并学会用英语介绍他们所做的活动，让他们形成正确的时间观念，在合适的时间做正确的事。

三、学习体验

宁××：张老师的这节课我特别喜欢，因为我学习起来一点都感觉不到累，之前特别害怕上英语课，感觉特别无聊，想打瞌睡，但是这节课我并没有之前那些想法了，老师教我认识了要想知道某人正在做某事的句型问答。

韦××：之前，我只认识动词短语，经过今天的学习，我又认识了原来动词有那么的神奇，它有 ing 形式，还有就是能在课堂上和同学一起合作、一起分享，我觉得很有趣，让我们之间能互帮互助，同时增进感情。

候××：哇！原来动词那么厉害，加 ing 就表示"正在做某事了"，这样我不仅想到了以前学过的动词，而且还能利用它说出很多句子。这节课真是丰富多彩！老师用各种动作、各种音乐表演让我们感受到了课堂的乐趣。

四、同伴互助

钱××：本节课，张老师最大的亮点是让学生既复习了之前学习的动词短语，又相互询问对方正在做某事，真正做到学以致用，以学生为主体，达到词不离句、句不离词的操练，让学生真正掌握本节课的学习目标。

吴××：本节课，最新颖的地方是充分调动学生的学习兴趣，引发学生自主思考。将动词 ing 形式利用得淋漓尽致，每个学生都参与到活动中去，能在课堂上就把今天所学的知识掌握，尤其张老师在的单词部分教学的时候用到的 chant 很是新颖，让很多学生都非常兴趣。在课堂中学生不仅起到说的效果，还能把单词牢牢记住。

刘××：整堂课真正做到以学生为主体，教师引导学生为载体，帮助学生轻松在学中玩，玩中学，老师不累，学生不倦，还帮助了一部分学生有机会去参与活动，感受课堂的新颖和有趣。

五、教学体验

本课时主要学习动名词短语和用法，以及用现在进行时描述自己和他人正在进行的活动。这和上一个单元的知识有紧密联系。在没有听吕教授的"三教"讲座之前，我上课都是依赖课件，不去引领学生表达，只管完成自己的教学任务，课上没有以学生为主体，满堂灌，学生疲倦,对单词的读和意义都懵懵懂懂,一带而过。之后我采用"三教"理念引领课堂模式改革,把课堂时间交给学生,让每个学生都参与活动,能大胆开口说,我发现学生都对小组活动很好奇,很喜欢参与。

(一) 对话热身,带动兴趣

本节课中,我选择了两个情境:一是复习旧知,用对话方式来激发学生的兴趣。我们学过很多动词短语,让学生去想、去说,留意他们对旧知的掌握。二是用竞赛的方式,给学生布置任务,看哪个小组能顺利闯关。先是学生自己猜测活动,看动作说出动词短语,导出本堂课新知。单词学完之后通过小组合作,让学生在活动中体验做和说,给学生提供讨论合作、快速熟记、实践操作的时间和空间,充分发挥学生的主体作用,让学生在"做中学",从而理解动词进行时的意义,掌握动词短语的用法。

(二) 多模式教学,促学生发展

新课标的教学观,强调教学目标的全面性和具体化,强调学习方式、教学活动方式的多样化,强调学习的选择性。适应新课程教学改革的要求,提倡自主、探索与合作的学习方式,使学生在教师指导下主动地、富有个性地和创造性地学习,必须坚持教学模式的多样化,要求教师必须在准确把握教学目标、教学内容、师生情况、运用条件和评价体系的前提下,利用和发挥特长,体现自身特色,采用相应的教学模式。

用"三教"理念引领"情境—问题"教学,培育学生的核心素养。情境教学法不仅能激发学生想说的愿望,也有利于学生表达能力的提高。小组活动学习法可以让学生互相交流、切磋,共同完成学习任务,在合作中感受学习英语的乐趣和交流的意义,也通过小组成员之间"荣辱与共"的关系而形成同步学习的环境。游戏活动激发学生学习的兴趣,利用学生感兴趣的游戏活动学习新知、操练句型。利用全身反应,调动身体器官,帮助学生记忆,同时缓解学习疲劳。

(三) 学以致用,情感教育

通过语言学习和多种形式的交际活动,能够在掌握本单元词语和主要句型,并运用其表达或询问他人正在做的事情,同时举一反三,帮助学生列举更多的动词,以此活动了解动词的用法,并通过大量造句练习完成对正在进行的活动的描述。让每个学生形成正确的时间观念,在做自己喜欢的事的同时,合理利用时间,培养学生的时间意识和良好的行为习惯。

第三篇

学生的学习体验

试想,再经过十年、二十年,我们的学生或者普通,或者优秀。

但对于曾经教过他们的老师,留下最深的印象是什么?对!是这一篇篇师生共同书写的体验案例!它们记录了学生智慧生命的成长过程。他们一定会珍藏生命中第一次变成铅字的文字!

教师,承载教育的价值,就在于通过学生无邪的文字,如春风载着学生的梦,去远航;而创造,就是一代代学生去追寻梦,在智慧中孕育着创新,这是地球上最美的花朵!

珍爱这一段段有思考、有温度的文字:在稚嫩中孕育着伟大!

我当小老师啦!

学　　生：徐　津　新疆维吾尔自治区塔城市第五小学四(6)班
指导教师：苏锦莲　新疆维吾尔自治区塔城市第五小学

一、学习体验

阳光明媚、鸟语花香的早晨，苏老师带我们学习了"观察物体"，这节课非常有趣。通过今天的学习我还当了两次"小老师"呢！具体缘由请听我慢慢道来。

第二节是数学课，今天是王××同学主持的课前三分钟，他的题出得很好，既巩固了我们学过的含有小括号的混合运算，又检验了我们对租车问题的掌握。而且他的声音很洪亮，虽然他有些紧张，但我认为他表现很出色，是我学习的榜样。

昨天我们学习了从前面、上面、左面三个不同的位置观察同一个立体图形。今天我们学习的也是从前面、上面、左面三个不同位置去观察。不过，和昨天不同的是：今天我们是从同一位置去观察不同的立体图形，并且把所看到的图形画出来。通过这节课的学习知道了如何从同一位置观察和描述立体图形：首先看一共有多少层，再看一共有多少列，最后看每一列有多少个小正方体。通过观察我还发现：从同一个位置观察不同的立体图形，看到的图形可能一样，也可能不一样。这不由得让我想到北宋诗人苏轼的《题西林壁》："横看成岭侧成峰，远近高低各不同。不识庐山真面目，只缘身在此山中。"从不同的位置观察，才能更全面地认识一个物体。古人有如此深刻的领悟，可见全面观察很重要！

下午，我们上了拓展课程——"超脑麦斯"。老师让我们用索马立方块儿拼组图形，然后进行观察，画出对应的平面图形。因为今天上课我认真听讲，所以拼得特别快。在小组赛中，我们小组在我的带领下遥遥领先，最后画观察到的平面图形时还受到了老师的表扬。老师让我进行经验分享，我很开心，也很自豪。

晚饭后，我还沉浸在今天所学的观察物体中。突然一个念头闪过，何不考一考爸爸、妈妈的观察能力呢？于是我将这个想法告诉了爸爸、妈妈，他们很乐意接受挑战。我找了几个小正方体积木组成了一个立体图形，让爸爸、妈妈进行观察、描述。他们信心满满地描述，但很啰嗦，也不够清楚。到我大显身手的时候了，我得意地将上课老师教给我的描述方法告诉了他们。他们听了以后用我的方法进行描述，清楚、明了了许多。爸爸、妈妈对我进行了称赞，说我能够讲得这么清楚，一定是上课认真听讲了，是个非常出色的"小老师"，希望以后还有机会听我讲。听了爸爸、妈妈的赞扬，我心里美滋滋的。

今天给同学、爸爸和妈妈当"小老师"，我也觉得自己很了不起，我知道这都是我上课认真听讲的成果。今天可真是充满知识的一天呀！下一个单元要学习"运算定律"了，我一定要好好预习,收获更多的知识。

二、教师点评

"观察物体"(二)"从同一位置观察不同的物体"是物体的空间位置关系与形状的认识,是学生学习图形与几何数学知识需要掌握的基础知识和基本技能。本课内容是学生在学习了"从不同位置观察同一物体"的基础上学习的,具有一定的抽象性。四年级学生活泼、好动,虽然具有了一定的抽象思维能力,但仍然以形象思维为主,须借助直观形象的学具来理解,对大多数学生来说,学习起来还是比较困难的。徐同学能用自己的语言描述观察时的发现,在交流中会用准确的数学语言进行表达,分析、比较、类推、归纳的能力进一步提高,创新意识和空间观念得到了发展。语句通顺、条理清楚、笔法细腻,通过你对课堂过程的描写,可以看出你能感悟身边的数学,能用欣赏的眼光发现同学的优点,老师为你的学习能力点赞。老师通过你的课堂表现和你当"小老师"的经历还发现:你是一个用心观察、勤于思考,善于表达的孩子。希望你能将这些好的方法运用到今后的学习、生活中。继续加油,期待你更多精彩的作品。

三、教学反思

本节课的教学,是基于问题教思考,注重体验教表达,在教学中落实数学核心素养,让学生在学习的过程中长见识、悟道理。在"三教"理念的引导下,我设计执教了本节课。

(一) 巧设问题情境,激发学习动机

新课伊始,设置问题情境:你能用4个小正方体摆出多少种不同的图形?引发学生思考。接着让学生通过自主探究和小组合作,利用4个小正方体摆出不同的图形。在动手操作中提高了学生的动手能力,在合作中发挥了集体的智慧,激发了学生的学习兴趣;在拼组中,用学过的排列组合知识,不重复、不遗漏地将小正方体位置进行移动、变换;在知识的迁移中进行新知的学习。

(二) 注重观察体验,提升思维能力

本节课我准备了大量的小正方体作为学具,设计了猜一猜、想一想、画一画等活动,让学生在活动中发现问题、提出问题、分析问题、解决问题,亲身体验,获取新知。

首先通过学生的拼组,选取教科书例2中列举的三组图形让学生从上面、左面、前面不同的位置进行观察,活动中给学生充分的时间,发挥学生的主体作用。

接着在学生观察的基础上,组织学生交流从不同位置观察几何体得到的图形,并归纳出从哪个方向看到的形状是相同的?是什么样子的图形?从哪个方向看到的图形是不同的?是什么样子的图形?使学生加深对实物和视图关系的认识,帮助学生形成观察得到的图形表象,用数学思维思考问题,充分认识从同一位置观察不同的几何体,看到的图形可能相同,也

可能不同。

最后,在画一画的过程中引导学生通过想象、判断,感受立体图形与平面图形在空间位置中的关系与变化,尝试引导学生用分析、推理的思路表述自己的想法,充分培养学生用数学语言表达的思维,在表达与交流的过程中培养空间理解意识,提升解决问题的能力。

(三)关注思维训练,融通"三教"改进教学

本节课的教学虽然让学生在观察、合作交流中获得了观察物体的学习体验,丰富发展了创新意识和空间观念,但还有思维提升空间。比如:个别学生空间思维比较弱,导致观察的角度,观察到的图形有偏差,以致出现画出错误图形,还须多借助直观学具提升思维能力;学生在描述、表达时我关注、指导得不够,致使他们表达得不够准确,还须进一步加强指导;个别学生对拼组的积极性很高,专注于拼组忽略了观察,学习效果不明显,还须在学习过程中及时关注引导。

"学然后知不足,教然后知困。"在今后的教学中,我会继续总结经验与教训,认真领悟"三教"理念,及时调整自己的教学思路,将"三教"理念更好地融合在自己的课堂教学之中,更好地激发学生的学习兴趣,引导学生的数学问题意识,促进学生思维不断生长。

四、专家评析

新课标指出:教学活动是师生积极参与、交往互动、共同发展的过程。因此,作为教师,一定要深入了解学生的学习体验和感悟,掌握学生学习的动态,促进师生共同成长。从徐津同学的"心灵之花",可以看到他认真地聆听王××同学主持的课前三分钟,并对王××同学的课前三分钟展示作出自己的评价,并从中学习其他同学好的做法,可知他是一个善于思考、善于表达、善于总结,有着较强学习能力的学生。这一定是得益于苏老师平时注重对学生能力的培养。

教学情境的创设在教学活动中具有十分重要的意义。数学情境是数学问题产生的肥沃土壤,"问题串"是教学的主线。因此在教学中,教师要用心创设情境,精心设计问题,激发学生的问题意识,调动学生的学习积极性,引导学生在探究中学习,在学习中长见识。这节课苏老师根据四年级学生活泼、好动,形象思维较强的特点,课前充分备课,设计问题串"从哪个方向看到的图形是相同的?是什么样子的图形?从哪个方向看到的图形是不同的?是什么样子的图形?",激活学生思维。课前准备了大量的小正方体作为学具,设计了猜一猜、想一想、画一画等活动,引导学生通过实际操作、观察、对比,体会从不同位置观察物体,让学生在"想数学""说数学""做数学"的亲身体验中获取知识,感悟道理,培养学生初步的空间观念。从苏老师的教学反思,可以看到她熟知学情,熟悉教科书能对教科书作出合理的处理,也能正视自己本节课教学中存在的不足。苏老师在整个教学过程中,重视"三教"理念的落实,始终关注如何引导学生去主动发现问题、提出问题、分析问题、解决问题,充分体现了苏老师真正意义上重视学生体验,让学生会思考、会表达,在学习中增长见识、感悟道理的价值观。

(评析人:刘淑青,新疆塔城市教育和科学技术局教研室)

小小算盘是宝贝

学生姓名：龙　雨（口述）　贵州省望谟县实验小学甘莱校区二年级（1）班
指导老师：陈益美（整理）　贵州省望谟县实验小学甘莱校区

2023 年 2 月 10 日　星期五　晴

一、学习体验

　　昨天，陈老师叫我们回家先预习"认识算盘"这课，我仔细地看了一遍。可是，怎么也琢磨不透怎么打，我的好奇心越来越强。我便问妈妈："妈妈，这算盘怎么打呀？"妈妈无可奈何地说："我也不知道，你还是去问老师吧。"

　　今天，陈老师要教我们第七单元万以内数的认识"认识算盘"这课，于是我就只能认真地和陈老师学习了。这节课上，老师用了一个谜语让我们一起猜一猜。"一座城，四面墙，一群珠宝里面藏，如用小手拨一拨，哗里啪啦连声响。"一听完，我就知道是算盘。果然全部就异口同声回答是算盘。接下来我更好奇了，我更想学一学。

　　老师站在讲台上拿着算盘，问："你们知道算盘的构成吗？"我们有的说珠子，有的说小棒，老师把算盘放在了显示屏上，依次给我们介绍：算盘由框、梁、档和算珠组成。她边说边指着算盘的每个部位，算珠还分为上珠和下珠。上珠全部靠在上层框架上，下珠全部靠在下层框架上。老师边整理边说："中间留的这个地方，是用来移珠子算数的，上层的珠子一颗表示 5，共两颗珠子，两个都移下来是 10，要进到十位上，也就是'满十进一'。下层珠子，一颗表示 1，共五颗，这五颗往上移，全移上去时要把它退回来，把上层珠子移下来一个，这是'满五进一'。接着，老师一边打算盘一边背小九九。老师用右手的大拇指和中指移珠子，大拇指移下层珠子。把上层珠子移下一个，相当于加五，多加了一个一，所以，要把下层珠子移下一个，等于减一，加五减一不就等于四吗？""哦，原来是这样啊！"我一下子恍然大悟，茅塞顿开。讲完，老师让我们自己动手操作。于是，我小心翼翼地把手放在算盘上，学着老师的样子，边背边打，大拇指移下层珠子，中指移上层珠子。可是两根手指头似乎失去了大脑的指挥，笨拙地移动着珠子，老师不时地帮我纠正错误。有时，紧张到"小九九"都会背错。第一遍在老师的指导下，打完后是一百二十多，还是出了错误。于是我又重新打了第二遍，还是没打对。打了一百一十四，但我不肯放弃，暗暗地发誓，一定要学会。第三遍错了，第四遍打到"四四十六"时又错了，就连极有耐心的陈老师也看烦了。他又细细地、慢慢地教了我们几遍。我似乎看出了出错的原因，又信心十足地打了一遍，"我就真的那么笨吗？我一定要学会。"我一边想一边仔细地打着，"四四十六"，终于成了我的手下败将。

在老师的鼓励下,我知道了什么是算盘,怎么打算盘,还知道算盘梁上面的算珠叫上珠,一颗上珠表示5;梁下面的算珠叫下珠,一颗下珠表示1。这时,我松了口气,想:"经过了九九八十一难,我终于学会了。"我忽然一下子心里高兴了,便说了一声:"我学会打算盘了!"这可真不是一件容易的事啊。我懂得了一个道理:凡事要有耐心,世上没有轻而易举的事,有付出才有收获。

二、教师点评

本节课主要是认识算盘各部分的名称,会表示数。通过直观、形象地展示算盘的结构,给出了算盘各部分的名称,说明一颗上珠表示5,一颗下珠表示1,让学生体会古人"以一当五"的创举。同时,让学生在算盘上表示数,让学生在玩中学习新知,同时加深对不同数位上的数的意义的理解,进一步巩固学生对万以内数的认识。由于学生是第一次接触算盘,因此在教学中学生对珠子的意义不熟,导致学生表示数时会出错,但是学生好学,通过自己的思考加上老师的指导和鼓励,最终还是琢磨透了。

三、教学反思

(一) 创设情境,引导学习

由于学生在生活中见过算盘,大部分学生都认识算盘,我以猜谜语的形式引入,调动了学生的学习主动性和积极性。教师讲解认识算盘各部分的名称,同时结合儿歌的形式帮助学生进一步认识算盘,了解算盘。学生源于好奇,老师在教学中让学生对算盘的各部分名称能很好地掌握,同时在学生心中激起如何计算的兴趣。

(二) 扩展思维,探讨学法

教科书中虽然没有介绍拨珠的指法,但教师进行讲解示范时,学生还是比较感兴趣。学生愿意尝试用正确的指法进行练习。适当介绍拨珠的指法,加强动手操作训练。学生在拨珠练习中,体会到古人"满十进一"和"满五进一"的珠算加法规则,在实操中体验用算盘进行运算的奇妙智慧。

(三) 反复操练,总结方法

通过新课讲解后,学生反复练习打"小九九",自己总结归纳学习方法并表达出来。其目的是帮助学生加深用算盘的下珠、上珠进行加法运算的练习,体会古人在日常运算工具应用加减法口诀进行运算的智慧;同时,对学生进行民族文化自信教育。

大自然的指南针，真神奇

学　　　生：岑继博（口述）　贵州省望谟县实验小学甘莱校区二(2)班
指导教师：黄炳蝶（整理）　贵州省望谟县实验小学甘莱校区

2022 年 6 月 22 日　星期三　晴

一、学习体验

　　今天，我们学习了《要是你在野外迷了路》这篇课文，知道了大自然里有许多神奇的指南针。

　　老师讲在野外迷了路，千万别慌张，大自然有很多神奇的指南针可以帮我们辨别方向，太阳就是其中一个，不信我们一起来看看。老师给我们做了一个试验，她让我们先把灯和窗帘关了，于是我赶紧去关好灯和门，同学们把窗帘也关了。老师拿出手电筒充当太阳，岑××扮演大树，老师拿手电筒来照扮演大树的同学，老师在他后面照射的时候，影子在他前面。老师移动到他前面照射时，他的影子在他的后面。这时我惊奇地发现，大树的影子与太阳的位置是相反的。中午的时候大树影子在南方，太阳就在北方。大自然真的是太神奇了，可以帮我们辨别方向。

　　老师带领我们学完太阳指南针后，让我们分小组学习自己喜欢的另外一种指南针，让小组讨论后完成学习单，并且到讲台上去汇报。我们组选择的是大树指南针。通过学习我们知道枝叶稠密的一面是南面，枝叶稀少的一面是北面。这时组内的一个同学问："这是为什么呀？"组内另一个同学说，植物生长需要阳光，南面光照充足，所以大树的南面长得茂盛；北面光照少，所以大树北面的枝叶长得稀少。原来是这个原因呀！此时我明白了。讨论结束后，老师让我们讨论好的小组举手派代表去汇报，我高高地举了手，老师叫了我。我走到讲台上，老师问你们组讨论的是什么指南针，我回答我们组讨论的是大树指南针。老师把我们组的学习单展示在屏幕上。我开始汇报："我们组讨论的是大树指南针，大树可以帮我们辨别方向。枝叶稠的一面是南面，枝叶稀少的一面是北面。植物生长需要阳光，南面光照充足，所以大树的南面长得茂盛；北面光照少，所以大树北面的枝叶长得稀少。"我回答完，老师问同学们赞同我的说法吗？同学们都说赞同，同时响起了热烈的掌声。

　　接着老师问同学们，哪一个组讨论了不一样的指南针？举手的同学很多，老师让杨××去汇报她们组的。老师把她们组的学习单也展示在屏幕上。杨××同学说沟渠里的积雪，北方化得慢，南方化得快，因为北方阳光少，南方阳光充足，所以北方雪化得慢，南方雪化得快。我也觉得是这样。杨××说完后，老师又问，你们赞同杨××同学说的吗？这时姚××同学举手了,老师让他上台汇报,把他们组的学习单也展示出来。姚××同学对大家说:"杨××同学说的是山上的积雪。文中说的是沟渠里的积雪,应该北方化得快,南方化得慢,因为南方的阳光被挡住了,光照少,阳光就照到北方,所以北方化得快,南方化得慢。"这时,老师让姚××和他们组的一个同学用手势表示沟渠,老师又拿出手电筒来充当太阳,当中午太阳在南方的时候,沟渠南面的太阳被遮挡了,太阳照到北方的要多一些,所以北方阳光充足,雪化得快,南方化得慢,这时我才恍然大悟。老师的这个实验太有趣了。

最后老师问我们,除了书上介绍的四种天然指南针,你们知道大自然还有哪些天然的指南针吗?有一个同学说岩石上的青苔,因为青苔喜欢潮湿的地方,南面光照充足,所以长青苔的一面是北面。还有一个同学说树的年轮,南面光照充足,所以南面的树轮要宽些。老师夸奖这两个同学很细心,会观察。这时我惊奇地发现大自然太神奇了,它有很多的天然指南针,需要我们仔细观察,多多去想,就能找到方向。

二、教师点评

岑继博同学用记叙文的方式,展现自己学习思考解决问题的过程。刚开始在老师的带领下,学习太阳指南针,并且小实验勾起了他的学习兴趣,发现了大自然的神奇之处。接着利用学到的方法,小组学习自己喜欢的天然指南针。通过课文学习,知道了大树枝叶稠密的一面是南面,枝叶稀少的一面是北面。通过小组讨论,知道植物生长需要阳光,南面光照充足,所以枝叶繁茂,北面光照少,所以枝叶稀少。并且在汇报环节,能积极大胆地举手去汇报。经验分享在学习与教学中是必不可少的一个环节,岑继博同学用其简单朴素的语言介绍了他们的学习。

岑继博同学还是一个善于倾听和思考的人,他能从同学不一样的答案中学到知识。从同学的举例中,认识到大自然的神奇,能思考出大自然里有很多天然的指南针,需要多多观察,细细思考。岑继博同学真是个心思细腻,爱思考的学生。

三、教学反思

通过学生的这篇小论文,我认为教学中应该注重引导学生思考问题、表达自己的见解,重视学生的学习体验。

(一) 重视引导学生思考问题

教学不是知识的复刻,不是老师的单向灌输,而是思维方式的培养。老师播下的是知识种子,也需要教会学生如何让其开花结果。

教学不应该仅仅是老师的工作,而是教师学生教学互动的产物,在互动学习中,应重视引导孩子思考问题,让学生在独立思考的基础上互动交流,加深思考,促进思维能力发展。

(二)关注学生获得学习体验

老师不能仅仅关注知识的讲解与灌输,更应该关注学生的学习体验。教师不能简单地把自己的体验介绍给学生,说给学生听,学生理解不了,那是学生眼中老师的体会,不是他们自己的体会。老师应尽量创设情境,让学生自己去体验、思考、发现。根据学生的知识接纳程度与速度,适时给予学生引导与鼓励。教师过多的引导,学生将丧失自主性;过少的帮助,学生会因受挫感而失去积极性。

(三)重视培养学生的表达能力

不善于表达、表述不清等是许多学生在学习上乃至生活中经常遇到的问题,容易造成学生逻辑混乱。在课堂教学中,老师要鼓励学生回答问题,阐述自己的看法,甚至谈谈在课堂里学习的收获,锻炼他们的表达能力;在课余,鼓励学生思考问题,撰写自主学习心得体会、学习日记、学习叙事等,培养学生的文字表达能力。学生表达能力的训练、培养,必然促进交际能力的发展,将让学生受益终身!

轻松的课堂我喜欢

学　　　生：黄珍苗(口述)　贵州省望谟县实验小学甘莱校区二(4)班
指导教师：黄晓兰(整理)　贵州省望谟县实验小学甘莱校区

2022 年 06 月 28 日　星期四　晴

一、学习体验

今天我们班的语文老师给我们上了一节非常有趣的课。这节课不是我们语文课本里的内容，而是语文老师带来的许多的李子。老师自己手上拿了一个李子，让我们观察，看着老师手上的李子，我就迫不及待地研究起来。老师让几个同学走上讲台，把自己观察到的李子的样子说出来。

当时，我观察到语文老师手中的李子外形是圆圆的，大约有一个乒乓球那么大，颜色是青绿色的。正当我想用手去触摸李子时，语文老师就把我们全班同学分成了几个小组，给我们每人发了几个李子，让小组进行观察，讨论李子的特征。当我亲手触摸李子时，感觉它的果皮非常光滑。老师又让我们掰开李子看一看。它的果肉也是青绿色的，中间有一颗很硬的果核。语文老师接着让我们尝一尝李子果肉的味道。我一口咬上去脆生生的，酸里透甜，口感很不错。这是我第一次观察李子，不免有些诧异。

老师还告诉我们，李子有保护心血管、促进食物消化、增进食欲、美容养颜、止咳化痰、利水降压等功效。我们小组讨论结束后，老师让每个小组派一个代表分享本组的想法，这样让我们学习起来很轻松，又容易学懂。

二、教师点评

老师发现你在课堂学习中坐姿端正，注意力非常集中。倾听是分享成功的好方法，你正在分享着大家的快乐！我相信在座的每个同学，此时此刻已经有了不少的收获。所以说会倾听的孩子是会学习的孩子。老师还发现你在课堂上不仅倾听，还爱开动你的小脑筋认真去思考老师提出的问题，把自己所想到的表达得既清晰又流畅，真棒！你做到了不仅个人认真学习，还能提醒、带动同桌、班级同学一起学习。看到你的表现，班上很多同学把心里的那个"胆小鬼"就打败了，他们都举起小手来了。孩子，在课堂上，你这样的表现就是大家学习的好榜样。作为你的语文老师我感到很欣喜。老师有一个提醒，今后在课堂中发言时声音再洪亮些，语速放慢些，你就会更有进步了！

三、教学反思

(一) 充分关注学生的学习感受

课堂中,教师作为一个引导者和参与者,要让学生在快乐、轻松的氛围中学习知识,锻炼他们的能力。因此,在教学设计中我把关注学生的感受放在首位,在开课时直接把实物李子带到班上,让学生主动地去体验和感受实物李子的颜色、大小、形状、味道等。让学生亲身体验,更让学生能近距离地感受生动的真实场景。整个教学过程,学生在一种轻松活泼的氛围中进行,让学生真正体会到学习的快乐。

(二) 先思再说后写,做到有顺序

学生虽然敢思考、敢表达,但学生不一定能把想说的具体准确地说出来,也不一定能按照顺序说出来。怎样使学生有条理地把个人想到的说得好呢?在教学过程中,我重在训练学生的口语表达要有一定的顺序,从外到内观察李子,并以一个学生的表达为例具体说明,然后再指导所有学生可以先观察李子的整体再观察李子的部分。

从本课的教学体验中,我感受到课前充分准备的重要性。准备工作充分,学生在写作时就得心应手。所以,我认为每次写话之前,都应该设计相应的口语交际训练,调动学生思考,激发学生写话的兴趣,理顺学生的思路。学生往往善于说,而不善写。为此,教师提醒学生,把个人说的内容用笔记录下来,就能得到一篇好文章。强调口语交际的目的性,做到有条有理。一堂口语交际课,应有一个明确的主题,说话的中心。但学生在兴奋的同时,说话就不着边际,这时我们老师要充分发挥学生的主导作用,逐步引导学生回到说。

通过本课时的教学,我感觉似乎不是我在教学生,而是学生在教我。课堂上,他们对李子的了解是那样详细,知识是那样丰富,发言是那样积极,思维是那样活跃。这些令我始料未及。本节课的教学设计中,我遵循"三教"理念,联系学生的生活实际。学生的生活是丰富的,也是教学的源泉,说话、写话同样离不开生活。李子,对学生来说并不陌生,我把生活中熟悉的实物李子引进课堂,让学生无拘无束地看、摸、闻、说,调动学生的各种感官,唤起学生的生活经验。当学生对自己不陌生的李子有了充分的认识后,教师通过创设生活化情境,把教学内容指向生活、面向生活、联系生活、理解生活、表达生活,使学生在生活中认识、学习,激发他们的兴趣,激活他们的情感,从而加强学生对生活的关注和体验,真正做到在学习中学会思考,学会表达,学会体验,回归生活。

(三) 找个人不足寻求共同进步

本课教学在时间分配上不理想。导入时所用的语言不够精练。我的导入部分用时过长而导致在结束时没有时间对课时内容进行总结。在综合表达部分也应该给足够的时间,才更有利于学生的口头表达。课堂中,教师上课的语气直接影响学生的课堂气氛。而我在上课时的语气、语调缺乏抑扬顿挫。学生在品尝李子时应引导他们细心品尝,认真体验,把李子的味道说给小组的成员听。课前应让学生充分了解个人喜欢的水果的信息,这样有利于学生在课堂上交流、表达。

根据自己存在的不足,我将在平时教学工作中与身边的同事团结协助,多研读、多学习吕教授的"三教"理念,多读关于教育、教学的书籍、课例等。结合语文学习,培养学生人人爱思考,乐表达,积极参与和体验,在这样的学习活动中,让学生的组织、协调、合作等能力得到发展。

小组合作学习,让我进步了

　　学　　　生：罗万坪(口述)　贵州省望谟县实验小学甘莱校区一(3)班
　　指导教师：龙　英(整理)　贵州省望谟县实验小学甘莱校区

2022 年 6 月 23 日　星期四　晴

一、学习体验

　　最近我们班的座位变了,老师把以前的一个人坐改成了两个人一起坐。我们很好奇,就问龙老师:"龙老师,我们为什么要变位置呀?"

　　龙老师说:"因为以前你们课堂上爱说话、爱打闹,所以老师让你们分开坐。现在你们越来越乖了,让你们坐在一起,学习的时候可以互相讨论,互相检查作业,互相帮忙解决难题啊。"

　　从那以后,老师一提问题就让我们第一排、第三排和第五排的同学转过去,四个人一起读课文,一起圈画字词,一起讨论问题。有时候老师还会让我们读完课文或是句子以后自己说说有没有什么问题,或者发现了什么问题,或者让我们说一说自己懂得了什么。

　　现在我的语文成绩比以前好多了,上学期我常常考不及格,这个学期我一次比一次有进步,这次月测试我得了 86 分。以前觉得上语文课好难,现在我学得懂了,我就越来越喜欢上语文课了。

　　今天,我们班上了一堂不一样的语文课。有好多老师坐在我们教室后面,龙老师说他们是来考验我们是不是爱学习、会学习的孩子的。我们一听,可高兴了。我们一定不会让他们失望的。

　　上课了,这节课老师说继续学习《动物王国开大会》。一开始,老师让我们玩翻牌认字词的游戏。我第一个举手,老师就让我回答了。我选了 6,翻开是一个"准"字。我很自信地读了出来,老师夸我声音洪亮,发音十分准确,还让我当"小老师"带着大家把这个字拼读两遍,又让我教大家组词。我教大家组词:不准、准时。同学们都大声地跟着我读,老师表扬我不仅学习用心,还是个优秀的"小老师",我好开心。作为班长,我一定要带头好好学习。

　　我为什么读得这么准确呢?因为上节课初读了课文,合作学习了生字。以前学生字,都是老师带着我们学,今天可不一样了,老师把我们四个同学组成了一个小组自主学习生字。一开始我把"准"读成平舌音,我们的小组长罗文夏立即提醒我:"班长,你读错了。声母里有 h,说明它是翘舌音。下回可不要忘记了哦!"我不好意思地点了点头。是呀!龙老师都说了很多次了,以后上课可要专心了,不然老师说的话都记不牢。在组长的帮助下,我们反复读了好几遍生字,然后又给生字组词。有不会的我们就一起解决,还有不会的我们就去请教别的小组或者老师。

我们很喜欢小组合作学习,因为有不懂的地方同学之间可以互相帮忙,没有一个人学习时那么苦恼、那么慢。合作学习轻松又有趣,我们在交流的时候说话也比以前清楚了。

二、教师点评

你这个学期的学习成绩进步非常大,特别是口语表达越来越清楚。说明你是一个会学习的孩子。这次小组合作学习后和老师的交流,你能清楚地、有顺序地把当时的情景描述出来,特别是你对小组合作学习的内心感受和小组合作学习的作用,描述得清楚又具体。你抓住了小组合作学习的这一做法来讲好学习故事,把学习的经过、自己的感想和收获都清楚、有条理地叙述了出来。这说明你上课认真思考,用心学习,课后也善于总结。学习贵在有方法,这种举一反三的学习方法,对以后的学习十分有效。作为班长,老师希望你以后更加优秀,并带着同学一起成长。

三、教学反思

(一) 鼓励口述体验,激活儿童思维

罗万坪同学是一个生活的有心人,平时爱观察、爱思考,小脑瓜里总有问不完的问题。对这样的学生,课堂上我总是以鼓励、引导为主。课堂上给足学生思考、发言、表达的机会。学习前我总是通过谁读得好就让谁来当"小老师"的方式,激励他们自主、用心地读好字词和课文。之前她的基础并不好,做事马虎,写字潦草,很少能完成作业;但她思维敏捷,喜欢问。教师从她的发言,能感觉到她的思维是很活跃的。只是父母离异,她是跟着几乎不会说普通话的外婆在一起生活。每天中午都不回家休息,而是在社区跑跑跳跳。她本身基础就很薄弱,课堂上还经常打瞌睡,所以才学不会。因此,课下我就经常跟她一起游戏,一起聊天,趁机了解她的家庭生活情况和学习态度,也从侧面了解家长的教育方式,并努力找到跟家长沟通的最佳时机、方法。

(二) 师生和谐相处,激发学习兴趣

班上留守儿童占大多数,他们回到家没人辅导。所以,我在作业辅导和练习讲解这方面就讲得比较详细,为了避免他们瞌睡,我总是用幽默风趣的语言或是用他们感兴趣的话题来吸引他们的注意力。比如,他们抄写时字多一笔少一画了,我就说:"哎呀,才让你们帮这些字搬个家,你们就把人家弄得缺胳膊少腿的了。"他们一听就都笑了,下次还这样写错别字的就会越来越少了。课堂上,有的同学打瞌睡了,我就叫醒他,问问他有没有梦到什么好玩的、好吃的,让他来说一说,这样一来,他们的瞌睡都被笑跑了。

通过这些事例,我总结出,无论课上还是课下,都要跟学生和谐相处,用爱感化他们。只有让他们感觉到了老师的爱,他们愿意亲近、信任老师,他们才会更喜欢听你的课,相信你说的话。对于学习上,重要的是要教给这些学生学习的方法。只有这样,他们才会慢慢养成良好的学习习惯,逐渐形成举一反三的能力。

相比较而言,我们班学生在养成习惯、文明礼仪、学习能力等方面还是落后其他同年级的班级,但他们在一点一点地进步着。这让我想起了一句话:"每一种花的花期不同,但总会开花。"

四边形，真有趣

学　　　生：罗娇娇　贵州省望谟县实验小学甘莱校区三(1)班
指导教师：卢臻奇　贵州省望谟县实验小学甘莱校区

2022 年 11 月 14 日　星期一　晴

一、学习体验

今天，卢老师让我们认识有趣的图形——四边形，给我留下深刻的印象。

上课之前，卢老师让我们观察一幅图，图中有美丽的房子，房子四周有树有草，有围栏，漂亮极了，在美丽的房子里还有各式各样的图形。卢老师问："同学们，在这样美丽的房子里，你们发现了什么？"我高高地举着手，大声地说："我发现有很多的图形，有圆形、正方形、长方形……"卢老师用掌声表扬了我，又问大家："同学们，你们在这样美丽的房子里发现什么图形最多？这些图形在哪里呢？它们有什么共同特征？"卢老师让我们小组交流、全班汇报，激起我们的好奇心。

接着，卢老师让我们学习教科书第 79 页例 1，让我们找出自己心中的四边形是哪些，并圈一圈。还让同学们举例说一说生活中哪些物体的表面形状是四边形。通过例 1 的学习，大家对四边形有了一定的认知。卢老师让大家做一做练习第 2 题，卢老师还提示同学们分别画出几个不同的四边形。卢老师还给我们发了一些三角形卡片，让我们通过剪一刀，得到一个四边形。

在卢老师的指导下，通过在课本中找一找、圈一圈、画一画、剪一剪、说一说等学习方式，我们认识了四边形。卢老师还引导我们去观察身边的四边形。原来，生活中数学无处不在。

二、教师点评

罗娇娇同学思维敏捷，观察能力强，勤于思考，善于解决问题。在这节课中，罗娇娇同学表现得非常棒，课堂上专心听讲、积极发言、声音洪亮，而且能准确地回答问题，罗娇娇同学通过找一找、圈一圈、画一画、剪一剪的实践，掌握了四边形的知识。恭喜罗娇娇同学又迈出了勇敢的一步。

通过这节课的学习，罗娇娇同学对四边形有了更深入的认识，自己主动探究，学会动手操作，这对她未来的学习有很大的帮助。希望她继续努力，发现更多的数学奥秘！

三、教学反思

"四边形"是一节操作性很强的课。学生通过操作进一步理解、巩固概念。这节课教学内容是教科书中的第79页例1,让学生从众多的图形中区分出四边形,并感悟到四边形有四条直的边和四个角,通过找一找、画一画、剪一剪等活动将四边形分类,动手操作,对不同的四边形各自的特征有所了解。

(一) 创设情境,激趣导入

本节课从房子场景找图形入手,让学生熟悉的生活场景走进课堂,学生上课很投入,并且对本节内容兴趣浓厚。结合学生的生活经验,让学生找周围的四边形物体,让学生体会到数学就在身边。学生通过找图形学会了观察的方法,找出生活中的四边形,并与同桌说一说对四边形的认识。多数学生的认识很片面,教师课件出示不同的四边形,学生想不到有那么多不同形状的四边形。通过找一找、画一画、说一说,再总结四边形的特点,培养了学生的归纳总结能力和语言表达能力。学生根据自己的标准把图形分类,进一步掌握四边形的特点,分别把长方形与正方形根据特征归为一类,并找出它们的特征:对边相等、四个直角,为下节课学习长方形、正方形的周长打下基础。

(二) 数学与生活,密切联系

本节课教学,从学生的生活经验和已有的知识背景出发,由美丽的房子场景图引入,既能让学生感觉数学来源于生活,又能让学生对数学产生浓厚的兴趣。在学生对四边形有一定的初步认识后,让他们说一说生活中哪些物体的表面形状是四边形,进一步渗透数学来源于生活这一理念。让学生再次寻找生活中的图形,通过找出各种各样的四边形,体会到数学把生活妆扮得多姿多彩。

(三) 重视动手实践、探索交流

本节课教学,通过动手实践、自主探索和合作交流的方式,让学生通过观察一幅图,抛出问题:"同学们,观察这幅图,你们发现了什么?什么图形出现最多?它们都有那些特征?"激起了学生的探究欲望。

在本次教学中,先认识四边形,感知四边形,在积累一定的经验后,再自己动手用卡片来制作四边形。学生在初步认识四边形后,我安排的教学环节是将四边形进行分类。学生独立分类之后,再和其他同学交流为什么这么分?从不同的角度来理解,总结出四边形的特点。独立探索、合作交流为学生打开了思维的大门。在交流过程中,培养了学生分析问题、表达问题、动手操作的能力,也培养了学生注意倾听的好习惯。

本节课教学结束后,我最大的感受是本节课在学生对四边形已有认知的基础上实行教学,学生在动手操作的过程中逐步理解四边形,学生对找一找、分一分、画一画四边形都非常有兴趣。同时,教学中也存在不足:个别学生虽然理解了四边形,但在分类这一环节,我没有给他们足够的思考时间和发表自己看法的空间,导致他们对分类的处理不够理解。

在今后教学中,我将积极改进教学方法,勇于探索和尝试,以学生为主体,充分调动学生学习的积极性和主动性,才能让学生的注意力集中在课堂上,让学生在有限的时间里收获无限的知识。

友谊常在：芙蓉楼送辛渐

学　　生：杨　丽　贵州省望谟县实验小学甘莱校区四年级(2)班
指导教师：毛成玉　贵州省望谟县实验小学甘莱校区

一、学习体验

今天上课前，毛老师给我们安排了座位，分成几个小组。我们组是九个人一组，还有罗××那个组也是九个人，其他的小组只是八个人。毛老师说："今天上午第二节要上一节特殊的课，需要你们进行小组合作，希望同学们都能积极参与。"我满怀期待。

上课铃声响起了，同学们陆陆续续地进入教室，还有三五个同学在那里聊天。只见毛老师走进教室，他双眼盯了一下那几个聊天的同学。他们立刻坐到自己的位置上。

"同学们，今天我们来学习第22课《古诗三首》的第一首《芙蓉楼送辛渐》。在上课之前我想问一问同学们，还记得我们是怎么学习古诗的吗？我想请几个同学来一起回忆一下。"

一节课就这么开始了，在上课的时候，老师总是不停地提出不同的问题让我们思考。我们这个小组的成员每个都能说出自己的想法，最后由我做代表发言。整节课下来，老师说的并不多，同学们都积极地思考，勇敢地站起来说，我觉得这样的课堂让我感到很轻松，我与同学之间相处也很愉快。今天这节课都是我们在说，老师只是看我们哪里说错了他才说，我非常喜欢这样的课堂。如果以后都这样上课该多好。这节课我们自己讨论，老师提示，我知道了诗人王昌龄拥有一种坚韧、永不妥协的精神，这种精神我们需要学习。我们决不能屈服，要始终如一地坚持自己的立场。总之，这节课下来我们很轻松、很愉快，有很多自己的思考。

二、教师点评

你是一个心地善良、是非分明、有责任心的孩子，对任何事都能尽职尽责地做好。你作为组长，努力地辅导身边的同学，带动身边同学的成绩一天天地在进步。老师喜欢你在知识的海洋里畅游的学习劲头，更愿意看到你在课余时间像蝴蝶一样快乐飞舞。

你的语言表达能力很好，但有时候要思考清楚了再发言。你在辅导身边的同学时，应该多些耐心，语言尽量通俗易懂。每个人的基础是不同的，你基础比较好，应该多从基础性的知识开始给其他同学讲解。如果你有什么地方不懂的可以来找老师。

你的思维非常敏捷，但有时候会开小差，希望今后你能改掉这个不好的习惯。

三、教学反思

该学生平时爱观察、爱思考,总有问不完的问题、说不完的话。对于这样的学生,课堂上我总是以鼓励、引导为主。课堂上我给足他们思考、发言、表达的机会,激励他们自主、用心地读诗文,用心去体会诗情。很多时候虽然表达不清楚,观点甚至是错误的,老师要顺势引导。从他们的发言能感觉到他们的思维是很活跃的,所以教师应该多给学生一些时间,多给他们思考和交流的时间,多给他们体验和体会诗人情感的时间。这样,他们就会自觉地思考和学习,能够达到自主学习的目的。

在他们表达和思考的时候,教师要善于倾听,适当引导,避免他们造成错误性的观点和言论。若不及时纠正,就会带偏很多学生,因为在小组合作的基础上,他们的观点直接影响整个小组成员,甚至有时候会影响全班学生。最终在教师积极向上的情感和理性思维的影响下,学生能够感受学习中的快乐,在快乐中成长。

思维碰撞后的"奇迹"
——记一堂有趣的讨论课

学　　　生：田维俊（口述）　贵州省望谟县实验小学甘莱校区二（3）班
指导教师：罗　涛（整理）　贵州省望谟县实验小学甘莱校区

2022 年 6 月 21 日　星期二　晴

一、学习体验

　　今天，我们的罗老师特别高兴。我通过老师的表情，就知道要有人被表扬了！我很好奇地猜着老师要夸奖的会不会是伍××、王××？还是老师要"教训"昨天调皮的那几个同学呢？课堂，已经开课半天了还不见老师的动静，我忍不住问："老师，今天你这么开心，又要表扬谁呀？"

　　罗老师说："昨天，我们学习了《蜘蛛开店》一文，有些问题还有待解决。今天的问题很特别，不是你们遇到了困难而是蜘蛛遇到的困难。现在你们要认真听讲，待会儿就要请你们帮助它解决。老师非常期待你们的答案！但要注意听讲！否则帮不了它！"会是什么问题呢？此时我更有兴趣了！认真地听着！

　　同时又想蜘蛛会有什么困难，能让我们帮它呢？老师讲解"口罩编织店、围巾编织店、袜子编织店"，故事慢慢讲完了。老师终于说："现在请你们根据刚才故事的情节，各小组说一说接下来蜘蛛还有可能会开什么店？"我认为蜘蛛可能会开毛衣编织店，会遇到一只苍蝇，它可高兴了。可是，刚做完它又遇到了大象。"组内同学听了都笑得很开心，其他组的同学还提到了它开毛鞋编织店，遇到的顾客是千脚虫，直接把它吓晕倒，太搞笑了。接着黄××说："开一家饭店。"我立刻反驳了这一观点，因为蜘蛛的特长不是做菜。我的这一观点立即得到了老师的表扬。

　　接下来，老师又说："蜘蛛因为开店前面亏本了，要你们帮助它。请你当蜘蛛的秘书，你会怎么给它计划？"大家议论纷纷，给出很多建议：有的认为收费要根据材料的多少，有的认为要根据做工时间的长短，还有的建议开玩具编织店，等等。但我突然想到，大家的观点都好，却有一样不足，开一个店只卖一样！蜘蛛擅长编织，它就是因为"寂寞"才开店，怎么不开一家什么都可以卖的店呢？如果开一个编织店！要什么就编什么，这不更好吗？我的这个建议得到了老师的夸奖，同时有同学补充道："还要请别人来帮忙，它只当老板！"这一说法又引起了老师大笑。我觉得这节讨论课太有意思了！另外，我觉得蜘蛛在困难面前不能坚持到底。我认为这是它失败的主要原因。

二、教师点评

　　这堂课你非常用心,会根据老师的思路去分析课文,很会抓住课文的重点,同时善于倾听和总结其他同学的观点,带领小组成员积极探讨与推测,并能根据蜘蛛的特长大胆地去发挥想象,表达清楚,思路清晰。老师希望你在以后的每堂课上都能保持这种状态去学习!

三、教学反思

(一) 理脉络,悟特点

　　《蜘蛛开店》一文主要讲了蜘蛛开口罩编织店、围巾编织店和袜子编织店,顾客分别是河马、长颈鹿、蜈蚣,而且每次都是因为做起来简单而选择价格都是一元。在教学中,文章的自然段虽多,但情节相似,因此对文章分析时引导学生提取出关键信息,形成示意图,帮助学生厘清思路的同时,引导分析故事之间的特点。

(二) 善引导,多激励

　　这个阶段的学生注意力容易分散,平时也不太注意观察,在思考时小脑瓜里总有问不完的问题。对于这样的学生,在课堂上我总是时不时就要盯一下,以巧妙的话题引起他们课堂上的思考,多给发言、表达的机会,从而会更有益于引导和帮助更多学生学习,并在关键环节给予恰当的鼓励,能更好地激发学生学习的动力。

(三) 重合作,互启发

　　通过课堂实践,我认为课堂的合作学习、组内交流讨论对孩子的互助学习是非常有必要的。本篇童话故事很贴近学生生活,语言幽默风趣,学生读起来也易懂,在讨论中会碰撞出许多意想不到结果!例如在讨论中黄××说蜘蛛会开一家饭店,田××同学就立刻反驳了这一观点,他认为蜘蛛的特长不是做菜,我觉得这一观点很有道理!他的这一观点大大超出了我的预料!在自由讨论环节中,韦××同学说到蜘蛛做事三心二意,联系他自己平时不完成作业,觉得这方面有点像蜘蛛一样做事不够认真!这个过程中的许多观点也给其他学生带来了更多的启示。

　　合作互助学习,对学生思维的影响深远,许多讨论结果也会远远超出自己的预期!在教学过程中,做好课前准备与"三教"理念相结合,那将是一堂更精彩的课!

找规律，真有趣

学　　　生：陆　冠（口述）　贵州省望谟县实验小学甘莱校区一（4）班
指导教师：涂民燕（整理）　贵州省望谟县实验小学甘莱校区

2022 年 6 月 17 日　星期五　晴

一、学习体验

今天我们的数学课上来了很多老师，我很好奇今天的数学课怎么会有这么多老师呢？接着数学老师说，老师们是特地来看我们班同学的表现的！我立刻就问老师什么是"表现"，涂老师接着说，老师们听说我们一（4）班学生特别听话、课堂善于观察又爱动脑，所以今天他们特地来看一看我们班的课堂。原来是这么回事！那我一定不会让老师们失望！

课堂开始了，老师出示了小彩旗的图片让我们观察。这一看就知道呀，就是黄色与红色的小彩旗呀！这还用观察吗？我有些迫不及待了，马上就回答老师："这是两种不同颜色的小彩旗。"涂老师又重复了一遍："在'顺序'上有什么发现？"原来问题不简单！我仔细一看，确实挺简单，就只是黄色与红色不断交替出现。我问老师："为什么要把黄色与红色不断间隔出现，怎么不把红色或黄色单独排在一起呢？"涂老师笑了，开心地说："这就是我们这节课要解决的问题！这叫'找规律'。"

通过涂老师的讲解，我们自己动手涂色、摆一摆、说一说，弄出了很多种有规律的图片。我心想：那以后我们不是可以自己弄出许许多多规律的事情吗？紧接着，涂老师让我们在生活中去找规律。生活中也有规律？我在脑海里仔细搜索了半天也没有找到规律。在涂老师的提醒下，我想到了广场的喷水池在喷水时水柱的一高一低等现象也是有规律的。这节课我学会了找规律的方法，原来在我们的生活中还存在这么多有趣的数学知识，真是想不到！

二、教师点评

你很聪明，善于观察、思考与总结，特别是在小小设计师环节，你带领组内同学摆出了多种规律的图片，能举一反三，能从"学会"变得"会学"。你在课堂里掌握了规律的概念，而且根据提示还在生活中找出有规律的事物和现象，确实很了不起。其实，在生活中有很多数学知识，老师希望你以后多留心生活，能用数学去解决生活中更多的问题。

三、教学反思

(一) 创设情境，引入概念

本节课，通过拍手游戏激发学生的兴趣，利用"六一"儿童节活动的场景装饰图来引导学生观察本组有规律的图片，再通过出示一组无规律的图片来让学生观察，让他们体验规律的优越性来引起好奇心，激发学习的愿望。在教学中关于"规律"的概念，我没有直接提示，而是让学生自己去观察、发现和思考，让学生自己说出每组图形排列的特点，从而引出规律的概念，再让学生观察游戏的站队来描述其特点，既锻炼了学生的观察能力也让学生对"规律"的概念有了深刻的印象。

(二) 动手实践，探索规律

在本环节设计了几个活动，一些活动是学生独立完成，一些活动是小组合作完成。通过活动中的涂一涂、排一排、说一说和找一找等方式，让每个学生在操作中再次感悟，体验循环排列的方法，使学生对循环排列的规律有更深的体验。引导学生从多角度去发现规律存在于我们的生活、学习之中。教学中将抽象的规律用形象的变化让学生感受到是非常困难的，所以通过设计几个最简单的活动，让学生在活动中发现规律、体验规律、表达规律。

(三) 知识整合，体现"三教"理念

通过学生的动手实践探索规律，对课堂知识进行整合，借助各种有规律的图片让学生自己去探索，引导学生去归纳总结，通过指导让不同层次的学生动口说或动手摆等过程从大量的感性认识中逐步抽象出规律的概念，变枯燥的被动学习为主动学习。在教学活动过程中，不论学生思维层次的高低，只要发现闪光点就及时给予他们激励，使他们能享受成功的愉悦，学习的激情就会油然而生，从而引导他们去感受数学就在我们身边，我们的生活中处处都有数学知识的存在。同时，尊重学生的个性化思维，注重合作学习，相互交流、启发，使不同层面的学生能有所发展，使"三教"理念得以体现！

计算经过时间，方法多

学　　生：王　俊　贵州省望谟县实验小学甘莱校区三(4)班
指导教师：罗泽民　贵州省望谟县实验小学甘莱校区

一、学习体验

我没想到昨天数学课堂上，罗老师会这样问我："王俊同学，你怎样计算经过时间的，用了什么方法？"

平时这样的问题，老师不会先把机会给我的，可能是因为我不够专心听讲吧。我愣住了片刻，可总算哆哆嗦嗦得出三种方法。

方法一：拨钟法。

老师请陈××和陈××同学上台，用拨钟的方法，拨一拨钟面的指针，边拨边数，一共经过了9小时。

方法二：分段计算法。

老师巡查一圈，发现同学用分段计算法。罗老师利用投影，请同学总结出：上午9时到12时经过3小时，到下午6小时经过6小时，上午9时到下午6时一共经过9小时（3小时+6小时=9小时）。

方法三：24时计时法。

老师结合问题，找出学生的学习方法。岑××是这样做的：普通计时法转化为24时计时法，下午6时=18时，18时-9时=9(小时)。这时，罗老师还特别质疑：结果是9时还是9小时？通过质疑，大家再一次思考：9时是时刻，9小时是时间。我们对时刻和时间有了全面的认识。

最后，罗老师问我，你最喜欢哪一种方法呢？

"我最喜欢24时计时法。"我回答。

老师追问："是不是所有的经过时间都只用24时计时法呢？"

我回答："不是。如果是昨天下午到今天上午，这样的经过时间计算方法应该选用分段计算法更简单。"

然后，老师让我们选用这些方法来解决教科书上第84页的问题。

二、教师点评

王俊同学是班长，自主学习比较积极。但上课有时没有认真听老师讲课。这节课，老师反常提问,他回答,通过思考,最终还能回答计算简单的经过时间方法的种类,这是因为前面的学习中经常讲到计算的方法,有儿歌记忆法、拳头记忆法、数手指记忆法、时间轴表示法、拨钟数数法等。

总体来看,王俊同学的数学学习方式很多,从每天预习—课堂思考—积极发言—总结归纳—综合运用的学习方法看出,王俊同学在日常的生活中善于发现,勤于思考,勇于表达,强于应用。

三、教学反思

(一) 数学课应注重提升学生数学思维的品质

一节数学公开课,老师利用各种教学手段满堂灌者有之。冷静思考一下,学生的数学思维品质是否得到了提升呢?数学课往往忽视了这一点。担心目标没有实现,内容上不完,时间不够用,困惑重重。个人认为数学课应该注重学生思维水平的提升,怎样开展?首先要多给学生独立思考的时间,让学生真正成为数学课堂的主体,是学习数学的主人。教师应成为数学课堂中的参与者、合作者和引导者。比如:如何计算小红一家人坐火车到奶奶家的经过时间?我不急于做任何提醒,给学生充分的时间思考,让学生在独立思考中自己找出不同的解题方法。这种有收获的喜悦,发自学生内心,记忆深刻,理解透彻。这时,学生的大脑在集中思考。久而久之,班级学生的思维变得越来越灵敏,数学课真正起到了开发智力的作用,课堂上花费这部分时间是值得的。

(二) 数学课应引导学生在数学情境中独立思考

数学问题,在很多时候源自于生活中蕴含的数学情境。如果没有数学情境,数学问题就失去了赖以生存的土壤。问题情境中蕴含的数学问题,既能促使学生产生积极的、愉悦的情感体验,又提供了有利于数学问题产生的丰富的数学背景材料,对学生提出问题有着促进作用。因此,本节课教学中,教师适时为学生创设适当的问题情境。通过课堂上师生之间、生生之间探索、合作、讨论、交流等方式设计五个活动环节:温故知新、情境导入、自主探究、巩固应用和作业超市。学生按照自己的思考自由地提出问题,教师善待学生提出的每一个问题,以欣赏的态度鼓励学生用不同的思维方式从不同的方面提出问题,培养学生敢于提问、善于提问的良好习惯。

坚持学习，习惯好

学　　　生：蒙　瑶　贵州省望谟县实验小学甘莱校区六(1)班
指导教师：钱文丽　贵州省望谟县实验小学甘莱校区

2022 年 6 月 15 日　星期二　晴

一、学习体验

今天我们学习了"Unit4 Then and now　Part B　Let's learn"部分的内容，这堂课很有趣。首先，钱老师利用游戏带着我们一起复习了各个时间、各个季节能做些什么的内容来引入今天的新课。同时，还有很多漂亮又能让我们一看就懂的图片辅助学习进行巩固。同学们都很认真地在听，我也对这节课的学习很感兴趣。

我学会了打羽毛球的英文，而且利用拆分法，很快就能把它拼写出来呢！今天的这堂课我最喜欢小组合作了，因为我不会的可以请教同学。比如说，我对 before 和 now 的用法还不太清楚，我们的组员陈××就很耐心地给我讲解。这节课的游戏很有趣，我们在玩的同时，还复习了所学的表示过去的时间。

通过今天的学习，我认为平时的学习中一定要养成坚持的学习习惯。生活中，很多人都会因为各种因素而无法坚持做某些事情。但学习就是要坚持，要有一定的积累，哪怕每天只是多学了一个单词，多练习了一句话，多坚持了一分钟，也是一种改变。同时，兴趣是最好的老师，如果你对英语一点兴趣都没有，那么英语成绩也不会很好。除了兴趣，还要养成良好的学习习惯，上课时认真听讲，课后认真复习，不懂的积极向老师和同学请教，争取把当天的知识点学会。

二、教师点评

蒙瑶同学通过本节课的学习，学会了运用拆分法，在以后的学习中就能做到学法迁移，对本节课的知识点掌握得比较好。可以看出，蒙瑶同学在日常生活中是一个善于思考，善于发现，认真学习的好孩子。而且，她乐于帮助别的同学，只要有同学向她请教问题，她都会很耐心地给他们讲解。她有自己独特的学习方法，这种习惯值得学习。

三、教学反思

(一) 教师为辅,学生为主

　　教的目的是不教。所以,在本节课教学中,我针对教科书和学生的实际情况,适时以游戏、图片、录音等多种形式展示,从视觉、听觉等方面调动学生的学习积极性,给他们提供一个良好的学习氛围,让他们在"玩中学""学中玩"。大多数学生能积极参与学习活动,利用小组合作来培养学生的合作意识和团体意识,锻炼他们的自主学习能力。

(二) 精讲多练,加强巩固

　　学习的目的是灵活运用。仅仅通过口头表达,无法检测学生真正学到了什么,学了会不会运用。所以,相应的练习很有必要。通过练习,我发现部分学生知道 before 是指过去,now 是指现在,但在使用过程中容易把动词用错,通过针对性练习后,学生基本能理解了。

(三) 结合实际,反思改进

　　六年级(1)班的学生英语基础参差不齐,学习能力有强有弱。教学应该结合本班实际情况,鼓励学生勇于开口,不怕犯错。本节课运用了游戏、图片等辅助教学。但单靠游戏、图片不能培养学生持久的兴趣,在以后教学中应该利用多种手段帮助学生多记单词,多学习语言规则,提供更多英语输出的机会,改进学生的语音、语调。同时,加强对部分学习困难学生的关注,及时鼓励引导他们参与学习。

一堂来源于生活的数学课

学　　　生：罗　淏（口述）　贵州省望谟县实验小学甘莱校区一（3）班
指导教师：王永辉（整理）　贵州省望谟县实验小学甘莱校区

2022 年 6 月 14 日　星期二　晴

一、学习体验

"王老师带来了很多的钱。"当我们听到这句话的时候，都很激动。我正想着怎么回事时，黄××说了一句："是模型。"这时，我才发现真的是模型。原来，是王老师带来给我们上课的教具，让我们学习认识人民币。在平时，爸爸、妈妈也给过我钱去买东西，我也算认识人民币的。今天，王老师给我们上课的内容我一定要牢记在心。

王老师问："请问同学们认识人民币吗？"这时候我马上回答："认识。"但有部分同学不清楚，王老师接着又说："同学们认识钱吗？"这时候，同学们才反应过来，说："认识。"王老师说："让我们认识人民币。"

王老师在黑板上出示了四幅图片：购买本子、购买船票、购买报纸，还有存钱罐。让同学之间相互认识人民币，了解我们国家的通用货币。王老师把钱币模型分给我们几个小组的组长，让我们每组代表上台购买物品，通过大小和颜色的对比让我们区分人民币，还有用十元换算成一元的、一元换算成一角的，让我们了解了人民币，也了解了人民币的单位交换，这些在生活中也是必不可少的。

二、教师点评

这节课的学习内容密切联系学生的生活实际。因此，整个教学设计都力求体现新课程的理念，使老师真正成为学生学习的组织者、引导者与参与者。在老师的引导下，学生通过自主探究，合作交流，学生生动活泼，积极主动。在这节课中，让学生认识到我们的生活中用到的钱叫作人民币，我们可以从人民币的面值、大小、图案、字样、颜色等方面进行观察、换算。学生通过这节课的学习，知道了换算人民币的重要性。同时，通过介绍人民币图案，引导学生热爱我们的国家和爱惜人民币，不随意损坏人民币，在数学课中进行课程思政。

三、教学反思

　　这节课,学生因看到人民币的学具,在动手操作中有所思考,每个学生都很积极回答问题,通过"看一看""说一说""动手分类"等活动让学生认识人民币,有纸币和硬币,不同面值的大小、颜色、图案的不同。学生非常活跃,被人民币上的颜色和图案所吸引。在活动环节,教师通过设计具体的生活购物和等价换钱游戏,认识人民币的单位元、角、分,并理解单位之间的关系和换算。在生活中,我们都离不开人民币,并且还要学会换算。通过富有层次的课上模拟购物活动,在会认人民币的基础上学会换算,学生在这堂课中表现积极。

这堂英语课,让我记忆深刻

学　　　生：卢旺通　贵州省望谟县实验小学甘莱校区四(1)班
指导教师：吴德菊　贵州省望谟县实验小学甘莱校区

2022 年 5 月 20 日　星期五　晴

一、学习体验

　　今天是 2022 年 5 月 20 日,第二节课是英语课。说实话,我其实不太喜欢英语课,因为在上英语课的时候,老师的教学方法总是很单一、重复。例如：在词汇课的教学上,老师除了教读就是教读,不然就是让我们齐读、分组读、男女生读。这些我早就厌烦了,真希望今天的英语课能不同寻常。

　　丁零零,丁零零。上课铃声响了,英语老师来了,只见老师手里抱着一个大大的纸箱,我们全班都沸腾了。我心里想：我就想看看,今天英语老师有什么创新？老师用简单英语打招呼之后,终于进入正题了。接着,老师说："孩子们,今天老师教你们制作猴子。"我想：果然又是一堂无聊的课。做猴子,谁没有见过猴子？我一副心不在焉的样子。老师开始教单词 head, hands, ears, eyes, body, legs, nose, mouth, first, next, then, after that, finally,还有句子"Make the …""This is the …""These are the …"。我心里想：做猴子还不简单,我分分钟就能完成的事情,老师搞得那么复杂。

　　接下来,老师开始分组。老师把我们全班同学分成四组,组长由每组同学投票产生。我都不知道我什么时候在同学之间有了如此高的信任感,大多数同学都投票给了我。即使我不是很想做组长,但想起老师以前和我们说过要多锻炼并且要有责任心,我还是成了我们小组的组长,负责了整个制作过程和最后的汇报工作。刚开始,我以为大家都没经验,所以我还是有很大信心的,但当我看到散落在桌子上猴子的各个身体部位的卡片时,我一下子懵了。大家七嘴八舌地说着要做什么做什么。大家都在等着我动手做我负责的那部分,我脑子一片空白。眼看其他组都要完成了。顿时我羞红了脸,全身发热冒汗,且不说其他组的同学,光是我们自己这一组的同学我就比不过,无论课上还是课下都不及他们认真,最后还是在我周围同学的鼓励下,再加上王××同学的帮助,终于完成了猴子的制作。轮到我们组汇报的时候,老师用眼神示意我起来汇报。我顶着巨大的压力站起来了,我说出了内心真实的想法,觉得自己有负同学的信任。老师并没有责备我,而是语重心长地说："孩子呀,学习这个东西就好比逆水行舟,不进则退；知识做桨,态度当力；当别人都在用认真的态度去汲取知识让自己快速进步时,你不认真当然就跟不上别人,遇见困难还有同学的相互帮助也是你们学习的目的之一啊,万丈高楼平地起,要一步一步来,记住要脚踏实地。"

我想:这节课是一个起点!今后再上英语课,我都要认真听讲,因为这一堂课真的让我记忆深刻。

二、教师点评

卢旺通同学平常的表现是相当好的,在班上也是英语学科数一数二的高手。但在这堂课上,正是这所谓的优越感让他得意忘形了。学习这个东西不是一蹴而就的,需要学习者耐心、细心地发现并积累,而且学习中离不开同学之间的互相帮助。虽然这一节制作猴子的课,看似简单,但其实这里面有很大的学问。卢旺通同学虽然刚开始有些自得,但好在没有自傲,并且能虚心接受别人的意见。"态度决定一切"。如果态度都不端正,那肯定就不要指望成功了。而且这节课安排学生制作猴子,其目的之一就是要学生发现互相帮助的重要性,很高兴能在这节课上看见这一幕。

三、教学反思

卢旺通同学是一个善于思考、发现的小朋友。小脑瓜里总有许许多多奇奇怪怪的想法。通过今天这一节课,我总结出卢旺通同学为什么会有这样的想法。一是我一成不变的教学方法没有新意,学生不感兴趣;二是我没有设身处地站在学生的角度去想问题。作为老师,无论课上还是课下,都要跟学生和谐相处,课堂上是师生关系,课后是朋友。让他们愿意相信老师,听老师的话,从而喜欢上这一门学科。在学习上,老师做好引导者。俗话说:"授人以鱼不如授人以渔。"教会学生学习的方法和有效途径,让他们逐步养成自主学习的好习惯,才是我们作为教师的职责所在!

谁的办法好

　　学　　　生：韦灿灿等（口述）　贵州省望谟县实验小学甘莱校区一(2)班
　　指导教师：杨兴娣（整理）　贵州省望谟县实验小学甘莱校区

2022 年 6 月 22 日　星期三　晴

一、学习体验

　　上星期，我们学完课文《小猴子下山》后，老师为了让我们对课文有更深层次的理解，让我们用一节课时间进行小组讨论：如果你是小猴子，你会怎么办呢？大家都大胆说出了自己的想法，下面就是我们小组成员的讨论结果。

　　韦××：如果我是小猴子，我会把掰下来的玉米先送回家，然后去摘桃子送回家，再摘西瓜送回家，最后即使我追不上兔子，这样我也可以吃到玉米、桃子、西瓜。这样多好啊！这只小猴子，真不会思考呀！

　　师：你真会思考，不仅帮小猴子想出了办法，还能吃到好多水果，而且说得很清楚，声音也很洪亮，我们都听明白了。

　　谢××：如果我是小猴子，我会找来两根木棒，然后用绳子把木棒绑起来，再铺上叶子，把摘到的玉米、桃子、西瓜都放在上面，就像手推车那样，我就拖着回家了。

　　师：谢××的办法也很棒，说话的声音洪亮，把事情说得很有条理。

　　杨××：如果我是小猴子，会摘了桃子就回家去，然后把我的朋友都叫过来一起享受美食，还可以一起追兔子，就不用很累地把东西抬回家了。

　　师：你真是一个善于思考又有爱心的孩子，知道集体的力量比个体的力量大。

　　岑××：如果我是小猴子，我会吃自己喜欢的水果。比如我喜欢吃西瓜，我就可以吃饱，然后把朋友喜欢吃的东西带回去分享就可以了，不用都带回家。

　　师：嗯。说得很完整很清楚，而且还会分享，知道不浪费东西。

二、教学反思

　　这篇课文的故事性很强，学生很感兴趣，文章相对来说有点长，但只要在学法和朗读上引导好学生，利用每一副插图和相对应的段落进行教学，学生也会学得轻松。在教学最后的拓展延伸环节，我给学生抛出问题，意在让学生学会思考，同时能学会表达自己学到的东西。通过学生口头表达，更能加深学生对文本的理解，并能把学到的知识运用到自己的学习和生活中,即不要像小猴子那样,顾此失彼,样样都想做,结果什么都没有做成。无论做什么事都要一心一意,有始有终。而且,我用学生自由举手回答的形式,是了解学生有一种竞赛的心理表现自己,回答问题会更积极,思考得更详细,说得更完整,符合一年级学生的年龄特点。虽然有的学生说的可能不大符合课文的主旨:无论做什么事情都要一心一意,不能见这样就忘了那样,做完一件再做另一件。但只要学生的叙述和思想正确,个人认为都值得表扬:对低年级的学生,要在鼓励中激发他们的学习兴趣。

我认识圆柱了

学　　　生：狄治辉　贵州省望谟县实验小学甘莱校区六年级(1)班
指导老师：王远润　贵州省望谟县实验小学甘莱校区

2023 年 2 月 10 日　星期五　晴

一、学习体验

　　早上我起床后洗好脸,背上妈妈给我买的新书包高高兴兴地去上学,我怀着愉悦的心情和同学们一起来到了学校。今天我们第一节课是数学课,上课铃声响起,我们风趣幽默的数学老师抱着课本和一大堆教学用具急匆匆地走进了教室。数学老师说今天的这节课讲授的内容是——圆柱的体积。在上课时老师用他那幽默风趣的语言深入浅出地为我们讲解例题,在课堂上我听得津津有味。这节课老师的讲解让我受益颇多,接下来谈谈我的感受。

　　首先,老师通过课件和教具教我们认识圆柱,掌握圆柱的特征和几个部分的名称与特点,在脑海中建立圆柱的几何模型。在课堂上老师让我们每个同学自己动手操作,然后通过仔细观察、比较和探索的过程,让我们的分析能力、推理能力和判断能力得到了提高,在课堂上老师并没有直接告诉我们圆柱的特征,而是让我们每个小组相互交流,自己归纳总结,这不仅培养我们主动探索的精神,发展我们的空间观念,提高我们的学习兴趣,而且为我们树立学好数学的信心。

　　在课堂上老师通过大家的汇报,为我们总结归纳出了圆柱由三个面组成,它的上、下两个面叫作底面,它们是完全相同的两个圆。圆柱周围的面(上、下底面除外)叫作侧面,沿着它的高展开后是一个长方形或正方形,老师还让我们观察圆柱的高有多少条？它们之间有什么关系？老师给我们出示一个圆柱形牙签盒,我们观察后发现圆柱有无数条高,它们的长度都相等。

　　这节课我们通过和老师一起观察、测量、比较等活动,充分认识圆柱的高的特征,使我们对圆柱的认识更加全面。

二、教师点评

　　狄治辉同学通过在课堂中主动探索,抓住圆柱的特征,详细回顾了整堂课的探究过程。在回顾过程中借助生活中的事物来把圆柱的各部分名称形象化。可以看出,狄治辉同学对于圆柱的特征已经有了模型,将抽象的东西具体化。在狄治辉同学的描述中,可以看出她对圆柱的认识加深了。

三、教学反思

圆柱是一种比较常见的立体图形。在实际生活中,圆柱形的物体很多,学生对圆柱都有初步的感性认识。因此在导入新课时,我注重与学生的生活实际相结合,利用课件展示生活中的圆柱形物体,让学生在欣赏的过程中初步感受圆柱形物体的特征。然后直接告诉学生像这样的物体就叫作圆柱,再让学生举例说一说日常生活中见过哪些物体是圆柱体,使学生感受到数学与生活的联系。

本节课的重点是圆柱的特征。探索交流、解决问题是学生课堂中学习数学的重要方式。本节课一开始,我没有直接告诉学生圆柱的特征,而是在课前参与的基础上,让他们自己观察,采用小组合作、讨论、交流等形式,让学生多角度、多形式地表达自己的思维过程,整体地感知圆柱的特征。在整个教学过程中,我始终让学生成为学习的主人,引发学生探索的欲望,设计"你发现了什么?"等开放性问题,把学生带入思考、研究的天地,为学生提供了动手操作、独立思考、合作交流的机会,使学生在探索、交流中体验和理解数学。

有趣的英语课，快乐你我他

学　　生：侯　香　贵州省望谟县实验小学甘莱校区六(3)班
指导教师：张新娟　贵州省望谟县实验小学甘莱校区

一、学习体验

　　上课铃声响了，一看课表，是英语课，我像往常一样拿出《英语》教科书放在桌子上。

　　英语老师走进来了，今天她格外漂亮，面带微笑。她放下手中的教科书，向我们问好："Goog morning, boys and girls. Today we are going to learn Unit6 Work quietly."首先是给我们看图片，说出我们学过的英语单词；然后英语老师再把图片藏起来，她自己做动作让我们猜单词。学习这个单元，我发现班上的同学回答问题都很积极；没有同学睡觉，尤其平时那几个爱在课堂上说话的同学都很安静。因为我觉得老师在这一单元，上课的方式变了。我记忆最深刻的是老师给我们上第六单元"Part A　Let's learn"的时候，老师先是带着我们一起复习了之前学过的动词短语，然后采用游戏动作表演让我们猜她在做什么。在讲到"doing morning exercise"的时候，她先放一段广播体操的音乐，然后给了一个时间是早上 6:00 点，边做动作边问我："What am I doing?"我说："You are do morning exercise."老师说："我现在正在做什么？应该怎么表示？"我不知道怎么回答。老师就说："没关系，你看我现在是不是正在做早操？那么我们直接在 do 后面加 ing，就表示我正在做这个活动。"老师还说："你好棒，知道做早操这个动词短语怎么说。"

二、教师点评

　　本节课，学习动词 ing 的形式就是把之前学过的动词短语进一步升华，在动词后面直接加 ing 形式就表示正在进行和现在在做的动作。在课上，我先让学生一边看我的肢体表演，一边联想我们之前学习过的一些动词短语。侯香同学记性非常好，本身英语基础也有一定的优势，她在我做动作之前已经在大脑中有了回顾。所以，我一开始她就立马快速准确地说出了学过的动词短语。比如：我做出投篮的动作，她迅速地说出"play basketball"。在之后的课堂学习中她毫无困难地掌握了动词短语的 ing 形式，在合作小组讨论的时候，她还帮助那些联想不起来的同学进行回顾。侯香同学，说明你在课后肯定花了好多时间去记忆。我一说到动词短语，你就能联想到那么多我们学过的动词，你真的太好学了，为你点赞！老师相信你，不仅在这个单元能学得好，在以后的英语技能方面你也会很出色。

三、教学反思

(一) 高效课堂,轻松老师活跃学生

在这节课上,我采用活动式授课,让那些平时厌学、学习有困难的学生活跃起来。其中,我认为最成功的地方就是通过各种真实的动作图片与肢体表演,引导学生对现在进行时的情形理解有较丰富的、深入的体验,运用身体语言,帮助他们理解,意会现在进行时的用法,调动学生的积极性,整个课堂气氛爽朗,学生的热情度很高。学生活跃了,气氛就不尴尬,在授课中就很轻松。

(二) 关注学生的感觉,注意困难学生的培养

在授课活动中,不忘对学习有困难的学生进行鼓励。这节课,我屡次让一些学习有困难的学生来回复一些简单的问题,让他们在同学面前表现自己,找到更多的自信。在这节课上,无论是复习还是新授,我都完全注意学生在学习过程中的反应和表现信息,尽量以学生原有的知识经验调动学生主动学习思考。

(三) 活用合作研究的学习方式

提高学生主动参加学习的过程,教师在课堂中没有以满堂灌输的方式讲解,而是让学生在组内谈论交流,在着手动口中领悟和掌握知识,学生真正成为学习的主人,教师成为学生活动的组织者、引导者和合作者。教师在课堂上理解学生,教学手段尽量适应学生的发展,在学生喜欢的合作探究中激励学生主动学习,以学生"学"的改变来促成教师"教"的方式变革。

别样的数学课

学　　生：罗　迈　贵州省望谟县实验小学甘莱校区五(1)班
指导教师：周　青　贵州省望谟县实验小学甘莱校区

2022年6月22日　星期三　晴

一、学习体验

　　随着上课铃声响起，同学们还是和往常一样，马上结束了打打闹闹，陆续走进教室坐在位置上准备上课。与以往不同的是，在我们身后坐着几位其他班级的老师。我想：他们是来我们班级听课的老师吧！想到这里，我不由地将腰板挺得更直了。

　　接着数学老师说话了："同学们，今天这节课与以往不同。你们也都看到了，在你们的身后来了其他班级的老师，他们今天将参与我们的课堂，让我们以热烈的掌声欢迎他们的到来。"数学老师刚说完，同学们报以热烈的掌声。

　　开始上课了，数学老师先让我们回顾已学知识，在格子图中画出一个面积为12平方米的长方形，并用算式表示出来。同学们便讨论起来，经过简短的讨论，我胸有成竹地画出长方形，并标注了算式表示所画的长方形。片刻，老师选择几个同学的作品进行了展示，当然也有我的。

　　接下来，老师对同学们所列的算式进行了补充，算式中有整数除法，也有小数乘法。老师问："谁来给这些算式分类？"同学们都自告奋勇地举手，我把手高高举起，差点站起来，好让老师关注我。果不其然，老师指名让我上白板操作，我很快就分类完成，课堂上再次响起热烈的掌声……

　　周老师的这节课很好，我印象最深的是因数和倍数关系是相互依存，而不是单独存在，他很形象地用生活中人与人之间的关系做比较。比如12是6的倍数，6是12的因数，就像我是我爸爸的女儿，不是他人的女儿，我爸爸就是我爸爸，不会是他人的爸爸。

　　之后，在老师的指引下我们学会了找一个数的因数的方法。例如：12的因数有1、2、3、4、6、12(6个，个数是有限的)，老师还告诉我们因数不能写漏，所以要从小到大按顺序写，或者按照乘法算式成对写(1和12,2和6,3和4)。

　　时间过得可真快，不知不觉就到了下课时间，我们这节生动而特殊的数学课在欢快的氛围中结束了。

二、教学反思

"因数和倍数"是一节数学基础课、概念课,对学生来说是比较难以掌握的内容。数学课"三教"理念决定着数学教学目标的指向,适应并促进学生主观能动性发展。根据本节课知识的特点和学生的认知特点,我采用了数形结合、算式分类、举一反三、合作交流等创新性教学手段进行教学,在教学中注重体现以学生为主体的"三教"理念,努力为学生学会表达、学会思考、学会体验提供足够的空间和时间。

课堂一开始,教师通过多媒体展示了格子图,并要求学生在格子图上画出面积是12平方米的图形。学生利用之前所学的知识,根据自己的想法动手操作,并列出算式,达到数形结合,从而创设问题情境,为新知的探究做铺垫。

根据学生列出的算式,引发学生思考。经观察发现,这些算式中被除数和除数都是整数,商既有整数也有小数,可以根据"商是整数还是小数"这一标准进行分类。推荐学生在平板上动手操作,规范展示分类结果,学生获得了荣誉感,从而激发了学生的学习兴趣。通过分类,使学生理解整除的含义,更好地理解因数和倍数的概念。

因数和倍数揭示的是两个整数之间的一种相互依存关系,在课前谈话时我利用父子之间相互依存的关系,迁移到数学中的数和数之间的关系。这样设计自然又贴切,既让学生感受到了数学与生活的联系,逐步理解从数学知识的角度去观察事物、思考问题,激发了学生对数学的兴趣,又潜移默化地帮助学生理解了因数、倍数之间的相互依存关系。在教学中,达到了预期的效果,学生对因数和倍数相互依存的关系理解得比较深刻。

在教学找一个数的因数时,通过展示题目要求,学生先独立思考写出来,再引导学生根据因数概念去思考,根据18等于哪两个数相乘而得到,这样的数就是18的因数。为了找全18的因数,我提醒学生寻求一定的方法(列举法、集合法),顾及问题的周全性,在找因数的探究过程中主动迁移知识,培养学生有序思考的能力和概括能力,然后在小组内互相说一说是怎么找的,再派小组代表汇报,培养学生的表达和总结能力。

教科书上,探究因数这部分的例题较少,只有一个找18的因数。根据学生的实际情况,我采取了举一反三的做法,先让学生根据乘法算式一对对地找出12的因数,通过质疑:有什么办法能保证找全又不遗漏呢?让学生思考并发现:按照一定的顺序一对对地找因数,既能找全又不遗漏。再让学生说出30和36的因数,达到巩固练习的目的。这样的设计由易到难,由浅入深,符合了学生的认知规律。通过这样多种形式的教学,既激发了学生的学习兴趣,又有效地提高了课堂教学的质量,基本让"三教"理念贯穿整个课堂。

语文课真有趣：先说清楚话

学　　　生：陆萱萱(口述)　贵州省望谟县实验小学甘莱校区一(3)班
指导教师：龙　英(整理)　贵州省望谟县实验小学甘莱校区

2022 年 6 月 24 日　星期五　晴

一、学习体验

今天真是愉快的一天，因为今天早上我们上了一节有趣的语文课。

早上第二节课是语文课，我们学习《动物王国开大会》这篇童话故事。我可喜欢童话故事了，因为童话故事实在是好玩、有趣。上课铃响了，我们一到教室发现后面坐着好多听课的老师，我们都有点紧张。上节课我们学了"脸"字。老师说，我们做事不能丢脸，所以不管有没有老师听课，我们都要认真听课。

开始上课了，龙老师先让我们复习上节课学习的生字。复习完生字，老师说让我们四人一小组一起讨论，合作填写一张学习单。哎呀，这是我们第一次填写这样的表格。我一看，表格上字好多，好难呀。正在这时，老师就教我们先看课文插图，再来填写狗熊发的第一次通知的表格。看着课文的插图和读了对应的自然段落后，我马上就会按着学习单的提示填写了。

一看图上狗熊不好意思的表情，就知道第二次通知也没有成功，是大灰狼提醒了它。老师让我们读了这次通知，又问少了什么，动物们才没来开大会。我在老师的提示下，用第二次通知和第一次比较，发现虽然有了"明天"开，可是明天那么长，到底几点开呢？明明就是少了具体时间。我和戴××、罗××、蒙××是一组，他们几个都没找出来。我让他们跟着我读了狗熊的第一次和第二次通知，让他们也学着我的方法比一比，看有什么不同。戴××马上就发现是时间不对，罗××说这狗熊真糊涂，话没说完，别人怎么能听得懂。我们都被他逗笑了。我体会到合作学习很轻松，不仅学到了知识，还可以相互帮助。填好这张学习单后，老师还让我们一边读狗熊的话一边做"不好意思地吐了吐舌头""做了个鬼脸"这些动作。我们一边读一边演还一边笑，这节课真好玩。

真希望每天的课都这么有趣。

二、教师点评

你是一个好学、爱动脑的小朋友。《动物王国开大会》这篇课文很长，通知的要素也非常多。对大多数同学来说，学起来还是比较难的。你思维活跃，说话十分清楚，口语表达非常准确。你能把课堂上的情景和自己当时的想法清楚地叙述出来,过程说得十分详细、具体,又体现了课堂的趣味性。你学习方法非常有效,尤其是会借助课文的插图对应相应的自然段,观察、阅读、思考相结合去发现和归纳,解决了课堂上老师布置的任务,说明你上课是时是非常认真地在听课,并会独立地思考。最让老师感动的是你还发现了互助小组合作学习的优点,能把自己的方法和同学分享,帮助同学们共同完成任务。通过你的叙述,老师发现你已经能举一反三,从"学会"变得"会学",是一个学习小能手。

三、教学反思

(一) 创设多样情境,引导语言训练

这篇课文篇幅长,对话比较多,适合通过分角色朗读指导学生理解课文内容,训练学生的语言表达。朗读时,我采用读思结合的教学方法,引导学生根据本单元的朗读要求"读出疑问句和祈使句的语气",抓住文中的重点句子,创设教学情境,借助课文插图、多媒体教学和标点指导学生练习朗读句子、分角色表演,创设轻松愉悦的教学氛围,激发学生的阅读兴趣。让学生通过多形式的阅读训练在分角色的表演和故事复述中,将课文中的重要信息提炼出来,让学生知道课文主要内容是老虎让狗熊发布通知,一共发了四次,在潜移默化中了解了通知的几个要素,培养学生的信息提取能力、想象力,发现语言表达的特点和技巧,调动学生学习的积极性,提升语言表达能力和语文素养。

(二) 注重引导发现,渗透学法指导

这是一年级出现的一篇非常有代表性的非连续性阅读课文,非常适合用于指导学生通过教师引导、点拨学习后,利用方法迁移的方式引导自主学习。所以我尝试通过指导小组合作填写学习单的方式来让学生了解课文大意。在简单的复习之后,让学生借助课文中的插图说出课文的主要内容,圈画狗熊发布四次通知的内容,然后读一读这四则通知,让学生观察句末的标点符号,初步引导学生发现祈使句的表达形式和诵读的语气,再让学生自己尝试读出命令的语气。教师在学生随文识字中点拨、帮助学生思考和发现第四次通知的不同,在提取关键信息的训练中了解课文梗概,降低学习难度,真正把长课文读短。

在上课之前,我们年级组教师,都在集体备课时精心提炼和设置核心问题,设计每一课时的学习单,让学生带着问题尝试自主思考、小组讨论,在交流中解决问题;让学生在小组合作中有成就感、获得感,激发他们的学习兴趣。

例如:在复习生字词的基础上,我通过让学生填写学习单后回答:( )让( )发通知,一共发了( )次? 在( )、( )、( )的帮助下,通知终于成功发布。引导学生进行语言训练实践活动填写学习单和分角色表演练习,鼓励学生说一说四次通知的不同,前三次通知分别缺少了什么,在角色表演上读好长句、读好疑问句等,从而使学生体会到学习语言、运用语言的乐趣,增强学生的成就感,调动他们学习语文的积极性。让学生通过填写学习单,将课文中的重要信息梳理出来,引导学生反复感知,不但大大地降低了学习难度,而且突

出了教学重点,突破了教学难点。

(三) 审视自身不足,改进教学

总体来看,学生在课堂学习时的思考、交流缺乏主动性和积极性,教师对课堂纪律管控不到位,小组合作没有充分发挥效果。学生闲聊不能及时处理,课堂生成的预设不够,环节设计和过渡不够紧凑,过多关注学困生,导致教学时间与安排不符。设计的内容过多,总是担心讲不完,给学生思考和讨论的时间不够充足,"时间"和"通知时间"还有相当一部分学生是混淆的,看到学生不能回答,总是不敢放手,未能体现学生在课堂中的主体地位。归结原因,是自己对教学内容不够熟悉,对学情把握不够到位,对课堂生成的预设不全面。

针对以上问题,我将多研读吕教授的"三教"理念,多读教育教学类专著、杂志,认真吃透教参、教科书,多关心了解学生,发挥集体备课的团队力量,努力做到因材施教,分层教学,用情感育人,多用肢体、眼神与学生交流,在情境教学中不断尝试用好小组合作交流的探究式、启发式教学方法,为了实现"教是为了不教"的教学愿景,努力成为教研型、卓越型新时代教师。

把"超市"搬进英语课堂

  学 生：罗桂佳 贵州省望谟县实验小学甘莱校区四(2)班
  指导教师：刘禄笔 贵州省望谟县实验小学甘莱校区

2022 年 6 月 23 日 星期四 晴

一、学习体验

  超市是我们小学生比较熟悉的一个日常购物的场所。我们对超市都有真切的认识和体验，也有比较丰富的购物经历。如果将超市搬到我们小学英语课堂中来，又可以擦出什么样的火花呢？其实，将超市搬到我们小学英语课堂中来，就可以有效地实现我们小学英语句型教学过程的创新式教法。通过设置相关的超市情境，老师可以将某些重点句型的教学融入进来，引导我们在一定的情境下进行句型的学习和巩固，这完全脱离了枯燥无味的教学模式。就在今天早上，我们上了一节在班上购物的英语课，学习"Go shopping"这一主题对话课。其实，在上这一课的前一天，老师安排了一次特别的作业，要求我们每人放学回家，书包里带上自己的衣物，比如：帽子、衣服、裤子、袜子等，第二天上课老师要用到这些物品。上课了，老师让我们把自己带的物品放到前排的桌子上。一场欢快的购物节马上拉开帷幕。我们好期待，全班同学都很激动了。

  我们这个组，由我扮演售货员，今天购物节的主角。我安排我们组的同学把所有商品整理好，按照区域摆放整齐，认真给商品明码标价，可不能像 Zoom 那样粗心，把价格标反了。我一边安排同学摆好商品，一边回顾已经学过的购物英语句子，害怕待会儿紧张说不出来。一切准备好了，购物开始啦！

  I：Welcome! Can I help you?

  S1：Yes! This coat is very pretty! How much is the coat?

  I：It's seventy yuan.

  S1：Oh! That's expensive.

  I：How about these? They are cheap and nice.

  S2：How much are these white shoes?

  I：They are five yuan.

  S2：Ok! I'll take them.

  S3：How much are those socks?

  I：They are five yuan, too!

S3：Wow! They are very cheap.

这节课热闹非凡,同学们"购买"得不亦乐乎!我这个角色很忙,但我很快乐。我们都觉得这节课真好玩。真希望以后每天的课都这么有趣!

二、教师点评

罗桂佳同学通过在课堂中的一次购物活动体验,能把所有商品的价格用英语完整清楚地描述出来,对本节知识点的掌握比较好。在现场我也看到了她出色的表现,在活动中有胆识,英语表达很流利,能把所学的英语知识运用到生活中去。可以看出,罗桂佳同学在日常的生活中勤奋好学,善于表达,所以在这次教学实践中能运筹帷幄,表现精彩。

三、教学反思

(一)创设对话氛围,实地操练教学

本课时对话多,适合练习分角色朗读,朗读时抓住本单元的主题"Shopping",抓住文中的重点句子对学生进行口语表达训练。引导学生理解文本,引导学生看图片、看动画,在回答教师提出的问题的过程中逐步理解文本、学习新词句。

教师通过创设真实的生活化情境,使学生在一种自然真实的情境中体会语言、掌握语言和运用语言。同时,注重课程育人,通过活动教育学生根据自己的经济状况进行合理消费,养成合理购物的好习惯。

(二)针对课堂的不足,改进教学策略

在教学进程中发现,许多学生在这次课堂实践中只充当群众演员,一句英语都没说,交流缺乏主动性和积极性,只在人群中闲聊和打闹,这一点没有达到预期效果,课堂生成的预设不够。给学生思考和讨论的时间不够充足,看到学生不能回答,教师就急于给出答案,没有体现学生在课堂中的主体地位。以后在教学中,要多鼓励那些胆怯的学生,让他们大胆地走出第一步。

(三)在问题中反思,在反思中成长

这次英语教学活动,同学们都觉得太有意思啦!不但加深了对单词的理解,让英语口语表达逐步流利,而且认识了很多新单词,丰富了业余生活,也让老师更了解自己学生的性格。针对此次教学实践存在的问题,我将多研读"三教"理念,多和学生沟通,努力做到因材施教、因人而异,分层教学,用情感育人,眼神与学生交流,在教学情境中,用好小组合作学习、一对一帮扶的教学方法,努力成为学生喜欢的卓越型新时代教师。

第四篇

教学随笔故事

那时，天是蓝蓝的，草是绿绿的，而校园回荡的书声是甜甜的。看，校园墙角的几株花开了，是在春天里和学生一起种下的！

那天，可能略带忧郁：总有几个小调皮，字写得歪歪的，甚至满篇是个"大花脸"，想留他们下来，可太阳已经偏西，他们还要走一段山路，而家中圈着的一头大水牛在等着他们放呢！

教师，每天都被这幸福和点点忧郁围绕着，年复一年。青春，在不经意间滑过，如花瓣无声！可每一片时光里，都充满了一个个教育故事，用文字记录，在回首的风中，几丝苦涩，几丝甘甜……

"三教"引领小学数学课堂回归学习本位

刘淑青　新疆维吾尔自治区塔城市教育和科学技术局教研室

《义务教育数学课程标准(2022年版)》强调：要立足落实习近平总书记提出的"立德树人"根本任务,促进学生核心素养发展,集中体现数学课程育人价值,培养学生用数学的眼光观察世界、用数学的思维思考世界、用数学的语言表达世界,即"三会"。"三会"与吕传汉教授团队国家级优秀教学成果中的"教思考、教体验、教表达"不谋而合。"三教"理念是基于创新型人才培养,引导学生积极思考、自主体验、善于表达,以此促进学生长见识、悟道理的一种前沿的教育理念。基于对"三教"理念的高度认同,近两年来,我们在小学数学教学领域充分应用"三教"优秀教学成果,引领我市小学数学教学工作,已取得显著成效。

下面从我们小学数学教学能手培养工作室在不同阶段活动中展示的典型课例入手,谈一谈塔城市各小学数学教师如何在课堂教学中践行"三教"理念,引领小学数学课堂回归学习本位。

一、典型案例一：初探"三教"+"情境—问题"教学模式

2021年3月,在王艳霞小学数学教学能手培养工作室开展的"'三教'引领'情境—问题'教学模式课题成果推广展示课"活动中,第二小学严聪颖老师展示了课例:二年级下册"克和千克"。严老师首次尝试将"三教"理念融入课堂教学中,应用"三教"+"情境—问题"教学模式,精心设计有趣的数学情境,积极引导学生提出问题、分析问题、解决问题。为让学生能够更加直观、形象地认识质量单位。课前,严老师布置了让学生去超市调查都有哪些质量单位实践任务,让学生亲身体验和感知质量单位,通过"教体验"促进学生的学科感悟能力和自主学习能力。授课时,严老师用幽默的语言启发、引导、鼓励学生主动参与学习,教会学生思考和表达,帮助学生建立1克和1千克的表象。比如通过1个1角硬币和2袋食盐,让学生掂一掂,感知1克和1千克有多重,并让学生掂一掂1个棒棒糖、1包虾片、1袋10千克的大米和1袋4千克的洗衣粉来感知克与千克的区别。整节课,严老师大胆放手把学习的主动权交给学生,学生始终处于积极主动的学习状态,与以往的教师讲授为主的课堂完全不同,学生学习的主动性真正被调动起来了,学生敢于提出问题,也能认真去思考问题,更愿意大胆地表达自己的想法,在轻松愉悦的氛围中完成了学习任务,让学生真正回归学习本位,落实了学科核心素养。本节课在落实"三教"理念上虽然略显生硬,但在探索"三教"+"情境—问题"教学模式初期是一个比较成功的课例,为后期有效推进"三教"理念扎实落地课堂教学,提供了可借鉴的路径。

二、典型案例二：大胆尝试"数学日记"

同年6月，在骆春梅、王艳霞小学数学教学能手培养工作室联合举办的"三教"研讨课交流活动中，严聪颖老师又展示了课例：人教版五年级下册第8单元"数学广角——找次品"。与严老师第一次展示的课例"克与千克"相比，她对践行"三教"理念有了更深刻的认识和感悟，能准确地把"三教"理念落实到课堂教学中，得到听课教师的一致好评。

"找次品"一课，内容比较抽象，对学生思维能力要求较高，部分学习能力较弱的学生学习有较大难度。因此，严老师为兼顾所有学生，采用自主探究、小组合作、师生合作等多种学习方式解决了这一问题。教学过程中严老师先后设置了从"2瓶、3瓶、8瓶、9瓶口香糖"中找次品的问题，引导学生发现问题、提出问题、思考问题激活学生思维，以问题引领思考，探寻最优方案，让学生经历了"猜想—实验—推理—总结"的思维过程。在练习题中，严老师设置了一道跨度较大的问题："从200瓶口香糖中找次品"，问题抛给学生后，学生立刻开始进入热烈的讨论，通过合作交流轻松地解决这一问题。课后，严老师鼓励学生撰写"数学日记"。这也是我们引进"三教"理念以来，第一次尝试让学生写"数学日记"，打破了学生固有的思维模式，不光只有语文学科写日记，数学学科也是可以写日记的，这对于老师和学生来说都是一个全新的尝试。学生通过写"数学日记"表达自己的想法，教师结合学生的"数学日记"，撰写"心灵之花"文章。同年年底，严老师的"心灵之花"《我认识质量单位啦》被收录到华东师范大学出版社出版的《小学数学学习中的长见识悟道理》一书中。学生学会写"数学日记"，教师学会撰写"心灵之花"，有效促进了教师业务能力和学生学习能力提升。

三、典型案例三："三教"成果落地生根

2022年3月，在塔城市小学数学领域开展的《理念引领看"三教"课堂本真归课标》系列研讨活动中，严聪颖老师再次展示了课例"邮票中的数学问题"及讲座"如何撰写教学论文"。经过一年多的历练，严老师已经成为一名优秀的"种子"教师。六年级下册"邮票中的数学问题"是一节数学实践活动课。教学中严老师结合学情，大胆整合授课内容，设计了贴近学生生活实际的数学情境问题，引导学生探究如何确定邮资、如何根据信函质量支付邮资等问题，培养学生收集处理信息能力和归纳、推理能力。课件中，展示了世界各国不同时期的邮票种类，拓宽了学生的知识面，并不失时机地对学生渗透德育教育。课上学生热情高涨、思维活跃，回答问题时思路清晰、表达准确、自信满满，充分体现了学生在课堂教学中的学习本位，我们惊喜的看到，师生之间高度默契，课堂氛围轻松活跃，"三教"理念在我们的课堂教学中开始落地生根。

严老师的讲座"如何撰写教学论文"，结合对"三教"理论的深入学习和自己的经验，与大家一起分享"三教"里最常见的几种写作方式：教学课例、教学反思性论文、学习体验、学生"心灵之花"。每一种文体严老师都结合具体案例进行分享，从严老师的讲座可以反映出"三

教"之花已经在我们塔城市小学数学领域逐渐盛开。我将严老师讲座的原文分享如下：

(一) 如何写教学课例

先写题目，比如"三角形的内角和"教学课例，第一部分是教学设计，主要讲解知识点、学习背景、教材分析，学情分析，还要讲清楚此课例要讲的核心问题。接下来是三维目标，要求从知识、技能提出教学要求，比如：理解三角形内角和是180度，掌握拼补法。还要从核心素养的培养提出教学要求，"增强……训练"，"促进……培养"。接下来是重难点。第二部分是教学过程，这是一篇文章的核心，占一半文字。在教学过程中，围绕核心问题，设计2—3个问题，以此实现核心问题对课堂教学的引领。接下来是学生上课的教学片段，片段数量不限，主要是支持设计的问题。第三部分是学生的学习体验，可以是2—3个学生。学生的学习体验，往往词不达意老师一定要修改，但是不能改变作者的本意。第四部分是听课老师的互助，他们听了你的课，对整堂课或是某个片段进行点评。第五部分是授课教师的教学体验，授课教师从学生体验、同伴点评中进行反思，综述自己的教学体验。写教学体验时要有小标题，还要求小标题对仗、工整。

(二) 教学反思性论文

是以教学的一节课或是一个或几个教学片段，引发教师的思考所写的论文。有摘要、关键词、绪论。教学反思性论文，可以添加学生的学习体验，也可以不添加，以教师的教学体验为主。"应用数对确定位置"学习体验案例探讨，通过2个教学片段引发教师的反思，在教学片段中针对细节还要做片段评析。基于"三教"理念的儿童数学核心素养培育策略，是根据吴正宪老师"用字母表示数"这一课做的课例探析。通过对具有代表性的教学片段分析，来完成本篇论文。去年4月份我参加的自治区论文评比，论文要求2 500字左右，我的论文字数不够，内容不充实，在援疆王莉教师的指点下，与相关教师沟通交流，我添加了教学片段、课堂实录、学生体验、教师点评、教学反思等内容，最后获得了一等奖。

(三) 学习体验

主要由1—3名学生学过这节课的一些体验感受构成，可以是：学习心得、学习日记、读书心得、小论文、学习方法。教师针对学生写的这些感受做点评。对这节课的反思也要求有小标题。"自我介绍"，是作者用自我介绍的方式"说数学"。《我认识质量单位啦》是在讲了"克和千克"后，我点评了一个五小学生的学习体验，学习体验不仅要联系生活实际，重要的还要有学生在心理对知识的一个内化过程，在学习过程中知识再发现，在互动交流中引导纠错的体验。

(四) 如何指导学生撰写"心灵之花"

小学生的写作方面就不占优势，学生的学习体验交上来之后，我们要加以润色，加以修改。作文和数学的学习体验有较大差异，学习体验要求体现知识的一个内化过程，在学习过程中知识再发现,在互动交流中引导纠错的体验,最后还要联系生活实际。"去尾法"的学习体验,体现良好思想品德的培养。复习课、预习课都可以写学习体验。作者通过预习思考"等式""不等式"的区别,激发学生内心的思考,更深体会方程的意义。《找次品真奇妙》是我指导的六年级的学生写的,互动交流中引导纠错,里面写了她预习前后自己纠错,课堂上和同学纠错,回家找家长纠错,在纠错中完成了知识的内化。

严老师毫无保留地分享了自己的写作经验,不仅减轻了数学教师在写作上的思想负担,也为教师撰写教学论文提供了可借鉴的方法,同时我们惊喜地看到,在"三教"理念的引领下,塔城市各小学教师和学生的巨大改变和快速成长。推广应用吕传汉专家团队优秀教学成果以来,学生撰写"数学日记"7 000余篇,教师"心灵之花"600余篇,其中有10余位老师的文章发表在华东师范大学出版社出版《小学数学学习中的长见识悟道理》和《中小学数学语文学习中的长见识悟道理》两本书籍中,有效地促进了教师和学生的快速成长。

四、结束语

塔城市在推广应用"三教"优秀教学成果的这两年,教师努力做好一个优秀引导者的角色,教师真正把课堂还给了学生,实现了学生在课堂教学中的学习本位,小学数学课堂已经发生了令人欣喜的变化。主要体现在:

一是在课堂教学中教师精心、巧妙的设置趣味性强的情境问题,激活学生思维,引发学生主动积极思考,引导学生体验知识的形成过程,学生学习的主动性更高、思维更加敏捷、思路更加开阔。学生学会了主动去思考、探究、交流,寻找解决问题的方法。

二是教师在课堂教学中注重引导学生想数学、说数学、做数学、写反思。经过两年的训练,现在的学生已经能通过撰写学习日记、"心灵之花"表达自己的想法,学生合作的能力、口头表达能力、交际能力都得到了很大程度的提升。

三是"三教"理念落地课堂教学改变了教师的评价方式。教师由只重视孩子的成绩的评价转变为重视学生的学习态度、课堂表现、心理健康、个性差异、作业完成以及学生自评价等全方位、多角度的评价,从而避免不同个体间的横向比较和主观原因导致的片面的、武断的评价,更好地促进学生健康、全面的发展。

突破时空，共同发展
——"三教"理念引领"情境—问题"学习心得

张文燕　新疆维吾尔自治区塔城市教育和科学技术局

在芍药花又竞相开放的五月，我们在塔城市迎来了吕传汉教授和成员一行——在"三教""情境—问题"教学路上不停思辨、探索、变革的引路人。他们用一生的思考与行动带我们领略了另一片数学风景。

一、精彩课堂共研讨

2022年5月12日上午，首先听了骆春梅小学数学教学能手名师培养工作室苏锦莲老师和吕传汉教授团队成员杨再志老师同课异构"面积和面积单位"。

苏锦莲老师通过情境导入引入面积，让学生在估一估、摸一摸、量一量、说一说的过程中，通过动手实践，合作交流，理解了面积的含义，以及认识面积单位。设计环环相扣，一步步解决探究面积、怎么测量面积等问题。

杨再志老师的教学，由线段到长方形，由长度单位到面积单位，一维到二维，抽象的关系变得形象化、可视化、浑然一体。虽然感觉容量比较多，但纵观整个课堂，从对比两个图形的大小，选取不同标准，让学生自己去选择图形，在面积相同的情况下不同大小方格的对比，一个个矛盾冲突，自然地引出新知，在交流中解决了具体的问题以线的测量迁移到面积及面积单位的学习。通过学生自己猜一猜去思考，真实地体验学习的过程，让我们感受到"三教""情境—问题"教学，学生学习时的快乐，悟出道理时的满足。

5月14日，听了尹侠老师的"三角形的三边关系"。尹侠老师的课由线段引入，接着画半成品，再画成近似品，让学生在对比中明确，自然地回顾，尤其是在三边关系探究中，三条边重叠对比，围成图形任意两边和与第三边的比较，让学生一步步探究、发现、明理。从不同版本教科书对比的视角，从人教版到苏教版再到北师大版，不仅分析教科书，更吃透课程标准和意图。成就学生一生的成长，每一个行为都是对学生负责，每一个环节的设计都是为学生的发展服务。尹侠老师让我看到了教育者对课堂的责任，对学生成长的期待。

二、理论指引方向

吕传汉教授、宋运明教授、杨孝斌教授、尹侠教授，分别做了关于"三教"情境教学的相关培训。吕教授指出："长见识""悟道理"是培育学生核心素养的重要理念，是时代进步的必然要求。83岁高龄的吕教授让人敬佩的教育情怀；尹侠教授充满激情的智慧；杨孝斌教授的旁征博引；宋运明教授教我们如何撰写论文、心得、案例、反思，严谨而又理性；杨再志老师含蓄而有内涵。各有性格的专家，有着同样对教育的热爱之情，情之所系，导之以行，有这么好的榜样，前行之路愈来愈宽，充满朝气与活力。关注"三教"引领"情境—问题"学习，就是在走向长见识、悟道理之路。

三、反思教学悟道理

对于"三教"引领"情境—问题"教学，之前大部分教师片面地认为创设情境就是利用信息技术手段，创设一个情境激起学生的学习兴趣，而没有想这个问题是基于这节课学生要解决的一个核心问题，而这个情境是从核心问题出发创设的。我听过很多课，大部分是课前做游戏、看视频，提了很多问题。看似热热闹闹，深究就会发现，师生都做了无用功，提了无效问题，对这节课和学生实际作用不大。问题的设置要紧扣核心问题，要具有针对性，切忌随意进行主题不明确的提问。例如：一个长方体容器，从里面量，底长2分米，宽1.5分米，高3分米。里面装有水，水深1分米，放入一个土豆（土豆完全浸没在水中），此时水深1.2分米，这个土豆的体积是多少立方分米？此题对初学不规则物体体积的一部分学生来说，还真有点儿发懵，这三个高度之间有着怎样的关系，它们又与不规则土豆的体积之间有什么联系。如果教师在学生困惑之处这样问一句：发生了什么事儿，水深由1分米变为1.2分米了呢？直接把学生引向思考水面多上升0.2分米这一结果是放入一个土豆导致的，这样则直接就排除了长方体容器高3分米这一多余条件。此时教师再接着追问一句：为什么放入一个土豆，水面会升高呢？学生会凭借他们的生活经验说出是由于把一个土豆放入水中，土豆占据水的空间，水就会自然上升这一原理，从而使学生真正理解水面上升0.2分米这一部分的体积就是土豆的体积。通过教师有针对性地巧问，学生不但轻松理解了求不规则物体的体积，而且还将不规则物体用另外一种易变形物体进行转化为等体积这一转化思想，并且掌握不规则物体的测量方法，学生从感性认识过渡到理性认识。学生在学习的过程中都会或多或少遇到困惑，在学生茫然不知所措时，教师的一个巧问会把学生从迷茫中点醒，使学生快速进入正确的思考。例如：六年级《数学》下册教科书中的这道题：书店的图书凭优惠卡可打八折购买，小明用优惠卡买了一套书，省了9.6元。这套书原价多少钱？此题看似很简单，但是学生却很茫然，面对着打八折购买一套书，省了9.6元，竟然无从下手。此题属于"已知比一个数少百分之几的数是多少，求这个数"的问题，如果教师用这样的语言进行讲解此题，基础比较薄弱的学生更加茫然，更会感觉到数学太深奥，太难理解。为了打消学生这种顾虑，教师应该抛开纯数学的一些东西，挖掘教科书与学生生活之间的内在联系，创设适合学生思考的情境进行巧问：如果你去购买这套图书，省了9.6元，你少付了几折的钱，省出了9.6元？一句巧问，学生就会思考到这是少付两折钱省出来的，很自然的找准节省的钱与少付两折的钱这一对应关系，问题一下子迎刃而解，省去了许多琐碎的分析和讲解，从而增强学生分析问题和解决问题的能力。又如：油与油桶的问题。一桶油，连桶带油共重50千克，用掉一半后，连桶共重27千克，问桶和油各重多少千克？本题也很生活化,学生却觉得无从下手,其实教师只需要问学生：原来连桶带油共重50千克,发生了什么事,后来连桶带油变成了27千克？教师这种问法会吸引学生思考本题隐藏的关键条件从50千克变成27千克,少了23千克,就是用掉一半的油,桶中还会有另一半的油23千克,两个一半的油相加：23+23=46(千克),得出一桶油46千克；一桶油(46千克)与连桶重(50千克)的质量差就是桶的质量(4千克)。也有学生利用一桶油,用掉一半油后,连桶共重27千克与半桶油重23千克进行比较,27千克比23千克多出的质量就是桶重。事实证明教师从学生已有生活经验和知识背景为出发点,为他们提供充分的数学思考空间,学生就会感受到数学源于生活,又服务于生活,使学生充分感受到数学的实用价值和趣味性。

四、结束语

"三教"理念的核心是通过学生数学学习中的主动思考、自主体验和乐于表达能力的培育,发展学生的核心素养。接下来我们要思考和解决的是如何把"三教"理念学生的实际需要相结合？怎样从学生课堂的获得出发？怎样与学生的长远发展结合？扎实将"三教"理念落地课堂,让它在老师的课堂生根、发芽、开花、结果。让学生从课堂中汲取人生成长的营养,开心快乐地长大,这才是课堂真正的作用,才是教师存在的实际价值,而不是单纯地知识获得。而人生的获得包括心理、品格、思维、创新、实践能力、自我学习能力,甚至是爱人与被人爱的能力,这才是学生学习的全部意义。

该成果的推广,通过线上线下交流互动研讨活动,为塔城市全体数学老师提升业务能力提供了学习和成长的平台,也为"三教"优秀成果在塔城市全面推广应用提供了可借鉴的方法,让更多的师生享受"三教"优秀教学成果,促进教育教学质量的进一步提高。

学生需要老师的赞赏

张仕江　贵州省望谟县实验小学甘莱校区

人之常情,最深切的渴求莫过于欣赏,最真诚的宽厚,也就是赞赏。

"赠人玫瑰,手有余香"。对于自己的赞赏,每个人都不要吝惜。特别是老师,对待学生,要做到"赏识有余,批评不足",因为赏识学生的效果来得快,比批评学生的效果更好。所以,教师要学会赏识学生。赞赏更是一门艺术,需要每个人都在学习和实践中同时进行。

张某某是我们班的一个男生,调皮好动,也爱惹是生非,和他同桌的同学的作业本、草稿纸被他乱涂乱画,笔也被他弄坏,他自己坐的桌子从来没有干净明亮过,笔要么笔头没有,要么只有笔芯,凡是班上有同学哭的几乎都与他有关。学习成绩一塌糊涂,作业不高兴时就不做,高兴时就做,但都敷衍了事,应付而已。像这样的学生,班主任都把书桌布置在讲桌旁边。但是,这个同学,动作灵活,思维敏捷,偶有细心。

我想,现在是五年级学生,照这样下去,如不及时扭转,这个孩子肯定就废在小学,废在我们手上了。于是,我根据他仅有的优点,用赞赏的眼光试试进行转化。

一、从"数手指头",发现他的细心

有一天,张某某同学进我们办公室,无意间从我的后面走过,我转身伸手拦住他,轻声对他说:"张某某同学,你过来一下,你算一算今天我们学习的三位数乘两位数,看看你能不能算出来?"他没信心地摇摇头。我说:"没关系,你算算给老师,遇到困难我们共同解决,好不好?"他说:"我试试吧!"随后,他在纸上开始尝试,我在一旁观察。只见他一边计算,一边背诵乘法口诀,遇到满十向前一位进位时,他通过数手指头的方式进行识记。顿时,我眼睛一亮,立即打断他一下,问他:"你为什么要数手指头呀?他说:"这样不容易记错。"我立即向他竖起大拇指,非常赞赏地对他说:"是的,以后每一步的计算,遇到进位或不进位时,只要在没有把握的情况下,都能运用这种方法,计算起来就不容易出错。"他蛮有底气地点点头,接着算。在计算的过程中,虽然遇到一些困难,在我的帮助下,最终还是计算正确了。后来,我鼓励他说:"你是个有细心的人啊,在以后的学习中,只要你继续细心,在计算题方面是没有问题的。"

二、从一次按时完成作业,激发他的耐性

在一次批改作业中,改到张某某同学时,让我眼睛一亮,他的作业竟然折成了四折,上下左右题竟然对得整整齐齐的,而且做得正确的题目还不少。于是,我立即叫他来办公室,轻声

对他说:"某某同学,今天你的作业有了很大的进步。你看,为了作业的工整,你把作业折成了四折,再把题目写上去,这样让老师一目了然,批改你这样的作业,让老师心情舒畅多了,我要当着全班的面,对你这样干净整洁的作业进行表扬,但老师有一点要求,以后的作业都这样做,可以吗?"他咧着嘴笑了一下,马上就跑出了办公室。

在发作业本时,我第一个就拿出张某某的作业对着全班同学进行表扬。我说:"这次作业,张某某的作业做得最标准,你们看看,把作业折成了四折,然后再把题目写上去进行计算,而且做对了不少,这样的作业既干净又整洁,全班没有其他人这样做,今后的作业中,要像张某某同学这样做。"这时,张某某同学高兴地笑了笑,表现出自信的样子。令人惊喜的是,一个月后,张某某同学一如既往地这样做,他的作业百分之九十的计算题都做对。每次作业,我都会在他的本上写上一句话:"你进步了!""今天你的功课真棒!""你今天的字简直美翻了!""每次老师都想看到你写作业写得那么认真!"诸如此类的评价,对他一次好过一次的家庭作业赞赏有加。

三、从他的调皮好动中,发现他的思维敏捷

其实,张某某同学虽然调皮好动,但他思维比较敏捷。在后来的计算题中,他越算速度越快,还很专心,一个计算题,一口气算完,而且准确率高。从此,我就发现他一定是个思维敏捷的人。

在以后的教学中,我鼓励他认真听讲,积极思考,大胆质疑,主动发言。在作业中,尝试布置一些稍有难度的题目给他,在他的思考下,果然能做对。这样,我一次一次地鼓励和赞赏,他的成绩在同类学生中进步很快,期末水平质量检测中,居然拿到了优秀的等次。

我内心有了真正的感悟:对人心的欣赏,就像照耀万物的阳光一样。在我们的生活中,每个人都需要欣赏,每个人都应享受着欣赏。学生们在学习中,为了增强自信,让人羡慕,会用各种方法把优点表现出来。老师实时恰到好处的夸奖,会让学生产生一种被肯定、被发现的喜悦,而这种心理上的满足,会转化为促进其不断前进的强大动力,以求得卓越的要求。对于学生已经表现出来的成绩和优点,高明的老师不仅会赞赏,而且对学生潜在的优点也善于赞赏,并实时给予肯定。因此,教师要有敏锐的洞察力,善于从各种角度看问题,把学生的成绩和优点从细微处看出来,并给予实时正确的表扬。

欣赏,是春风拂面,让人暖暖的,让人心潮澎湃;欣赏,是一种激励,它可以把学生心中的美好愿景、美好理想充分地反映出来。教师在学会欣赏学生的同时,还要有一技之长,懂得赞美学生。老师对学生的赞美一定要真诚、得体、因人因事、因场合而异。有时教师也能让学生感受到一种温暖和激动,让他们心领神会,耐人回味,通过一个眼神、一个微笑、一个鼓掌、拍一拍学生的肩膀等非语言的动作。

在教育教学岗位上,面对的是千千万万个学生,对于学生表现出来的一丝一缕的自信我们都要给予赞赏,鼓励他们前行。

用爱描绘山那边的诗和远方

龙 英 贵州省望谟县实验小学甘莱校区

题记："既然决定了远方,就只顾着风雨兼程。"现代诗人汪国真诗歌《热爱生命》中的这句诗从中学时代就激励着我这个逐梦的人。这些年,诗歌和梦想伴随着我,历练着我成长。凭借一个儿时的理想,一颗充满热忱的爱心,我在教学岗位上努力寻求着为人师表的幸福和成功。无论是平淡还是荣誉我都依然那么坚定执着。将灿烂的青春时光毫无保留地奉献给了自己所热衷教育事业。在脱贫攻坚战收官之年,能有幸参与到贵州省教育"三支一扶"的伟大事业中,倍感荣幸。支教丰富了我的人生阅历,让我能更加全面地、多角度地了解学生、审视自己,这段经历在我心中留下了深深的印记!

2020年9月,带着对教育事业的初心和爱心,我拒绝了爱人的护送,从没独立开车上路的我坚持自己开车奔赴即将支教的望谟县乐元镇平朗小学。一路上,巍巍青山,潺潺溪水,让人沉醉。山间清翠的绿色奔涌而来,而那耀眼的绿色映衬着棉花般的白云,若隐若现,让人仿佛置身于仙境一般。因为支教,让我有机会来到小而不失美丽的平朗小学;因为支教,让我看到了一张张充满稚气、活泼可爱的笑脸;因为支教,让我明白了传递爱心会给学生的心灵增添无数的温暖。

进入平朗小学,首先映入眼帘的是学校的那株枝繁叶茂的桂花树。它一直屹立在教学楼边,就像一位长者守护着校园,又像是一把绿色的大伞,给天真烂漫的学生留下一片绿荫。课下,学生三五成群跑到树下尽情嬉戏。黄昏时,桂花树的枝丫在清风中摇曳生姿,似乎在招呼着学生到它的绿荫下读书。此时,经历了春的生机勃发,在这个美丽的夏日,桂花树的枝叶应是更加繁茂了吧。树荫下,学生定是又在尽情嬉戏玩耍吧。围墙边上、花坛里的那一丛丛艳丽的三角梅,在这个温热的初夏时节,一定是开得十分娇艳而耀眼吧。时间快得让人感叹,离开平朗小学竟一年了。经历带给人的总是满满的回忆,经历带给人的思考也总是最富有色彩。

支教期间,因乡村学校教师紧缺,我承担了二年级和六年级两个班的语文教学工作。作为一个教育者,特别是身为一个支教人员,我深感榜样的力量是无限的。

当我第一次走进六年级的课堂,当我用抑扬顿挫的声调、诙谐风趣的话语、平等博爱的态度、诗一般的语言和学生互动交流时,我深深知道,我已经把那一双双充满求知欲的大大的眼睛诱惑到我这里。第一节课上完后,学生将我团团围住,眼里充满亲切感和对老师的仰慕,问这问那,久久不愿离去。

这使我想到了冰心的"有了爱,便有了一切,有了爱,才有教育的先机"。教育本身是一门爱的教育，一次赞许的目光，几句温暖的语言，就能使学生受到启发，赢得无限的自信。

于是，教学之余，我更多地去关注和了解学生各方面的情况。平朗小学在校生全部是布依族，而且留守儿童达80%。因为地处偏僻、学生家庭教育程度不高、家庭教育理念差异等各种因素的限制，这些学生的视野相对狭小，表达能力不佳，阅读情况也和城里小学的学生存在较大区别。上课时的语速缓慢，词汇非常匮乏。大多数学生作业拖拉或不做的现象比较严重。加之之前受到疫情的影响，学生在校时间太短，因没有手机或没有网络，大多数学生都没能正常上好网课，知识结构上出现了严重的脱节现象，导致学习本学期的课程十分吃力。

为了改善学生的读书风气和培养良好的学习习惯，我调整了教学思路，制定了适合本地孩子的教学方法。针对班上学生的情况，我通过积极指导促使他们形成较好的读书习惯。在备课工作上下功夫，尽力创造充实、从容、愉快的课堂教学氛围，引导学生畅所欲言，活泼学生的思想，拓宽学生的视野，让学生真正喜欢上语文课。慢慢地学生的精神面貌出现了较大的转变，学生上课有精力，听讲能专注，反思也会用心，解答问题积极踊跃。但是转变还需要时间，还要不断反省，不断总结，不断提升教育能力。我也深刻感受到乡村教育必须要重视对字词的学习，重视对基础知识的学习。乡村教育是一个很深刻的学问，我也感到一年的教学工作经历时间过短，很多问题自己还不能找出办法解决，也觉得时间不够用，常常顾此失彼。

掌握基础知识虽然重要，但我觉得教学生做好事情更为重要。怎样帮助中小学生确立人生的正确志向、恰当的为人处世方式和健康的心态呢？我利用自习时间，给学生讲些关于品德、才智、毅力、创造、成功和理想的童话故事，向学生介绍外面世界的精彩、自然界的奇妙，让他们自觉地认真学习和改正缺点，从心理上建立起自己的人生目标。每周我都尽量与学生在一块，和他们聊学业、讲日常生活中出现的问题。他们时常与我闲聊，并告诉我他们日常生活中的点滴事情、他们的感受、他们的思考，使我发现了那久违了的纯真世界，也感受他们那越来越丰富灵动的内心世界。

交谈中学生也逐渐意识到掌握专业知识和具有优秀品格能够帮助他们克服日常生活中所面临的问题。我在学生的眼神里发现了对生命意义的纯真思考，对美好未来的热爱，对广阔世界的憧憬。更使我意识到学生渴望有"思、想"的导师，以及他们对老师的信赖和尊重，这就使我越来越有了一份使命感。我必须使自己能够成为他们成长的导师，但自己所缺乏的还不少，无论学识、涵养、生活经历等都有待丰富。除了利用课余时间辅导学生做练习和补之前落下的内容，我还经常和学生玩成一片。对六年级的就陪他们打乒乓球、打篮球、打羽毛球，用幽默风趣的方式给他们讲自己的成长故事，教他们自理、自立、自律，把家中的课外书带到学校给大家传看，培养他们对语文和写作的兴趣。班上有几个孩子常常把一些作业之外创作的小诗和作文给我修改，看到他们在习作表达方面的进步，看到调皮的男生思想和行为习惯上的转变，我欣慰地笑了。对二年级的就陪他们一起玩游戏、做手工、讲故事。我始终在用欣赏的眼光去观察学生，用欣赏的眼光给学生以信心，用亲切的语言肯定学生的进步。特别是对那些有困难的学生和留守儿童，我给予更多的关心、更多的帮助、更多的激励引导。有些留守儿童的爷爷、奶奶卫生意识不够，他们的头发又脏又乱，我就在课间休息时给小姑娘们梳头，给她们别上漂亮的发夹和头绳；教二年级的小男生学会自己剪指甲，他们有进步了就奖励铅笔。课堂上我是老师,课下就像是他们的父母。我就是这样在潜移默化中走进他们的心灵世界,关心、照顾他们并发现他们的闪光点,教会他们自立自理,让他们树立对生活和学习的信心。

每天走进办公室,我总会看到桌上写着:"龙老师您辛苦了,我们爱您!""大家好,我是美丽的龙老师,我有一点温柔又有一点凶哦。""祝你永远年轻漂亮!""你回你的学校后会来看我们吗?我们可以去找你吗?""这是我送给龙老师的礼物,希望您喜欢!""我长大了要当医生。""我也要像你一样当老师。""我要当飞行员。"或者是写着愿望的小画、手工作品或小贺卡。每次看到这些,工作的疲惫即刻便烟消云散。

扶贫先扶志,扶贫必扶智。我想,作为一名老师,让学生学会树立梦想,不也是教师的梦想吗?

支教期间,除了教学二年级和六年级语文,我还有送教上门的工作。在纳新村纳税组的送教对象李××身上,我真正体会到了身残志坚的含义。身体残障的李××年幼丧父,这是一个命运悲苦的女孩,不过她对知识的追求却深深地影响着我。

第一次去送教那天,我和同事迎着淅淅沥沥的秋雨上了车,不一会就来到了李××的家里。看到我们来,小姑娘咧开嘴笑了。她穿着一身干净的粉色运动服,看得出来她妈妈把她照顾得很好,给她的爱一定比常人更多。她个头跟同龄的小朋友差不多,剪短了的头发也洗得乌黑发亮。不同的是她的嘴和脖子都不是很正很直,走路的姿势明显地上下晃动,那一瘸一拐的动作让人十分心疼。当老师把为她准备的文具和礼品递到她手上时,她只抓住了文具盒和彩铅往自己怀里紧紧一抱,昂起头又咧开嘴笑了,那高兴而又满足的笑容,融化了在场的每个人的心。看到这一幕,我忍不住上前搂住她,轻轻地抚摸着她的头。我的举动让小姑娘更开心了,不停地朝着我发笑。我招呼她在桌边坐下,开始着手教学。我首先教她复习数字1—5的书写和5以内的加减法计算。我把数字和算式都慢慢写出来,边写边用简单的词语、缓慢而温和的语调,先用普通话说明要求,又用方言说一遍,再用布依族的语言复述一遍,生怕她听不懂。我话音刚落,她就拿起笔快速地写起数字来,同行老师一看,都对了!完全出乎所有人的意料。在场的人情不自禁地为她鼓掌。

当我们向李××表明要离开时,她一转身往楼梯边跑去,我觉得不对劲,追上去一看,这姑娘果真在转过身去偷偷抹泪。我忍不住上前搂住她,再次轻抚她的头后她才又笑了。我刚准备走,她又跑开了。大家不由自主地停下脚步,这时,小姑娘从楼梯下抱起小黑板向我跑来,我立即明白了,她这是还想学习啊。看到这一幕,我的心一紧,生生的疼痛感让我都不敢说话,只能向她挥手示意。小姑娘看着我们要离开,跟跟跄跄地追出来,也笨拙地向大家挥手致意。她那落寞的眼神不停地在我脑海中浮现,久久无法消散。一种强烈的责任感顿时涌上心头,这股力量鞭策着我,无论多忙都要抽空坚持定期去送教。送教上门是给这些折翼天使一对新的翅膀,让他们重新振翅飞翔,实现读书学习的梦想。

在支教期间,我不仅要完成个人的教育教学工作,还尽自己所能带动教师以抓好学生养成习惯和行为习惯为提升教育教学质量的基础,以身作责做好学校安排的语文兴趣社团活动工作。为了激发不同学段学生的兴趣,我把语文兴趣社团活动分为三个大组,一、二年级以古诗词吟诵为主题,三、四年级以讲演故事为主题,五、六年级以演讲、朗诵为主题。在丰富多彩的阅读形式下和氛围中培养学生的阅读习惯,提升他们的阅读能力,拓宽他们的视野。语文兴趣社团的开展,深受师生的喜爱。得到了受援校方的表扬,也得到同行的赞赏,对我而言是莫大的安慰。有辛勤的努力,才有快乐的回报,有挫折,也有成功。

读着2020年感动中国人物张桂梅校长的颁奖辞:"在烂漫的山花中,我们找到了你。大自然击你以风雪,你报之以歌唱。命运置你于危崖,你馈人以芬芳。不惧碾作尘,无意苦争春,以怒放的生命,向世人表达倔强。你是崖畔的桂,雪中的梅。"越是优秀的教师越是努力。因心中有了榜样,对我遇到的每一个学生,我都倾注了我全部的爱。因为心中有责任,哪怕有些清苦的支教生活,只要沉浸在和学生的交流中,我也把日子过得甚是有闲情逸致。支教对于我是一个与平朗小学的教师、学生共同成长的过程,我希望尽自己微薄之力,能为乡村小学的学生带来一点点的改变,用爱心让他们的心中有诗有远方,就是我最大的梦想。一年的时间不长,这一年来的风里来、雨里去,披星戴月地在家和平朗小学之间奔波,我无怨无悔。我付出的同时,也在收获。

短暂的一年时光,我也感受到了支教生活的酸甜苦辣,有事业中的得失、对学习的深刻体会、在逆境中的奋斗。一个人,也许改变不了什么。支教对于我,也就是尽己所能,做好一些力所能及的事罢了,可是学生却给予了我最崇高的爱的礼遇,他们会在我偶尔穿了一件新衣或是换了新的发型时欢呼:"老师,你越来越漂亮了!"他们会在教师节给我送上自己精心制作的并不精美的卡片。他们会在晚自习结束后我独自开车回家时真诚地说一句:"老师,路上注意安全!"他们会在犯错误被批评后,路上遇见我时依然毕恭毕敬地敬个礼,说一句:"老师,我会改正的!"

忘不了,在平朗小学里与学生的共同经历,那些一起游戏、一起成长的每一天。忘不了,在走前动员会上韦杰校长那一句语重心长的话:"支教就是功德一件,记得处处做好楷模、事事以大局为重。"经过这一年,再回想起韦校长的这句话,才真正明白:做教育就是做情怀,让每个孩子都能成为有理想、知礼仪、懂感恩、爱学习、有担当的人,是每一个教育人的梦想。情怀是教育的灵魂,这份情怀源自教师对党的忠诚,对教育的热情,对孩子的关爱。做有情怀的教育,带给师生的,将是一生的财富。

一段支教路,一生支教情。在支教的这一年里,我在平凡的工作岗位上尽心尽力、默默奉献,用爱心与汗水践行,诠释着一名支教教师、一名一线教育工作者的责任与担当。在这一年里,我收获了太多的惊喜和感动,这将成为我终生难忘的一段历程。我用爱心和责任追寻着山那边的诗和远方;用无悔和实践完成爱的交接;用爱心和责任来续写师爱的故事,续写我和学生的诗和远方。我希望自己是一缕光,为学生的心点一盏心灯,让学生温暖,照亮他们前行;我愿像那一缕轻风,悄悄地来,也悄悄地去,也许不会带来什么,却曾在学生的心中驻足,给自己留下一生的回忆。

何其有幸,在我的教师生涯里有这么一段不平凡的支教体验,这将是我生命中很珍贵的一份精神财富,必将成为我人生路上终生难以忘怀的诗篇。

让学生在爱的阳光下成长

刘　艳　贵州省望谟县民族小学

从教二十二年,我投入了自己的真情实感,去爱每一个学生,关心每一个学生,把爱的阳光洒向他们心里,同时收获了学生对自己的信任与爱戴。爱,是沟通师生情感的桥梁,是启迪学生心扉的钥匙,是促进学生奋进的催化剂,也是师生间达到心灵相通的接触点。

一、以爱为则,情感沟通

从爱心出发是对学生进行教育,是学生接受教育的前提。老师爱学生是必要的,也是必须的。但在爱的基础上要管教,不要把学生当作宠物,只求他们听话,其余随他们去。管要讲原则,严而有爱。班主任要关心爱护班级的每一个学生,使学生感受到班主任的批评教育是"恨铁不成钢",是真心希望学生个个都能健康成长,真心希望学生个个都能成材。老师有爱心,学生才能更加爱老师。师生感情不断加深,才能充分发挥情感教育作用。如果你对学生的爱心还不够,那么你就得去培养自己的爱心。

老师是与学生打交道最多的人。学生虽然小,但是很重感情,情感工作相当重要,教师更像是学生的家长、朋友,学生与你的感情不好,再好的制度、方法,实行起来都会大打折扣,所以有时候也要对学生实行情感攻势。我校六(6)班的黄××同学,父亲去世,家庭经济并不富裕,平时母亲忙于生计,无法照顾他的生活。他的行为习惯较差,经常上课走神、性格叛逆,而且不按时完成作业,在班级影响很大。后来,我就到他家去,跟他母亲多次谈心,从正面、侧面了解他。平时只要有时间,我就把他叫到办公室,给他摆事实、讲道理,并且帮他补落下的课程,慢慢地,他就开始对我产生信任,有什么心里话都和我说。在这期间,只要他取得点滴进步,我都不同程度地鼓励他,使他对我产生亲切感、信任感,愿意与我交流,使他从思想上认识错误,改正错误。在班里,我也给他自我表现的机会,让他感受到自己的价值,增强他学习的勇气和力量。期末考试他还取得了优异的成绩,渐渐地,他也变得成熟懂事、活泼开朗。通过这一实例,我又懂得了老师要和学生站在一起,才会有助于班级的凝聚力,才会有助于提高教师的威信。

二、理解尊重,平等对待

"理解万岁!"人与人之间的相互理解,往往是形成共识的基础。而教师对学生的理解,就更具有不同寻常的意义。作为教师就要理解学生的思想实际、心理实际和生活实际。班级德育工作的开展,学生德育的提高,必须遵守"一切从实际出发"这一基本原则。尊重学生就是充分尊重学生的意见和要求,尊重学生的人格,平等对待每一个学生。现在的学生由于大多是独生子女,所以把人格看的尤为重要,而事实上,尊重学生的人格确实是任何一位班主任开展德育工作的前提。即使学生犯了错误,对学生进行批评教育时,也应尊重学生的人格,谆谆教导,才能取得教育效应。一味训斥,只能使学生产生逆反心理;更不能用挖苦、讽刺的话语伤学生的心。教师对学生尊重,会使师生关系更为融洽。

三、了解关注,促其进步

一个班级,每个学生身上潜藏着许多积极因素,比如要求进步、乐于为班级做事、有表现自己才能和智慧的要求,他们特别希望得到老师的重视和依赖。因此,教师应经常深入每个学生,主动了解他们、关心他们,使他们感到教师在关注自己,以促使他们精益求精。

四、设置奖项,目标激励

奖励优秀生固然好,但绝大多数的中等生和后进生,往往离奖励所要求的冒尖水平还有一点距离,他们缺乏获奖的信心,缺少上进的动机。在班级中设"体育标兵""文艺能手""劳动能手""进步典型""助人为乐奖"等单项奖,让他们有了更多的目标,使他们感到只要努力获奖也不难,有利于调动学生的积极性,激励他们不断上进,奋发图强。

五、提供机会,增强信心

学生的进步离不开自身的勤奋努力,但同时也离不开老师给他们提供有利的机会。老师应当改变由优秀生"一统天下"的班级管理模式,给中间层次的学生提供更多展示自己能力的机会,鼓励他们勇敢地站出来,积极参与班级管理。让课堂也成为中间层次学生展示自己能力的大舞台,调动他们的学习兴趣,增强他们的学习信心,提高他们的学习成绩。

总之,教师的爱心,犹如催化剂,激励着学生学习、成长;教师的爱心,更像是一粒粒种子,把同样的爱心播撒、扎根在每个学生的心中。因此,教师的爱,应该像母亲般细腻,像战士对祖国一样忠诚。列夫·托尔斯泰说:"如果教师只有对事业的爱,那么他是一个好老师,如果教师对学生具有父母一样的爱,那么,他要比一个读过许多书但不热爱教育事业又不热爱儿童的教师好。教师把对事业的爱和对学生的爱融为一体,他就是一个完美的教师。"

"有余数的除法"教学随笔

罗泽民　贵州省望谟县实验小学甘莱校区

计算是数学的基础,计算是数学的灵魂,计算是帮助人们解决问题的工具,也是小学生学习数学需要掌握的基础知识和基本技能。随着时代的飞速发展,课堂教学中,若我们把计算教学的目标仅局限于计算本身,计算课堂教学仅仅停留在培养计算能力,提高计算技能的层面,那显然是不够的。

比如我执教"有余数的除法"这一课已经不低于6节。记得第一次接触二年级这节课的教学内容是2013年4月份在乡村小学(望谟县油迈瑶族乡打道小学)磨了1节课,为望谟县第一届校长赛课做准备;第二次接触是2017年4月在县城小学(望谟县实验小学)磨了2节课,上了1节镇级优质课(帮扶结对学校教研活动),并荣获一等奖;第三次接触是2021年4月底在望谟县实验小学甘莱校区上了1节校级示范课,5月8日在学校承办的贵州省乡村名师工作室黄霞、彭贞杰联合开展教研活动中上了1节同课异构的研讨课。6节课的内容没有变,但时间变了,地点变了,人物变了,我的收获也一次比一次丰富。

"有余数的除法"是二年级《数学》下册第6单元的内容。这单元安排在学习完成"表内除法"之后不久进行教学,并且以表内除法为基础,通过对比加以编排。例1通过平均分物体过程的对比,通过"将一些草莓,每2个一份,可以怎么分",帮助学生感受平均分物的过程有两种情况。在对比中拓展学生对除法的认识,并更好地理解余数的含义、有余数的除法的含义。例2中对有余数的除法和表内除法的横式对比,通过结合操作过程,使学生在对比中理解有余数的除法的横式中各部分的名称及每个数的含义,教科书专门编排一道例题,教学余数和除数之间的大小关系,让学生从具体到抽象,从感性到理性,理解余数比除数小的道理。

具体在课堂中如何突破呢?

(1)除法算式结果的第一种情况:小白兔要请朋友去它家做客,准备先摆一些果盘来招呼它的朋友。我们先来看,要求是什么?屏幕显示:6个草莓,每2个草莓摆一盘,可以摆几盘?(大家齐读一遍)同学们愿意帮它摆一摆吗?

师:同学们想好了吗?(指名上黑板写出动手摆的过程和结果)

(师板书:摆3盘,刚好摆完)

师:你能把刚才摆的过程用一个算式表示出

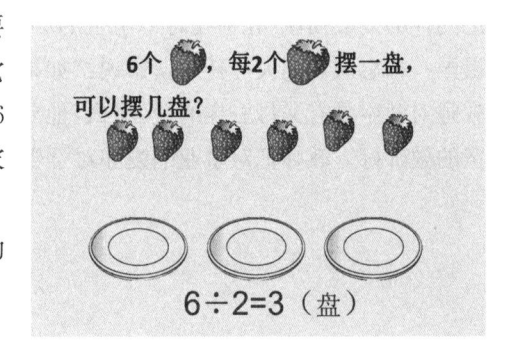

图1

来吗？

[师随学生汇报板书：6÷2=3（盘）]

师：你能说一说为什么选择用除法来列式吗？

生：因为是平均分。

（2）除法算式结果的第二种情况：如果不是6个草莓，而是7个草莓呢？再动手摆一摆，看能摆几盘？

师：请同学们拿出信封里面的图片来摆一摆。在摆的过程中，你们发现了什么？

7个草莓，每2个摆一盘，能摆几盘？动手摆一摆，看看能摆几盘？

$$7÷2=3（盘）……1（个）$$

图 2

生：剩1个草莓。

师：这1个草莓为什么没有摆到盘子里，它能再摆一盘吗？

生：不能。

师：为什么，说一说你的理由？

生：因为题目中要求每2个摆一盘，剩1个不够摆1盘。

师：你们能把刚才摆的过程用一个除法算式表示出来吗？

[学生写出除法算式：7÷2=3（盘）……1（个）]

像这样平均分后剩下不能再分的情况下，我们就可以用有余数的除法算式来表示。

（3）"探索发现余数和除数的关系"教学环节，我是这样教学生思考、体验和表达运用的。

摆小棒游戏，用小棒摆正方形。想一想，摆一个正方形需要多少根小棒？（4根），那么如果有8根小棒可以摆几个正方形呢？（2个）怎样列式？8÷4=2（个）。

学生自己动手：(8根小棒能摆2个正方形，已摆好了)根据老师的摆法，学生动手用9根、10根、11根、12根摆一摆正方形，并写出算式。8÷4=2（个），9÷4=2（个）……1（根），10÷4=2（个）……2（根），11÷4=2（个）……3（根），12÷4=3（个）。

我们来观察每道算式的除数和余数，发现了什么？

余数（＜）除数　　　除数（＞）余数

这节课，多数是让学生在动手中认识余数。学生通过观察比较得出结论：每组把小棒平均分后有两种不同的结果，一种是没有剩余，一种是有剩余。学生从小棒开始初步感知了剩余，到形成结论得出概念，突出了"剩余"的概念。在认识余数后引出除数比余数大时，不是我

小棒根数	摆出来的结果	用算式表示
8根	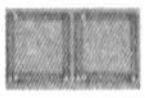	8÷4=2（个）
9根	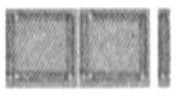	9÷4=2（个）……1（根）
10根		10÷4=2（个）……2（根）
11根	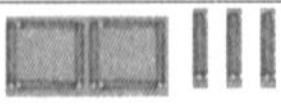	11÷4=2（个）……3（根）
12根		12÷4=3（个）

图3

告诉学生这规律，而是让学生动手操作，动手圈画。在圈画、猜一猜的过程中学生总结出了除数比余数大的规律。

整节课学生动脑思、动手做、动嘴说，真正参与了活动的全过程，符合"三教"课堂理念，学生在活动的过程中获得了"余数"概念的表象支撑，为抽象出"余数"概念打下了基础。

教师肢体语言在英语教学中的实践思考

吴德菊　贵州省望谟县实验小学甘莱校区

所谓的肢体语言(body language)是指除了口述之外的语言,利用面部表情、眼神、身体姿势、手势等身体的各个部位与学生进行交流、沟通、互动的一种非言语性行为。

我想,对刚接触英语的小学生而言,肢体语言能更好地在其启蒙阶段激发小学生语言学习的兴趣,使学生能够易于接受,并乐于学习英语。这就要求教师在课堂教学环节的表达上下功夫,用肢体语言让学生直观地感受到教师要表达的意思,理解、激发学生参与课堂学习的欲望,真正成为课堂的主人。那么,教师应该如何创设含有肢体语言的课堂教学环境,达到教学目的呢?针对低年级英语教学,有以下几点思考。

一、通过手势、眼神向学生传递信号

对刚接触英语的三年级学生来说,他们对英语的概念一片空白。教师应该如何着手这一课程的教学呢?又由于小学生的自身知识存储量有限,教师应该在课堂中合理应用语言输出和肢体动作的互动,让他们利用已有的认知去感知教师所要表达的语言情境,这样可以提升课堂教学的效率,帮助学生真正理解、接受语言知识教学。例如:北京情系远山直播课的老师,每一节课都激情满满,总是能搭配各种各样的肢体语言进行教学,这样学生学得很快,同时对英语更加感兴趣。其中,直播课的侯老师做得非常好。让我印象最深刻的是在第一次开课的时候,侯老师教学生起立(stand up),刚开始是用嘴巴说的时候,学生一脸的茫然,一遍、两遍,他们还是不知道老师在讲什么。当老师说第三遍把手伸出来向上抬起的时候,班上有几个学生开始站起来了,慢慢地有更多的学生站起来了。这时,我脑子里萌生了一个想法,我们的教学不应该是机械一样的教学,应该把冰冷的程式化教学转化为有温度、有生命的教学。有了这一次经验以后,我在接下来的教学中,遇到学生模糊不清的情况,我都使用肢体语言进行搭配教学。除了肢体语言,细心的学生会察言观色,而眼睛是心灵的窗户,通过眼神的交流,可以让师生的感情更深厚。

二、在单词、句子教学中巧用肢体语言

英语学习需要进行词汇量的记忆,而复杂的英语单词及其意思,这是学生学习的难点。教师需要通过肢体动作来引导、帮助学生去理解,增加语言学习环节的趣味性。教师可以根据不同事物的不同特征设计肢体动作,让学生明白教师的意图,并参与学习。肢体语言在教

授单词和句子时能将学生的注意力吸引到课堂,加深学生对单词、句子的理解和运用,从而让学生学以致用,使学生真正脱离哑巴英语。同时,教师在对学生应用英语提问时,可以给予学生充满希望和信心的目光,对学生的回答根据情况给予肯定或赞许或鼓励的目光,作出鼓励的手势,从而增进师生的感情交流,加强英语课堂教学的效率。

三、肢体语言拉近师生之间的距离

对学习英语的学生来说,理解和识记单词是学习英语的关键,也是英语学习过程中最枯燥的环节,长时间单一的教读单词,学生会变得烦躁不安。而单词的学习又是英语学习中必不可少的环节。学习单词的过程也就是听与读两者切换的过程,但如果能很好地运用肢体语言,那么学生学习起来也就别有一番风味了。例如在教到单词吃、喝、切、关、开的时候,教师如果只是机械地教读,学生对这个单词也没有印象,只是单纯地读一下。相反,如果教师在教学吃、喝、切、开、关这几个词时,做出对应的肢体语言,我相信学生一定学得很快并且不会忘记。在课堂教学中准确适度地运用肢体语言,既可以传递思想,又可以表达感情,还可以增加有声语言的说服力和感染力。教师积极的肢体语言会促进学生的智力活动,使学生产生一种轻松愉快的感情。

四、肢体语言能够调节课堂气氛

不论小学生还是中学生,不可能做到一节课都有饱满的精神状态。当学生出现无聊、困惑的情绪时,恰当的肢体语言就可以救场。世界上最善于察言观色的是学生,教师的肢体语言运用得当,可以使有声语言的准确性和生动性得到提高,激活学生的感知细胞,有效辅助记忆,提高教学效果。

总而言之,教师在讲课过程中,恰当的表情、肢体语言,更容易为学生所理解、接受,同时可以让学生放松心情,悄悄地把学生的注意力吸引过来,并调动情绪,帮助理解教学内容,从而起到无声胜有声的效果。

论农村小学英语教学中运用激情动趣的对策

刘禄笔　贵州省望谟县实验小学甘莱校区

激情动趣课堂中需要教师结合学生实际进行有效的教学实践,探索高效的兴趣培养方式,提高学生参与学习的积极性,促使学生在课堂中学习到更多关于英语的知识与技能,加强学生英语实践表达能力。笔者结合近年来新时期农村小学英语教学工作开展实际,探索了运用激情动趣进行有效教学的方法,希望能不断提高课堂教学有效性。

一、农村学校小学生英语学习现状

目前,农村小学英语教学出现了较为明显的是两极分化现象。分析具体原因,可能师生双方都存在问题。第一,学生在刚开始学习英语时,充满好奇心,在学习初期时间精力投入得比较多。但是,小学英语学习是一个不断积累的过程,学生每天都要听、跟读,同时对单词、语法和发音等英语基础知识加以学习与掌握。对小学生来讲每天坚持一件事情比较难,长期下去会感觉枯燥,加上学生缺乏自我约束的能力,很多问题更容易出现。第二,依据新课程改革的基本要求,教师要在英语教学中应重视学生的主体地位,从学生的实际情况入手展开英语教学工作。但有的教师仍然习惯使用过去的英语教学方法,对学生的学习积极性、主动性缺乏了解,教学中只把教学任务的完成作为目标,致使英语教师的教学与学生的学习产生各种脱节问题。有的英语教师跟不上发展步伐,教育意识相对比较缺乏,没有深入研究新的教育教学方法,小学英语教学的主导作用就很难得到发挥,学生学习英语的积极性就无法调动起来。作为英语教师,必须从学生发展的角度入手,精心设计教学,综合引导学生全身心投入英语学习,切实不断提高英语教学工作的实效性。

二、农村小学英语教学中运用激情动趣的意义

在小学课堂实践中,教师采取激情动趣方式构建高效课堂,逐步培养学生良好的学习意识与习惯,能提高学生学习效率。

(一) 有利于培养学生良好的英语学习习惯

学生因产生英语学习兴趣才会主动学习,愿意了解并掌握英语知识,这样才能够长期坚持学习。在小学阶段培养学生的英语学习兴趣,能够让学生自主学习英语口语朗读,并且能避免朗读时的胆怯。当学生能够自主朗读,英语学习习惯就能够培养起来。

（二）有利于调动学生积极向上的学习动力

从英语学习角度来看，英语知识枯燥无味，而小学生又比较爱玩好动，因此有的学生学习英语知识时就会产生抵触，严重的会产生逆反心理，致使学习痛苦。然而，兴趣是产生求知欲的前提，学生只有产生学习英语的兴趣，切实增强学习英语知识的动力，英语成绩和英语学习能力才能提高。

（三）有利于激发学生英语的学习潜力

每个人的潜力都是无限的，小学生也有学习潜力，需要被不断激发。小学生虽然潜能无限，但只有产生强烈的知识学习好奇心，自身潜能才能够真正被激发出来。在英语教学中，教师可以利用有激励风格的英语故事，引导学生开展阅读活动，此举有利于小学生学习潜力的激发。

三、农村小学英语教学中运用激情动趣的对策

（一）遵循以人为本，激发英语阅读兴趣

积极的学习心理状态是英语教学的重要前提。只有重视学生的主体性，学生英语阅读兴趣才容易被激发出来。学生学习的内在驱动力来自学习兴趣，有了兴趣才能愿意参与学习过程，产生需要学习英语阅读的想法。教师把学生作为主体才会让学生愿意投入到阅读活动当中，对英语阅读的奥秘进行深入探索。

1. 精心选材，贴近生活实际

关于阅读的选材，应该以学生的生活实际为主线，选择与其生活相贴近的材料，让学生能够真正向往英语知识的学习。在阅读材料选择的整个过程中，难度和教材文本内容要匹配。教师在教学的过程中，可以让学生阅读 The Hare and the Tortoise，这篇文章是学生熟悉的故事，其中使用了学生比较熟悉、已经学过的一些句型，学生读起来会有成就感。在教学总结的过程当中发现，动物故事类文章（如 Five Little Ducks, I am a Bunny）、情感教育类文章（如 My Mum, MyDad），这些都是学生比较喜欢、愿望接触的英语阅读材料。

2. 循序渐进，符合认知规律

阅读情感与阅读心理，取决于阅读材料的难易程度。在英语课程实践的过程中，教师必须循序渐进，协调应用现有教材资源，对语言材料合理化筛选，让材料为英语教学目标服务，从而真正把英语课外拓展的工作落实好。教师在讲授英语人物描写话题中，不能局限在传统课本人物当中，可以充分考虑学生感兴趣的时代楷模、运动员等。在讲解过去式知识点时要选择比较经典的英语题材内容，比如人物传记 Walt Disney。这样学生就能在英语知识学习的基础上加以拓展，在逐渐加深文本内容难度中让英语阅读兴趣不断提高。

3. 精讲多读，注重情感体验

教师一味讲授小学英语课程时，学生比较容易产生厌倦情绪。所以必须把教师的精讲、学生的多读结合起来。英语课堂教学中，教师要充分发挥主导者的作用，重视向学生传授英

语知识学习技能,与此同时还要带领学生共同阅读重点句段,让学生在多读的过程中,对文章情感进行体会。在阅读当中调动学习的情感体验,学生就会向往英语阅读。

(二) 课堂中增强交流,提高思维意识与兴趣

培养学生英语思维能力非常重要。教师要发挥积极性,对学生的思考加以引导,利用良好的师生互动及时让学生分享心得、交流学习当中遇到的问题。小学英语教学不只是传递信息与传递知识那样简单,更重要的是伴随着情感体验向学生传授人生道理。第一,作为小学英语教师,应该重视学生的学习成长,关心鼓励每一位学生,不断激发小学生英语学习的兴趣。第二,教师要平等对待每一位学生,不区别对待学习成绩不理想、家庭背景不好的学生,要尽最大努力帮助学生避免产生心理落差和消极情绪。第三,教师在教学生单词的过程中,可以拿出课程中要讲解的实物图片,让学生依据知识经验形容实物,再引导学生说出对应的英语单词,如此就能让学生动脑思考的能力提高。比如在实际教学单词"carrot(胡萝卜)"时,可以用较为简单的英语谜语让学生猜一种动物——rabbit(兔子),再让学生思考兔子喜欢的食物(carrot),这样就能确保学生每次都能开口练习,并鼓励学生主动回答问题,引导学生与教师的节奏保持一致,进而对学生的思维能力进行培养。

(三) 开展多样化的活动,激发学生兴趣

小学生注意力集中时间相对较短,教师想要调动学生的积极性,并实现激趣效果,就要从小学生的学习特点入手,在教学时运用多样化的教学活动。首先,教师可以开展角色扮演的教学活动。在英语教学中,角色扮演可以对学生进行综合锻炼,这是一种体验式学习。在活动过程中不但可以拉近师生关系,还能对学生思维、表达能力等方面进行锻炼。在新课改背景下,全新的教材设计与小学生学习需求更加契合,尤其是小学低年级,教材将知识以图文的方式展示给学生,并且大多教学内容都是对话的形式,这样就有利于角色扮演教学活动的开展。例如:《How Many?》这节课,教师可以结合教学内容,让学生围绕"What's this?"和"How many?"这两个重要的句式,开展相应的角色扮演。学生们在问答对话的过程中可以使自身语言应用能力以及思维能力得到锻炼,学生对所学习的内容理解也更加深入。其次,在开展教学活动的过程中,教师可以让学生与同桌组成小组参与到教学活动中,激发学生的兴趣。小学英语教师要充分利用教材中的素材,例如教授"Let's play"或者"Let's sing"等,通过开展唱歌活动或者游戏活动对学生参与课堂的积极性加以调动,使学生理解并掌握所学内容。另外,教师还要在教学中适当开展课外活动,通过组织生动有趣的课外活动,推动小学生英语学习。当前小学英语教学课时相对少一些,加上课外学习资料不够充足,这就需要教师根据小学生的年龄以及兴趣特点,开展可以激发学生兴趣、培养英语素养的课外活动,如朗诵、竞赛等活动。

合理设计教学环节,可以使学生在课堂学习中保持兴趣。如果整节课都在讲课,那么对于小学生来说是不利于学习的,所以教师要合理设计教学流程,从而达到提高英语教学实效性的目的。首先,教师要重视课前准备,好的开端可以推动教学的成功,有效的课前准备可以

吸引学生的注意力,并对学生的兴趣起到激发作用;其次,对教学过程进行设计时,要保证教学过程有节奏起伏,从而对学生的注意力产生吸引,使学生在学习过程中的注意力更加长久;最后,在课堂教学中还要留有一定的空白时间,让学生感觉余味无穷,为后续的教学奠定基础。

(四)构建和谐师生关系,诱发学习兴趣

和谐的师生关系会直接影响学生的学习,师生关系无论对教学过程还是结果都会产生一定影响。从心理学的角度,师生关系和谐可以有效激发学生的兴趣。师生关系和谐,学生就会把教师当做朋友,那么在教师对自己进行管理和教育时也会正确面对,教师给予的表扬可以让学生感受到激励,而教师给予的批评则会让学生感受到爱护。首先,教师在构建师生关系时一定要充分尊重学生,老师和学生在人格上是平等的关系,班级学习氛围也会更加和谐、民主。小学英语教师不要因为学生年龄较小,就强迫学生按照自己的想法学习,违背学生的意愿,教师要学会尊重学生,并对学生个体之间存在的差异性给予尊重,学生在学习时信心也会增强;其次,教师要给予学生充分的关心和爱护,以教师的爱将师生之间的距离缩短,通过爱使师生之间的关系更加和谐,因此,在小学英语教学中,教师要找到正确的时机给予学生语言激励,还可以搭配合理的肢体语言对学生进行引导。例如,在课堂上教师给予学生一个鼓励的眼神或者微笑都可能对学生产生激励的作用,成为学生学习英语的动力。另外,教师还可以建立公平合理的评价机制,对学生的内驱力产生激发作用。其实小学生在学习中很希望教师重视自己,给自己鼓励,他们对教师的评价特别在意,教师可以抓住这一点,利用恰当的评价引导学生提高英语学习兴趣。在评价过程中,教师要注意对学生心理的呵护,找到学生的闪光点,帮助学生在学习英语时拥有足够的信心,从而学生也会对英语学习的过程产生兴趣。这样不仅能培养学生良好思维意识,也能促使学生养成良好的习惯,为学生发展奠定良好基础。

总之,激情动趣是重要的教学方式,在构建激情动趣课堂中教师要以学生为主体,并要根据学生学习实际,探索更加科学的教学方法,提高学生兴趣,营造良好教学环境,为学生英语学习能力提高提供有效助力。希望通过以上分析,能加强教师英语课堂激情动趣方法的运用能力,从而不断提高课堂教学水平。

基于核心素养的小学语文非连续性文本阅读教学策略

朱 艳 贵州省兴义市盘江路小学

核心素养培养是现代教学中的一项重要任务，小学语文教学中，运用非连续性文本阅读能够有效提取文本中的核心信息元素，加深小学生对于语文知识的理解，增强语文魅力，还可以帮助小学生养成良好的阅读习惯，丰富知识结构，有利于学生综合素质提升。教学中，应掌握非连续性文本教学方法的重点，制定针对性的教学策略，从而提高小学生的学习兴趣，培养学生的核心素养。

一、小学语文非连续性文本阅读教学现状分析

阅读教学是小学语文教学中的一项重要内容，也是该学科教学中的难点之一。对于小学生来讲，有些学生的逻辑思维能力不足，只能通过形象思维进行思考，无法深入了解知识的内涵，影响学生对于语文阅读知识的掌握。非连续性文本阅读教学是当前小学语文教学中比较常用的一种教学方式。实际应用该教学方法时，有的教师忽视了学生主观能动性，不注重这方面能力培养，只是单纯地进行知识内容讲解，学生被动接收知识，对于阅读内容的理解也仅仅停留在表面，无法实现所学知识的有效运用。虽然这一教学方法已经得到了普遍运用，但获得的效果不理想，无法满足新课标对教学的要求。而且部分教师对于该方法的掌握不透彻，没有与语文阅读教学进行充分融合，从而影响阅读教学质量。

二、基于核心素养的小学语文非连续性文本阅读教学策略

（一）让学生感受多种类型的文本形式

以往的小学语文阅读教学工作，使用连续性文本教学方法居多，比较注重对学生进行情感上的启迪，从思想层面进行引导，可以提高学生对于语文阅读的兴趣。但这一方法在使用中有一定的局限性，为提高教学效果以及小学生阅读能力与水平，则应形成创新意识，转变以往的思想观念，运用多种方式方法传递阅读知识，让学生可以感受到语文阅读教学的魅力，了解不同类型的本文形式，使他们可以根据自身阅读需求进行素材的合理选择，有利于激发小学生对于语文阅读的兴趣，能够主动参与到非连续性文本阅读教学活动当中。

（二）结合小学语文内容，深入挖掘教材中的图文信息

非连续性文本阅读主要通过图文形式分析语文课本内容，帮助学生了解和掌握文字段落

中的关键信息,便于对各类有用信息的整合与处理,从而快速得出结论。由于小学语文教材中这类文本内容比较多,小学生对于一些图文结合的内容兴趣比较足,但是还有一部分阅读文本很容易被忽视,比较常见的就是小学语文教材中的教材目录。可以根据目录信息的内容对学生进行正确引导,让他们通过分析和阅读教材目录来总结语文教材目录特点,发现其中有价值的信息,便于小学生了解教材的整体结构和教学流程,在此过程中可以培养小学生的分析能力和观察能力,对他们核心素养的提升有着促进作用。

(三) 将现实生活素材与非连续性文本阅读教学相结合

非连续性文本阅读教学工作开展中可以将学生的日常生活作为切入点,利用现实生活图文信息进行教学,实现生活素材与语文阅读教学相结合,便于学生对于相关知识的理解与掌握,运用这种方式,有利于提升学生的阅读理解能力和解决问题的能力。小学语文阅读教学中遇到的生活类文本信息比较多,语文教师可以将药品、食品说明、服装商标、广告宣传和餐饮目录等生活化图文信息运用到小学语文阅读教学当中,便于学生对语文知识的理解,也可以提高小学生对于学习语文的认识,增强学习动力,进一步提高学生的阅读能力。

(四) 创设合理情境开展教学活动

小学语文非连续性文本阅读教学过程中,可通过创设情境的方式进行阅读教学活动的针对性开展,学生们在参与的过程中可提高学习兴趣,也能够快速接受这一方法,提高语文教学的有效性。比如可以创设出门旅游的情境,让学生参与出门旅游的整个过程,比如阅读车票信息,掌握出行车次、座位号等。在参与情境的过程中锻炼小学生的生活能力和阅读能力,不但可以拉近语文教学与生活之间的距离,也可以强化小学生将所学知识运用到现实生活中的能力,便于核心素养的科学培养。

(五) 实现不同类型图文信息的合理运用

非连续性文本阅读教学中可以使用的素材资料比较多,比较常见的有图表、表格和漫画等,一般会根据语文课堂的教育目标以及阅读文本具体内容来选择图文信息做好教学活动设计工作。比如可以借助漫画进行阅读教学,选择合适的漫画形式来传递语文知识,可选择与学生生活联系比较密切的漫画内容,同时也要保证漫画形式的趣味性和启迪性,在吸引学生注意的同时让学生们对于漫画内容进行深入思考,提高阅读教学质效,而且小学生们观察事物的能力和语言表达能力也可以得到锻炼,从而促进学生多方面能力的共同提升。

(六) 融合不同学科内容进行非连续性文本教学

在非连续性文本教学时,可以融合不同学科的图文信息开展相关阅读教学工作,此举有利于学科之间知识的有效渗透,在培养学生综合素养方面起到了关键作用。在实际引入不同学科内容时,可以引入相关图片帮助学生了解该学科知识与原理,加深学生对该学科知识的理解,提高阅读兴趣,进一步提升小学语文课堂教学质量。将非连续性文本教学与不同学科知识内容相结合是提高小学语文阅读教学有效性的重要途径,能够培养小学生发现问题、分析问题和解决问题的能力,强化学生的综合素养。

(七) 运用专题练习的方式提高学生阅读的综合能力

为促进小学语文非连续性阅读本文教学工作的有效落实,还可以组织开展专题训练活动,这也是强化学生这方面能力的关键。目前小学语文教学中非连续性文本阅读方式得到了普遍运用,是需要加强重视与研究的内容,可根据小学语文阅读教学目标和具体要求制定专门的练习题,让学生在解题的过程中提高自身的阅读能力和水平。小学语文教师应合理安排时间,在不占用学生课余时间的情况下引导学生们进行非连续文本阅读训练,切实提高学生的综合能力,有利于小学语文教学工作的进一步发展。

(八) 巧用信息技术提高阅读教学有效性

非连续性文本的形式比较多,若在小学语文阅读教学中采用口头讲述的方式,则无法将这一教学方式的优势充分体现出来,不能实现多种类型文本形式的完整表达,从而影响非连续性文本阅读教学方法的应用效果。多种先进技术手段的引进促进了小学语文阅读教学的多样化开展,可借助信息化技术将阅读内容通过视频、动画、图片、声音的方式进行清晰呈现,刺激学生的不同感官,激发学生的阅读兴趣,能够为学生营造良好的课堂阅读氛围,在提升学生阅读能力的同时也可以强化核心素养。

三、结语

非连续性文本阅读教学方法的应用丰富了人才培养路径,可基于学生性格特点开展相应阅读教学工作,切实提升核心素养。通过运用多种类型图文信息能够充分显示非连续性文本阅读教学的优势和价值,丰富了小学课堂语文教学形式,使得方式方法更加灵活,显著提升了小学语文阅读教学质量与水平。应重视对非连续性文本阅读教学的深入研究,对学生进行针对性教学引导,帮助学生更好地学习和更快地掌握相关知识,从而推动小学语文阅读教学质量稳步提升。

后 记

在我们偏远民族地区,许多学生基础知识比较薄弱、学习习惯不佳,教师专业水平参差不齐、单向灌输知识的教学现象严重。转变教学观念、改革课堂教学模式、践行"以学生为中心"的教育理念是课堂教学改革当务之急。

一提到教学改革和研究,教师往往把目光投向教育学家、研究学者,希望由他们来发现新原理、创造新方法,由他们来指导教育实践,认为自己把"书"教好了,就算尽职了,未曾想过研究并不是专家学者的专利,一线教师有着更加有利的条件。实际上,教学改革与研究只有在具体的教学实践情境中才能发挥功效,也必须通过自我的实践训练和反思才能加以检验,而不能靠他人的给予。恰好"贵州省民族地区基础教育质量提升行动计划(2021—2025年)"项目给我们薄弱学校带来了福音。该项目制定了详尽的研究指南,聘请了国内知名的专家团队,从学校发展方向、教师专业水平、"以学生为中心"的研究,为我们提供了教育理念和教学方法的引领与资金支持。

近两年来我校开展的项目工作得到专家的指导。尤其是贵州师范大学吕传汉教授提出的教思考、教体验、教表达的"三教"理念和"情境—问题"教学模式,叩开了我校课堂教学改革的大门:让学生在学习情境中提出问题、解决问题,在积极思考、自主学习、表达交流中长见识、悟道理,促进核心素养的发展。

我们着力于将教师打造成为研究型教师,努力用"三教"理念引领课堂教学改革,已初步取得较好的教学效果。

我们认识到要成为研究型教师,首先要有角色转变的意识——由"教书匠"转变为研究型教师。有了这种转变,才能发挥主观能动性,把亲历的教育教学经验、丰富的感性认识,上升到理性的高度。从撰写教学案例、教学随笔、教育故事、教育教学论文开始,逐步提升教师的教育素质。

概括地说,教学案例、教学随笔、教育故事、教育教学论文等统称为教育写作。简而言之,教育写作就是教师围绕教育教学,把在教育教学过程中的一些现象、事件和做法,通过思考和研究,诉诸笔端,形成书面文字的一个过程。

说到教育写作,很多教师不清楚应该写什么、怎么写。其实,只要把自己在教育中的所见、所闻、所思、所感记录下来,形成一种教学案例,在书写中展示自己的意识流淌、心灵私语和智慧沉淀,长此以往,必有所得。

首先,记录教学得失。每位教师都有一片属于自己的"试验田",不论试验成功与否,肯定会有所"悟",总结得失,在下次教学中自然能扬长避短。主要收获在哪里?抓住自己的成功点,深入地想,好题材就这样诞生了。教学中的失误是不可避免的,面对失误我们应该冷静地想一想：为什么会失误？主要症结在哪里？用什么方法弥补？应该吸取什么教训？……好题材也就诞生了。

其次，书写教育获得。教科书是我们的教学依据，但它不一定是完美的，如果我们深入而冷静地研究、思考，也许会有新的认识或质疑，那么请及时把它写下来。只要我们在教育教学过程中，做一个有心人，就会发现许多有价值的东西。

本书精选了我校部分教师的优秀教学案例，这是他们平时工作中的真实事件。这些案例从不同角度反映了教师在处理这些问题时的教学行为、态度和思想感情，以及提出解决问题的思路和例证，还有对该案例记录的剖析、反思和总结。案例既有具体的情节、过程和真情实感，又从教育理论、教学方法、教学艺术的高度进行归纳、总结，得出了一些育人真谛，给人以启迪。

特别是在本书中，选编了学生的多篇学习体验，它们是学生在自主学习、实践研究中的心得体会，是在长见识、悟道理中形成的一种素养。指导学生撰写学习体验，是促进学生自主学习，促进学生学习能力发展非常好的教育举措，也是把"教"的研究转向"学"的研究的良好途径，有利于促进学生核心素养的培育。

在本书出版之际，我们十分感谢著名教育家、北京师范大学资深教授、中国教育学会原会长顾明远先生对民族地区基础教育的关爱，感谢顾先生为本书拨冗撰序！感谢著名数学教育家吕传汉教授对我们的悉心指导！感谢教育部领航名师尹侠老师对本书的认真审阅、修改！感谢"贵州省民族地区基础教育质量提升行动计划（2021—2025年）"对我们的支持！感谢望谟县教育局对我们项目的指导与支持！

我们将努力践行"以学生为中心"的素质教育，扎根边远民族地区，为实现中华民族的伟大复兴，培养一代又一代拥护中国共产党领导和我国社会主义制度、立志为中国特色社会主义奋斗终身的创新型有用人才。

贵州省望谟县实验小学甘莱校区　张仕江　龙　英

2023年6月18日